Der Trebing-Lecost

# Hotel Guide

Hotels und ausgewählte Restaurants
getestet und bewertet

Der Trebing-Lecost

# Hotel Guide

Hotels und ausgewählte Restaurants
getestet und bewertet

Trebing-Lecost Verlag

# VORWORT

„Man muss reisen, um zu lernen." Schon Mark Twain wusste, dass Reisen bildet. Reisen innerhalb Deutschlands ermöglicht, das eigene Land besser kennenzulernen, einzutauchen in die Vielfalt der Regionen und mehr zu erfahren über Kultur, Geschichte und Menschen.

Kommen wir zueinander. Lernen wir uns noch besser kennen! Reisen fördert ein tieferes Verständnis füreinander und hilft Vorurteile abzubauen. Den Horizont zu erweitern, die Verständigung mit dem Nachbarn, das ist wichtig für den gesellschaftlichen Zusammenhalt und die Demokratie. Daran ist mir als Bundestags-Vizepräsidentin sehr gelegen.

Dabei hilft seit vielen Jahren der Trebing-Lecost Hotel Guide. An ihm gefällt mir gerade seine Art der Auswahl: Jedes Haus ist bewusst ausgewählt, der „Mikrokosmos Hotel" wird beleuchtet und der gebotene Service genau unter die Lupe genommen. Das Buch erzählt zudem Geschichten der Managerinnen und Manager „hinter den Kulissen".

Deutschland ist ein Reiseland. Wir haben schöne Landschaften, kulturreiche Orte und eine beeindruckende Bandbreite an Hotels und Unterkünften. Leider ist die Reise- und Hotelbranche seit einigen Jahren großen Herausforderungen ausgesetzt. Die Auswirkungen der Coronapandemie halten noch immer an, ein Stück weit hinzu kommen die Folgen des Krieges in der Ukraine, der Inflation und vor allem auch des Fachkräftemangels. Die damit verbundene sinkende Nachfrage sowie die Schwächung der Tourismusbranche insgesamt bedürfen der intensiven Unterstützung der Politik.

Wir brauchen konkurrenzfähige Rahmenbedingungen für die Hotellerie, denn sie schafft Wohlstand in unserem Land. Gerade der Binnentourismus, aber auch die internationalen Gäste aus dem Ausland sorgen für eine florierende Wirtschaft, mehr Steuereinnahmen und sichere Arbeitsplätze. Drei Millionen Beschäftigte sind in der Tourismusbranche tätig! Daher dürfen auch die Mittel für die touristische Auslandsvermarktung nicht gekürzt werden.

Als Bundestagsabgeordnete für das Vogtland ist mir wichtig, dass wir ebenso die touristischen Schätze der ländlichen Regionen hervorheben. Burgen, Schlösser, Kirchen, weite Landschaften: Hier gibt es viel zu entdecken, der Erholungswert ist besonders hoch. Im Gegensatz zu den großen Städten und Metropolregionen hat der ländliche Raum abseits der bekannten Hotspots bei der touristischen Infrastruktur an vielen Stellen noch Nachholbedarf. Hier müssen wir weiter unterstützen und an der Gleichwertigkeit der Lebensverhältnisse in unserem Land arbeiten. Der Tourismus und insbesondere die Hotellerie können dafür einen wichtigen Beitrag leisten. Auch, weil gute regionale Lebensmittel so „vom Feld auf den Tisch" kommen.

Ich persönlich bevorzuge Hotels mit einer individuellen Note, mit etwas, das in anderen Häusern nicht zu finden ist. Viele der in diesem Band beschriebenen Häuser zeichnet genau dies aus. Zudem muss ein Hotel für mich familienfreundlich sein. Beispielsweise ein Spielzimmer für die Kinder, ein Sportplatz, Tiere.

In der Hotellerie finden sich auch viele Frauen in Schlüsselpositionen. Etliche von ihnen führen renommierte Hotels oder ragen mit ihrer Performance besonders heraus. Das begrüße ich sehr, denn die Gleichstellung der Geschlechter liegt mir sehr am Herzen, im Sinne der gleichberechtigten Teilhabe aller an Gesellschaft und Wirtschaft. Davon kann sich die Politik, in der die Frauen immer noch unterrepräsentiert sind – es sind beispielsweise nur zwei von 16 Ministerpräsidenten in Deutschland weiblich – eine Scheibe abschneiden.

Ich wünsche gute Lektüre und viel Freude beim Reisen und Erkunden unseres schönen Landes.

Herzlichst

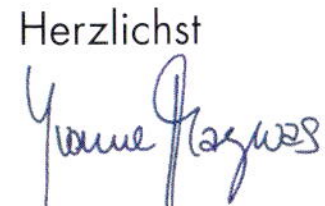

Yvonne Magwas
Vizepräsidentin des Deutschen Bundestages

Berlin, im Juni 2023

# HOTELMANAGER DES JAHRES

**Rüdiger Wörnle**
**Dorint Thermenhotel Gesundheitsresort Freiburg**

In diesem Jahr zeichnen wir mit Rüdiger Wörnle eine Persönlichkeit der deutschen Hotellerie zum Hotelmanager des Jahres aus, die echten Pioniergeist besitzt. Grund hierfür ist sein maßgeblicher Anteil an der Entwicklung des Gesundheitsresorts Freiburg, das aus einem First-Class-Superior-Dorint-Hotel, einer Rehabilitationsklinik sowie einer sich daran anschließenden, 6000 Quadratmeter großen Thermenanlage eines kommunalen Betreibers besteht. Wörnles berufliche Laufbahn war in vielerlei Hinsicht ungewöhnlich. Nachdem er im Jahr 1990 eine Ausbildung zum Physiotherapeuten an der orthopädischen Universitätsklinik Heidelberg absolviert hatte, wechselte er zur BG Unfallklinik Ludwigshafen. Bereits ab 1992 war er an der Mooswaldklinik Freiburg in verschiedenen Funktionen tätig – unter anderem als Leiter der Therapieabteilung. Im Jahr 1998 wurde er Mitglied der Geschäftsleitung, bevor man ihn 2001 zum Geschäftsführer der Mooswaldklinik berief. 2005 trat er schließlich die Position des geschäftsführenden Gesellschafters des Gesundheitsresorts Freiburg an und nur ein Jahr später dann auch der BCW Hotels & Resorts. Seither verantwortet er den gesamten Klinik- und Hotelbereich. Für Wörnle war dies eine Konstellation, die ihm weitere, riesige Potenziale für das Resort bot und er zögerte nie, deren Realisierung auch tatkräftig und zeitnah anzugehen. Im Ergebnis nimmt das Gesundheitsresort im Mooswald seit vielen Jahren in der Region eine exponierte Stellung ein. In der Werbe- oder Filmindustrie wäre ein Teil Wörnles umfangreichen Aufgabenspektrums in etwa vergleichbar mit dem eines Creative Directors, da er alle kreativen Prozesse im Hause steuert, dabei auch das Finetuning für die einmal etablierten Konzepte betreibt und gleichzeitig der Markenbotschafter seines Unternehmens ist. Denn Wörnle hat die Marke „Gesundheitsresort Freiburg" über viele Jahre immer weiter aufgewertet und dabei auch neu definiert. Zu seinen Stärken zählen seine Energie und sein Tatendrang sowie der unbedingte Wille, zielführende Prozesse zeitnah einzuleiten, wenn eine notwendige Veränderung ansteht. Sein Verhandlungsgeschick, Kommunikationstalent und strategisches Handeln sind dabei ebenso hilfreich. Bei Unwägbarkeiten sucht er stets nach pragmatischen Lösungsansätzen, wobei er sich dadurch auszeichnet, Abläufe von deren Ende her zu denken, aber ebenso alle Konzepte immer wieder kritisch zu reflektieren und wenn nötig auch zu modifizieren. Das gilt für die Führung seiner Hotels, aber auch die der Mooswaldklinik, und angesichts der Veränderungen am Arbeitsmarkt besonders für die regelmäßige Überprüfung sämtlicher operativer Prozesse. Bei dem neuesten Prestigeprojekt des ebenfalls bei Freiburg entstehenden „Luisenhöhe Gesundheitsresorts Schwarzwald", das sich wunderbar in das Gesamtkonzept seiner Unternehmensstruktur einfügt, hat er all seine Expertise und gesammelten Erfahrungen in die Planungs- und Entwicklungsphase einbringen können. Kreativität, Begeisterungsfähigkeit und Talent sind hierbei die essenziellen Attribute seines Erfolges. Hinzu kommt ein situativer Führungsstil, mit dem er seine Mitarbeitenden immer ihren Fähigkeiten entsprechend motivieren kann. Zudem verfügt er über eine hohe Sozialkompetenz, wodurch es ihm gelingt, sein Team für neue Ideen und Konzepte zu gewinnen, damit dieser Geist in alle Ebenen weitergetragen und umgesetzt wird. All das prädestiniert ihn dazu, solch komplexe Häuser zu führen. So zeichnen wir Rüdiger Wörnle für sein Wirken in der Freiburger Hotellandschaft aus, mit dem er im Segment der Gesundheitsresorts sicherlich stetig neue Maßstäbe gesetzt hat. Im Zentrum stehen dabei die Positionierung und strategische Weiterentwicklung des Dorint-Hotels als Bestandteil des Gesundheitsresorts Freiburg, das durch seine Führung und seine Ideen in den letzten zehn Jahren noch einmal einen deutlichen Qualitätsschub erfahren hat.

**Diese Auszeichnung erhielten bisher:**

| | | | |
|---|---|---|---|
| 2022 Axel Matzkus | 2021 Susan Cantauw | 2020 Michael Kain | 2019 Sabine Unckell |
| 2018 Marc Cantauw | 2017 Stefan Stahl | 2016 Sven von Jagemann | 2015 Dietmar Karl |
| 2014 Christoph Unckell | 2013 Matthias Golze | 2012 Dr. Bertram Thieme | 2011 Rogier Hurkmans |
| 2010 Helmut Stadlmann | 2009 Jörg T. Böckeler | 2008 Michael Rupp | 2007 Nicole Kobjoll |
| 2006 Norbert Lang | 2005 Florian Meyer-Thoene | 2004 Christoph Mares | 2003 Dr. Bertram Thieme |

# HOTELS / RESTAURANTS

# INHALTSVERZEICHNIS

# ZEICHENERKLÄRUNG

## HOTEL

- Spitzenhotel für höchste Ansprüche mit einem beeindruckenden Ambiente und einem herausragenden Service
- Luxushotel mit hervorragendem Service
- erstklassiges Hotel mit sehr gutem Service
- Hotel mit gutem Komfort
- einfaches und/oder zweckmäßiges Hotel
- halber Punkt (Mittelwert)
- Sonderpunkt für besonders herausragenden Service
- oder — Bewertung im Vergleich zum Vorjahr

## RESTAURANT

- absolutes Spitzenrestaurant mit einem herausragenden Service und einem beeindruckenden Ambiente
- außergewöhnlich kreative Küche, verbunden mit einem sehr guten Service und einem schönen Ambiente
- sehr gute kreative Küche
- überdurchschnittlich gute Küche
- durchschnittlich gute Küche
- halber Punkt (Mittelwert)
- Sonderpunkt für besonders herausragenden Service
- oder — Bewertung im Vergleich zum Vorjahr

## HOTEL

- Einzel-/Doppelzimmer
- Suiten/Juniorsuiten
- Tagungsräume
- behindertenfreundliche Zimmer
- klimatisierte Zimmer
- Zimmerservice
- kostenfreie Getränke aus der Minibar
- WLAN WLAN-Nutzung kostenfrei
- Restaurant
- Bar
- Schwimmbad
- Whirlpool
- Sauna
- Fitness
- Massage
- Kosmetik
- Elektroladestation
- P Parken

## RESTAURANT

KATEGORIE

- großer Luxus
- Luxus
- erstklassig
- anspruchsvoll
- einfach/Landgasthof

# AACHEN Nordrhein-Westfalen

## PARKHOTEL QUELLENHOF

**(Innenstadt)**
**Monheimsallee 52**
**52062 Aachen**
**Telefon: 02 41-91 32-0**
**Internet: www.parkhotel-quellenhof.de**
**E-Mail: info@parkhotel-quellenhof.de**
**Direktor: Andreas Wieckenberg**
***DZ ab € 125,00***

Aachen war schon immer ein Ort, an dem die europäische Einheit besonders hochgehalten wurde. Schließlich steht man als Stadt Karls des Großen in der Tradition jenes legendären Herrschers, dessen Fränkisches Reich Ende des 8. und Anfang des 9. Jahrhunderts Gebiete zahlreicher heutiger west- und mitteleuropäischer Staaten umfasste, allen voran Deutschland und Frankreich. Besonders der Aachener Karlspreis bringt die Stadt immer wieder auf die gesamteuropäische Bühne, der in Erinnerung an den damals schon als Vater Europas bezeichneten Herrscher jährlich an um die europäische Idee verdiente Personen verliehen wird. Mit einer derartigen historischen Bedeutung gesegnet, kann sich Aachen glücklich schätzen, mit dem Quellenhof eine prächtige und traditionsreiche Spitzenadresse in seinen Mauern zu wissen, die ohne Anstrengungen auch als Bühne und Ort für Veranstaltungen und Feiern rund um den Karlspreis und andere europäische Veranstaltungen dienen kann. Das ehemalige Kurhotel wurde Anfang des 19. Jahrhunderts als Teil von Kuranlagen errichtet, die damals ein ganz anderes Image etablieren und einen neuen Wirtschaftszweig schaffen sollten. Das Hotel, das benachbarte Spielcasino, die drei angeschlossenen Bäder – das Thermalbad, das Kaiserbad und das Römerbad – sowie der umgebende Kurpark sollten das Herz von „Bad Aachen" werden, einem großen Investitionsprojekt, das man heute, an die englische Bezeichnung angelehnt, als „Resort" bezeichnen würde. Auch wenn nicht behauptet werden kann, dass diese Ideen nicht erfolgreich gewesen wären, trugen doch zwei Weltkriege und der weitere Lauf der Geschichte dazu bei, dass Aachen an der Monheimsallee heute zwar immer noch mit opulenter und attraktiver Architektur beeindruckt, aber als Kur- und Heilbadadresse nicht mehr von sich reden macht. So nutzte man in der Nachkriegszeit die Chance für sich, den ursprünglich als Kurhotel gedachten Quellenhof zum Kongresshotel weiterzuentwickeln, indem 1977 gleich nebenan das Kongresszentrum Eurogress Aachen errichtet wurde. Hiermit reihte man sich in einen damaligen Trend ein, da mehr und mehr westdeutsche Städte versuchten, mit Tagungs- und Kongresszentren neue Bedeutung und Attraktivität zu generieren. Infolge dieser Ausrichtung wird seither versucht, den Quellenhof als großzügiges Businesshotel mit seinen immerhin 13 Tagungsräumen zu etablieren. Das änderte sich auch nicht Ende der 1990er-Jahre, als die Fundusgruppe als Eigentümergesellschaft das Hotel grundsanierte, das später an Dorint verpachtet wurde. Im Zuge dessen wurde es auf einen

Status gebracht, der bis zum heutigen Tage dafür sorgt, dass der Quellenhof in Deutschland als eines der schönsten historischen Hotels mit dem Charakter eines Grandhotels und mit gleichzeitig aktueller Hardware aufwarten kann. Vor allem der damals neue Spa mit Innenpool, Saunen und Anwendungsbereich sorgte dafür, dass das Haus nicht mehr nur als Kongress- und Businesshotel galt, sondern fortan zunehmend die Möglichkeit eröffnete, die Individualreisenden anzusprechen. Seine Betreiber wechselten in der Folge indes mehrfach. Jedoch wird der Aachener Quellenhof seit Januar 2020 unabhängig von den großen Marken der europäischen Businesshotellerie bewirtschaftet. Seitdem geht es verstärkt darum, das Profil als individuelles Luxushotel zu schärfen, auch wenn man sich zurzeit nicht vom DEHOGA klassifizieren lässt. Dies wurde damit begründet, privat geführt und damit ganz neu aufgestellt zu sein. Eine Einordnung in ein Bewertungssystem wurde hierbei wohl eher als Einschränkung angesehen. Eine Mitarbeiterin betonte uns gegenüber: „Wir möchten nicht etwa auf die Bewertung verzichten, weil wir schlechter geworden sind und deshalb herabgestuft werden würden. Ganz im Gegenteil, wir haben sehr viel investiert und wollen mit einem hervorragenden Service brillieren und unter Beweis stellen, dass wir sogar noch besser geworden sind. Letztlich wird uns der Gast bewerten." Wie dem auch sei, bei einer DEHOGA-Klassifizierung werden insbesondere die Hardwarefakten am stärksten gewichtet. Vor allem ist es nun aber die Servicequalität, an der man gemessen werden möchte. Da zeitgleich die Pandemie auch die deutsche Hotellerie traf, ist der Erfolg dieses Kurswechsels noch nicht in Gänze zu beurteilen, auch wenn beispielsweise der neue Internetauftritt sehr viel exklusiver und nunmehr verstärkt an Individualreisende gerichtet ist. Individualität und Orientierung auf anspruchsvolle Gäste scheinen nun im Mittelpunkt zu stehen. Dies unterscheidet sich von den zuvor gepflegten Internetauftritten im Rahmen der Homepages großer Hotelkonzerne wie Dorint und Accor, die mit ihrer Standardisierung und Konzentration auf die Buchungsmöglichkeiten, gerade auch für Veranstaltungen und Events, weniger persönlich auf die Individualreisenden mit Luxusanspruch ausgerichtet wirkten. Nun zeigen sich Hotelleitung sowie Mitarbeiter mit Fotos als nahbar und das Hotelprodukt, die Wellnessmöglichkeiten und die Hardware werden wieder mehr in den Mittelpunkt gerückt. Denn hiermit konnte man von jeher punkten. Hinzu kommen im Quellenhof ausladend breite Hotelflure und Treppen sowie hohe Zimmerdecken, die bereits für das Bürgertum des 19. Jahrhunderts Zeichen luxuriösen und großzügigen Wohnens waren. Doppelte Zimmertüren bieten Schutz vor Geräuschen von außen und erinnern, so wie die Hotelarchitektur insgesamt, an den Glanz des Hauses vom Anfang des letzten Jahrhunderts. Allein schon deshalb empfehlen wir dieses Hotel als außergewöhnliche und in Aachen und Umgebung unerreichte Spitzenadresse. Erfreulicherweise wurde überdies erneut in das Zimmerprodukt investiert, denn seit Ende März stehen auf der dritten Etage nach einer Renovierung sogenannte *Wohlfühl- und Lieblingszimmer* zur Verfügung. Diese haben eine Größe von 25 beziehungsweise 30 Quadratmetern. Für das Interior Design zeichnet Anne Maria Jagdfeld verantwortlich, die im Übrigen auch einst das Grandhotel Heiligendamm eingerichtet hat und dort mit ihrem Gestaltungskonzept begeistern konnte. Im Design sind die neuen Zimmer selbstverständlich an den Stil des

Hauses angeglichen worden. Durch das Farbkonzept in Pastell, Grün und Blau wirken diese nunmehr frischer, ohne an Eleganz zu verlieren. Die Bäder sind sowohl mit einer Wanne als auch einer separaten Dusche ausgestattet. Bei Anreise gibt es einen Willkommensgruß, zusätzlich steht eine Kapselmaschine zur Zubereitung von Kaffee zur Verfügung. Parken in der Tiefgarage ist mit 16 Euro für 24 Stunden durchaus fair kalkuliert. Fortschrittlich, wenn auch demnächst sicherlich Standard, ist die Tatsache, dass eine Ladestation für Elektrofahrzeuge vorhanden ist. Zusätzliche Gebühren werden dem Gast hierfür zumindest noch nicht berechnet. Ob in Zukunft Service und Dienstleistungsqualität dem „neuen" Selbstverständnis – auch nach Corona und dem erschwerend hinzukommenden Fachkräftemangel in der Hotellerie – entsprechen können, werden wir alsbald berichten. Immerhin gibt es im Hinblick auf die Gastronomie augenblicklich keine Einschränkungen hinsichtlich der Öffnungszeiten. Hauptrestaurant ist das Bistro, das den Gästen zu Frühstück, Lunch und Dinner, letzteres außer Sonntags, zur Verfügung steht. In den Sommermonaten kann zudem auf der großen Terrasse mit Blick in den Kurpark gefrühstückt werden. Alternativ gibt es ein Speisenangebot in der angesagten Elephant Bar. Positiv zu werten ist ebenso, dass mit Andreas Wieckenberg ein junger, smarter und offenbar äußerst engagierter Hoteldirektor verpflichtet wurde, der reichlich Erfahrung aus der Spitzenhotellerie mitbringt. Er war für internationale Luxusmarken wie Raffles, Mandarin Oriental und zuletzt für das Schlosshotel Kronberg, ein Mitglied bei Leading Hotels of the World, tätig. Ebenfalls erfreulich ist, dass er sich mit dem Thema Beschwerdemanagement auseinandersetzt. Augenblicklich, so unser zusammenfassender Eindruck, scheint man im Quellenhof, nachdem man die großen Betreibernamen hinter sich gelassen hat, auf dem richtigen Weg in eine Zukunft als individuelles Spitzenhotel zu sein.

Bewertung:

## AUGSBURG Bayern

### DORINT

**(OT Göggingen)**
**Imhofstraße 12**
**86159 Augsburg**
**Telefon: 08 21-59 74-0**
**Internet: www.dorint.com**
**E-Mail: info.augsburg@dorint.com**
**Direktor: Harald Lange**
***DZ ab € 84,00***

Hochhäuser der 1960er- und 1970er-Jahre haben keinen guten Ruf in deutschen Städten. Anders jedoch in Augsburg, denn dessen Stadtsilhouette sollte zu den Olympischen Spielen 1972 um ein Bauprojekt erweitert und geprägt werden, das sich an einem berühmten US-amerikanischen Vorbild orientierte. So waren die in den 1960er-Jahren errichteten Zwillingstürme der Marina City in Chicago mit einer Höhe von 179,2 Metern über 61 Etagen Vorbild für das Augsburger Gebäude mit seiner Höhe von 115 Metern und 35 Etagen. Die Ähnlichkeit zum transatlantischen Vorbild besteht vor allem durch den kreisrunden Grundriss. Dieser führt durch umlaufende, halbrunde Balkone dazu, dass das Gebäude mit der 35-fachen Stapelung dieses Grundrisses übereinander die Anmutung eines großen Maiskolbens hat. Eine unverwechselbare Form, welche die langweilige Sachlichkeit anderer Beispiele der damals zeitgenössischen Hochhausarchitektur zum Glück vermissen lässt. Das Bauwerk ist extravagant sowie einzigartig und trägt heute zu Augsburgs Stadtsilhouette im positiven Sinne bei. Ein solches Haus ist natürlich prädestiniert für ein Businesshotel wie das Dorint, für das eine herausragende Position in der Stadtlandschaft generell von Vorteil ist. Allerdings werden nicht alle Etagen des Gebäudes vom Hotel genutzt. Zwischen der 12. und 33. Etage wurden Eigentumswohnungen sowie Büros eingerichtet, sodass der in dieser Höhe herrliche Ausblick dazu beitragen konnte, die Finanzierung einer solch kostspieligen Konstruktion durch entsprechend hohe Wohnungs- beziehungsweise Büroraumpreise zu realisieren. Um im Hotel einen wunderbaren Ausblick über die Dächer der Stadt genießen zu können, ist die Kategorie *Superior* zu buchen, in der die Zimmer in der 10. und 11. Etage liegen. Wer hier das Maximum wählen möchte, kann auf die Juniorsuite in der 34. Etage zurückgreifen, denn kein anderes Zimmer liegt höher. Allerdings wäre dazu ein Aufschlag von 40 Euro zu jenen Juniorsuiten, die es auf allen anderen Etagen gibt, in Kauf zu nehmen. Zu betonen ist außerdem, dass sich das immer noch zeitgemäße Zimmerprodukt in einem guten Pflegezustand befindet, auch wenn die letzte Renovierung, die sich im Rahmen der Erhaltungsmaßnahmen auf eine Auffrischung einiger Zimmer beschränkte, nun mittlerweile mehr als drei Jahre zurückliegt. Klare Stärke dieses Dorint ist jedoch zweifelsohne sein Tagungssegment mit den 13 multifunktionalen Tagungsräumen, meist im Erdgeschoss gelegen, und, als Highlight, in einem Fall auch in der 34. Etage. Im Untergeschoss befindet sich ein großer Saal mit Zugang zur Außenterrasse, der noch einmal in drei Räume unterteilbar ist und in dem Veranstaltungen mit bis zu 220 Personen möglich sind. Eigentlicher Höhepunkt im Tagungsbereich ist aber die direkte Anbindung an die Kongresshalle, deren Kongresssaal mit seiner 200 Quadratmeter großen Bühne bis zu 1440 Personen fassen kann. Hier in Augsburg ist dies ein Alleinstellungsmerkmal. Im für ein Business-Dorint-Hotel recht typischen Restaurant erwartet die Gäste das dortige Standardangebot an Speisen, etwa Pasta, Salate, Burger, Schnitzel, Fisch und vielleicht eine vegane Option. Im bayerisch-schwäbischen Augsburg würden die meisten Gäste hier jedoch sicherlich einige regionale Gerichte mit mehr Lokalkolorit wertschätzen. Zum Gesamtangebot gehört überdies ein 195 Quadratmeter großer Freizeitbereich mit finnischer Sauna, Dampfbad und Ruheraum. Zusätzlich ist ein kleiner Trainingsraum vorhanden, der sogar rund um die Uhr zugänglich ist. Für ein Businesshotel sicherlich mehr als nur akzeptabel. Ein wenig unglücklich ist die Parksituation, das räumen selbst die Mitarbeiter ein. Denn das benachbarte öffentliche Parkhaus ist wegen Baumängeln geschlossen. Empfohlen wird die 400 Meter entfernte öffentliche Parkfläche der Erhard-Wunderlich-Sporthalle. Das Erfreuliche an diesem Umstand wiederum ist, dass dort keine Parkgebühren erhoben werden. Allerdings sind hier keine Elektroladestationen vorhanden, die nächste Möglichkeit befindet sich drei Autominuten vom Hotel entfernt in der Stettenstraße. Dieses First-Class-Businesshotel bietet somit zusammengefasst ein solides Zimmerprodukt, eine akzeptable Gastronomie und ein kleines, für diese Kategorie sicherlich gutes Wellnessangebot. Angesichts der steigenden Immobiliennachfrage in ganz Deutschland ist durchaus zu befürchten, dass auch der Hotelteil des Gebäudes einmal zu Wohnungen umgebaut werden könnte. Solange sollte man die Gelegenheit nutzen, einmal in einem so ungewöhnlichen Gebäude zu logieren und dabei den herrlichen Panoramablick über Augsburg zu genießen.

Bewertung:

## MAXIMILIAN'S

**(Innenstadt)**
**Maximilianstraße 40**
**86150 Augsburg**
**Telefon: 08 21-50 36-0**
**Internet: www.hotelmaximilians.com**
**E-Mail: info@hotelmaximilians.com**
**Direktor: Theodor Gandenheimer**
***DZ ab € 169,00***

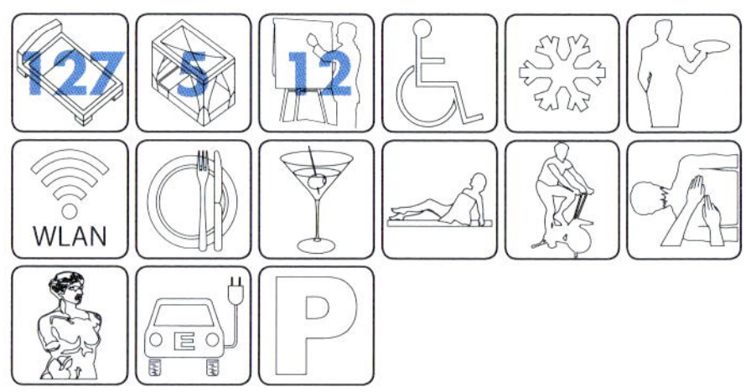


Längst ist der Status dieser ersten Hoteladresse der Stadt wieder gefestigt. An der damit angesprochenen positiven Entwicklung hat Hoteldirektor Theodor Gandenheimer einen großen Anteil, denn seit 2015 führt er nunmehr das Haus. Ihm ist es gelungen, darauf sei erneut hingewiesen, die Managementfehler seiner Vorgängerinnen mit großem Engagement und einem hohen Qualitätsverständnis vollständig zu revidieren. Im Zuge dessen ist das Maximilian's erfreulicherweise wieder zum Treffpunkt und nahezu Wohnzimmer der Augsburger Gesellschaft avanciert. Das gelang vor allem auch deswegen, weil der regionale Markt in jüngster Zeit stärker bespielt wurde. Zudem haben erhebliche Investitionen der vergangenen Jahre in die Hardware ihren Teil dazu beigetragen. So unterzog man nicht nur die Zimmer und Suiten, sondern auch die öffentlichen Bereiche einer Master-Renovierung. Zwar liegt diese Maßnahme ehrlicherweise bereits mehr als ein Jahrzehnt zurück, doch befindet sich das Hotel nach wie vor in dem gleichen, zeitgemäßen und tadellosen Zustand wie unmittelbar nach dieser Erneuerung. An dem guten Pflegezustand hat sicherlich die Housekeeping-Abteilung den größten Anteil. Entscheidend für den jüngsten Erfolg des Hauses sind aber vorrangig die „weichen" Faktoren, sprich die Service- und Dienstleistungsqualität, die sich hier auf einem beachtlich hohen Level befindet. Seit 2021 ist das Maximilian's ein Fünf-Sterne-Superior-Hotel, womit man die Messlatte für sich selbst sehr hoch gelegt hat, denn man muss sich nunmehr den direkten Vergleich mit den besten Hoteladressen der Republik gefallen lassen. Allerdings wurden die

Servicestandards bereits vor der neuen Klassifizierung noch einmal angehoben. Bei Anreise kann das Fahrzeug direkt vor den Eingang gefahren werden und der Gast erhält selbstverständlich Unterstützung beim Gepäck. Auf Wunsch wird zudem ein Valet Parking Service angeboten. Hierfür genügt ein Hinweis an der Rezeption. Das Parkhaus befindet sich an der Rückseite des Hotels, von dem aus das Maximilian's über den Hintereingang mit wenigen Schritten erreicht werden kann. Somit können Gäste, die ihr geheiligtes Fahrzeug nur ungern aus der Hand geben möchten, auch selbst parken und das Hotel schnell wieder erreichen. Erfreulich ist, dass hier insgesamt acht E-Ladestationen vorhanden sind. Zu den Parkgebühren von 23 Euro pro Tag kommen dabei für den Ladevorgang noch einmal 20 Euro hinzu. Ein Tipp in diesem Zusammenhang: Es gibt Kombiraten, bei denen in den Zimmerpreis neben dem Frühstück auch die Parkgebühren eingeschlossen sind. Als Augsburger trifft man sich in diesem Hotel nicht nur mit Freunden und Geschäftspartnern zum Essen, sondern lässt hier auch gerne sowohl private als auch berufliche Veranstaltungen ausrichten. So ist das Maximilian's nicht zuletzt eine beliebte Location für Hochzeitsgesellschaften. Ein Highlight ist die sogenannte Teehalle mit ihrer großen Lichtkuppel, in der bei entsprechender Bestuhlung bis zu 500 Personen Platz finden. Der 1200 Quadratmeter große Tagungsbereich bietet insgesamt 12 Räumlichkeiten, die selbstverständlich mit einer modernen Licht-, Ton- und Präsentationstechnik ausgestattet sind. In einem Hotel dieser Klasse darf überdies ein veritabler Spa nicht fehlen. Dessen Nutzung ist bereits in die Zimmerrate inkludiert. Er hat eine Größe von 360 Quadratmetern und bietet einen edlen Saunabereich mit finnischer und Bio-Sauna, Aroma-Sole-Dampfbad sowie einem Trinkwasserbrunnen. Auch ein Fitnessraum mit modernen Cardio-Trainingsgeräten wurde eingerichtet. Der Beauty-Spa wird von einem externen Anbieter betrieben, sodass zahlreiche Kosmetik- und Massage-Treatments wählbar sind. Am Sonntag und Montag hat dieser allerdings offiziell geschlossen, jedoch sind gesonderte Terminvereinbarungen möglich. Der Wellnessbereich steht im Übrigen auch externen Gästen offen, wobei dann 35 Euro für eine Tageskarte zu entrichten sind. Unbestritten ist inzwischen nicht nur die positive Entwicklung im Hinblick auf die Service- und Dienstleistungsqualität, sondern auch die der Gastronomie mit den beiden Restaurants im Hause. Seit einigen Jahren zählt das Satory zu den besten Adressen der Stadt. Der Guide Michelin bewertet die Küche von Chef de Cuisine Simon Lang als hervorragend und zeichnet das Restaurant seit 2019 mit einem Stern aus. Hiervon profitiert ein individuelles Hotel wie dieses ganz besonders. Geöffnet hat das Satory von Donnerstag bis Samstag ab 18 Uhr. Das Hauptrestaurant ist jedoch das maximilian°s, in dem auch das tägliche, erstklassige Champagnerfrühstück zelebriert wird. Während viele Restaurants ihre Öffnungszeiten einschränken, ist es hier möglich, nicht nur abends zu speisen, sondern auch mittags zu lunchen. Täglich wird dabei ein Plat de Jour angeboten. Die Gerichte werden in der offenen Showküche zubereitet. Selbst umschreibt man die kulinarische Richtung der Küchen als Best Urban Kitchen, was auch immer darunter zu verstehen sein mag. Äußerst beliebt ist der Sonntagsbrunch, der ein Glas Champagner, Saft sowie Kaffee und Tee nach Wunsch beinhaltet. Man kann kontrovers darüber diskutieren, ob die Umfirmierung vom traditionsreichen Hotel Drei Mohren in das jetzige Maximilian's Ende 2020 sinnvoll war oder nicht. Wir möchten das Thema nicht erneut besprechen, zumal wir dies ausführlich in der vergangenen Ausgabe getan haben, aber Hoteldirektor Theodor Gandenheimer äußert sich dazu regelmäßig in der Öffentlichkeit. Ein wenig wirkt es so, als ob er sich immer wieder von Neuem für den umstrittenen Schritt rechtfertigen müsse. Kritiker, darunter auch Historiker, geben in diesem Kontext zu bedenken, dass Geschichte nicht umgeschrieben werden kann und die Benennung ganz andere Gründe als rassistische hatte. Trotzdem konstatieren wir: In jedem Fall ist die Entwicklung dieses Hotels davon unberührt und positiv zu bewerten, was in erster Linie der Führungsstärke des Hoteldirektors zu verdanken ist.

Bewertung:

## BAD BRÜCKENAU Bayern

### DORINT RESORT & SPA

**(Innenstadt)**
**Heinrich-von-Bibra-Straße 13**
**97769 Bad Brückenau**
**Telefon: 0 97 41-85-0**
**Internet: www.dorint.com**
**E-Mail: info.badbrueckenau@dorint.com**
**Direktor: Michael Demmerle** ***(bis 05/23)***
***DZ ab € 116,00***

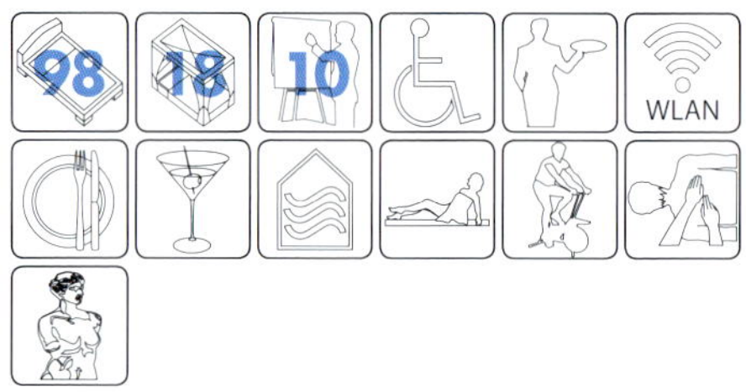

Das Staatsbad Bad Brückenau dürfte bei einem erstmaligen Besuch für viele eine Überraschung sein. Dieser Begriff für einen Kurort geht zurück auf die Zeit des 18. und 19. Jahrhunderts, als in ganz Mitteleuropa verschiedenste Landesfürsten und Herrschende Heilquellen erschlossen, Badeeinrichtungen erbauen ließen und so auch für ansonsten weniger entwickelte Landesteile eine ökonomische Perspektive schufen. Zwischen den Anhöhen der umgebenden Rhön erstreckt sich hier auf beiden Seiten einer zentralen Flanierachse durch den Kurpark eine ganze Kollektion von historischen Gebäuden und Anlagen, die dem Kurbetrieb dienten und teilweise immer noch dienen. Beide Enden jener Achse werden von abschließenden Bauwerken gekrönt, die sich in das an jeder Seite ansteigende Gelände einschmiegen. Die größten Gebäude sind jedoch der klassizistische Große Kursaal und das Jugendstil-

Parkhotel von 1901, das heutige Dorint Resort, links und rechts der zentralen Parkachse. Daneben stehen zahlreiche weitere wunderschöne historische Bauten im Park, wie etwa der Fürstenhof, der Elisabethenhof, das Bellevue, das ehemalige Badhotel, die Remise und der Quellentempel. Insgesamt haben Besucher hier inmitten eines wundervollen Parks also ein geschichtsträchtiges Staatsbad wie aus dem Bilderbuch vor sich. Dorint übernahm 2002 das Parkhotel und den Fürstenhof als dessen kleinere Dependance. Zusätzlich ergänzte es das Jugendstilhotel um den sogenannten Vital Spa, ein umfangreiches Wellnessangebot über drei Ebenen. Dies umfasst einen Saunabereich mit Saunen und Dampfbädern, eine Salzgrotte, ein Tauchbecken auf der angeschlossenen Dachterrasse sowie einen über eine Schwimmschleuse erreichbaren beheizten Außenpool. Zusätzlich steht ein großer, lichtdurchfluteter Ruheraum zum Relaxen zur Verfügung. Auch ein eigener Anwendungsbereich, in dem ein breit gefächertes Angebot an physiotherapeutischen Behandlungen und Entspannungsmassagen buchbar ist, gehört dazu. Damit schuf man Erholungsangebote, welche die Grundlage für die Attraktivität dieses zeitgemäßen Hotelprodukts in historischer Umgebung bilden. Denn geschichtsträchtige Gebäude und Parkanlagen alleine reichen nicht dafür aus, dass eine traditionsreiche Kuradresse wie das Staatsbad Bad Brückenau in modernen Zeiten wirtschaftlich erfolgreich bestehen kann. Der 2800 Quadratmeter große Wellnessbereich des Dorint Resort & Spa ist für sich genommen schon ein gutes Argument für einen Aufenthalt in diesem bemerkenswerten Leisurehotel. Besonders gelungen ist außerdem die Integration eines modernen Hotelinterieurs mit lichtdurchflutetem Restaurantbereich inklusive vorgelagerter Terrasse sowie elegant-modern ausgestatteten Zimmern und Suiten in die Jugendstilhülle des Hotels. Ungeachtet solcher Attribute ist man hier aber durchaus auch in der Lage, das Tagungssegment zu bespielen, denn allein zehn Räumlichkeiten, die Veranstaltungen mit bis zu 160 Personen ermöglichen, zählen zum Portfolio des Hauses. Kein Wunder bei einer solchen Location ist, dass Hochzeiten eine tragende Säule des Veranstaltungsgeschäftes darstellen. So unterstützt eine hoteleigene Hochzeitsplanerin die Brautpaare bei der Ausrichtung des hoffentlich schönsten Tages ihres gemeinsamen Lebens, nimmt sie an die Hand und berät sie umfassend. Das Jawort der Hochzeitspaare kann auch in einer evangelischen oder wahlweise katholischen Kirche gegeben werden, die sich in unmittelbarer Nähe befinden. Seit einigen Jahren ist es in Deutschland sogar möglich, ausschließlich kirchlich zu heiraten, denn eine standesamtliche Trauung ist keine Voraussetzung mehr, um verbindlich den Bund des Lebens zu schließen. Ungeachtet dessen befindet sich im Hotel ebenso ein Trauzimmer als offizielle Dependance des Standesamtes Bad

Brückenau. Die bereits angesprochene Hotelgastronomie, das Restaurant Ludwigs, ist auch der Ort für das Frühstück und grenzt an die ebenfalls bereits erwähnte herrliche Terrasse, auf der im Sommer gefrühstückt werden kann. Das Restaurant hat montags bis samstags geöffnet. Eine Alternative, etwa in der Bar Vestibül, wird nicht geboten. Stattdessen wird seitens der Mitarbeiter auf einen nach deren Bekundungen „ganz guten" Italiener in der Nähe verwiesen. Das ist, wie wir finden, für ein Hotel mit einem Selbstverständnis wie dem dieses Leisurehotels durchaus ein kleiner Malus. In der Tat wäre eher angebracht, zumindest über den Roomservice ein kleines Speisenangebot, beispielsweise ein Clubsandwich und einen Salat, anzubieten. Die insgesamt 116 Zimmer, darunter auch Suiten, die sich im Hauptgebäude sowie im sogenannten Parkflügel befinden, werden in die Kategorien *Superior* und *Deluxe* unterteilt. Im Parkflügel sind alle Zimmer auf einem aktuellen Renovierungsstand, bieten mit einer Größe von 30 bis 35 Quadratmetern reichlich Platz und verfügen darüber hinaus, im Gegensatz zu jenen im Hauptgebäude, über eine Klimaanlage. Für diese sprechen wir daher eine ausdrückliche Empfehlung aus. Die Kategorie *Deluxe* verfügt zudem jeweils über einen Balkon. Ebenso erwähnenswert ist: Wer nicht unbedingt kostenpflichtig in der Hotelgarage parken möchte, die mit 20 Euro pro Tag berechnet wird, kann einen kurzen Fußweg zum Auto in Kauf nehmen und im nahe gelegenen öffentlichen Parkhaus kostenfrei parken. Wer über ein Elektrofahrzeug verfügt, den muss man bisher allerdings enttäuschen, denn eine Ladestation ist auf dem Areal des Staatsbades nicht vorhanden. Hier muss auf den Stadtkern verwiesen werden, der in gut fünf Minuten mit dem Auto zu erreichen ist. Ungeachtet dessen: Wer hier Erholung und Entspannung sucht, wird während seines Aufenthaltes sicherlich nicht das Auto bemühen müssen, schließlich bieten der Kurpark des Staatsbades sowie die umliegende Rhön umfangreiche Möglichkeiten zum Wandern und Spazierengehen. Dieses außergewöhnliche Dorint Resort bleibt also ohne Zweifel eine Empfehlung für die Wochenendauszeit, den erholsamen Kurzurlaub oder den umfangreichen Wellnessurlaub. Und auch als Location für die ganz persönliche Traumhochzeit kann dieses besondere Haus in Betracht gezogen werden.

Bewertung: ●●●

***HINWEIS:***

*Die Recherche wurde nach bestem Wissen und Gewissen durchgeführt. Es besteht trotzdem die Möglichkeit, dass Daten falsch oder überholt sind. Eine Haftung kann auf keinen Fall übernommen werden. Wir weisen darauf hin, dass es sich bei den geschilderten Eindrücken oder Erlebnissen um Momentaufnahmen handelt, die nur eine subjektive Beurteilung darstellen können.*

## GRAND HOTEL HEILIGENDAMM

**(OT Heiligendamm)**
**Prof.-Dr.-Vogel-Straße 6**
**18209 Bad Doberan**
**Telefon: 03 82 03-7 40-0**
**Internet: www.grandhotel-heiligendamm.de**
**E-Mail: info@grandhotel-heiligendamm.de**
**Direktor: Thies Bruhn**
***DZ ab € 278,00***

Erfreulich ist die nun schon über Jahre zu beobachtende Weiterentwicklung des Grandhotels Heiligendamm, im Übrigen Mitglied der feinen Hotelvereinigung Leading Hotels of the World, zu einem der besten Luxus-Leisurehotels in Deutschland. Diese ist sicherlich das Verdienst von Hoteldirektor Thies Bruhn, der die traditionsreiche Adresse zwischenzeitlich breiter und internationaler aufgestellt hat und somit nicht nur deren Wahrnehmung, sondern auch ihr Renommee signifikant steigern konnte. Bruhn, der viele Jahre für die namhafte Hotelgruppe Kempinski tätig war, schärfte das Profil des Hauses weiter und drehte dabei an bestimmten Stellschrauben, etwa indem er auch technische Prozesse hinterfragte und optimierte. Da sich die Qualitäten eines Hotelmanagers gerade in Krisenzeiten zeigen, war die Coronapandemie hierfür ein schonungsloser Gradmesser. Für Thies Bruhn waren die vergangenen Jahre zwar sicherlich eine Herausforderung, doch meisterte er diese hervorragend. Schließlich führte er während seiner beruflichen Karriere stets sehr komplexe Häuser und, nicht selten, auch schwierige Standorte. Viele Hoteliers klagten darüber, dass sich zahlreiche Mitarbeiter während der Zeiten des Lockdowns beruflich neu orientierten, infolgedessen es dann zu erheblichen Personalengpässen kam. Bruhn hingegen konnte den Großteil seines Teams halten und war daher in den Sommermonaten 2020 und 2021 personell relativ gut aufgestellt. So war es dann auch möglich, die notwendigen Vorgaben der Landesregierung mit der entsprechenden Manpower umzusetzen und dennoch die Serviceleistungen zu garantieren, die dem Selbstverständnis des Hauses als Grandhotel entsprachen. Teilweise hatten einige Kollegen, selbst im Luxussegment, verschiedene Service- und Dienstleistungsangebote entweder heruntergefahren oder sogar ganz eingestellt. Bruhn hingegen vermarktete zu dieser Zeit vor allem die Juniorsuiten und Suiten, um die Hygiene- und Abstandsregeln, etwa beim Frühstück oder in den Restaurants, umsetzen zu können, da eine Vollauslastung aus Kapazitätsgründen nicht möglich gewesen wäre. Eigentlich Maßnahmen, die folgerichtig und logisch sind. Ein glücklicher Umstand für ihn war zudem, dass der 9 x 22,5 Meter große Außenpool ab Juni 2020 erstmalig den Gästen zur Verfügung stand, da es zu dieser Zeit ja noch keine Impfung gab, und da viele Bedenken hatten, sich im Innenbereich des Spa aufzuhalten. Eine in diesem Zusammenhang entstandene und inzwischen fest etablierte gute Idee ist der Food Truck auf der Poolterrasse, von dem aus Gäste mit Getränken und Snacks direkt an ihren Sonnenliegen versorgt werden können. Dies avancierte schnell zum Selbstläufer. Der 3000 Quadratmeter große Wellnessbereich wurde im sogenannten Severin-Palais integriert, einem der historischen Bauten des klassizistischen Kurbades. Im gleichen Komplex befinden sich insgesamt 49 Doppelzimmer sowie 17 Suiten, und von jeder Etage aus kann der Spa mit dem Aufzug erreicht werden – durchaus auch ganz bequem gleich im Bademantel. Die Stammgäste haben ganz individuelle Lieblingszimmer, nicht zuletzt, weil das Interieur in all den Bauten des historischen Ensembles unterschiedlich ist. Neun Zimmer sowie neun Suiten befinden sich in der sogenannten Burg Hohenzollern, im großen Hauptgebäude des Grandhotels hingegen sind es 31 Doppelzimmer neben 16 Suiten. Einen besonders uneingeschränkten Meerblick bieten einige Suiten im strandnah gelegenen Haus Mecklenburg, von dem aus über einen direkten Verbindungsgang ebenso das Kurhaus mit dem großen Saal erreicht werden kann. Mit einer Mindestgröße von 30 bis 35 Quadratmetern bieten sie recht viel Platz, und alle sind mit einem luxuriösen Marmorbadezimmer mit Dusche und separater Wanne ausgestattet. Im Kurhaus befindet sich unter der Leitung von Steffen Duckhorn das Kurhausrestaurant, in dem der kulinarische Schwerpunkt auf der gehobenen regionalen Küche liegt. Bei der Auswahl der verwendeten Produkte wird, soweit möglich, Wert auf Regionalität gelegt. Hier wird im Übrigen auch das Frühstück geboten, das bei sommerlichen Temperaturen obendrein auf der angrenzenden Terrasse mit Meerblick genossen werden kann. Im Wandelgang zwischen Kurhaus und Haus Mecklenburg befindet sich die Sushi-Bar. Gleich nebenan trägt Starkoch Ronny Sievert, einer der besten Köche des Bundeslandes Mecklenburg-Vorpommern, im Gourmetrestaurant Friedrich Franz seit 2008 die Verantwortung. Bereits seit 2009 zeichnet der Guide Michelin seine moderne, französisch orientierte und aromenintensive Haute Cuisine in ununterbrochener Folge mit einem Stern aus. An dieser Stelle weisen wir stets darauf hin, dass der Besuch des Friedrich Franz möglichst schon bei der Buchung des Hotelaufenthaltes fixiert werden sollte, da das Restaurant in der Regel weit im Voraus ausgebucht ist. Aufgrund einer Kooperation

mit Porsche ist es überdies möglich, während des Aufenthaltes einen solchen Sportwagen anzumieten. In Anbetracht der Tatsache, dass alle Fahrzeuge der Gäste auf einer etwas entfernt liegenden Parkfläche abgestellt werden, ist ein gut funktionierender Valet Parking Service natürlich unverzichtbar. Auch eine E-Ladestation steht zur Verfügung. Eine Besonderheit ist: Da sich das Grandhotel Heiligendamm als Familienhotel versteht, wurde für den mitreisenden Nachwuchs auf dem Gelände eine eigene Villa eingerichtet. Kinder ab drei Jahren werden hier von erfahrenen Mitarbeitern zwischen 9 Uhr und 17 Uhr betreut, freitags und samstags sogar bis 18 Uhr. Hinzu kommt je nach Belegungssituation noch ein täglich wechselndes Outdoorangebot. Den ganzen Tag über werden hier kostenfrei Softdrinks angeboten, und ein Mittagessen kann gegen eine Gebühr von 15 Euro hinzugebucht werden. Überhaupt sind die lokalen Möglichkeiten der aktiven Freizeitgestaltung hervorragend, seien es Wassersportarten wie Segeln, Surfen oder Kiten oder eine Runde Golfspielen. Das Golfresort Wittenberg befindet sich nur zehn Autominuten vom Hotel entfernt. Somit sind die Rahmenbedingungen, sowohl für einen Kurztrip als auch für einen mehrwöchigen Urlaub, hier in Heiligendamm als nahezu perfekt zu bewerten. Die Mischung aus privilegierter Küstenlage mit Sandstrand und Seebrücke vor der Tür, einem beeindruckend eleganten und gleichzeitig zeitgemäßen Zimmerprodukt, Michelin-Stern-gekürter Gastronomie, superbem Wellnessangebot und natürlich einem hervorragenden Service ist nichts anderes als spektakulär.

Bewertung:

## PRINZENPALAIS

**Alexandrinenplatz 8**
**18209 Bad Doberan**
**Telefon: 03 82 03-22 12-0**
**Internet: www.hotel-prinzenpalais.de**
**E-Mail: info@hotel-prinzenpalais.de**
**Direktor: Thies Bruhn**
***DZ ab € 72,00***

Deutschlands ältestes und renommiertes Seebad Heiligendamm, an der mecklenburgischen Ostseeküste zwischen den mittlerweile größeren und bekannteren Badeorten Kühlungsborn und Rostock-Warnemünde gelegen, hat ein Hinterland, ohne dass das klassizistische Kleinod hier nicht entstanden wäre. Bad Doberan, nur wenige Kilometer von Heiligendamm entfernt, ist eine Stadt mit bereits im 12. Jahrhundert gegründetem Kloster samt Münsterkirche und kann als Ausgangspunkt für die Entstehung des ersten deutschen Seebades 1793 durch Friedrich Franz I., Großherzog von Mecklenburg, gesehen werden. Bevor, wie auch während, die klassizistischen Gebäude direkt an der Küste in Heiligendamm entstanden, und ebenso noch lange danach, wohnten viele Gäste im damals schlicht Doberan genannten Ort. Dort fanden sie beispielsweise Unterhaltung bei Glücksspiel in der Doberaner Spielbank, bei

Tanz oder auch bei Pferderennen, welche hier angeblich deutschlandweit erstmalig stattfanden. Ab 1886 verband die Bäderbahn Molli dann Doberan mit dem bis 1870 bereits auf den heutigen Bestand angewachsenen Heiligendamm, welches damals von einer Aktiengesellschaft betrieben wurde und nicht mehr dem Großherzog gehörte. In Bad Doberan hatte sich bereits 1821 der Architekt Carl Theodor Severin, zuvor aktiv in Heiligendamm, ein repräsentatives Palais mitten im Ort errichten lassen, direkt an der Verbindung von Rostock nach Wismar, der Hauptstraße durch Doberan. Das wiederum gefiel dem späteren Erbgroßherzog Paul Friedrich, der zu diesem Zeitpunkt noch als Prinz auf sein Nachrücken in der Thronfolge wartete, so gut, dass er es Severin abkaufte. Somit hatte das Städtchen, das erst in den 1920er-Jahren zu Bad Doberan wurde, auf einmal ein Prinzenpalais, welches jedem Besucher schon aufgrund seiner zentralen Lage ins Auge fallen musste. Selbst heute, wenn man nicht mehr aus Richtung Rostock oder Wismar, inzwischen auf einer Bundesstraße, dort hingelangt, sondern sich meist direkt von Süden von der Küstenautobahn A 20 kommend nähert, ist das Prinzenpalais das erste repräsentative historische Bauwerk, das ankommenden Besuchern auffällt. Über den Alexandrinenplatz vor besagtem Hause und die Beethovenstraße sowie die Dammchaussee fährt man bis heute noch weiter, wenn man nach Heiligendamm möchte. Diese Trasse benutzt auch die Bäderbahn Molli, die mit historischer Dampflok wie eine Straßenbahn auf den hier im Straßenpflaster verlegten Gleisen durch den Ort schnauft. Dabei geht es so nahe am Prinzenpalais vorbei, dass Eisenbahnliebhaber hier vermutlich zu den zufriedensten Gästen dieses wunderschön renovierten Hotels zählen. Seit 2009 kann man dort sowie im rückwärtigen, gleich gestalteten Hintergebäude logieren, das einst Kutscher und Amtsdiener sowie Pferde beherbergte. Das für eine Hotelnutzung eigentlich sehr knapp bemessene Palais wurde rückwärtig um einen wintergartenähnlichen Anbau ergänzt, mit dem Platz für Veranstaltungen und Tagungen geschaffen werden konnte. Trotz der wunderbaren Lage und interessanten Geschichte erwies sich das knappe Angebot an Zimmern jedoch immer als Problem dabei, ein eigenständiges Hotel wirtschaftlich zu betreiben. Die historische Verbindung zwischen dem Palais des Prinzen von Mecklenburg und dem Seebad des Vaters, des Großherzogs, wies quasi den Weg zur nun schon seit einigen Jahren praktizierten, sinnvollsten Lösung jener Krux. Der Direktor des Grandhotel Heiligendamm, Thies Bruhn, hier als erfolgreicher Hotelmanager nun auch schon einige Jahre in Verantwortung, managt das Prinzenpalais zusammen mit dem Grandhotel und sorgt so für das Niveau und die Dienstleistungsqualität, die dieses kleine, aber feine Haus verdient. Allerdings wird es nunmehr als Hotel garni betrieben. Diese Entscheidung ist natürlich aus wirtschaft-

lichen Gründen getroffen worden, und der seit Jahren bestehende Fachkräftemangel hatte sicherlich großen Einfluss darauf. Gästen des Prinzenpalais eröffnen sich im unmittelbaren Umfeld jedoch zahlreiche Möglichkeiten zu speisen. Außerdem bietet sich auch ein Besuch des Grandhotel Heiligendamm an, das ja mehrere gastronomische Optionen bereithält und zu dem man gelangt, wenn man den Gleisen in der Straße vor dem Hause folgt oder einfach selbst in den Zug steigt. Neben den kulinarischen Angeboten kann dort zudem der 3000 Quadratmeter große Spa genutzt werden, da dieser externen Gästen ebenfalls offensteht. Für eine Tageskarte werden 110 Euro berechnet, die sich, sofern auch eine Anwendung gebucht wurde, aber um 50 Prozent reduzieren lässt. Im Prinzenpalais selbst können Gäste nach Voranmeldung den kleinen Saunabereich nutzen. Die Synergien der gemeinsamen Leitung beider Häuser tragen dieses Hotel nun endlich in die Zone der Wirtschaftlichkeit. So gefallen die Räumlichkeiten mit Stilmöbeln sowie teilweise Antiquitäten mit einer der Architektur adäquaten Gestaltung. Und es gibt daneben natürlich auch Gäste, die ein Hotel mit kleinerem und gemütlichem Zuschnitt wie dieses, mit nur 26 Zimmern und 4 Suiten einem Grandhotel vorziehen. Bad Doberan hat dabei den Vorteil eines Angebotes an touristischer Infrastruktur wie einfacheren Restaurants und Läden, Parks und Sehenswürdigkeiten, die so in einem Luxusresort wie Heiligendamm aufgrund der dort bedingungslos hochklassigen Gastronomie nicht vorhanden sind. Doch sind immerhin auch zwei Golfplätze, zu beiden Seiten Bad Doberans gelegen, vom Prinzenpalais aus gut zu erreichen. Hier wird somit ein guter Vier-Sterne-Status im beschaulichen Bad Doberan geboten, dank des gemeinsamen Managements mit einem gewissen Anschluss an das Luxusresort Heiligendamm. Für viele Gäste sicherlich genau die richtige Kombination.

Bewertung:

## BAD ELSTER Sachsen

### DAS ALBERT

**Königliches Kurhaus**
**(Innenstadt)**
**Badstraße 25**
**08645 Bad Elster**
**Telefon: 03 74 37-53 58 72**
**Internet: www.dasalbert.de**
**E-Mail: office@dasalbert.de**
**Küchenchef: Michael Büttner**
***Hauptgang ab € 15,00***

Im 1890 fertiggestellten Kurhaus Bad Elster eröffnete vor wenigen Jahren das Restaurant Albert, initiiert und unterhalten durch dieselben Betreiber des gegenüberliegenden Hotel König Albert. Mit dem modernen Vier-Sterne-Superior-Hotel,

das wenige Monate nach der Soletherme und dem zur Sauna- und Badelandschaft erweiterten historischen Albert Bad im März 2016 eröffnet wurde, kam eine neue Klientel in den etablierten und wunderschönen, aber sehr beschaulichen Kurort im Dreiländereck zwischen Böhmen, Sachsen und Bayern. Wie eine Enklave ragt das Stadtgebiet von Bad Elster entlang des Flüsschens Elster in tschechisches Staatsgebiet. Die durch das neue Hotel mit seinen über 100 Zimmern und Suiten seit 2016 in Bad Elster zusätzlich nächtigenden Gäste genießen überwiegend die Halbpension mit abendlichem Buffet im Restaurant Musika. Dessen abwechslungsreiche Küche teilt aber das Schicksal einer kulinarischen Versorgung auf einem Kreuzfahrtschiff: So sehr Gäste auch die freie Auswahl unter den täglich wechselnden Speisen am Buffet und die unbegrenzte Fülle des Angebotes schätzen, nach einigen Tagen wird dem einen oder der anderen das Angebot fast zu viel und man sehnt sich nach einem vielleicht begrenzteren, aber individuell arrangierten À-la-carte-Angebot einer Adresse mit spezifischer Ausrichtung. Hier bietet sich das Restaurant Albert im nahe gelegenen Kurhaus an, in dem die österreichischen Betreiber des Hotel Albert nun eine kleine, aber feine Karte auf gehobenem Niveau mit Anklängen an ihre heimische Küche präsentieren. Steirischer Backhendlsalat findet sich hier ebenso wie Cordon bleu vom Kalb, Tafelspitz und Wiener Schnitzel oder Apfelstrudel zum Dessert. Zahlreiche weitere Vorspeisen, Salate und Hauptgänge ohne expliziten Bezug zur österreichischen Küche ergänzen die Auswahl, die somit für jeden Geschmack etwas bereithalten dürfte. Nicht nur als Abwechslung zum Buffet im Hotelrestaurant für Hotelgäste ist Das Albert daher eine gute Wahl, sondern für jeden Besucher der kleinen Kurstadt, der hier auf einem Niveau speisen möchte, das sich deutlich vom recht einfachen Standard der ansonsten in Bad Elster anzutreffenden Kulinarik unterscheidet. Ein Lob möchten wir an dieser Stelle auch an Restaurantleiter David Kirchner aussprechen, der hier mit größter Aufmerksamkeit und beachtlichem Engagement alles gibt, damit sich die Gäste umsorgt fühlen. Wir haben uns bei unseren letzten drei Besuchen größte Mühe gegeben, ihn zu testen und vielleicht etwas aus dem Konzept zu bringen, was uns allerdings nicht gelungen ist. Vielleicht etwas trickreich, ihn so zu prüfen, aber wie sagte schon die österreichische Schauspielerin und Bestsellerautorin Joe Harriett: „Ein Hotel- und Gastronomietester muss sein wie der schlimmste Gast." Harriett und auch wir sind nämlich davon überzeugt, dass sich erst dann die fachlichen Qualitäten und vor allem die Souveränität sowie Professionalität des Personals zeigen können. Kirchner meinte dazu, als wir später mit ihm darüber sprachen, solche „schlimmen" Gäste seien nicht schwierig, sondern lediglich anspruchsvoll. Er und sein Team zeigten sich ohne Frage in jeder Situation absolut professionell. Das Niveau der durchaus gehobenen Küche spiegelt sich auch im herrlichen architektonischen Ambiente des Neorenaissance-Gebäudes mit der wunderbaren Loggia. Unter dieser kann man im Sommer auf der Restaurantterrasse Platz nehmen, sofern man nicht den beeindruckenden Saal des Albert selbst bevorzugt, mit dem hier die neue Topadresse unter den Restaurants in Bad Elster etabliert wurde. Dieses kulinarische Angebot wird sich nun nach der Pandemie sicherlich auch langfristig durchsetzen. Als stilvolle Adresse für ein Abendessen vor dem Besuch des benachbarten König Albert Theaters empfiehlt es sich dabei ebenso wie für ein frühes Dinner, das man in Ruhe vor einem abendlichen Besuch in der Sole, der Saunalandschaft oder im Albert Bad genießen möchte, denn die Küche öffnet bereits um 14 Uhr. Wir können in jedem Fall eine uneingeschränkte Empfehlung aussprechen.

Bewertung: ● ●

## KÖNIG ALBERT

**(Innenstadt)**
**Carl-August-Klingner-Straße 1**
**08645 Bad Elster**
**Telefon: 03 74 37-54 0-0**
**Internet: www.hotelkoenigalbert.de**
**E-Mail: info@koenigalbert.de**
**Direktor: Marc Cantauw**
***DZ ab € 188,00***

Als das Hotel König Albert 2016 an den Start ging, war nicht abzusehen, dass es eine solche Erfolgsgeschichte schreiben würde, auch wenn die Ausstattung von Beginn an als erstklassig einzustufen war und dies natürlich immer noch ist. Dennoch liegt dieses First-Class-Hotel nicht in einem mondänen Kurort mit europaweiter Bekanntheit wie etwa Baden-Baden, sondern im eher weniger bekannten sächsischen Vogtland. Die Anbindung an den öffentlichen Nah- und Fernverkehr ist in Bad Elster auch nicht unbedingt optimal, denn die Anreise erfolgt entweder über den Bahnhof Plauen oder den Bahnhof im bayerischen Hof, sofern man nicht mehrere Umstiege in Kauf nehmen möchte. Wer mit dem eigenen Fahrzeug reist, hat dank der heute üblichen Navigationsgeräte weniger Schwierigkeiten und verlässt, von Süden kommend, die A 93 bereits im bayerischen Selb, um dann über die tschechische Stadt Asch zu fahren, weil diese Strecke am kürzesten ist. Alternativ nimmt man aus östlicher Richtung die Abfahrt Hof. Die etwas schwierige Anreise, so könnte vermutet werden, sei für Besucher ein Malus. Doch wie zahlreiche Stammgäste bezeugen, ist die versteckte Lage im Tal der Elster mit ein Grund, hier besondere Ruhe und Erholung zu finden. Viele von ihnen bleiben in diesem First-Class-Superior-Hotel nicht nur mehrere Wochen, sondern reisen sogar mehrfach im Jahr an. Es ist das Gesamtangebot aus einem hervorragenden Zimmerprodukt im Hotel König Albert, umfangreichen Wellness- und Erholungsmöglichkeiten, aber auch einem erstklassigen Kulturprogramm im Ort, das viele immer wieder zu begeistern vermag. Denn ein solches Kulturangebot, das darf nicht unerwähnt bleiben, ist in einer derartigen Vielfalt und Dichte in Deutschland in einem Kurort dieser Größe kein zweites Mal vorzufinden. So bietet die chursächsische Philharmonie unter der Leitung des Geschäftsführers

und Intendanten Florian Merz ein abwechslungsreiches, hochklassiges Jahresprogramm mit Opern, Operetten, Pop, Schlager, Schauspiel, Theatervorstellungen, Vorträgen und Lesungen. Hier gelingt es Merz regelmäßig, namhafte Künstler zu verpflichten. Das alles in wunderschönen historischen Gebäuden wie dem König Albert Theater, das einem Opernhaus nahekommt, dem Kurhaus oder den Freiluftbühnen im Kurpark sowie inmitten des Waldes, dem sogenannten NaturTheater unweit des Hotel König Albert. Derlei reichhaltige Angebote sind sicherlich ein gewichtiger Grund, sich für einen Aufenthalt in diesem traditionsreichen sächsischen Staatsbad mit der herrlichen Kulisse aus historischen Gebäuden und waldreicher Natur zu entscheiden. Ein weiterer Anlass ist in jedem Fall die erstklassige Wellnesslandschaft mit dem historischen Albert Bad, der modernen Thermenanlage mit verschiedenen Pools im Inneren und im Außenbereich, separater Soletherme inklusive weiterer drei Bäder mit unterschiedlicher Salzkonzentration sowie angegliederter Saunalandschaft. Diese 10.500 Quadratmeter große Bade- und Saunawelt ist, bis auf die Saunen in der Soletherme, für Gäste des Hotel König Albert sogar kostenlos und noch dazu über einen direkten Zugang zum Albert Bad über einen gesonderten Bademantelgang erreichbar. Im Rahmen des Check-ins an der Rezeption erhalten die Gäste ein Armband für den Zugang während ihres Aufenthalts. Bei einer Zuzahlung von 12 Euro steht ihnen auch die Saunawelt offen, die über die Soletherme zugänglich ist. Dafür werden hier drei unterschiedlich heiße Saunen, eine sogar mit riesigem Panoramafenster, zwei Tauchbecken und ein großer Außenbereich mit Sonnenliegen sowie ein ebenso großer Innenbereich mit Ruheliegen geboten. Nicht zu vergessen die Salz- oder Kristallsauna, die genauer beschrieben ein Dampfbad ist, in dem, mehrfach täglich, Peelings mit Salzkristallen, Honig und weiteren Zutaten verabreicht werden. Neben der beeindruckenden Hardware ist es aber letztlich die Service- und Dienstleistungsqualität, die den nachhaltigen Erfolg eines solchen Hotels garantieren kann. Das Haus ist nicht nur in Sachsen in seinem Segment die Nummer eins, darauf haben wir an dieser Stelle bereits mehrfach hingewiesen, sondern gehört auch im bundesweiten Vergleich zur Spitze der Wellness-Hotels im Vier-Sterne-Superior-Segment. So ist es zweifelsohne in der Lage, sich mit den besten Adressen der Republik zu messen. Einen nicht unwesentlichen Anteil an dieser Erfolgsgeschichte hat Hoteldirektor

Marc Cantauw. Ihm, einem Gastgeber aus Leidenschaft, ist es nämlich gelungen, ein Team zu bilden, mit dem er sein Verständnis eines mittlerweile in der Branche an vielen Stellen verloren gegangenen Dienstleistungs- und Servicegedankens tatsächlich umsetzen kann. Auch wenn Cantauw aufgrund des allgemeinen Fachkräftemangels immer wieder einmal improvisieren muss, ist er in dieser Beziehung durchaus in einer komfortablen Lage, da das Hotel König Albert als attraktiver Arbeitgeber in der Region bekannt ist. Ihm zur Seite steht Michael Börne als Stellvertreter, der sich vor allem um Sales und Marketing kümmert. Beide ergänzen sich hervorragend, denn Börne ist derjenige, der neue Konzepte und Ideen nüchtern überprüft, während Cantauw als Ideengeber nicht selten situativ, spontan, aus dem Bauch heraus entscheidet. Oft ist er dazu bereit, Pläne zunächst aus der Perspektive des Gastes zu betrachten und Kosten sowie Machbarkeitsfragen erst einmal an die zweite Stelle zu setzen, um kreative Lösungen zu finden und neue Wege zu beschreiten. Börne ist somit die passende Besetzung neben Cantauw. Letzterer war lange Jahre in Fünf-Sterne-Häusern tätig und als eingefleischter Gastgeber der Spitzenhotellerie zögert er nicht zu scherzen, er betreibe in seinem Hotel Mikromanagement, da er sich nicht scheut, seine Mitarbeiter auch einmal am Empfang, im Restaurant oder sogar in der Küche zu unterstützen. Hierbei sorgt diese Leidenschaft für alle Bereiche der Hotellerie im täglichen Miteinander des Personals für ein sehr gutes Betriebsklima und einen ganz besonderen Spirit im Haus. Cantauw begegnet seinem Team auf Augenhöhe, sorgt mit seiner Art des Personalmanagements für flache Hierarchien und pflegt eine Open-Door-Politik auch bei persönlichen Anliegen seiner Mitarbeiter. Dabei zählt er nicht zu jener Spezies Hotelmanager, die glaubt, ohne sie ginge gar nichts. Dennoch ist es ihm wichtig, nicht nur bei seinen Gästen, sondern auch bei seinem Team unablässig Präsenz zu zeigen. Er führt somit eher durch seine Vorbildfunktion als durch stringente Delegierung jeder einzelnen Aufgabe, die sich ihm im Hotelalltag stellt. Wie erwähnt, in der privaten Luxushotellerie abseits der großen Hotelketten ist es durchaus übliche Praxis, dass der Hoteldirektor auch abends im Restaurant noch seinen Rundgang macht, dabei von Tisch zu Tisch geht, Gäste begrüßt und sich darüber informiert, ob denn der Aufenthalt bislang zu ihrer Zufriedenheit verlief. Als ehemaliger Junior Direktor im Badhotel Sternhagen in Cuxhaven, einem mehrfach ausgezeichneten, privat geführten Luxus-Leisurehotel mit Gourmetrestaurant an der Nordsee, ist Cantauw diese Form der Guest Relation in Fleisch und Blut übergegangen. So erfährt er nicht nur, wo es nicht rundläuft und Optimierungsbedarf besteht, sondern kann gelegentlich vermeiden, dass unzufriedene Gäste sich über Social-Media-Kanäle verbal ausbreiten, bevor das Hotel überhaupt die Chance bekommt, auf einen Fehler zu reagieren. Im Hinblick auf das Restaurant Musika musste schon bald nach Eröffnung die Entscheidung getroffen werden, von einem À-la-carte-Angebot auf ein Buffet umzustellen, da es von fast allen Gästen täglich frequentiert wird, und die generell sehr gute Auslastung des Hotels auch die Küche oft an ihre Kapazitätsgrenze brachte. Bewährt haben sich dabei allabendlich drei Zeitfenster, die während der Coronapandemie eingeführt wurden und den Andrang am Buffet sehr gut kanalisierten. Auch nachdem alle Corona-Restriktionen aufgehoben wurden, werden sie immer wieder einmal eingeführt, wenn das Hotel nahezu voll belegt ist. Das ist durchaus nicht selten der Fall, denn die Wochenenden sind meist über mehrere Wochen im Voraus ausgebucht. Gästen, die lieber à la carte speisen, steht seit Anfang 2020 das Restaurant Albert im Kurhaus gleich gegenüber zur Verfügung. Hier wird eine feine, österreichisch geprägte Küche geboten. Wenn im Arrangement der Gäste bereits die Halbpension enthalten ist, können sich diese auch spontan entscheiden, dort zu speisen und erhalten von den Mitarbeitern der Rezeption einen entsprechenden Wertgutschein zur Verrechnung. Da sich fast alle Gäste auch im Wellnessbereich aufhalten und dort gerne ebenfalls die Gastronomie nutzen, bietet das Hotel keinen klassischen mittäglichen Lunch an, sondern im Barbereich eine Kleinigkeit wie eine Suppe oder einen Salat, daneben auch Kuchen und Eis. Die große, aber sehr gemütliche Lobby-Bar eignet sich bestens dazu, nach dem Essen oder dem Besuch des König Albert Theaters den Abend ausklingen zu lassen. Viele Gäste genießen dort gerne einen von Barchef Lakmal Prasad gemixten Cocktail oder ein frisch gezapftes Bier. Bei den meisten ist er äußerst beliebt, weil er, aus Sri Lanka stammend, mit seiner höflichen und vor allem aufmerksamen Persönlichkeit für einen hervorragenden Service sorgt. Die Zimmer des Hotels werden in drei Kategorien eingeordnet, bieten entweder Ausblicke in Richtung Wald, zum historischen Albert Bad oder zum Flüsschen Elster vor dem Hause, und haben eine Größe von 24 bis 30 Quadratmetern. Neben den *Superior*- und *Deluxe*-Zimmern, die sich vor allem durch ihre Größe unterscheiden, gibt es zudem insgesamt zwölf Suiten. Diese haben im Vergleich zu den Zimmern einen separierbaren Wohn- und Schlafbereich, ein geräumiges Bad mit begehbarer Dusche sowie Badewanne und eine 45 Quadratmeter große Wohnfläche. Grundsätzlich verfügen all diese Räumlichkeiten über einen Balkon und wurden mit einer Tee- und Kaffeestation ausgestattet. Oft reservieren Stammgäste schon bei Abreise ihren nächsten geplanten Aufenthalt – nicht zuletzt auch deshalb, weil sie ein bestimmtes Zimmer bevorzugen. In diesem Kontext möchten wir unsere Empfehlung wiederholen, rechtzeitig vor einem Besuch gewünschte Massage- oder Beauty-Treatments zu fixieren, insbesondere wenn ein bestimmtes Zeitfenster oder eine bestimmte Behandlerin beziehungsweise ein Behandler präferiert werden. Spontan einen Termin zu vereinbaren, gestaltet sich dagegen nicht selten als recht schwierig. Sehr bequem, und vor allem zu moderaten Preisen, kann der Gast bei Anreise sein Fahrzeug im Parkhaus abstellen, das über einen direkten Zugang zum Hotel verfügt. Pro Tag werden nur 10 Euro berechnet, für einen geschützten Stellplatz in einem Hotel dieser Klasse ein geradezu preiswertes Angebot. Auch drei Ladestationen für Elektrofahrzeuge stehen direkt neben dem Hoteleingang zur Verfügung. Aufgrund der hier gelebten Servicekultur ist es selbstverständlich, dass Gäste auf Nachfrage Hilfe beim Gepäck erhalten und zu ihren Zimmern begleitet werden. Bei allen Fragen oder besonderen Wünschen wendet man sich an die freundlichen und sehr zuvorkommenden Mitarbeiterinnen und Mitarbeiter an der Rezeption, für die wir an dieser Stelle ebenfalls ein besonderes Lob aussprechen möchten.

Bewertung:

## MUSIKA

**im Hotel König Albert**
**(Innenstadt)**
**Carl-August-Klingner-Straße 1**
**08645 Bad Elster**
**Telefon: 03 74 37-54 0-0**
**Internet: www.hotelkoenigalbert.de**
**E-Mail: info@koenigalbert.de**
**Küchenchef: Daniel Moos**
***Menü ab € 30,00***

Das 2016 eröffnete Hotel König Albert mit seinen über 108 Zimmern und Suiten bietet den Gästen attraktive Gesamtpakete mit integriertem Besuch der Soletherme, der Badelandschaft im Albert Bad, der zugehörigen Sauna-Bereiche sowie mit individuellen Anwendungen und Massagen, entweder mit Wellnesscharakter oder mit therapeutischen Wirkungsbereichen. Inbegriffen in diese Angebote ist meist die Halbpension mit abendlichem Buffet im Musika, dem Hauptrestaurant des Hotels im Erdgeschoss des Hauses. Dieses lichtdurchflutete Restaurant schafft es trotz seiner großen Kapazitäten, die Atmosphäre eines Speisesaals oder Großrestaurants geschickt zu vermeiden. Der weitläufige luftige Raum, der über riesige Fenster in alle Richtungen Ausblicke auf das historische Albert Bad, den angrenzenden Wald oder den Garten des Hotels mit vorgelagerter Außenterrasse bietet, ist durch eine größere Wand und ein von der Decke hängendes Quadrat aus vorhangartigen Perlschüren geschickt unterteilt. So wurde hier trotz der hohen Auslastung ein behagliches und gleichzeitig großzügiges Ambiente geschaffen, dessen Weiträumigkeit gerade in Corona-Zeiten sehr geschätzt wurde. Zuletzt wurden für den Fall ansteigender Inzidenzen, oder etwa wenn das Haus fast ausgebucht ist, drei Zeitfenster eingerichtet, um so das Gästeaufkommen ein wenig zu verteilen. Das Buffet am Eingang des Raumes ist weiterhin ein gemeinsamer Anlaufpunkt für alle Gäste. Im Übrigen wird hier auch das im Hinblick auf Auswahl und Qualität sehr gute Frühstück angeboten. Abends werden jeden Tag vier Varianten für den Hauptgang, dazu verschiedene Beilagen, gereicht, neben Salaten und diversen kleinen Leckereien als Vorspeisen, darunter auch eine Tagessuppe. Eine Auswahl an Desserts und Brotsorten ist gleichermaßen selbstverständlich. Wer nicht mehrere Buffetgänge plant, kann sich für den sogenannten Buffetteller entscheiden, der nach dem Gusto des Gastes und dem persönlichen Appetit einmal befüllt werden kann. Dies ist auch eine Alternative für diejenigen, die sich kurzfristig entschließen, im Hotel zu speisen, denn ein À-la-carte-Angebot besteht hier nicht, auch wenn man sich je nach freien Kapazitäten durchaus für individuelle Wünsche offen zeigt. Wer eine freie Auswahl aus einer umfangreichen Speisekarte bevorzugt, der sei auf das ebenfalls vom Hotel betriebene Restaurant Albert im Königlichen Kurhaus vis-à-vis dem Hotel verwiesen. Hier wird eine Mischung aus österreichischer und internationaler Küche auf gehobenem Niveau offeriert. Die für ein Buffetangebot abwechslungsreiche Küche im Musika stellt aber meist sogar diejenigen Gäste zufrieden, die dort mehrere Tage hintereinander speisen. Wer doch einmal Lust verspürt, im Restaurant Albert dinieren zu wollen, kann sich für das fest gebuchte Halbpensionsmenü in diesem Falle einen Gutschein an der Rezeption zur dortigen Anrechnung ausstellen lassen. Kulinarische Abwechslung ist somit zweifellos gegeben.

Bewertung:

## BAD GÖGGING Bayern

### DORINT MARC AUREL RESORT BAD GÖGGING

**Heiligenstädter Str. 34–36**
**93333 Bad Gögging**
**Telefon: 0 94 45-958-0**
**Internet: www.dorint.com**
**E-Mail: info.marcaurel@dorint.com**
**Direktor: Franz Margraf**
***DZ ab € 107,00***

Nicht allen ist aus dem Geschichtsunterricht präsent geblieben, dass sowohl der Rhein und der Limes als auch die durch Süddeutschland verlaufende Donau die Grenze zwischen Germanien und dem Römischen Reich bildeten. Im Süden gab es zwar nicht die großen Niederlassungen wie im Westen, aus denen später Städte wie Köln, Mainz und Trier hervorgingen. Eine Stadt wie Regensburg erinnert jedoch bis heute daran, dass die Grenze zum Römischen Reich eben auch entlang der Donau eine Barriere nach Norden darstellte. Ebenso kann Bad Gögging für sich verbuchen,  dass die hiesigen Thermalquellen bereits vor über 2000 Jahren von den alten Römern geschätzt wurden. Heute weist dieser Kurort als einziger in Bayern drei staatlich anerkannte Naturheilmittel vor, nämlich Schwefelwasser, Mineral-Thermalwasser und Naturmoor. Die römische Vergangenheit wird natürlich nur zu gerne von allerlei Hotels und Kureinrichtungen bei der Namensgebung und Gestaltung aufgegriffen. Das überregional bekannte Thermalbad Bad Göggings benannte

sich daher als Limes-Therme ganz im Geiste dieser antiken Vorgeschichte. So ist es nur konsequent, dass die Wärmeräume und Saunen, etwa Sudatorium, Tepidarium oder Laconium, an ihre römisch-antiken Vorbilder angelehnt benannt wurden. Auch das hiesige Dorint folgte diesem Trend der Betitelung, indem Marcus Aurelius, einer der populärsten Römer seiner Zeit, als Namenspatron fungiert. Man orientierte sich auch in der Architektur entfernt an antiken Vorbildern, denn in seiner Schlichtheit, mit den einfachen Satteldächern und den lang gestreckten Gebäudeflügeln, erinnert das Hotel entfernt an römische Militärbauten, wie sie bei einem Kastell laut der Überlieferung und archäologischen Funden gängig waren. Auch der Spa, die Hotellobby und die Restaurants spielen mit Themen der Antike, wobei Säulen, ein Brunnen und im vermeintlich römischen Stil bemalte Decken, Statuen und Büsten zum Einsatz kommen. Diese historische Atmosphäre dominiert zwar die öffentlichen Bereiche, doch zum Glück nicht auch noch das Interieur der Zimmer und Suiten, das sich elegant wie klassisch, mit dunklem Mobiliar und tiefblauem Teppich zeigt. Die sogenannten *Standard*-Zimmer haben eine Größe von 24 Quadratmetern, die Kategorien *Komfort*, *Superior* und *Deluxe* nehmen hingegen zwischen 30 und 32 Quadratmetern ein. Letztere verfügen auch über einen Balkon, ebenso wie die Suiten. Wichtig zu wissen ist, dass die Zimmer in der Regel nicht mit einer Klimaanlage ausgestattet sind – in Anbetracht der mittlerweile sehr heißen und schwülen Sommermonate durchaus ein Malus. In der sogenannten Golfkategorie, für die ein eigenes Buchungspaket geschnürt wurde, ist ein Zimmer mit Blick auf den Golfplatz Standard. Die Greenfee wird mit 20 Euro berechnet. Parken rund um das Haus ist erfreulicherweise mit 7 Euro je 24 Stunden ein recht preiswertes Vergnügen. Eine Lademöglichkeit für Elektrofahrzeuge findet sich zwei Autominuten entfernt in Bad Gögging. Unser Testanruf verlief in diesem Jahr äußerst positiv, wenn auch der Hinweis des Rezeptionisten etwas amüsierte, die Reservierung sei in einem Meeting und danach leider außer Haus. In kaum einer Branche gibt es so viele Meetings wie in der Hotellerie. Nun gut, zumindest gab er sich dann alle Mühe, erschöpfend Auskunft zu erteilen, wodurch deutlich wurde, dass er sich mit dem Haus, für das er tätig ist, auseinandergesetzt hat. Dagegen sah sich der Mitarbeiter im letzten Jahr aufgrund einer Sprachbarriere nicht dazu in der Lage, zumindest Basisinformationen zu geben. Unschön, dass ihm bedauerlicherweise auch kein Kollege zur Hilfe kam. Das Dorint Marc Aurel Resort, ein Vier-Sterne-

Superior-Hotel mit immerhin 165 Zimmern und Suiten sowie 17 Veranstaltungsräumen überzeugt vor allem durch den 2800 Quadratmeter großen Wellnessbereich mit Thermalpool und einem 50 Meter langen, beheizten Außenpool. Das Marc Aurel ist jedoch kein Freizeit- und Erholungsparadies mit alleinigem Fokus auf Wellness, denn der Golfsport steht hier mindestens ebenso im Zentrum des Interesses. Der zum Hotel gehörende DGV-9-Loch-Golfplatz sowie eine Driving Range bieten hierfür beste Voraussetzungen. Der Fokus auf diesen Sport färbt stark auf das gesamte Haus ab, sodass dort insgesamt eine Atmosphäre herrscht, die man in den USA als „casual" bezeichnen würde, also etwa „nicht formell" oder „locker". Sportliche Mode ist der Dresscode. Das Veranstaltungsgeschäft scheint davon auch zu profitieren, denn 17 Tagungsräume können sich für ein Hotel außerhalb einer Großstadt schon sehen lassen. Tagungsgäste, die dem Golfsport zugewandt sind, scheinen in ausreichend großer Zahl vorhanden zu sein. Aber auch für einen Aktivurlaub kann man hier in jedem Fall buchen, um die Rad- und Wanderwege in der Umgebung inmitten der malerischen Donaulandschaft zu nutzen. Insgesamt ist das Marc Aurel sicherlich eines der sportiveren Mitglieder der Dorint-Hotelgruppe, wobei die Erfahrung des Konzerns in der Tagungs- und Businesshotellerie dafür sorgt, dass man hier statt eines vorrangigen Wellnesshotels mit römischem Thema nun ein modernes Resort-Hotel vorfindet. Im Juni letzten Jahres gab es dann auch noch einen Wechsel an der Spitze des Hauses, denn Elisa Kiem wurde mit der Führung eines Businesshotels der Gruppe in Garching beauftragt. Eine gute Entscheidung, denn hier in diesem Leisurehotel ist eher eine Gastgeberpersönlichkeit gefragt. Solche Qualitäten waren bei Kiem leider bislang nicht zu erkennen. Ihr Nachfolger Franz Margraf wird da sicherlich einiges besser machen können.

Bewertung: ●●●

## BAD GRIESBACH Bayern

### KLINIK & HOTEL ST. WOLFGANG

**(Innenstadt)**
**Ludwigpromenade 6**
**94086 Bad Griesbach**
**Telefon: 0 85 32-980-0**
**Internet: www.stwolfgang.de**
**E-Mail: badgriesbach@asklepios.com**
**Direktor: Frank Tamm**
***DZ ab € 133,00***

Gerade während der mehr als drei Jahre dauernden Coronapandemie konnte man sich hier in diesem Fünf-Sterne-Hotel besonders wohlfühlen. Denn das vorbildliche Hygienekonzept in einem Haus, das schließlich auch eine Klinik beheimatet, gab

den Gästen ein fundiertes Sicherheitsgefühl. Bereits vor der Pandemie waren der allgemeine Pflegezustand und die Sauberkeit im Hotel, die ja auch immer auf die Hygiene schließen lassen, auf einem außerordentlich hohen Niveau, was sicherlich dem Gesamtkonzept dieses Hauses aus Klinik und Hotel geschuldet ist. Daher werden die Reinigungsprozesse für die Housekeeping-Abteilung in enger Abstimmung mit einem Krankenhaushygieniker festgelegt – ein Grund, warum man bei der Zimmerreinigung nicht mit externen Mitarbeitern zusammenarbeitet, sondern nur mit einer eigenen Crew. Diese muss alle Vorgaben und Richtlinien genau umsetzen und wird selbstverständlich regelmäßig für das Thema Krankenhauskeime sensibilisiert, nicht zuletzt durch entsprechende Schulungen. Daher ist es für den geschäftsführenden Direktor auch wichtig, auf Mitarbeiter setzen zu können, die sich vor allem mit dem Haus identifizieren. Bei unserem Besuch im September vergangenen Jahres mussten Hotelgäste und Besucher der Klinik gleichermaßen einen negativen Antikörpertest vorlegen, der nicht älter als 48 Stunden sein durfte. Diese Maßnahme hielt man bis Februar 2023 aufrecht und beschränkt sie nunmehr nur noch auf den Klinikbereich. Selbstverständlich hat man ebenfalls technisch aufgerüstet: Der Restaurantbereich wurde mit einer UV-Licht-gestützten Luftfilteranlage ausgestattet. Die im Gebäudekomplex integrierte Privatklinik mit Schwerpunkt für orthopädische Chirurgie sowie weiteren Fachdisziplinen wie Innere Medizin, Urologie und ästhetische Chirurgie steht unter der ärztlichen Leitung von Dr. Heinz-Jürgen Eichhorn sowie Dr. Petra Heizmann. Renommierte Spezialisten, etwa Prof. Carsten Tibesku oder Prof. Stefan Greiner, um nur zwei zu nennen, operieren hier. Die Klinik verfügt über einen bundesweiten Ruf und auch Spitzensportler lassen sich hier gerne behandeln. Hotel- und Klinikbereich gehen fließend ineinander über und profitieren voneinander. So werden der Wellnessbereich und der Sportpark von den Hotelgästen wie auch von den Patienten der Klinik genutzt, bei Letzteren allerdings für therapeutische Zwecke. Eine weitere Besonderheit ist, dass Patienten während ihres Aufenthaltes sich jederzeit entscheiden können, also ganz nach ihrem gesundheitlichen Befinden, entweder auf dem Zimmer oder im Restaurant zu speisen. Dies ist ein wirklicher Luxus. Es setzt allerdings auch die entsprechende Stärke an Fachkräften voraus, um diesen personalintensiven Service gewährleisten zu können. Der geschäftsführende Direktor Frank Tamm hat hier mit seiner Expertise für eine hohe Service- und Dienstleistungskultur gesorgt. Dank seiner ebenfalls ausgeprägten Sozialkompetenz kann er auf eine hohe Mitarbeiterzufriedenheit setzen, sodass viele Mitglieder seines Teams dem Haus auch in Zeiten des Fachkräftemangels erhalten bleiben. Den Gästen steht ein 1300 Quadratmeter großer Wellnessbereich mit Thermalwasserinnenpool, integriertem Whirlpool sowie einem ganzjährig beheizten Außenpool, der über eine Schwimmschleuse erreicht werden kann, zur Verfügung. Da das Außenbecken wie erwähnt auch von Patienten genutzt wird, ist es trotz der augenblicklichen Zeiten der Energiekrise zu rechtfertigen, dass die Temperatur konstant auf 29 Grad gehalten wird. In den Sommermonaten kann der Gast auf den Sonnen-

liegen am Außenpool relaxen. Selbstverständlich werden hier auf Wunsch auch Getränke serviert. Der Saunabereich umfasst eine finnische Sauna, ein Sanarium, ein Dampfbad, einen Eisbrunnen sowie Regenschauerduschen. Im 2000 Quadratmeter großen Sportpark kann mit modernen Cardio- und Krafttrainingsgeräten trainiert werden – auf Wunsch auch mit einem Personal Trainer, der gemeinsam mit dem Gast entsprechend seiner konditionellen Verfassung ein auf ihn abgestimmtes Programm erarbeitet. Hier wird ein breites Spektrum an physiotherapeutischen Behandlungen bis hin zu der angeleiteten Krankengymnastik an den Geräten angeboten. Diese sind auch mit einer entsprechenden ärztlichen Verordnung zulasten der gesetzlichen Krankenkassen möglich, da eine Kassenzulassung vorhanden ist. Der Klinikbereich selbst ist allerdings nur Privatversicherten und Selbstzahlern vorbehalten. Da die Maßgaben der präventiven Gesundheitsvorsorge der gesetzlichen Krankenkassen jedoch sowieso sehr eng abgefasst sind, bietet es sich geradezu an, hier einmal einen Aufenthalt mit einem selbst finanzierten und dann umfangreichen medizinischen Check-up zu verbinden. Dies ist in der Privatambulanz der Klinikdirektorin Frau Dr. Petra Heizmann möglich. Ein breites Spektrum auch an bildgebenden Verfahren ist hier durchführbar und verschiedene Gesundheits-Checks sind buchbar, die alle selbstverständlich eine Abschlussbesprechung mit ausführlichem Befund beinhalten. Das Spektrum ist recht breit gefächert und reicht von einem umfassenden internistisch-kardiologischen Check-up bis hin zu einer Magen-Darm-Spiegelung. Große Unternehmen schicken im Rahmen des betrieblichen Gesundheitsmanagements ihre Führungskräfte hierher. Bequemer und komfortabler kann eine präventive Gesundheitsvorsorge in einer entspannten Atmosphäre, etwa während eines Urlaubs in diesem luxuriösen Hotel, nicht durchgeführt werden. Da Bad Griesbach als Golferparadies gilt, ist das St. Wolfgang natürlich für alle, die bei der Auswahl ihres Hotels hohe Ansprüche an derartige Sportmöglichkeiten haben, die erste Adresse. Lob von den allermeisten Gästen gibt es traditionell für das exzellente Frühstück, denn das ist mit seinem großen Angebot an Brot und Brötchen, Wurst- und Schinkenaufschnitt, Käsesorten, Marmeladen, Fruchtsäften, frischem Obst, Cerealien, aber auch süßem Gebäck wirklich erstklassig. Zusätzlich findet man auf dem Buffet auch regionale Schmankerl wie Weißwürste mit Laugengebäck oder Leberkäse. Eierspeisen werden den Wünschen entsprechend vor den Augen der Gäste à la minute zubereitet. Kaffeespezialitäten und Tee werden bei den Servicemitarbeitern geordert, die die Getränke grundsätzlich, ebenso andere Speisen, vom Buffet auf Wunsch an den Tisch bringen. Für Patienten mit vorübergehender Gehbehinderung ist solch ein Service unverzichtbar. Die meisten Gäste essen hier im Rahmen der Halbpensions-Arrangements auch zu Abend, wobei ein täglich wechselndes Drei-Gänge-Menü in mehreren Varianten geboten wird. Dazu gibt es grundsätzlich ein Salatbuffet, Brot nach Wunsch und eine Auswahl an verschiedenen Dressings. Ebenfalls sehr beliebt ist das Buffet am Abend, das zweimal pro Woche an der Cooking-Station geboten wird, wo dann zum Beispiel Fleisch frisch tranchiert wird und verschiedene Beilagen bereitstehen. Die Zimmer und Suiten, die im Übrigen alle über einen Balkon oder eine Terrasse verfügen, wurden in den letzten Jahren step by step entweder einem Softlifting unterzogen oder erhielten sogar ein komplett neues Interieur. Bei dieser Gelegenheit wurden auch die Bäder komplett renoviert und sind mit einer begehbaren Dusche, teilweise sogar mit einer separaten Badewanne ausgestattet. Auch im vergangenen Jahr wurden weitere 37 Zimmer einer Master-Renovierung unterzogen und diese an den neuen Stil des Hauses in Sachen Zimmerdesign angepasst. Das Thema Schlafkultur wird hier stark gewichtet, schließlich sollen sich Gäste wie Patienten in jeder Beziehung erholen, weshalb man sich für ein hochwertiges Bettensystem entschieden hat. In den bereits renovierten Zimmern sind die Betten zudem elektrisch verstellbar, deshalb könnten auch Patienten, die hier nach einem operativen Eingriff eine Anschlussheilbehandlung durchführen, problemlos in diesen Hotelzimmern untergebracht werden. Mit solchen Leistungen und Qualitäten ist und bleibt das St. Wolfgang in der Region in seiner Kategorie der Kombination aus Klinik und Hotel die absolute Nummer eins.

Bewertung:

## MAXIMILIAN

**(Innenstadt)**
**Kurallee 1**
**94086 Bad Griesbach**
**Telefon: 0 85 32-795-0**
**Internet: www.maximilian-badgriesbach.com**
**E-Mail: maximilian@quellness-golf.com**
**Direktorin: Irene Mayer-Jobst**
***DZ ab € 122,00***

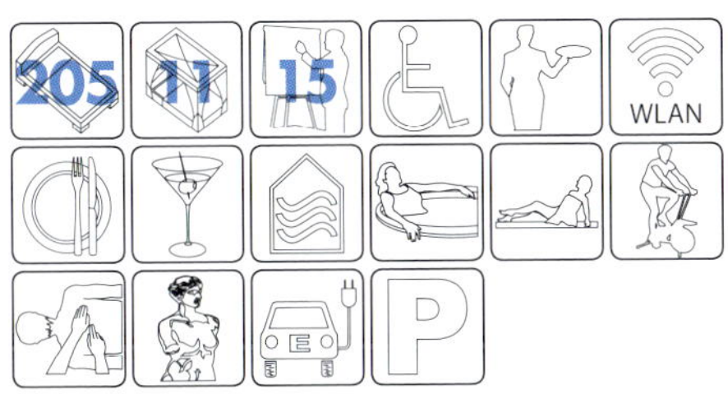


Seit vielen Jahren berichten wir nun schon über das Maximilian, das sich selbst unter den besten Hotels in Bad Griesbach einordnet. Will man den Mitarbeitern Glauben schenken, dann handelt es sich bei diesem Ferienhotel sogar um „die" Adresse jener Kurstadt. Bislang ließ sich dieses Haus vom DEHOGA als Fünf-Sterne-Hotel klassifizieren. Wunsch und Wirklichkeit liegen bei Lichte besehen hier aber weit auseinander. Dabei wären die Verantwortlichen sehr gut beraten, sich doch besser in einem weniger anspruchsvollen Segment einzuordnen. Denn eine Fünf-Sterne-Klassifizierung kann dennoch die falsche Wahl sein, wenn die Erfüllung der Einzelkriterien letztlich nicht zu einem Produkt führt, das den Erwartungen der Gäste an eine solche Kategorie entsprechen kann. In allen Abteilungen gibt es hier nämlich einen deutlichen Optimierungsbedarf. Augenblicklich ist es wohl so, dass immerhin eine Rezertifizierung zunächst zurückgestellt wurde. Bislang war es bei einer telefonischen Kontaktaufnahme mit diesem Hotel nie möglich, mit der Zimmerreservierung verbunden zu werden. Grundsätzlich wurde ein Rückruf angeboten, da die zuständigen Mitarbeiter bei unseren Anrufen stets angeblich im Gespräch waren. Auch in diesem Jahr war das erst einmal nicht anders. Anfänglich folgte das unendlich lange Wartemusikgeklimper, dann der Hinweis der Mitarbeiterin der Rezeption, dass die Kollegin vermutlich wohl schon im Feierabend sei. Eine solche Situation ist zwar generell nicht zu beanstanden und kann erklärbar sein, darf aber bei einem Fünf-Sterne-Haus nicht regelmäßig vorkommen. Gleichwohl hatte sie sich dazu entschieden, es doch noch einmal zu versuchen, durchzustellen. Und dann geschah ein kleines Wunder, erstmalig ist es nach all den Jahren tatsächlich gelungen, mit einer Mitarbeiterin der Reservierung zu sprechen. Diesen Tag werden wir in unserem Kalender rot anstreichen. Bislang musste nämlich der Eindruck entstehen, dass eine Reservierungsabteilung in diesem Haus überhaupt nicht existieren würde. Die Dame der Zimmerreservierung sah sich erfreulicherweise dann auch noch in der Lage, ihr Haus wirklich gut zu präsentieren und erschöpfend Auskunft zu erteilen. Auch wenn sie weit davon entfernt war, den potenziellen Gast auf eine gedankliche Rundreise durch das Haus mitzunehmen, denn leider erinnerte das Gespräch eher an ein Frage-Antwort-Quiz. Wir bleiben daher trotz der nun immerhin einmal möglichen Kommunikation bei unserer Einschätzung, dass im Maximilian eine Direktorenpersönlichkeit mit Führungsqualität fehlt. Stattdessen setzt der Eigentümer nach wie vor auf ein Cluster-Management, bei dem Direktorin Irene Mayer-Jobst auch noch für den Fürstenhof in Bad Griesbach verantwortlich ist. Als eloquente Gastgeberin tritt sie dabei auf jeden Fall nicht auf, trotzdem sie sich um zwei recht komplexe Häuser kümmern muss. Verwalten statt Gestalten scheint daher ihr Motto zu sein. Infolgedessen ist in diesem Haus eine schwankende Service- und Dienstleistungsqualität zu beklagen. Ein Problem, dem nur dann Abhilfe geschaffen werden kann, wenn hier endlich eine veritable Direktorenpersönlichkeit verpflichtet wird. Frenetischen Applaus wird bei den meisten Gästen auch die Gastronomie nicht auslösen, denn das kulinarische Niveau bewegt sich lediglich im guten Mittelfeld und lässt noch deutlich Luft nach oben für ein Haus mit diesem Selbstanspruch. Die Zimmer, die nicht auf einem einheitlichen Renovierungsstand sind, wirken teilweise ein wenig überaltert, lediglich die sogenannten *First Class* und *Max First Class* Zimmer entsprechen einem aktuellen Stand. Denn diese Kategorien erhielten bislang als einzige eine Auffrischung samt neuem Design, wobei diese Renovierung auch schon mehr als sechs Jahre zurückliegt. Bei allen anderen Zimmern beschränkten sich die bisherigen Maßnahmen auf kleinere Arbeiten. Die Bäder sind entweder mit einer begehbaren Dusche oder einer Badewanne ausgestattet, in der dann auch geduscht werden muss. Ein Teil verfügt über einen Balkon, die meisten jedoch immerhin über französische Fenster, also bodentiefe Fenster mit Geländer, die so bedenkenlos ganz geöffnet werden können. Die meisten Gäste loben immerhin das Frühstück, das in jeder angebotenen Zimmerrate bereits inkludiert ist. Für die Mitarbeiter gilt leider, dass sie nicht selten das Gefühl vermitteln, man störe sie, bei was auch immer. Wir erinnern uns an eine sehr burschikos auftretende Dame im Frühstücksbereich, die den Wunsch nach Rührei mit Schinken mit einem flapsigen „Gibt's am Buffet" quittierte. Nun ist es so, dass die meisten Gäste das selbst wissen und mit allergrößter Wahrscheinlichkeit nicht fragen würden, wenn nicht eine frisch gemachte Eierspeise gewünscht wäre. Eine solche Antwort wäre in einem Drei-Sterne-Hotel vielleicht akzeptabel. Hätte sie den Satz noch ergänzt, etwa um ein „Ich kann ihnen aber auch gerne Eierspeisen frisch zubereiten lassen", dann wäre dieser Auftritt noch in Ordnung, so vermittelte sie jedoch ein deutliches „Bitte nicht weiter nachfragen und stören!". Ein Pluspunkt ist, dass auf dem Buffet auch regionale Spezialitäten angeboten werden. Zu den Inklusivleistungen des Hauses zählt die Nutzung der MAX-Therme, des hauseigenen, angeblich 2500 Quadratmeter großen Spa. Dieser umfasst neben einem Thermalwasser-Indoorpool ein ganzjährig nutzbares Außenbecken, sowie zusätzlich einen Saunabereich mit finnischer Sauna, Aromadampfbad, Sanarium und Ruhezone. Der Beauty-Spa bietet erfreulicherweise ein breites Spektrum an klassischen Massagen bis hin zu sogenannten Wohlfühlmassagen. Zum Golfresort mit seinen fünf 18-Loch-Meisterschaftsplätzen und insgesamt 129 Spielbahnen wurde ein kostenfreier Shuttle-Service eingerichtet. Gut zu wissen, dass Gäste, die mit den öffentlichen Verkehrsmitteln anreisen, sich vom Bahnhof Karpfham abholen lassen können. Allerdings ist diese Anfahrt ein wenig umständlich, denn am Hauptbahnhof Passau muss dazu die Regionalbahn bestiegen werden, deren Fahrzeit dann noch einmal etwas mehr als eine Stunde beträgt. Die meisten Gäste reisen jedoch sowieso mit dem Pkw an und das Parken ist hier mit 12,50 Euro pro Tag ein immerhin relativ preiswertes Vergnügen.

Bewertung: ●●●

***HINWEIS:***

*Die Recherche wurde nach bestem Wissen und Gewissen durchgeführt. Es besteht trotzdem die Möglichkeit, dass Daten falsch oder überholt sind. Eine Haftung kann auf keinen Fall übernommen werden. Wir weisen darauf hin, dass es sich bei den geschilderten Eindrücken oder Erlebnissen um Momentaufnahmen handelt, die nur eine subjektive Beurteilung darstellen können.*

## BAD HOMBURG Hessen

### STEIGENBERGER

**Kaiser-Friedrich-Promenade 69–75**
**61348 Bad Homburg**
**Telefon: 06172 -181-0**
**Internet: www.steigenberger.com**
**E-Mail: reservations@bad-homburg.steigenberger.de**
**Direktor: Michael Kain**
***DZ ab € 118,00***

In der Kurstadt Bad Homburg ist das Hotel Steigenberger eine Institution. Michael Kain, unser Hotelmanager des Jahres 2020, hat sich unter anderem aus privaten Gründen vor etwa drei Jahren dazu entschieden, dieses Haus zu übernehmen. Während seiner langen beruflichen Laufbahn war er dort bereits zuvor einmal tätig gewesen. Somit kennt er den hiesigen Hotelmarkt und verfügt sogar noch über entsprechende Kontakte. Ungeachtet dessen ist Kain generell mit Eloquenz sowie großer Kommunikationsbegabung gesegnet und daher in der Lage, sehr schnell für das Haus neue interessante Netzwerke zu knüpfen. Seine herausragende Personalpolitik sorgte bereits an seinen bisherigen Wirkungsstätten immer für eine hohe Mitarbeiterzufriedenheit, die wiederum eine unmittelbare positive Auswirkung auf die jeweilige Service- und Dienstleistungsqualität der von ihm geleiteten Häuser hatte. Das ist nicht zuletzt seiner hohen Sozialkompetenz geschuldet, die zu einem guten Betriebsklima beiträgt, sodass es durchaus vorkommen kann, dass frühere Mitarbeiter anderer seiner Standorte in sein Team wechseln wollen. Kain, eine Koryphäe auf seinem Gebiet und Gastgeber aus Leidenschaft, konnte die ihm anvertrauten Häuser, darunter auch Vorzeigeadressen des Hotelkonzerns Steigenberger, stets signifikant weiterentwickeln und an ihrem jeweiligen lokalen Hotelmarkt immer bestmöglich positionieren. Unmittelbar nach der Übernahme in Bad Homburg verkündete er gegenüber Medienvertretern: „Ich möchte, dass dieses Hotel von den Bad Homburgern geliebt wird." Wer ihn kennt, der weiß, dass das keine leeren Worthülsen sind. Nach einer weitreichenden Renovierung vor ein paar Jahren, die zum einen die Zimmer und Suiten, zum anderen die öffentlichen Bereiche wie die Bar und das Restaurant umfasste, ist die Hardware des Hauses auf einem zeitgemäßen Niveau. Die Zimmer, deren Ausstattung an den Stil des Art déco angelehnt ist, verfügen selbst in der Standardkategorie *Superior* mit 28 Quadratmetern über reichlich Platz. Es bleibt bei unserer

Empfehlung für die Kategorie *Deluxe*, da diese etwas mehr Raum bietet, zusätzlich noch über eine Couch sowie einen Sessel verfügt und mit einer Nespresso-Kapselmaschine zur Zubereitung von Kaffeespezialitäten ausgestattet wurde. Von einigen Zimmern hat man einen Ausblick zur Kaiser-Friedrich-Promenade mit dem dahinterliegenden Kurpark, andere weisen zum Gartenhof des Hotels. Etwas Besonderes sind

die vier Juniorsuiten des Hauses, denn sie befinden sich in Eckzimmern mit einem Balkon zum Park. Zuletzt war die Karte des Ritter's Restaurant & Bar recht überschaubar, was auf Personalengpässe sowie auf den augenblicklichen Fachkräftemangel zurückzuführen sein mochte, sich in naher Zukunft jedoch wieder ändern dürfte. So können wir für dieses Restaurant gleichwohl eine uneingeschränkte Empfehlung aussprechen, da die Qualität der Speisen bislang immer überzeugte. Wirklich hervorragend ist hier auch das Frühstücksbuffet, sei es bezüglich des großen Umfangs des Angebotes oder auch im Hinblick auf dessen Qualität. Eierspeisen werden selbstverständlich à la minute zubereitet. Im Sommer bietet sich die angrenzende Terrasse an, um im Freien vor dem Hotel zu frühstücken, und diese Option wird von den Gästen auch sehr gerne genutzt. Kain hatte bereits angekündigt, neben Business- und Tagungsgästen verstärkt Individualreisende als Gäste ansprechen zu wollen. Aus diesem Grunde ist er davon überzeugt, dass das Wellnessangebot deutlich erweitert werden muss. Augenblicklich beschränkt sich der Freizeitbereich in der sechsten Etage auf eine finnische Sauna sowie einen Ruheraum. Das Gym mit einer kleinen Auswahl an Cardio-Trainingsgeräten befindet sich hingegen in der ersten Etage und ist erfreulicherweise rund um die Uhr zugänglich. Zwischenzeitlich liegt auch ein entsprechendes Konzept für die Neugestaltung und Erweiterung zu einem veritablen Spa in der Schublade des Direktors, allerdings gibt es noch kein Datum, zu dem dieses in die Realität umgesetzt werden soll. Der 800 Quadratmeter große Tagungsbereich mit seinen insgesamt sechs Salons sowie einem unterteilbaren Festsaal erlaubt Veranstaltungen, Meetings und Festbankette mit bis zu 300 Personen. Zwischenzeitlich wurde der Bereich zudem technisch weiter aufgerüstet, sodass auch sogenannte Hybrid-Tagungen möglich sind, bei denen weitere Teilnehmer bei Bedarf online zur Veranstaltung zugeschaltet werden können. Die Räume sind selbstverständlich mit moderner Licht-, Ton- und Tagungstechnik ausgestattet. Zusätzlich bietet sich für Stehempfänge das noble Foyer des Hotels an, welches sich seitlich der Hotellobby erstreckt und Zugang zur Terrasse bietet. Bei unserem letzten Besuch an einem spätsommerlichen Wochenende waren wir sehr erstaunt über die offensichtlich hervorragende Auslastung des Hauses. Dies ist, wie uns ein Mitarbeiter aus dem Service versicherte, wohl eher die Regel als die Ausnahme. Für ein Businesshotel nicht selbstverständlich, da diese in der Regel an Wochenenden, Feiertagen und in Ferienzeiten eher schwach ausgelastet sind. Die Lage an der Kaiser-Friedrich-Promenade unweit des Kurparks und der Bad Homburger Spielbank ist hervorragend, die Innenstadt Bad Homburgs mit ihren sehr guten Shoppingmöglichkeiten liegt nur wenige Schritte entfernt. Überdies ist die Anbindung an den Hauptbahnhof Frankfurt und den Flughafen hervorragend. Die S-Bahn verkehrt an Werktagen im 15-Minuten-Takt und auch des Abends sowie an Wochenenden immerhin alle halbe Stunde. Der Frankfurter Flughafen kann hierdurch mit einmaligem Umsteigen am Hauptbahnhof in weniger als einer Stunde erreicht werden. Ungeachtet dessen reisen die meisten Gäste in der Regel mit dem Auto an, das sie bequem in der Tiefgarage parken können. Mit 20 Euro ist dies sogar noch ein relativ preiswertes Vergnügen. Selbstverständlich ist es möglich, auch sein Elektrofahrzeug aufzuladen, denn die entsprechende Ladeinfrastruktur ist vorhanden. Aufgrund der Lage unweit des Kurparks, des modernen Zimmerprodukts, der hervorragenden Tagungsmöglichkeiten und nicht zuletzt der hier gebotenen Servicequalität ist das Steigenberger seit einigen Jahren wieder die unangefochtene Nummer eins in Bad Homburg.

Bewertung:

## BAD PETERSTAL-GRIESBACH Baden-Württemberg

### DOLLENBERG

**(OT Griesbach)**
**Dollenberg 3**
**77740 Bad Peterstal-Griesbach**
**Telefon: 0 78 06-78-0**
**Internet: www.dollenberg.de**
**E-Mail: info@dollenberg.de**
**Inhaber: Meinrad Schmiederer**
***DZ ab € 272,00***

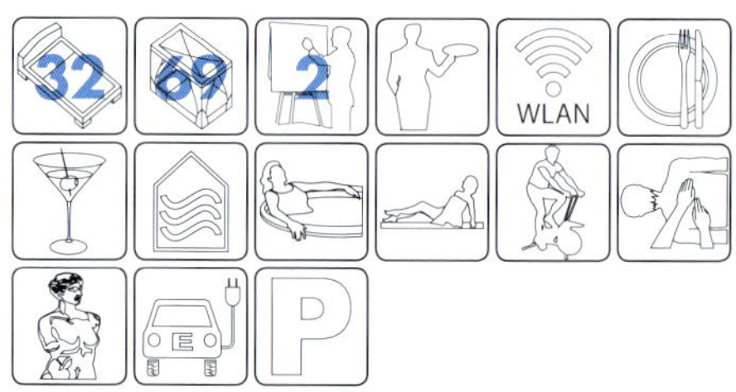


Das Dollenberg zählt zweifelsohne zu den führenden Adressen der Hochschwarzwaldregion. Eigentümer Meinrad Schmiederer hat sein Haus über die vielen Jahre des Bestehens immer wieder modifiziert, um es so an neue Entwicklungen und Trends anzupassen. Mit dem Zimmerprodukt, das im etwas biederen Landhausstil daherkommt, spricht man zuallererst eine eher konservative Klientel an. Ungeachtet dessen versteht man sich aber als Mehr-Generationen-Hotel. Erfreulicherweise sind die Zimmer in einem guten Pflegezustand, da regelmäßig sogenannte Softliftings durchgeführt werden. Angeboten werden ebenso erstklassige Suiten, darunter auch solche, die über besondere Komfortmerkmale, etwa einen Kamin oder ein luxuriöses Wellnessbadezimmer mit finnischer Sauna und Whirlpool, verfügen. Sie eignen sich besonders für Familien, da sie teilweise Platz für bis zu sechs Personen bieten. Diese sind größtenteils auf dem neuesten Renovierungsstand. Selbst die Zimmer der untersten Kategorie, die sogenannten Doppelzimmer *Typ 1*, haben eine Größe von 28 Quadratmetern. Erstklassig ist der 5000 Quadratmeter große Wellnessbereich, der mit seiner großzügig gestalteten Pool- und Saunalandschaft mit vier unterschiedlich temperierten Saunen, drei Dampfbädern, fünf Pools und einem Badeteich, die sich teilweise auch im großen Außenbereich mit Liegewiese befinden, nur wenig vermissen lässt. Wir haben an dieser Stelle bereits mehrfach darauf hingewiesen, dass Hotelchef Meinrad Schmiederer, lange bevor ein deutschlandweiter Wellnesshype einsetzte, den Fokus auf die Weiterentwicklung seines Spa gelegt hatte und diesen immer wieder modifizierte sowie erweiterte. Ein anderes Alleinstellungsmerkmal ist die hervorragende Gastronomie des Dollenberg, denn immerhin ist man in der Lage, den Gästen mit dem Gourmetrestaurant Le Pavillon ein vom Guide Michelin mit zwei Sternen ausgezeichnetes Etablissement zu bieten. Donnerstags bis montags ab 18 Uhr vermag Starkoch Martin Herrmann dort mit seiner kreativen, klassisch-französischen Küche zu begeistern. Ein weiteres Alleinstellungsmerkmal ist natürlich die exponierte Lage des Hotels inmitten des Hochschwarzwaldes. Jedes Jahr heben wir überdies die kultivierte Service- und Dienstleistungskultur hervor, die Teil der DNA des Hauses ist. Sie kann den hohen Ansprüchen, die dort als ein Luxus-Leisurehotel an sich selbst gestellt werden, vollumfänglich genügen. Die freundlichen und offenbar bestens geschulten Servicemitarbeiter kümmern sich mit großer Aufmerksamkeit um ihre Gäste. Ab der Vorfahrt vor dieses Luxusferienresort muss der Gast sich um nichts mehr kümmern, er erhält umgehend Unterstützung beim Gepäck, der Meldeschein ist bereits vorbereitet und selbstverständlich wird er zu seinem Zimmer begleitet. Ungeachtet der jahrzehntelangen positiven Entwicklung dieses Luxusferienhotels müssen wir diesmal allerdings auch eine kleine Kritik anbringen, die an die Reservierungsabteilung gerichtet ist, die ja schließlich so etwas wie die Visitenkarte eines Hotels darstellt. Denn mit ihr findet nicht selten der erste Gastkontakt statt. Bereits in der Vergangenheit haben wir hier wahre Herzlichkeit nicht spüren können. Der sonst so serviceorientierte Hotelier Meinrad Schmiederer sollte sich deshalb einmal in dieser Abteilung umschauen. Dann könnte er sehr leicht den unseres Erachtens erheblichen Schulungsbedarf der dortigen Mitarbeiter erkennen. So kalt und unpersönlich wie hier wurden wir selten beraten. Schmiederer, für gewöhnlich sehr detailverliebt in der Verbesserung seines Hotels und Lebenswerks, führt dieses Luxus-Leisurehotel ansonsten sehr stringent und verlangt von seinem Personal, dass sie seine Ideen und Konzepte ohne Abstriche umsetzen. Offenbar hat er sich zuletzt mehr mit der Hardware als mit der Servicequalität seines Hauses beschäftigt, die ja auch im Großen und Ganzen eher lobenswert als kritikwürdig ist. Die Coronapandemie und die damit verbundenen Einschränkungen, für die Branche im Allgemeinen und die Ferienhotellerie im Besonderen, hat Schmiederer natürlich genutzt, gründliche Revisionen durchzuführen. Vielleicht ist die Mitarbeiterschulung dabei etwas in den Hintergrund geraten. Zu guter Letzt noch der Hinweis, dass das Parken direkt vor dem Hotel auf den dortigen Stellplatzflächen nach wie vor ohne Berechnung bleibt, während die Nutzung der Parkgarage mit 16 Euro pro Tag berechnet wird und eine Ladestation für Elektrofahrzeuge eine Autominute vom Hotel entfernt liegt.

Bewertung: ●●●◐

# BAD ZWISCHENAHN Niedersachsen

## JAGDHAUS EIDEN

**(OT Aschhauserfeld)**
**Eiden 9**
**26160 Bad Zwischenahn**
**Telefon: 0 44 03-6 98-0 00**
**Internet: www.jagdhaus-eiden.de**
**E-Mail: info@jagdhaus-eiden.de**
**Inhaber: Familie zur Brügge**
***DZ ab € 185,00***

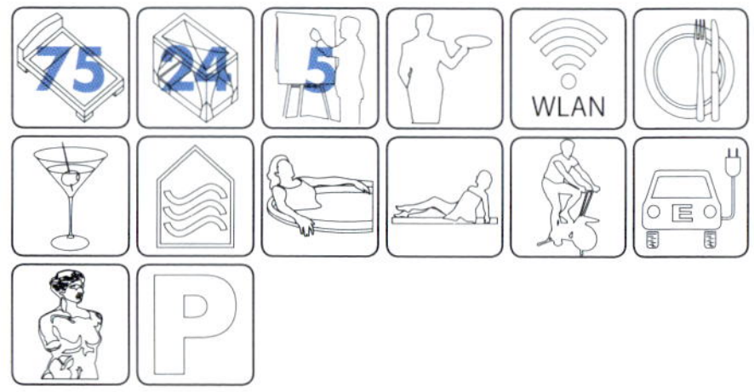


Wie nachhaltig doch manchmal die Freude über Renovierungsmaßnahmen in einem Hotel sein kann. Denn noch vor wenigen Jahren gab es hier für uns durchaus Anlass zur Kritik, war das Zimmerprodukt bereits etwas überaltert. Erfreulich, dass bis ins Jahr 2019 alle Zimmer und Suiten zumindest einer kleinen Auffrischung unterzogen wurden. Die Doppelzimmer werden in die Kategorien *Economy, Superior* und *Deluxe* eingeordnet. Letztere sind auf dem neuesten Renovierungsstand und bieten darüber hinaus auch einen direkten Ausblick zur Seeseite. Der 1500 Quadratmeter große Spa mit seinem schick gestalteten Schwimmbad- und Saunabereich ermöglichen es dem Jagdhaus Eiden, auch das Wellnesssegment zu bespielen. Die Saunalandschaft umfasst eine finnische Sauna, ein Sanarium, ein Dampfbad, eine Infrarotkabine sowie ein Tauchbecken. In den Ruheräumen, die beispielsweise mit Wasserbetten, Chaiselongues oder Schaukeln ausgestattet wurden, lässt sich hervorragend chillen. Neben einem Innenpool befindet sich auch im Außenbereich ein Becken, zusätzlich außerdem eine Strandwagensauna und selbstverständlich mehrere Sonnenliegen. Die Nutzung des Wellnessbereichs wurde bereits in die Zimmerrate inkludiert. Exzellent ist das breite Spektrum an Schönheitsbehandlungen und Wellnessanwendungen, das geboten wird. Diese können auf Wunsch auch im exklusiven Privat-Spa genossen werden. Das Restaurant Apicius ist nicht nur ein Alleinstellungsmerkmal des Hauses in Bad Zwischenahn, sondern auch in der gesamten Region einzigartig. Denn es ist nicht von der Hand zu weisen, dass der Nordwesten Niedersachsens im Hinblick auf die Spitzengastronomie kulinarisches Niemandsland ist. Tim Extra, der hier seit 2014 die Verantwortung trägt, sorgt mit seiner klassisch-französischen Küche mit modernen Akzenten für ein konstant hohes Niveau im Apicius. Das sieht auch der Guide Michelin so und ordnet das Restaurant seit Jahren in Folge in die Kategorie der empfehlenswerten Spitzenrestaurants ein. Alternativ steht den Gästen das Restaurant Eiden mit der Jäger- und Fischerstube zur Verfügung. Hier wird eine Mischung aus regionaler und internationaler Küche auf gutem Niveau geboten. Es gibt somit einige positive Attribute, mit denen sich dieses Vier-Sterne-Superior-Hotel von seinen Mitbewerbern abhebt. Zu diesen gehört auch die Lage direkt am Zwischenahner Meer, einem 550 Hektar großen Binnensee im Ammerland vor den Toren Oldenburgs. Im Gebäudekomplex des Jagdhauses Eiden befindet sich zudem die Bad Zwischenahner Spielbank. In Bezug darauf hatten wir bereits mehrfach thematisiert, dass diese im Vergleich zu traditionsreichen Casinos wie dem in Baden-Baden oder Bad Homburg keinerlei Glamour und historische Atmosphäre bietet, aber immerhin den Gästen des Hotels einen kostenfreien Zugang ermöglicht. Das Parken auf dem Gelände des Hotels bleibt übrigens ohne Gebühr, wenngleich das Laden von Elektrofahrzeugen mit einem Weg von drei Minuten verbunden ist. Zweifelsohne eignet sich das Jagdhaus Eiden mit seiner exponierten Lage am Zwischenahner Meer, seinem hervorragenden Wellnessangebot und der exzellenten Gastronomie nicht nur für einen Kurztrip, sondern durchaus für einen längeren Aufenthalt.

Bewertung: ●●●

## BADEN-BADEN Baden-Württemberg

### BELLE EPOQUE

**(Innenstadt)**
**Maria-Viktoria-Straße 2c**
**76530 Baden-Baden**
**Telefon: 0 72 21-3 00 66-0**
**Internet: www.hotel-belle-epoque.de**
**E-Mail: info@hotel-belle-epoque.de**
**Inhaber: Familie Rademacher**
***DZ ab € 168,00***

24 9 2 WLAN

Wenn wir den Kiesweg vor dem Eingangsbereich des Hotel Belle Epoque, eines herrschaftlichen Anwesens aus dem 19. Jahrhundert, beschreiten, kommt uns die britische Fernsehserie „Das Haus am Eaton Place" aus den 1970er-Jahren in den Sinn, in deren Handlungsstrang es um die Familie Bellamy und ihr Personal geht. In diesem Luxushotel empfängt die Gäste natürlich nicht Chefbutler Angus Hudson. Dafür aber kümmert sich zumeist Concierge Mike Kaemper mit seinen Kollegen um die Anreisenden mit der gleichen Aufmerksamkeit und Professionalität, wie man sie oftmals nur aus Serien und Filmen über eine Zeit kennt, in der jene Art von Dienstleistungsbereitschaft und Hingabe für das Umsorgen anderer Menschen noch nicht verpönt war. Ganz ohne damalige Standesdünkel kann man sich im Belle Epoque ein wenig wie einer derjenigen fühlen, die sich damals einen persönlichen Butler leisten konnten, dessen Ehrgeiz es war, so perfekt und störungsfrei wie möglich

die Wünsche seines Dienstherrn zu erfüllen. Sicherlich hat dieses Gefühl einer anderen Zeit auch damit zu tun, dass hier nahezu keine weiblichen Mitarbeiter im Service zum Einsatz kommen, denn in dem sehr kleinen, aber feinen Luxushotel muss jeder Mitarbeiter überall mithelfen, was auch körperlich anstrengende Arbeiten wie das Koffertragen und das Arrangieren der massiven Gartenmöbel auf der Terrasse sowie im Garten umfasst. Die meisten Gäste schätzen die dadurch etablierte Servicekultur des Hauses, denn bisweilen hat man den Eindruck, einen Butlerservice gleich mitgebucht zu haben. Die polyglotten, bestens geschulten Mitarbeiter sind stets zur Stelle und umsorgen ihre Gäste mit größter Aufmerksamkeit. Bei Anreise erhält man umgehend Hilfe beim Gepäck und wird zum Zimmer begleitet. Zuvor nimmt man vor dem Tisch des Concierge Platz, um die Aufenthaltsformalitäten zu erledigen. Neuen Gästen wird auch schon einmal, wenn es die Belegung zulässt, ein kleiner Rundgang durch die Räumlichkeiten angeboten, bei dem sie dann vielleicht ihr ganz persönliches Lieblingszimmer entdecken. Diese sind entweder zum parkähnlichen Garten, in Richtung der Seitenstraßen oder zur Vorfahrt hin ausgerichtet. Keines gleicht dem anderen, weder im Zuschnitt noch vom Interieur her. Denn alle 33 Zimmer und Suiten wurden mit Antiquitäten unterschiedlicher Epochen ausgestattet. Das Frühstück wird im edlen Salon zelebriert. Im Winter sitzt es sich sehr schön vor einem prasselnden Feuer im Kaminzimmer nebenan und in den Sommermonaten bevorzugt auf der angrenzenden Terrasse mit Blick in den Garten. Zum täglichen Afternoon Tea, zu dem die Gäste all inclusive eingeladen sind, werden hauseigener Kuchen, Gebäck und Scones, dazu Clotted Cream, Marmelade und natürlich Tee und Kaffee angeboten. Als die Hoteliersfamilie Rademacher dieses Gebäude erworben und dann zum Hotel umgebaut hatte, wurden die Bäder mit einer Whirlwanne ausgestattet, um so den fehlenden Spa-Bereich ein klein wenig zu kompensieren, denn aus Gründen des Denkmalschutzes musste auf größere Umbauten verzichtet werden. Zum Hotel zählt außerdem ein Nebengebäude, in dem sich weitere Zimmer befinden. Über ein eigenes Restaurant verfügt das Hotel nicht und die kleine Küche wird ausschließlich für das Frühstück genutzt – etwa für Eierspeisen, die à la minute nach den Wünschen der Gäste zubereitet werden. Ein Restaurant wäre hier in der Tat ein Fremdkörper, schließlich würden dann Gerüche durch das ganze Haus ziehen, dem so auch ein wenig von dessen Exklusivität genommen werden würde. Zum Lunch oder Dinner bietet sich das Schwesterhotel Der kleine Prinz an, welches sich nur wenige Schritte vom Hotel Belle Epoque entfernt auf der anderen Straßenseite im eleganten Villenviertel befindet. Auch das Brenners Parkhotel gehört zu dieser Nachbarschaft. Im Kleinen Prinzen wird eine klassische französische Küche auf hervorragendem Niveau geboten. Wir können für dieses Restaurant daher eine uneingeschränkte Empfehlung aussprechen. Ebenso ist es möglich, zum jeweiligen Arrangement eine Halbpension hinzuzubuchen, die ein Drei-Gänge-Menü umfasst, wofür derzeit zusätzlich 55 Euro berechnet werden. Das Belle Epoque bietet sich überdies für private Festveranstaltungen, Empfänge und Firmenevents an, das wegen des sehr intimen Charakters auch exklusiv für solche Anlässe gebucht werden kann. Allerdings bedarf es aufgrund der guten Auslastung und in Anbetracht dessen, dass zahlreiche Stammgäste bei Abreise bereits ihren nächsten Aufenthalt fixieren, sicherlich einer größeren Vorlaufzeit für solche Planungen. Überhaupt sind beide Hotels der Familie Rademacher so beliebt und zentral gelegen, dass man sie kaum noch als Geheimtipp ansehen kann, auch wenn sie nach wie vor die private Atmosphäre kultivieren. Das Baden-Badener Kurhaus mit dem berühmten Spielcasino, das Museum Frieder Burda für moderne Kunst sowie die Baden-Badener Altstadt können fußläufig in wenigen Minuten erreicht werden. Viele Gäste planen in diesem kleinen Hideaway mehr als nur eine Übernachtung ein und gönnen sich hier eine mehrtägige Auszeit. Verständlich, nicht nur angesichts des beschriebenen besonderen Flairs im Hotel, sondern auch in Anbetracht der vielfältigen Freizeitgestaltung in und um Baden-Baden sowie durch die Nähe zu Frankreich und dem Elsass. So bieten sich Tagesausflüge etwa nach Straßburg oder Colmar an. Und über die Bundesstraße 500, die als Schwarzwaldhochstraße an der Westseite des Schwarzwaldes verläuft und dabei weite Ausblicke auf die Rheinebene bietet, kann beispielsweise in gut einer Stunde Baiersbronn erreicht werden, eine Streugemeinde an einer Seitenroute der B 500, die als Eldorado für Gourmets gilt. Hier halten aktuell vier Spitzenköche insgesamt acht Michelin-Sterne, wobei zwei Küchenchefs, nämlich Claus Peter Lumpp und Torsten Michel, vom Guide Michelin sogar mit jeweils drei Sternen höchstbewertet sind. Wie gut, dass sich Gäste des Belle Epoque auch kulinarisch auf den Rat des Concierge verlassen können, da dieser in der Region bestens vernetzt ist und auf Wunsch entsprechende Reservierungen vornehmen kann. Noch dazu hat er natürlich auch für Baden-Baden selbst kenntnisreiche Tipps und Ratschläge parat, sei es bezüglich besonderer Sehenswürdigkeiten, lohnender Wander- und Spazierwege oder fotogener Aussichtspunkte über die Stadt und den Schwarzwald.

Bewertung:

## BRENNERS PARK-HOTEL & SPA

**(Innenstadt)**
**Schillerstraße 4–6**
**76530 Baden-Baden**
**Telefon: 0 72 21-9 00-0**
**Internet: www.brenners.com**
**E-Mail: info@brenners.com**
**Direktor: Henning Matthiesen**
***DZ ab € 429,00***

Deutschland hat nur noch wenige Luxus- und Grandhotels mit einem Kaliber wie dem des Brenners Park-Hotel, einer Institution mit langer Tradition und großer Geschichte. In Baden-Baden bildet es die Speerspitze der Hotellandschaft und ist unangefochten die erste Adresse der Stadt, die in der Lage ist, auch Gäste mit höchsten Ansprüchen an einen Hotelaufenthalt zu beherbergen. Darüber hinaus ist es ebenso ein fester Treffpunkt der Baden-Badener Gesellschaft. In diesem Kontext möchten wir die Bewertung eines Gastes wörtlich zitieren, der das Brenners Park-Hotel als ein wahrhaftiges Luxushotel lobt, weil dieses Zitat den Kern dessen trifft, was andernorts in Häusern der klassischen Luxushotellerie mehr und mehr geschieht: „In Deutschland finden in den letzten Jahren in einigen Häusern sogenannte Modernisierungen statt. Hinterher wird dann auf einen modernen, internationalen Geschmack weniger gebildeter Schichten eingegangen. Das Schlagwort heißt Nivellierung. Einige dieser Häuser, die wir alle gut kennen, haben dann ihren alten Charme verloren und atmen nur noch einen trägen Neureichengeist, hervorgerufen durch minderbegabte moderne Innenarchitekten." Er wünsche dem „Brenners", dass es nicht in die Hände solcher Leute falle, damit es seinen großen, althergebrachten Charme behalte. Deutliche Worte, die vielleicht ein wenig abgehoben klingen, aber die aktuelle Situation in einem großen Teil der deutschen Luxushotellerie umreißen. Das Interieur im Vier- und Fünf-Sterne-Segment unterscheidet sich heutzutage kaum noch voneinander. Und selbst das Serviceniveau hat sich mittlerweile weitgehend angeglichen. So ist in der deutschen Hotellandschaft zu beobachten, dass – nicht selten von Vertretern der Kommunalpolitik forciert – Häuser, die eigentlich viel besser im Vier-Sterne-Segment beheimatet wären, dazu gedrängt werden, sich auf Biegen und Brechen als Luxushotel klassifizieren zu lassen. Bei der Inneneinrichtung wird gerne auf schlichte, moderne Eleganz gesetzt, die zwar durchaus ihre Berechtigung hat, aber zuallererst entsprechend dem Kostenaspekt ausgewählt wird, zumal dann, wenn man sich aus den

Katalogen gängiger Hotelausstatter bedient. Einen derartigen Zustand beklagt der zitierte Gast des Brenners offensichtlich und hofft, dass ein Haus wie dieses Grandhotel seinen Charme behält, ihn nicht dem neuen Geist opfert und bei Erneuerungen gänzlich von der klassischen Linie abweicht. Zu einer schwierigen Zeit, nämlich zu Beginn der weltweiten Coronapandemie, hat Henning Matthiesen im „Brenners", wie es liebevoll von seinen zahlreichen Stammgästen genannt wird, die Verantwortung als geschäftsführender Direktor übernommen. Und da das Haus vor allem von seinen zahlreichen internationalen Gästen lebt, war es eine besondere Herausforderung, als diese nicht mehr reisen konnten und ausblieben. Eine zusätzliche Aufgabe war es, das Mitarbeiterteam weiterhin zusammenzuhalten. Matthiesen, der über eine hohe Sozialkompetenz verfügt und in den ihm anvertrauten Häusern stets für ein gutes Betriebsklima gesorgt hatte, ist es gelungen, diese schwierige Zeit gut durchzustehen und nur wenige Mitarbeiter aufgrund der Pandemiebedingungen zu verlieren. Hierzu trugen sicherlich auch entsprechende Benefits oder Weiterbildungsmöglichkeiten bei. Wie gut aber auch, dass ein recht großer Anteil des Personals dem Brenners Park-Hotel aufgrund seiner Verbundenheit schon über so viele Jahre die Treue hält. Bei unserem anonymen telefonischen Check der Reservierungsabteilung hatten wir in der Vergangenheit immer einen besonders guten Eindruck. Hier wurden wir stets von offenbar hervorragend geschulten und hoch motivierten Mitarbeitern beraten, die eindeutig eine ausgeprägte Identifikation mit dem Brenners zeigen. Dadurch wurden alle Kriterien eines professionellen Kundengesprächs erfüllt. Diesmal waren die Mitarbeiter der Reservierungsabteilung beim ersten Kontaktversuch allesamt in der Beratung, daher wurde das Telefonat vom Empfangschef Manuel Kauer entgegengenommen, der sofort einen Rückruf anbot. Vorbildlich, dass man während des Telefonats durchgängig mit seinem Namen angesprochen wurde. Beim zweiten Versuch waren die zuständigen Mitarbeiter dann bereits außer Haus. Kauer, der sich an den vorangegangenen Anruf erinnern konnte, bot an, die Beratung selbst zu übernehmen. Er sagte gleich zu Beginn des Gesprächs wörtlich: „Wir haben so viele Möglichkeiten für unsere Gäste, den Aufenthalt besonders angenehm zu gestalten, und setzen daher alles daran, entsprechend den jeweiligen Präferenzen ein maßgeschneidertes Angebot zu unterbreiten, damit sie sich bei uns besonders wohl fühlen." Und weiter: „Es ist unser Anspruch, den besten Service zu bieten." Das sagte er voller Überzeugung, sodass nicht der geringste Zweifel aufkam, es könnte sich hierbei vielleicht nur um einstudierte Marketing-Sprüche handeln. Ergo fragte Kauer dann auch genau nach, welche Präferenzen und Komfortwünsche im Hinblick auf das Zimmer beständen. Ihm gelang es im Fol-

genden tatsächlich, nicht nur die Besonderheiten und den Charme dieses altehrwürdigen Grandhotels mit all seinen Vorzügen darzustellen, sondern auch das Kultur- und Freizeitangebot Baden-Badens sowie der Region hervorzuheben. Bei ihm war nicht zu überhören, dass er ein Gastgeber aus Leidenschaft ist und das, was er hier beruflich tut, mit großer Freude macht. Am Ende des Telefonats bedankte er sich für das angenehme Gespräch und wies noch einmal explizit darauf hin, dass er und seine Kollegen der Rezeption jederzeit mit Rat und Tat zur Seite stünden. Ein solches Gespräch kann man fast nur in einem Spitzenhaus erleben. Mitarbeiter dieser Klasse sind Goldstücke, denn sie sind es letztlich, die mit ihrer Performance beim Gast Erinnerungsmomente entstehen lassen. Die Zimmer und Suiten des Hotels, die bis auf ein separates Gebäude, die Villa Stéphanie, im klassisch-eleganten Stil eingerichtet sind, haben im Einzelzimmersegment bereits eine Größe von 26 Quadratmetern und bieten somit reichlich Platz. Letztgenannte sind zur Stadtseite ausgerichtet, während die nächsthöhere Kategorie auch Ausblicke zur Parkseite und Lichtentaler Allee bietet. In der erwähnten Villa Stéphanie ist das Interieur modern, aber ebenso elegant gehalten, und in dieser befinden sich auch große Luxussuiten. Für Gäste, die mit großer Entourage anreisen, bietet sich beispielsweise die Parkvilla mit einer Wohnfläche von 600 Quadratmetern an. Sie verfügt über drei Wohnzimmer mit Essbereich, acht Schlafzimmer, jeweils zwei Terrassen und Dachterrassen und selbstverständlich auch sechs Badezimmer. Somit können hier bis zu zwölf Personen logieren. Je nach Saison wird ein fünfstelliger Betrag aufgerufen. Ungeachtet der gebuchten Kategorie zählt zu den verbrieften Serviceleistungen im Hotel nebst Valet Parking, 24-Stunden-Etagen- und Schuhputzservice, dass die Gäste bei ihrem Gepäck unterstützt und zum Zimmer begleitet werden. Senior-Chef-Concierge Marcus Schindler und sein Team organisieren zudem ganz Alltägliches, etwa für den Nachwuchs einen Babysitter, einen Limousinen- oder Butlerservice, eine Karte für eine Veranstaltung oder es wird eine Reservierung für ein Restaurant vorgenommen. Wünscht der Gast einen besonderen Service für sein Fahrzeug, sei es eine Reparatur, eine Inspektion oder Wagenpflege, organisiert das Team auch gerne solche Leistungen. Zudem steht ein exklusiver 5000 Quadratmeter großer Spa mit tageslichtdurchflutetem Pool sowie ein Saunabereich mit finnischer Sauna, Bio-Sauna, Aroma- und Dampfbad, Kaltwasserbecken sowie einem Ruheraum während des Aufenthalts zur Verfügung. Auf der Liegewiese mit den Sonnenliegen lässt es sich im Sommer herrlich entspannen. Außerdem wurde ein Fitnessraum mit modernen Cardio- und Krafttrainingsgeräten eingerichtet. Über viele Jahre war man auch in der Lage, den Gästen ein veritables Gourmetrestaurant, das zuletzt mit zwei Michelin-Sternen ausgezeichnet war, zu bieten. Dann wurde das gastronomische Konzept neu ausgerichtet, um ebenso für eine jüngere Klientel attraktiv zu sein. Mit dem Fritz & Felix und seiner zeitgenössischen Küche auf einem bemerkenswerten Niveau ist es gelungen, sich breiter aufzustellen und nicht zuletzt die Hemmschwellen abzubauen, die teilweise gegenüber einem Sterne-Restaurant-Besuch in einem Grandhotel bestehen können. Die Fritz & Felix Bar genießt mittlerweile sogar einen Kultstatus und wird auch vom hiesigen Publikum gerne frequentiert. Übrigens: Den Aufenthalt mit einem medizinischen Check-up oder vielleicht einer Detox-Kur zu verbinden, ist ebenfalls möglich. Auf dem Areal des Brenners Park-Hotel, genauer im Haus Julius, befinden sich Praxen der Fachdisziplinen ästhetische Medizin, ästhetische Zahnmedizin, integrative Naturheilkunde und Physiotherapie. Für das Jahr 2023 steht der Beginn einer weitreichenden Renovierung mit gleichzeitig angepasstem, neuem Designkonzept an. Geplant ist, dass diese im dritten Quartal dieses Jahres beginnt und im Sommer 2024 komplett abgeschlossen sein soll.

Bewertung:

## DER KLEINE PRINZ

**(Innenstadt)**
**Lichtentaler Straße 36**
**76530 Baden-Baden**
**Telefon: 0 72 21-3 46 60-0**
**Internet: www.derkleineprinz.de**
**E-Mail: info@derkleineprinz.de**
**Inhaber: Familie Rademacher**
***DZ ab € 159,00***

Baden-Baden ist eine der in Deutschland mittlerweile sicherlich am meisten unterschätzten Erholungs- und Feriendestinationen. Zwar galt die ehemals wegen ihres internationalen Publikums als „Weltbad" bezeichnete Kurstadt am Nordrand des Schwarzwaldes lange Jahrzehnte, wenn nicht gar Jahrhunderte, als Heil- und Erholungsadresse für eine internationale Elite. Jedoch wurden mit dem Auftreten von Fernreisen und Flugverkehr ganz andere Ziele zu Sehnsuchtsorten eines internationalen Jetsets als das badische Traditionsbad mit seinen Thermalquellen und seiner weltbekannten Spielbank. Doch auch wenn exotischere Jetset-Treffpunkte zwischen Monaco und Marbella oder neue Player wie die Luxusmetropole Dubai mittlerweile die Reichen und Superreichen anziehen, schätzt eine gewisse Klientel immer noch den Charme und den historischen Glamour der Vorgänger heutiger Luxusresorts und Promidestinationen. Hierzu zählt Baden-Baden in jedem Fall, ist es doch ein Reiseziel, an dem man sich bereits seit dem 18. Jahrhundert an die Wünsche und Vorstellungen der anspruchsvollen Gäste aus aller Welt anpasste. Damals waren Luxushotels im heutigen Sinne noch nicht bekannt. Erst in der zweiten Hälfte des 19. Jahrhunderts traten diese ihren Siegeszug an und brachten auch nach Baden-Baden Besucher,

die anspruchsvolle Unterhaltungsangebote, spektakuläre Bauten wie Bahnhöfe, Casinos und Theater sowie umfangreiche Möglichkeiten zum Lustwandeln und zur Rehabilitation bei diversen Malaisen und Krankheiten erwarteten. Das spektakuläre Friedrichsbad, der herrliche, heute als Festspielhaus genutzte historische Baden-Badener Bahnhof und das wunderbare Kurhaus mit seinem Spielcasino sind bauliche Zeugen dieser Zeit. Ebenso sind eindrucksvolle Hotels wie das Brenners Park-Hotel oder der leider noch geschlossene Europäische Hof Vertreter besagter Epoche. Aber auch im großbürgerlichen Rahmen des gehobenen Wohnens finden sich zahlreiche architektonische Zeugnisse jener Glanzzeit im Stadtbild, zum Beispiel gleich südlich des zentralen Augustaplatzes zwischen den Parkanlagen entlang der Oos und der Lichtentaler Straße. Dort stehen großbürgerliche Villen, imposante Miethäuser der Gründerzeit und hier und da auch verspielte Stadthäuser im Stile der Belle Époque, der sich im nahen Frankreich fest etabliert hatte. Dazu zählt sicher ebenso das Hauptgebäude des Romantikhotels Kleiner Prinz der Hoteliersfamilie Rademacher, das mit seinen 40 individuell gestalteten Zimmern und Suiten schon seit den 1980er-Jahren als Geheimtipp für Baden-Baden gelten kann. Damals kauften Norbert und Edeltraut Rademacher, zurückgekehrt aus internationaler Tätigkeit in leitenden Positionen innerhalb großer Hotels, zuletzt dem Waldorf Astoria in New York, das prachtvolle Stadthaus mit seiner verspielten Fassade. Daraufhin bauten sie es zum kleinen, aber feinen Boutique-Hotel mit ebenso feinem Gourmetrestaurant in der Beletage aus. Im Laufe der Jahre wurde es um das Nachbargebäude erweitert, das allerdings aus Gründen des Denkmal- und Feuerschutzes baulich nicht direkt mit dem Stammhaus verbunden wurde. Es verbleibt ein zur Straße offener Innenhof, der in Corona-Zeiten gute Dienste als sommerliche Ausweichmöglichkeit für das Restaurant zum Speisen unter freiem Himmel leistete. Die romantische Location wird nach wie vor nicht nur zum Lunchen und Dinieren, sondern auch für einen nachmittäglichen Kaffee oder einen abendlichen Drink genutzt. Attraktion der beiden Häuser des Hotels ist aber sowieso das individuelle und romantisch-verspielte, jedoch immer stilvolle Interieur der Zimmer und Suiten. Themen aus dem „Kleinen Prinzen" von Saint-Exupéry bilden dabei einen Leitfaden, denn Motive nach den Originalzeichnungen des Autors sind überall im Hause zu finden, ohne dabei absolut im Vordergrund zu stehen. Um dem Luxusanspruch dieses Boutique-Hotels zu genügen, stattete man, da man keinen Wellnessbereich in die historische Architektur integrieren konnte, einen Teil der Badezimmer mit Whirlwannen aus. Aber das ist nur ein kleiner Bonus angesichts der wunderschönen Ausstattung der Zimmer mit handverlesenen Antiquitäten, aufeinander abgestimmten Stoffen und Tapeten sowie herausragend gepflegten Marmorbädern. Eine kleine Brigade an Zimmerdamen sorgt hier seit Jahren für einen hohen Pflegezustand. Überall ist erkennbar, dass hoteleigene Handwerker selbst kleinste Macken und Scheuerstellen schnellstens wie auch gründlich ausbessern. In beiden Häusern der Familie Rademacher, sowohl dem Kleinen Prinzen als auch dem Belle Epoque, sind trotz der baulichen Gegebenheiten individuell steuerbare Klimaanlagen ebenso vorhanden wie Aufzüge. Vergleichsweise offene und zentrale Treppenhäuser stellen jeweils den Kern der beiden Gebäude dar, sodass sich bei aller Romantik der Ausstattung auch das Gefühl einer gewissen Großzügigkeit einstellt. Wer diesen Eindruck noch steigern möchte, dem sei das Schwesterhotel Belle Epoque empfohlen, gleich 50 Meter südlich des Kleinen Prinzen an derselben Straße gelegen. Hier wurde eine großbürgerliche Villa des späten 19. Jahrhunderts, mit entsprechend luxuriösem Ambiente inklusive herrschaftlichem Garten und ausladenden Salons, die heute als öffentliche Bereiche genutzt werden, zu einem exklusiven Hideaway umgestaltet, nachdem der Kleine Prinz sich als Erfolg erwiesen hatte. Beide Häuser nutzen das Restaurant des Kleinen Prinzen als gemeinsamen gastronomischen und kulinarischen Mittelpunkt. In den jeweiligen Salons der zwei Hotels werden das Frühstück und der Afternoon Tea mit hausgemachten Kuchen und Getränken kredenzt. Für das Restaurant haben wir all die Jahre eine uneingeschränkte Empfehlung aussprechen können, denn Chef de Cuisine Bertold Krieg sorgte hier bislang mit einer klassischen französischen Küche für ein verlässliches, mehr als solides Niveau ähnlich einer Sterne-Gastronomie, auch wenn diese Ausrichtung nie das Ziel des leidenschaftlichen Küchenchefs war. Seit Anfang des Jahres befindet er sich nach 37 Jahren nun im wohlverdienten Ruhestand. Sein Nachfolger Jan Maxheim, ein früherer Souschef von Bertold Krieg, wird ab Mai eine Mischung aus einer französischen und regionalen Küche bieten. Die bisherigen beruflichen Schritte dieses Nachfolgers sind vielversprechend. So wird er sicherlich neue Akzente setzen. Hier im Restaurant, wie überall in den beiden Hotels der Rademachers, überzeugt zudem der formvollendete Service und Maître d'hôtel Edgar Vehlgut ist dabei ein Restaurantchef, wie er im Buche steht. Dass sehr liberale Gäste seine strenge Sorge um perfekte Serviceabläufe auch schon einmal nicht nachvollziehen konnten und fanden, er verfahre zu bestimmt mit seinen Mitarbeitern, ist eine amüsante Anekdote. Denn nur so kann er den traditionellen Service klassischen Zuschnitts gewährleisten, den viele hier besonders schätzen. Wie er gleichzeitig nonchalant mit einem gesundheitlich stark beeinträchtigten Gast und seiner Ehefrau umging, und diesen damit jedes Gefühl der Verlegenheit nahm, konnten wir bei unserem letztjährigen Besuch beobachten. Perfekter Service, nicht nur im Restaurant, herrscht also in beiden Hotels der Rademachers vor, wo die jeweiligen Concierges, Mike Kaemper im Belle Epoque und Marc Lieschke im Kleinen Prinzen, beide Mitglieder bei der „Union Internationale des Concierges d'Hôtels" unter dem berühmten Zeichen der sich kreuzenden Schlüssel, die überwiegend männlichen Mitarbeiter des Hotels anleiten. Sie sorgen dafür, dass die in anderen Häusern oft auftretende Peinlichkeit, dass eine junge Hotelmitarbeiterin sich mit dem Gepäck des Gastes abmühen muss, wodurch dieser nicht anders kann, als es selbst zu tragen, hier in der Regel nicht zu befürchten ist. Der Kleine Prinz ist damit ein ebenso traditionelles wie vorbildliches Boutique-Hotel der Luxuskategorie, das nicht ohne Grund für viele internationale Gäste eine feste Anlaufstelle bei ihren Europareisen darstellt. Wie immer, so auch in diesem Jahr eine der ersten Empfehlungen für einen Aufenthalt in Baden-Baden.

Bewertung:

## MAISON MESSMER

**(Innenstadt)**
**Werderstraße 1**
**76530 Baden-Baden**
**Telefon: 0 72 21-30 12-0**
**Internet: www.hommage-hotels.com**
**E-Mail: info.maison-messmer@dorint.co**
**Direktor: Gordon Debus**
***DZ ab € 297,00***

Messmer? Messmer!? Bei vielen dürfte etwas klingeln bei diesem auffällig unauffälligen deutschen Namen, der hier in ungewöhnlicher Kombination mit dem französischen „Maison" irgendwann im vorvorigen Jahrhundert Bekanntheit erlangte und heute für eines der renommiertesten Spitzenhotels in Baden-Baden steht. Und richtig, Messmer-Tee ist eine bekannte Marke, die erstaunlicherweise eng mit diesem Haus verbunden war. Das rührt von der Tatsache her, dass das moderne Luxushotel als gesellschaftlicher Treffpunkt, Ort der kulinarischen Genüsse und der großen Bälle für Aristokratie und reiches Bürgertum erst eine Erfindung des späten 19. Jahrhunderts ist. César Ritz entwickelte zusammen mit Auguste Escoffier das Konzept des Luxushotels, wie wir es seitdem kennen. Zuvor besaßen vermögende Schichten und Adel eigene Anwesen, Schlösser und Villen, in England auch die traditionellen Clubs, um dort Gastgeber für diejenigen zu sein, die man bei Festen, Bällen und Soireen zu treffen wünschte. Ein öffentliches Haus, in dem quasi jeder verkehren konnte, schien da wenig angemessen. Ritz und Escoffier änderten dies, indem sie in den von ihnen entwickelten Grandhotels neuen Zuschnitts durch die Bank eine Infrastruktur boten, welche die eines jeden Adelspalais in Sachen Modernität und der dort möglichen Bewirtung in kulinarischer Qualität bei Weitem übertraf. Elektrisches Licht, fließend warmes Wasser auf den Zimmern, Aufzüge und Zentralheizung ebenso wie exquisite Speisen in nie gesehener Qualität und Raffinesse sowie in kaum für machbar

gehaltener Menge und Professionalität bei großen Banketten stellten fast jeden Adelshaushalt wie auch seine Möglichkeiten in den Schatten. In den europäischen und amerikanischen Großstädten entstanden zu gleicher Zeit diejenigen Luxushotels, die heute noch dieses Hotelgenre definieren. In Kurorten und Staatsbädern war man von diesen Standards zuvor noch weit entfernt. Und so logierte hier in Baden-Baden selbst Kaiser Wilhelm I., wie schon vor 1871 noch als König von Preußen, in einem Hotel mit dem eher privaten Charakter eines Gästehauses, dem Maison Messmer. Bereits seit 1834 hielt das königliche und später kaiserliche Ehepaar dem Haus die Treue. Da die hochwohlgeborenen Gäste einen bestimmten russischen Tee bevorzugten und die mitgeführten Mengen einmal nicht ausreichten, sah man sich im Maison Messmer motiviert, ebendiesen Tee selbst zu importieren, woraus später der Teehandel gleichen Namens erwuchs. Die Bezeichnung als „Maison" reicht natürlich auf das Französische als Lingua Franca des 18. und 19. Jahrhunderts zurück. Die Bezeichnung klang einfach besser, ganz zu schweigen von der schönen Alliteration. Während das Maison Messmer, direkt neben Spielcasino, Kurpark sowie Theater gelegen, im 20. Jahrhundert zunächst sein Renommee halten konnte, setzten doch irgendwann Stillstand und langsames Sterben ein, bis es nach dem Abriss des ursprünglichen Eckgebäudes des Hotels Ende der 1950er-Jahre gar zu einer 38-jährigen Phase kam, in der nur noch der hintere Jugendstilflügel, heute zu einem Großteil mit dem Wellnessbereich belegt, und der Ballsaal neben dem einstigen Haupthaus, in dem bereits seit Langem vor allem die Theatermaler für das benachbarte Etablissement die Kulissen anfertigten, Bestand hatten. Ab 1996 dann nahm Dorint Restgebäude und Grundstück unter seine Fittiche und errichtete hier im Rahmen seiner für die damalige deutsche Hotellerie einmaligen Qualitäts- und Modernitätsoffensive einen Neubau ganz und gar modernen Stils. Insgesamt so schlicht und schnörkellos stilvoll, dass anfangs hinterfragt wurde, ob so denn ein Luxushotel und damit eines der besten Häuser am Platze derart schlicht aussehen dürfe. Mittlerweile ist diese Frage mit einem eindeutigen Ja zu beantworten, zumal das Haus 2019, also kurz vor Beginn der Coronapandemie, nach umfassenden Renovierungen der Luxusmarke der Dorint-Hotelgruppe zugeordnet wurde. Mehr Akzente in Farbe und Form, dafür weniger zurückhaltende Eleganz sowie Gediegenheit entsprechen der Leitlinie des neuen Interieurs, das die Gäste nun nach der Erneuerung der Zimmer und Suiten erwartet. Die Kategorien *Standard* und *Komfort*, beide haben eine Größe von 25 Quadratmetern, zeigen einen Ausblick in Richtung Garten oder Kurpark. Mehr Platz bietet die Kategorie *Superior* mit 35 Quadratmetern, die hingegen zum angrenzenden Villenviertel ausgerichtet ist. Unter den zahlreichen Suiten im Hotel ist und bleibt natürlich immer noch die herausragende Penthouse-Suite zu erwähnen, denn ein vergleichbares 180-Grad-Panorama wie von der umlaufenden Dachterrasse der Suite aus, rundherum auf die Silhouette der Stadt und die umgebenden Berge nebst Ruine des Alten Schlosses blickend, wird in Baden-Baden kein zweites Mal geboten. Der herrliche, über zwei Etagen reichende Spa mit Schwimmbad- und Saunabereich blieb unverändert, denn er wurde so zeitlos wie hochwertig ausgestattet und gestaltet, dass er vermutlich noch einmal 22 Jahre ohne wesentliche Umgestaltung erleben wird. Auch wenn die anfänglichen Bemühungen der Etablierung eines Gourmetrestaurants in der Beletage des Hotels gescheitert sind, ist hier nun im Restaurant JB Messmer eine solide Karte aufgestellt worden, sodass immerhin ein gutes Fine-Dining-Angebot besteht. Je zwei Fisch- und Fleisch-Hauptgänge sowie eine vegane Alternative werden geboten, ebenso wie ausgesuchte Vorspeisen, Suppen und Salate, allesamt auf einem guten Niveau, jedoch ohne den Anspruch auf eine Sterneküche erheben zu wollen. Mittags gibt es sogar eine einfachere Karte, auf der sich eher unkomplizierte Klassiker wie Wiener Schnitzel und Tagliatelle mit Trüffelschaum finden, um den Gästen ein gutes Lunchangebot bieten zu können. Unverändert beliebt steht daneben der gemütliche Theaterkeller im Souterrain des Hotels mit seiner einfacheren Küche zwischen badischen Spezialitäten und internationalen Klassikern zur Verfügung. Die gemütliche Gewölbeatmosphäre hat noch jeden kritischen Gast für sich einnehmen können, aber da auch Einheimische nach dem Theaterbesuch nebenan gerne hier einkehren, ist eine rechtzeitige Reservierung immer zu empfehlen. Die Bar über der Hotellobby ist sicherlich ein wunderbarer Ort für das Sehen- und Nicht-gesehen-Werden, schließlich kann man hier einen Platz mit verstecktem Blick von oben auf das Kommen und Gehen im Hotel einnehmen, sodass man sich leicht den ganzen Abend unterhalten fühlt. Das Maison Messmer ist auf jeden Fall ein Luxushotel, dessen Lage, Gesamtprodukt, Renommee und Wellnessangebot nach wie vor herausragend ist. Das Haus ist alleine schon aufgrund dieser vier Kriterien eine Empfehlung wert, sodass wir gespannt bleiben, welche Entwicklung es zukünftig nehmen wird.

Bewertung:

## ROOMERS

**(Innenstadt)**
**Lange Straße 100**
**76530 Baden-Baden**
**Telefon: 0 72 21-9 01 93-0**
**Internet: www.roomers-badenbaden.com**
**E-Mail: info@roomers-badenbaden.com**
**Direktor: Marcel Heid**
***DZ ab € 230,00***

Unbestritten ist dieses designorientierte Luxushotel eine Bereicherung auf dem hiesigen Hotelmarkt. Das Roomers ist Mitglied der Autograph Collection by Marriott, die vor allem sehr individuelle Häuser in ihrem Portfolio vereint. Auch die recht zentrale Lage in Verlängerung der Fußgängerzone entlang der Langen Straße, dementsprechend noch in der Innenstadt gegenüber dem historischen Bahnhof und heutigen Festspielhaus, kann überzeugen. Weniger hat uns der teils etwas flapsige und legere Umgang mit den Gästen gefallen. Der langjährige Hoteldirektor Marcus Scholz hatte es ganz offensichtlich versäumt, verbindliche Leitlinien für seine Mitarbeiter aufzustellen und das Haus allem Anschein nach situativ und eher im „Freestyle" geführt – ganz, wie es der moderne und hippe Stil des Hauses vermeintlich nahelegt. Das führt jedoch mitunter dazu, dass guter Service hier Glücksache ist und offensichtlich von der Tagesform des Personals abhängig zu sein scheint. Hinzu kommen immer wieder fachliche Fehler, die wiederum auf eine mangelnde Schulung der Mitarbeiter schließen lassen. Unbedingt feilen sollte man auch am Beschwerdemanagement. Gäste, die auf Bewertungsportalen ihre negativen Erfahrungen schildern, erhalten entweder keine Reaktion oder es wird mit Textbausteinen geantwortet. Zu allem Übel wird dann auch die Antwort mit „Ihr Roomers-Team" unterzeichnet. Also immer schön unverbindlich und unpersönlich bleiben. Überdies kann der Eindruck entstehen, dass hier zahlreiche branchenfremde Mitarbeiterinnen und Mitarbeiter im Service eingesetzt werden. Das wiederum wäre eigentlich keine Erwähnung wert, hätte man ihnen zuvor entsprechende Trainingseinheiten gegönnt und sie somit auf den Gastkontakt vorbereitet, was aber augenscheinlich nicht in dem notwendigen Maße erfolgt ist. Zwischenzeitlich hat Marcus Scholz hier sein Gastspiel beendet und das Haus verlassen, um nun im Baden-Badener Hotel Sophienpark tätig zu sein. Sein Nachfolger ist Marcel Heid, dessen bisherige Stationen vor allem in der Leisurehotellerie zu verorten sind. Das lässt hoffen, dass er hier vielleicht ein wenig mehr für Servicestrukturen sorgen könnte und den Gast samt seinen Ansprüchen doch mehr in den Fokus nimmt als die Sorge um das hippe Image des Hotels. Ganz entspannt werden die Gäste eingecheckt, indem sie an einem Tisch Platz nehmen, um dort die Meldeformalitäten zu erledigen. Hierfür sind gleich drei runde Tische mit Pendelleuchten darüber eingerichtet, an dem der jeweilige Rezeptionist mit einem Laptop gemeinsam mit den Gästen, wie am heimischen Esstisch, Platz nimmt. Schick ist die Bar, die von Donnerstag bis Samstag, in der Regel ab 21 Uhr, geöffnet hat, und freitags wie samstags sogar mit einem DJ aufwartet. Es wird seinen Grund haben, weshalb man, wenn vielleicht auch nur mit einem Augenzwinkern, darauf hinweist: „Drink in style – not in flip flops!" Mittlerweile eine in Baden-Baden anerkannte kulinarische Institution ist das Restaurant moriki des Roomers. Dort begeistert man mit einer panasiatischen, modernen Fusionsküche. Zum Spa & Health Club zählt ein Saunabereich mit finnischer Sauna, Dampfbad, Whirlpool und Hamam. Und erwartungsgemäß für die Hotelkategorie dieses Hauses können auch Kosmetik- und Massagetreatments gebucht werden. Vielleicht ein wenig gewöhnungsbedürftig ist die Nutzung des Rooftop-Pools, da es vom Gast ein gewisses Selbstbewusstsein erfordert, hier zu schwimmen, während in den Sommermonaten gleichzeitig auf derselben Terrasse Party People bei Cocktails und Champagner genüsslich chillen. Eine Besonderheit ist, dass jener Pool von 6.30 Uhr morgens bis 1 Uhr nachts nutzbar ist. Der Fitnessraum ist mit dem Basisangebot an Cardio- und Krafttrainingsgeräten der Marke Technogym ausgestattet. Die insgesamt 130 Zimmer, darunter auch große Luxussuiten, sind recht großzügig geschnitten, denn bereits die sogenannten *Superior*-Zimmer, sozusagen die Standardkategorie, bieten mit 32 Quadratmetern reichlich Platz und sind somit auch für einen längeren Aufenthalt geeignet. Alle verfügen über ein edles Bad mit begehbarer Regenschauerdusche, bereits ab der Kategorie *Superior* zusätzlich über eine Badewanne. Eine Besonderheit im Falle der Juniorsuiten wie auch manch anderer Suiten ist die freistehende Badewanne. Grundsätzlich sind alle Zimmer mit einer Kapselmaschine zur Zubereitung von Kaffee oder Espresso ausgestattet, überdies mit einem Suite Pad für die digitale Gästekommunikation. Ein 24-Stunden-Zimmerservice wird, wie man es in einem Luxushotel erwarten darf, selbstverständlich ebenfalls gewährleistet. Einige der Suiten verfügen sogar über einen zehn Quadratmeter großen Balkon. Und selbstverständlich darf auch eine Art Präsidentensuite nicht fehlen, die mit allen Annehmlichkeiten ausgestattet wurde. Ein kleines Highlight ist der Billardtisch im Wohn- und Essbereich sowie die 43 Quadratmeter große Dachterrasse, die sich beispielsweise für ein Private Barbecue mit Gästen eignet. Ansonsten verfügt diese Suite über zwei Bäder mit Regenschauerdusche, eines davon zusätzlich mit Badewanne, sowie über eine Bar mit Küchenzeile. Übrigens: Auch wenn nur allzu gerne unterstrichen wird, besonders kinderfreundlich zu sein, übernachtet der Nachwuchs nur bis zum vierten Lebensjahr kostenfrei im Zimmer der Eltern. Schon für Fünfjährige ist somit ein Aufschlag von 60 Euro zu zahlen. Immerhin bleibt bis zu einer Altersgrenze von acht Jahren das Frühstück ohne Berechnung. Unser Fazit: Gerne würden wir ein uneingeschränktes Lob aussprechen, denn das moderne und progressive Design des Hauses, der schicke Spa und das interessante Gastronomiekonzept können durchaus begeistern. Allerdings trübt den Gesamteindruck der nicht selten unterdurchschnittliche Service, der Hippness und Modernität des Hotels oft wohl als unvereinbar mit klassischen Gastgeberqualitäten wie Freundlichkeit und Offenheit gegenüber ausnahmslos allen Gästen ansieht. Es gibt also für den neuen Hoteldirektor in diesem Bereich eine Menge zu tun. Zudem sei erwähnt: Eine E-Ladestation ist 300 Meter vom Hotel entfernt und Parken wird hier mit 24 Euro berechnet. Ein Valet Parking Service wird jedoch nicht geboten, denn der passt wohl nicht zum unkonventionellen Konzept des Hauses.

Bewertung:

## BAREISS

**(OT Mitteltal)**
**Hermine-Bareiss-Weg**
**72270 Baiersbronn**
**Telefon: 0 74 42-47-0**
**Internet: www.bareiss.com**
**E-Mail: info@bareiss.com**
**Inhaber: Hermann Bareiss**
***DZ ab € 656,00 (HP)***

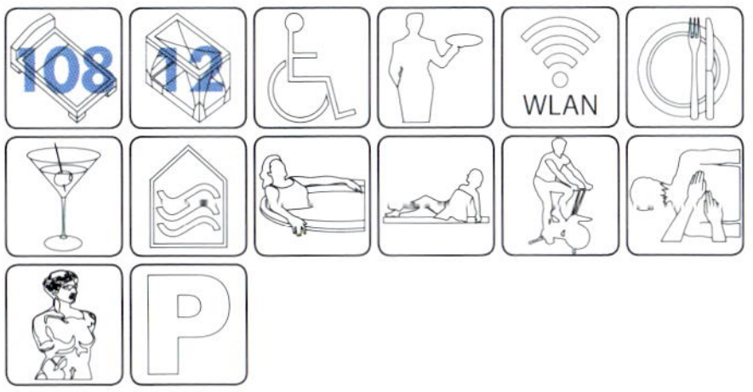

Die schönste Anreise nach Baiersbronn hat man sicherlich von Baden-Baden aus über die Schwarzwaldhochstraße, jene beständig ansteigende Bundesstraße 500, von der aus sich immer wieder Ausblicke über den Nordschwarzwald und die sich davor erstreckende Rheinebene bieten. Gutes Wetter und klare Sicht vorausgesetzt, kann man bis nach Straßburg mit den dahinterliegenden Vogesen blicken. Bei der Weiterfahrt nach Baiersbronn geht es dann wieder bergab, und nach einer weiteren halben Stunde ist das Bareiss in der Ortsmitte erreicht. Baiersbronn ist mehr denn je ein Hotspot für Gourmets aus der ganzen Welt, denn nicht nur das Restaurant Bareiss mit Claus-Peter Lumpp als Chef de Cuisine verwöhnt hier die Gäste unter dem Signum von drei Michelin-Sternen. Auch die Schwarzwaldstube im Hotel Traube Tonbach, ebenfalls mit drei Sternen prämiert, bietet eine Haute Cuisine auf Spitzenniveau. Zusammen mit den beiden Ein-Sterne-Restaurants, dem 1789 in der Traube Tonbach und dem Restaurant Schlossberg im Romantik-Hotel Sackmann, sind damit acht Michelin-Sterne an einem einzigen Ort versammelt. Lumpp, der im Bareiss seit 1992 und damit seit über 30 Jahren die für uns verlässlichste kulinarische Adresse ist, hat hier wirklich Maßstäbe gesetzt. Wir schätzen nicht nur seine kreative, aromenintensive, klassisch-französisch geprägte Spitzenküche, sondern auch seine bescheidene und unaufgeregte Persönlichkeit. Ohne Attitüde kommt der sympathische und unkomplizierte Chef de Cuisine nach dem letzten Gang gerne mit seinen Gästen ins Gespräch, nimmt deren in der Regel begeistertes Lob entgegen und zeigt sich auch zu gemeinsamen Selfies mit ihnen bereit. Verständlich, dass viele dieses Erlebnis höchster kulinarischer Kunst, gepaart mit einem Service par excellence, durch ein Bild mit einem Starkoch wie Lumpp gerne verewigen möchten. Das Restaurant ist dabei Spiegel der Kultur des Hotelerlebnisses, das immer noch deutschlandweit seinesgleichen sucht. Das Haus ist eine über Jahrzehnte gewachsene Institution der Spitzenhotellerie und -gastronomie, immer schon ein Hort der Philosophie, dass ein herausragender Service den gewichtigsten Aspekt von Luxus ausmacht, wie ihn anspruchsvolle Gäste in einer Top-Destination wie dem Bareiss suchen und finden. Der Empfang durch die Mitarbeiter per Ansprache mit Namen, mittels vorab anhand

von Fotos studiertem Aussehen der Gäste, klappt allerspätestens beim zweiten Aufenthalt. Persönliche Vorlieben und kleine Marotten sind dann auch bereits notiert und verinnerlicht worden, sodass man wie ein langjähriger Freund des Hauses empfangen wird. Der edle Landhausstil zieht sich als Designkonzept durch alle Bereiche des Hotels, gleichermaßen in den Restaurants wie den Zimmern. Auch das Personal ist entsprechend einheitlich livriert, wobei die Damen moderne Trachtenmode tragen. Größe und Vielfalt der Anlage mit verschiedenen Restaurants, Freizeit- und Wellnesseinrichtungen sowie weitläufigen Freianlagen im direkten Umfeld des Hotels machen aus dem ehemaligen Landgasthof und späteren Ferienhotel nun schon seit Jahrzehnten ein Luxusresort der Extraklasse. Neben dem Gourmetrestaurant von Claus-Peter Lumpp bieten auch die Kaminstube sowie die Dorfstuben hochklassige Gerichte mit regionalem Bezug – bei Letzteren in behaglicher Umgebung mit holzvertäfelten Wänden und überall platzierten historischen Uhren. Denn der kühle Minimalismus, wie er bei den Interieurs vieler internationaler Adressen der Spitzengastronomie mittlerweile fröhliche Urständ feiert, ist nicht jedermanns Geschmack. Vom Guide Michelin bekommen die Dorfstuben mit ihren beiden Räumen, der Uhrenstube und der Förster-Jakob-Stube, daher eine Auszeichnung mit dem „Bip Gourmand" für ein hervorragendes Verhältnis zwischen kulinarischer Leistung und Preisniveau. In der Tat meint man hier teilweise Saucen serviert zu bekommen, die man eigentlich im Gourmetrestaurant erwarten würde, und das Wild aus eigener Jagd oder die Forellen aus eigener Zucht von der Bareiss-Dependance am Ortsrand, dem Forellenhof, sind ohnehin über jeden Zweifel hinsichtlich Qualität und Frische erhaben. So bietet jener Forellenhof in einmaliger Lage am Waldrand mit Fischbecken und Verarbeitung der Fische rund um das zentrale, malerische Schwarzwaldhaus mit der edlen, aber urgemütlichen Gaststube ein lohnenswertes Ziel für einen kleinen Ausflug vom Bareiss in die Umgebung. Das gilt genauso für die Sattelei im Wald oberhalb des Hotelresorts, eine Wanderhütte am hier verlaufenden beliebten Wanderweg, in der man inmitten des Waldes Rast einlegen kann, im Sommer auch im Freien direkt vor der Sattelei. Seit einigen Jahren besitzt das Bareiss als drittes „Outlet" neben Forellenhof und Sattelei noch den historischen Morlokhof aus dem 18. Jahrhundert, ebenfalls unweit des Hotels, der für Veranstaltungen gebucht werden kann. Und auch der 6000 Quadratmeter große Spa mit Innen- und Außenbereich hält ein Angebot vor, dessen Umfang und Vielfalt staunen lässt. Eine Badelandschaft mit vier Innenpools, nämlich einem Süßwasserpool, einem Meerwasserbecken, dem Massage-Wirbelbad sowie Kinderplanschbecken, zusätzlich drei Außenpools mit einem Meerwasser-Außenbecken, einem Süßwasserfreibad sowie Naturbadeteich zeigen schon allein im Bereich der hier ermöglichten Schwimmmöglichkeiten, dass den Freuden der Gäste kaum Grenzen gesetzt sind und beweisen dabei eine Quantität und Qualität, die in der deutschen Hotellerie einzigartig ist. Ebenso hat die Saunawelt mit finnischer Sauna, Bio-Sauna und Sanarium sowie Kräuterdampfbad, einem Rosendampfbad, einer Kaminlounge und einem Saunagarten einen Umfang, der in jedem Fall großen Eindruck macht. Dass ein breites Spektrum an Massagen und Beauty-Treatments sowie Wellnessanwendungen gebucht werden kann, versteht sich angesichts dieses Niveaus der Hardware im Spa-Segment schon fast von selbst. Während einige der genannten Pools und Bäder natürlich vorwiegend im Sommer unter freiem Himmel, ohne zumindest am Kopf zu frieren, zu nutzen sind, stellen diese aber nicht die einzigen Outdooraktivitäten dar, die im Bareiss auf dem eigenen Gelände stattfinden können, ohne das Hotelresort zu verlassen. Gleich neben dem Resort im Tal des Flüsschens Murg, in dem Baiersbronn liegt, erstreckt sich seit einigen Jahren ein hoteleigener Park mit Teichen und danebenliegendem Sonnendeck. Dort findet sich außerdem ein Wasserspielplatz für die Kleinen und, weiter oberhalb, ein Gehege für Ponys und Ziegen, welche sich von begeisterten Kindern der Gäste gerne streicheln lassen. Auch ein Tennisplatz darf hier nicht fehlen. Am Fuße der Anlage hat das Bareiss zwei gemütliche, ehemalige Wohnhäuser umgebaut, eines einfach zum Toben, Spielen und Lernen für den Nachwuchs, zum Beispiel beim Kochen und Backen in der hauseigenen Küche, das andere für die Jugendlichen unter den Gästen mit Billard, Darts, Videospielen und allen Optionen, sich mit Spiel und Spaß die Zeit zu vertreiben. Bei all dem bieten Baiersbronn und der Hochschwarzwald natürlich noch alle möglichen weiteren Optionen der Zerstreuung und Erholung, etwa sportliche Aktivitäten wie im Winter Skifahren und Snowboarden mithilfe von acht Liften, Skilanglaufen und Eisstockschießen oder auch nur Schlittenfahren. Im Sommer stehen Wandern, Fahrradfahren, Tennisspielen und Golfen im Vordergrund, letzteres im nah gelegenen Golfclub Freudenstadt. Obendrein kann man im hoteleigenen Jagdrevier auf die Jagd gehen, vorausgesetzt man verfügt über einen entsprechenden Jagdschein, wobei diese selbstverständlich zeitlich geregelt ist und auch geführt wird. Alternativ kann man sich im Forellenangeln und Fliegenfischen üben. Hier gelten ebenso entsprechende Voraussetzungen. Oldtimerausfahrten sowie Kutsch- und Schlittenfahrten sind nur drei weitere Beispiele für Aktivitäten, die im Hotel Bareiss und seinem Umfeld möglich sind. Wer Entspannung und Erholung lieber beim Shoppen finden und dafür nicht ins doch so nahe Baden-Baden oder Straßburg fahren möchte, der kann sogar im Hotel selbst auf Einkaufstour gehen. Im Untergeschoss des Hauptgebäudes wurde eine eigene kleine Ladenpassage mit Modeboutique, Juwelier, Parfümerie, Friseur und kleinen Läden für Wohnaccessoires, Spielwaren, Spezialitäten und andere Mitbringsel integriert. Erfreulich und beeindruckend, wie Hotelchef Hermann Bareiss dieses Resort über die vielen Jahre immer wieder erweitert und modifiziert hat. Ihm ist es gelungen, kurzfristige Trends von sich als nachhaltig abzeichnenden Entwicklungen zu unterscheiden und so mit guten Konzepten stets auf der Höhe der Zeit zu bleiben. In Anbetracht seines Gesamtangebots für Gäste unterschiedlichsten Lebensalters ist das Bareiss sicherlich als ein Drei-Generationen-Hotel zu bezeichnen. So erweist sich dieses Fünf-Sterne-Superior-Resort immer wieder als absolutes Spitzenhaus seines Segments, das, auch wenn die obenstehende Beschreibung vieles der vorhandenen Hardware aufzählt, auf wenigen Seiten in seiner Gänze hier gar nicht umfassend zu beschreiben ist. Hinzu kommt, dass all diese Angebote erst durch den makellosen Service im Hause perfekt gemacht werden, mit dem, vor allen anderen, die Familie Bareiss selbst seit Jahrzehnten treue Stammgäste an ihr Haus bindet und ständig neue Fans hinzugewinnt. Das Resort stellt eine bewundernswerte Leistung von bisher drei Generationen dieser Hoteliersfamilie dar und ist daher viel mehr als die alleine schon beeindruckende Ansammlung von Hotelhardware, kulinarischer Spitzenleistung und unbedingter Dienstleistungsbereitschaft. Das Bareiss und seine Infrastruktur sind ein Ergebnis konstanten Fortschreitens und kontinuierlicher Weiterentwicklung auf dem Wege der professionellen Gastfreundschaft, Servicebereitschaft und Kulinarik – von Menschen, die ihre Arbeit mit Passion und wirklicher Hingabe, immer aber mit unbeirrbarer Professionalität machen. Gerade augenblicklich, wo auch in der Luxushotellerie die Service- und Dienstleistungsangebote aufgrund des aktuellen Fachkräftemangels und der damit verbundenen personellen Engpässe heruntergefahren oder eingestellt werden, ist und bleibt das Bareiss eine Serviceoase. Mit der aktuellen Ausgabe dieses Hotel Guide vergeben wir, erstmalig überhaupt für ein Haus, die fünf Punkte an dieses Ausnahmehotel. Bislang kann unserem Verständnis nach eine Höchstbewertung kaum jemals berechtigt sein, weil wir dies mit Perfektion gleichsetzen würden. Nach solch langer Zeit, in der wir das Bareiss immer wieder überprüft und bewertet haben, sind wir allerdings der Meinung, dass es mit der hier etablierten Dienstleistungs- und Servicekultur diesem Ideal so nahekommt, dass die fünf Punkte in der Tat gerechtfertigt sind. Familie Bareiss stellt dies jeden Tag erneut mit ihrem wunderbaren Team unter Beweis.

Bewertung:

## TRAUBE TONBACH

**(OT Tonbach)**
**Tonbachstraße 237**
**72270 Baiersbronn**
**Telefon: 0 74 42-4 92-0**
**Internet: www.traube-tonbach.de**
**E-Mail: info@traube-tonbach.de**
**Inhaber: Heiner Finkbeiner**
***DZ ab € 289,00***

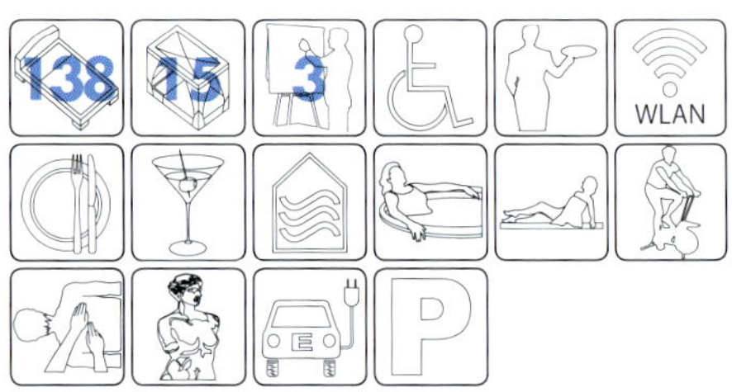


Innerhalb der Streugemeinde Baiersbronn befindet sich dieses Hotel mit Weltruf im namengebenden Ortsteil Tonbach. Dieses Renommee als kulinarische Institution begründete Kochlegende Harald Wohlfahrt, der mit seiner kreativen klassischen französischen Haute Cuisine über 37 Jahre bei Gourmets aus aller Welt für Furore sorgte. Insgesamt 25 Jahre wurde das von ihm geprägte Restaurant Schwarzwaldstube mit der Höchstbewertung, nämlich drei Michelin-Sternen prämiert. Traurig und peinlich war die Art und Weise, wie man sich von diesem Kochgenie, mit dem das Hotel stets im Fokus der Öffentlichkeit stand, letztlich getrennt hatte. Zweifellos ein unwürdiger Abgang des großen Meisters. Immerhin konnte der unmittelbare Nachfolger Torsten Michel, zuvor der Souschef dieses Zampanos, den bislang erreichten Status quo halten. Er selbst umschreibt seinen Kochstil als moderne französische Küche. Damit konnte er die in ihn gesetzten Erwartungen vollumfänglich erfüllen. Nach dem Brand Anfang 2020, bei dem auch die beiden Restaurants im Hauptgebäude komplett zerstört wurden, erhielten diese nach der Kernsanierung jeweils ein neues Interior Design. Einige empfinden den neuen Stil als zu sachlich und ein wenig kühl, andere wiederum als modern, progressiv und längst überfällig. Und so mancher ist davon überzeugt, dass damit vor allem auch Hemmschwellen abgebaut werden können, sodass es gelingen wird, einen völlig neuen Gästekreis anzusprechen. Aus dem Restaurant Köhlerstube wurde das 1789 – eine Hommage an das Gründungsjahr der Traube Tonbach. Die Verantwortung trägt dort Florian Stolte, der eine moderne euroasiatische Küche auf Spitzenniveau bietet. Immerhin wurde sie vom Guide Michelin bereits mit einem Stern prämiert. Die Schwarzwaldstube erhielt ihrerseits auch in diesem Jahr wieder drei Michelin-Sterne, ist somit höchstbewertet und daher unverkennbar erneut in Hochform. So ist auch nicht verwunderlich, dass sie über mehrere Wochen im Voraus ausgebucht ist, weshalb wir unsere Empfehlung wiederholen, unbedingt schon bei der Reservierung des Aufenthalts einen bereits ins Auge gefassten Besuch des Gourmetrestaurants zu fixieren. Die Zimmer und Suiten, die nach eigenen Angaben im klassischen Landhausstil eingerichtet sind, ermöglichen einen Ausblick zur Wald- oder Talseite. Wir fügen gerne noch hinzu, dass sie zwar in einem hervorragenden Pflegezustand sind, aber dennoch ein wenig „old fashioned" daherkommen. Bei Lichte besehen muten die Zimmer, etwa der Kategorie *Einzelzimmer*, die eine Größe von 25 Quadratmetern haben, irgendwie so gar nicht wie eine Unterkunft einer Luxusherberge an. Ausgestattet sind diese entweder mit einer Badewanne oder einer Dusche und verfügen über einen Balkon. Weitaus moderner zeigen sich die Räumlichkeiten im sogenannten Haus Kohlwald, sie sind zur Südseite ausgerichtet und ermöglichen einen Ausblick auf das Tonbachtal. Im Gebäude ist auch eine kleine, edle Spa-Lounge mit finnischer Sauna, Dampfbad, Sprudelbad und Ruhebereich eingerichtet. Ungeachtet der gebuchten Kategorie sind das Frühstück, der genüssliche Nachmittag zwischen 13.30 Uhr und 15 Uhr mit einer Auswahl an Kuchen und herzhaften kleinen Snacks, der Zutritt zum Wellnessbereich sowie der Transfer vom und zum Bahnhof Baiersbronn in die Zimmerrate bereits inkludiert. Eine Halbpensionspauschale kann hinzugebucht werden. Im Vergleich zu den Zimmern ist der 4500 Quadratmeter große Wellnessbereich auf der Höhe der Zeit. Eine Größenordnung, die heutzutage in Häusern solcher Güte keine Seltenheit mehr ist. Der Badebereich umfasst zwei Innenpools, ein Kinderbecken, ein beheiztes Außenschwimmbecken sowie drei Whirlpools. Die Saunalandschaft wurde mit einer finnischen Sauna, vier unterschiedlich temperierten

Saunen – nämlich einem Sanarium, einer Wald-, Klang- und Infrarotsauna – sowie einem Blütendampfbad, einem Eis-Iglu und einem Ruheraum ausgestattet. Im Beauty-Spa wird all das geboten, was augenblicklich so en vogue ist, von klassischen Massagen über Ayurveda-Behandlungen bis hin zu Entspannungsmassagen wie Hot-Stone oder Lomi-Lomi. Die Gäste können den Privat-Spa alleine oder zu zweit genießen. Auch ein gut ausgestatteter Trainingsraum mit modernen Cardio- und Krafttrainingsgeräten zählt zum Portfolio. Von Sonntag bis Donnerstag ist es ebenso externen Gästen möglich, eine Tageskarte zu erwerben. Eine eher untergeordnete Rolle spielt das Tagungssegment, schließlich ist das Haus als lupenreines Leisurehotel zu begreifen, doch immerhin werden hierfür drei Räumlichkeiten geboten. Unser Fazit: Die Traube Tonbach bildet im Hinblick auf die Kulinarik gemeinsam mit dem Hotel Bareiss in der Region die Spitze, hingegen im Hinblick auf die Service- und Dienstleistungskultur, das Gesamtkonzept und letztlich das Zimmerprodukt muss es sich unseres Erachtens hinter dem Mitbewerber einordnen lassen.

Bewertung: ●●●●

## BERCHTESGADEN Bayern

### KEMPINSKI

**(Obersalzberg)**
**Hintereck 1**
**83471 Berchtesgaden**
**Telefon: 0 86 52-97 55-0**
**Internet: www.kempinski.com**
**E-Mail: info.berchtesgaden@kempinski.com**
**Direktor: Werner Müller**
***DZ ab € 279,00***

Das Fünf-Sterne-Hotel Kempinski Berchtesgaden kann heute als gelungenes Konzept des Freistaates Bayern bewertet werden, mit einer schwierigen Immobilie in traumhafter Lage umzugehen. Schwierig nicht, weil man Bedenken hatte, dass sich Besucher an einem Hotelstandort auf 1000 Meter Höhe in den Berchtesgadener Alpen desinteressiert zeigen würden. Vielmehr schwierig vor allem deshalb, weil man befürchten musste, hier auch Gäste anzulocken, die primär kommen würden, um den Standort von Adolf Hitlers Berghof und damit das inoffizielle Machtzentrum des Dritten Reiches zu besuchen und sich am Thrill eines historischen Ortes zu erfreuen, welcher in den 1930er- und 1940er-Jahren als Rückzugsort des Diktators galt. Das heutige Hotel liegt schließlich nur etwa 300 Meter Luftlinie von den Resten des Berghofes entfernt. Demzufolge reagierte man in den ersten Jahren nach Eröffnung dieses Ausnahmehotels mit Zurückhaltung, wenn die Location mit Gästen oder Journalisten zum Gesprächsgegenstand wurde. Mittlerweile ist man bei diesem Thema allerdings entspannter geworden. In Zeiten von Google Maps und mobilem Internet mit Navigationsfunktionen auf nahezu jedem Smartphone macht es auch einfach keinen Sinn mehr, hier eine Art Geheimhaltung beibehalten zu wollen. Zudem besteht nur knappe 400 Meter weiter, dem Weg an den Berghofresten vorbei folgend, das Dokumentationszentrum Obersalzberg, ein Museum, das die Geschichte des Ortes hervorragend erklärt. Ein absolutes Spitzenhotel mit einem hervorragenden Gourmetrestaurant, exklusivem Zimmerprodukt, luxuriösem Wellnessbereich mit Innen- und Außenpool, großem Beauty-Spa mit Anwendungsbereich sowie einer spektakulär modernen und gleichzeitig ortsangepassten Architektur war sicherlich die beste Lösung für so einen exponierten Standort. Das Kempinski liegt auf einer Anhöhe über Berchtesgaden, nach Süden blickt man, hinter dem Kehlstein, auf den Hohen Göll als höchstes Bergmassiv, hinter dem sich bereits die österreichischen Alpen erstrecken. Bei der Anfahrt zum Hotel fährt man auf einer ansteigenden Zufahrt um diese Anhöhe herum, sodass man sich praktischerweise anfangs dieses Weges bereits auf Höhe der Tiefgarage unter dem Gebäudekomplex befindet, in die man hier deswegen ebenerdig einfahren kann. Alternativ fährt man weiter nach oben und erreicht dort die Vorfahrt des Hotels. Dessen Komplex besteht aus einem Haupt- und zwei Seitenflügeln, die allesamt einen bogenförmigen Grundriss besitzen, wobei der zentrale Hauptflügel nach innen, die beiden Seitenflügel dagegen nach außen gewölbt sind. Insgesamt ergibt dies von oben betrachtet eine annähernd hufeisenförmige Struktur, die sich dadurch vom Kehlsteinhaus als charakteristische Gebäudeform gut ausmachen lässt. Der Hauptflügel wird von einer über zwei Geschosse reichenden Hotelhalle dominiert, in deren Mitte ein freistehender Kamin vor einem großen Panoramafenster den manchmal etwas intensiven Duft brennenden Tannenholzes verbreitet. An beiden Enden der Halle geht es in die Seitenflügel mit Zimmern und Suiten. Im Sockel des Hotels, der sich bis unter die Vorfahrt erstreckt, befinden sich Restaurants, Spa, Veranstaltungs- und Tagungsbereiche sowie Funktions- und Verwaltungsräume. Die durch die klare, symmetrische Struktur für jeden erkennbare Aufteilung und die durch große Fenster sowie viel Tageslicht transparente Architektur nehmen dem Gebäude seine Massivität. Mauerwerk der tragenden Wände und das Sockelgeschoss scheinen aus ortstypischem Kalk aufgeschichtet – vermutlich nur Verblendungen. Weiß verputzte Bänder prägen in den oberen Geschossen die Fassaden unterhalb der Fenster und zugehörigen Holzverkleidungen. Alles wirkt futuristisch, und durch die beschriebenen Materialien, mit alpenländischem Finish. Das Restaurant Johann Grill im Sockelgeschoss verfügt über eine vorgelagerte Außenterrasse sowie seitliche Separee-artige Sitznischen und dient als Frühstücks- und Hauptrestaurant. Das Frühstück ist hier wirklich erstklassig, es finden sich auch regionale Schmankerl wie Weißwürste, Leberkäse oder etwa Schinken aus der Region. Eierspeisen werden in der Showküche vor den Augen der Gäste nach deren Wünschen zubereitet. Nebenan wartet Ulrich Heimann im Michelin-Stern-prämierten Gourmetrestaurant Pur mit seiner klassisch-modernen, regional inspirierten Haute Cuisine auf. Kinder sind hier allerdings erst ab zwölf Jahren als Gäste willkommen. Heimann verfolgt zudem neuerdings das Konzept eines sogenannten Chef's Table in der Küche. Hier kocht er für seine Gäste und kredenzt ihnen ein Sechs-Gänge-

Menü, wofür 350 Euro pro Person mit Weinbegleitung, einem Glas Champagner, Wasser und Kaffee aufgerufen werden. Eine gute Idee, wie wir finden. Ähnliches ist im Restaurant The Table von Star-Koch Kevin Fehling in Hamburg geboten, das mit drei Michelin-Sternen prämiert ist und für das Konzept von Heimann vermutlich Pate stand. Wer lieber auf dem Zimmer oder in der Suite speisen möchte, kann gerne den Zimmerservice nutzen. Insgesamt werden fünf Kategorien offeriert, die teilweise sogar einen eigenen Kamin aufweisen, der fernbedient wird und sich, offensichtlich wegen Brandgefahr hinter Glas, per Knopfdruck entzünden lässt. Zum Innenhof ausgerichtet befinden sich die *Superior*-Zimmer mit Ausblick auf den Hohen Göll. Sie stellen die einzige Zimmerkategorie dar, die keine bodentiefen Fenster, dafür aber eine Terrasse oder einen Balkon bieten. Übrigens verfolgt man seit einigen Jahren offenbar eine Hochpreisstrategie, denn seitdem beginnen die Zimmerraten erst bei 279 Euro. Das Frühstück ist jedoch grundsätzlich enthalten. Beim Parken gibt es zwei Optionen, wobei Valet Parking zu den selbstverständlichen Serviceleistungen des Hauses zählt. Zum einen werden dann entweder für das Parken in der Garage pro Tag 20 Euro berechnet, im Zuge dessen besteht zudem die Möglichkeit, ein Elektrofahrzeug, sogar kostenfrei, aufzuladen. Zum anderen, und mit 10 Euro pro Tag wesentlich günstiger, stehen Außenstellplätze zur Verfügung. Ein Schmunzeln hat uns eine Mitarbeiterin entlockt, als wir uns bei ihr über den aktuellen Renovierungsstand der Zimmer erkundigten, und sie sich wohl über mehrere Sekunden des Schweigens hinweg eine Antwort zurechtlegen musste, als habe man sie mit der Frage etwas in die Enge getrieben. Ihre erste Reaktion lautete dann zwar: „Die sind alle ganz neu renoviert!", was aber bereits im nächsten Satz wieder mit dem Hinweis „Also, sie sind modern und sehen renoviert aus, wirklich! Versprochen!" relativiert wurde. Letztlich kann konstatiert werden, dass das Kempinski Berchtesgaden im bundesweiten Vergleich mit anderen Luxus-Leisurehotels nach wie vor eine einmalige Hoteladresse bleibt, für die in diesem Guide auch im aktuellen Jahr erneut eine uneingeschränkte Empfehlung ausgesprochen wird. Denn wenngleich wir uns hier nach wie vor eine Führungspersönlichkeit mit herausragenden Gastgeberqualitäten als Direktor oder Direktorin im Sinne eines i-Tüpfelchens wünschen würden, machen es die Lage des Hotels, die Architektur und natürlich die hervorragende Gastronomie dennoch weiterhin zu einer Ausnahme in der deutschen Hotellandschaft.

Bewertung: ●●●●

## ADLON KEMPINSKI

**(OT Mitte)**
**Unter den Linden 77**
**10117 Berlin**
**Telefon: 0 30-22 61-0**
**Internet: www.hotel-adlon.de**
**E-Mail: hotel.adlon@kempinski.com**
**Direktorin: Karina Ansos**
***DZ ab € 449,00***

Klangvolle Namen spielen auch am Berliner Hotelmarkt eine große Rolle. Weltweit bekannte Marken mit herausragendem Renommee, wie Ritz Carlton oder Waldorf Astoria, sind hier mit Häusern vertreten. Marken, die in vielen internationalen Metropolen zu finden sind und mit ihrem Bezug zu den schon vor mehr als hundert Jahren verstorbenen Gründern der jeweiligen Hotelgruppen, César Ritz und William Waldorf Astor, sozusagen historisch verbürgte Luxushotellerie versprechen. Berlin hat in diesem Fall eine Sonderstellung unter den Weltstädten, denn mit dem Hotel Adlon bietet es eine ganz eigene, hier entstandene Hotellegende, ein Name, welcher in Deutschland die Strahlkraft der bereits genannten Größen dieses Metiers noch übertrifft. Lorenz Adlon eröffnete 1907 das gleichnamige Hotel am Pariser Platz in der prominentesten Lage der deutschen Hauptstadt und erzielte einen umgehenden Erfolg, sowohl bei der Berliner Gesellschaft als auch beim Kaiser selbst. Sein Haus bot bis dahin ungesehenen Luxus wie fließend warmes Wasser und elektrische Beleuchtung auf allen Zimmern. Daneben gab es unzählige öffentliche Bereiche wie die Lobby, ein Café, ein Restaurant, Rauchersalons, Damenzimmer, einen Wintergarten, einen Musiksalon sowie zahlreiche weitere Möglichkeiten zum Sehen und Gesehenwerden. Der Aufstieg des Adlon klang erst mit dem Dritten Reich langsam aus. Der Krieg tat sein Übriges und zu dessen Ende war das Haus zwar zunächst unzerstört geblieben, brannte aber wenig später bis auf einen Seitenflügel aus. Gleichwohl bestand die Legende Adlon als Erinnerung an die Kaiserzeit und die Goldenen Zwanzigerjahre über seine Zerstörung hinaus fort. Nach dem Mauerfall waren umgehend Investoren auf dem Plan, die Hotelikone wieder zu errichten, und nach einer Bauphase von 1995 bis 1997 eröffnete der Neubau, der sich äußerlich stark an den Altbau anlehnte und auch im Inneren zahlreiche Reminiszenzen an sein Erbe zeigt. Das Hotel ist heute wieder unbestritten das erste Haus am Platze und dient mit seiner Lage unweit des Reichstags auch als Treffpunkt für Politiker, Vertreter aus Wirtschaft, Kunst und Kultur. Nach dem ersten legendären Adlon-Chef zur Wiedererrichtung des Hauses, Jean van Daalen, gab es zahlreiche Hoteldirektoren, die sich hier als Gastgeber versuchten, aber viele davon wirkten im Vergleich zum flamboyanten van Daalen sehr blass. Bei dem einen oder anderen seiner Nachfolger hatte man durchaus den Eindruck, dass ein Adlon dann doch eine Nummer zu groß für ihn war. Im vergangenen Jahr fand hier ein erneuter Direktorenwechsel statt und Karina Ansos, die uns aus dem Kempinski-Hotel in Neu-Isenburg bekannt ist, schickt sich nunmehr an, diese extraordinäre Adresse in der Bundeshauptstadt zu führen. Besondere Gastgeberqualitäten konnten wir bislang bei ihr allerdings nicht feststellen, sodass uns ihr Einsatz im Adlon etwas rätselhaft erscheint. Attribute wie Eloquenz, Charme und Herzlichkeit waren bei ihrem unmittelbaren Vorgänger nach unserer Einschätzung sogar ausgeprägter. Hingegen gibt es Lob für die offenbar hervorragend geschulten Mitarbeiter am Empfang und im Service. Auch die Reservierungsabteilung hat diesmal einen sehr guten Eindruck hinterlassen. Bei unserer telefonischen Kontaktaufnahme wurden wir mit einem „Vielen Dank für das Interesse am Hotel Adlon!" begrüßt. Ein guter Gesprächsstart. Und dann wollte der Mitarbeiter wissen, ob der Besuch beruflich oder privat veranlasst wäre und ob man das Haus bereits kenne. Er könne das Hotel auch einmal vorstellen. Dass dieser Posten erst der Anfang einer hoffentlich steilen beruflichen Karriereleiter ist, dürfte bei solch einem Mitarbeiter klar sein. Denn er verfügt über genau die Eigenschaften, die eigentlich für alle, die in der Luxushotellerie im Gästekontakt stehen, unverzichtbar sind, nämlich Eloquenz, ausgesuchte Höflichkeit, Charme und Leidenschaft für das, was er tut. Wir fühlten uns von ihm hervorragend beraten, konnte er doch wirklich erschöpfend Auskunft geben. Und das in einem so komplexen Hotel mit seinem breit gefächerten Angebot. Denn immerhin sind beispielsweise 307 Zimmer in 4 Kategorien und 78 Suiten in 10 Kategorien buchbar. Dabei haben die wenigsten Zimmer einen uneingeschränkten Ausblick auf das Brandenburger Tor. Wenn dies präferiert ist, dann wäre zumindest die Juniorsuite Brandenburger Tor zu buchen. Wer sich beispielsweise für ein *Executive*-Zimmer in der Einstiegskategorie entscheidet, der logiert nicht im Haupthaus, sondern in der sogenannten Residenz mit Blick in den Innenhof oder die Seitenstraße. In diesem Segment werden bereits 400 Euro pro Nacht aufgerufen. Für das Champagner-Frühstücksbuffet kommen noch einmal 55 Euro hinzu. Nachdem das 1997 eröffnete Haus 2003 um das Adlon-Palais und 2004 um die Adlon-Residenz im gleichen Gebäudekomplex bereichert wurde, hatten sich die Kapazitäten nochmals erweitert. Drei Restaurants, darunter mit dem Lorenz Adlon Esszimmer auch ein mit zwei Michelin-Sternen prämiertes Gourmetrestaurant, zwei Bars und zwei Festsäle sowie fünfzehn Veranstaltungsräume zählen zum Gesamtangebot des Hauses. Der Adlon Spa by Resense und ein Fitnesscenter sorgen für Möglichkeiten zur Erholung, für Beauty-Anwendungen sowie für sportliche Betätigungen im Hotel. Zumal die Lage des Adlon mit jedem Jahr architektonisch attraktiver wird, denn zahlreiche Baustellen in der Umgebung zeugen davon, dass immer mehr unschöne Architektur aus DDR-Zeiten verschwindet und durch ansprechendere Neubauten ersetzt wird. Die Komische Oper und ihr an den Boulevard Unter den Linden heranreichender Neubau wird in wenigen Jahren das nahe Umfeld weiter aufwerten. Die historische Mitte rund um die Humboldt Universität bis hin zum Humboldtforum in der rekonstruierten Hülle des alten Stadtschlosses am Ende des Boulevards wird in ebenso absehbarer Zeit vervollständigt sein, sobald das Denkmal der deutschen Wiedervereinigung vor dem Humboldtforum noch in diesem Jahr fertiggestellt ist. Bereits vollendet ist die Unter den Linden verlaufende U-Bahn-Linie, mit der Adlon-Gäste vor der Tür des Hotels vom eleganten U-Bahnhof „Brandenburger Tor" aus über drei ebenso neue und elegante U-Bahnhöfe die Friedrichstraße / Ecke Unter den Linden, die Museumsinsel sowie das Rote Rathaus erreichen können. Somit ist das Adlon auch für die Entdeckung der historischen Mitte Berlins ein absoluter Premium-Standort, wobei man dank des Pariser Platzes zwar viel quirliges Leben vor der Hoteltür findet, zum Glück aber kaum Autoverkehr, denn der Platz ist zum überwiegenden Teil Fußgängerzone. Gleich hinter dem Brandenburger Tor beginnt der riesige Berliner Tiergarten, der zu Spaziergängen, zum Beispiel bis in die City West mit dem Kurfürstendamm und dem KADEWE oder zum nahen Potsdamer Platz, einlädt. Jogging-Freunde finden hier herrliche Laufstrecken im Grünen abseits jeden Verkehrs vor. Und da der neue Berliner Flughafen mittlerweile bestens an den Berliner Hauptbahnhof angebunden ist, besteht mittels der beschriebenen U-Bahn-Anbindung auch für Gäste, die mit dem Flugzeug anreisen, die Möglichkeit, den öffentlichen Nahverkehr der Hauptstadt bei der An- und Abreise von seiner attraktivsten Seite kennenzulernen, statt sich in ein enges Taxi zu zwängen und sich lange durch den Berliner Stadtverkehr chauffieren zu lassen. Selbstverständlich organisiert der Concierge auf Wunsch der Gäste aber auch einen Limousinentransfer zum Flughafen.

Bewertung:

## DAS STUE

**(OT Tiergarten)**
**Drakestraße 1**
**10787 Berlin**
**Telefon: 0 30-31 17 22-0**
**Internet: www.das-stue.com**
**E-Mail: stay@das-stue.com**
**Direktor: Dario Pithard**
***DZ ab € 370,00***

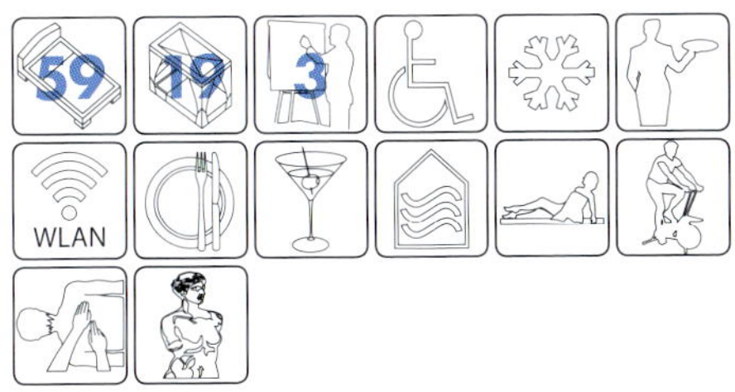


Das Berliner Botschaftsviertel erstreckt sich seit dem Anfang des 19. Jahrhunderts entlang des südlichen Randes des Tiergartens, ungefähr zwischen Potsdamer Platz im Osten und Zoologischem Garten im Westen. Zahlreiche prächtige Botschaftsgebäude, viele davon im neoklassischen Stil der 1930er- und 1940er-Jahre, reihen sich entlang der hier verlaufenden Tiergartenstraße sowie an den abzweigenden Nebenstraßen aneinander. Und auch einige nach der Wiedervereinigung hinzugekommene Ländervertretungen haben diesen Standort gewählt. Die älteren Botschaftsgebäude hatten die Nachkriegszeit oft nur in einem sehr vernachlässigten Zustand überstanden und wurden erst ab den 1990er-Jahren aufwendig restauriert. Nur die seit dem Kriege geschlossene ehemalige Dänische Gesandtschaft war zunächst unrenoviert geblieben, wobei sie immerhin noch eine Nutzung als Bürogebäude erfuhr. Im wiedervereinigten Deutschland entschlossen sich die skandinavischen Länder Dänemark, Schweden, Norwegen und Island, einen gemeinsamen Botschaftskomplex am östlichen Ende der Rauchstraße zu errichten, sodass die alte Dänische Gesandtschaft, anders als die Spanische Botschaft nebenan, nicht wiedereröffnet wurde. Direkt am Rande des Zoologischen Gartens gelegen, und durch eine nahe öffentliche Fußgängerbrücke über den Landwehrkanal mit einer attraktiven Fußwegverbindung zur City West und dem Zoologischen Garten versehen, war dieser Standort aber zu attraktiv, um weiterhin nur als Bürogebäude genutzt zu werden. Hinzu kam, dass der neoklassizistische Altbau, zwischen 1938 und 1940 errichtet, um die dänische Gesandtschaftskanzlei aufzunehmen, als Vertretung eines nordischen Staates eher unschöne Erinnerungen weckte. Man muss sich nichts vormachen, es war gerade auch diese Bauart, wegen der sich das Gebäude als ein reizvolles Objekt zur Umgestaltung als Luxushotel anbot. Das gesamte Design des um einen Neubauflügel erweiterten Hauses spielt mit dem Kontrast zwischen besagter historischer Architektur und modernen Ausstattungselementen eines großstädtischen Hotels. Der schlichte, die Eingangshalle auskleidende Travertin ist als beliebtes Ausstattungs- und Baumaterial der Nazizeit bekannt, etwa von anderen zeitgenössischen Bauten wie dem Olympiastadion. Er harmoniert mit dem grauen Naturstein der Fassade, die mit dem 2012 fertiggestellten Umbau der Gesandtschaft zum Fünf-Sterne-Hotel natürlich gesäubert und aufgearbeitet wurde. Dunkle Holzböden und ebensolches Parkett werden als anmutige Versatzstücke des alten Gebäudes genauso zum Charakteristikum des neuen Hotels wie die herrschaftlichen Raumhöhen und die hölzernen Doppelkastenfenster mit Fenstersprossen an den Außenfassaden zur Straße, die dem Originalzustand entsprechen. Die 78 Zimmer und Suiten überzeugen auch im elften Jahr nach der Eröffnung noch immer mit ihrem von der spanischen Stardesignerin Patricia Urquiola entwickelten Erscheinungsbild. Zimmer sind, in 27 beziehungsweise 30 Quadratmetern Größe, als *SO Stue* Zimmer beziehungsweise *SO Embassy* Zimmer buchbar. Suiten sind hingegen gleich in 5 Kategorien zwischen 45 und 80 Quadratmetern vorhanden. Die Bel Etage Suite, die größte des Hauses mit 110 Quadratmetern, verfügt sogar noch zusätzlich über eine 80 Quadratmeter große Terrasse. Ein wiederkehrendes Feature des Stue sind kleinere Balkone oder Terrassen, die bei einer großen Anzahl der Zimmer gegeben sind. Je nach Ausrichtung schaut man von dort aus in das Grün des Tiergartens auf der anderen Straßenseite oder in den Zoologischen Garten hinter dem Hotel, der an dieser Stelle mit großen Freianlagen für Antilopen einen besonderen Ausblick bietet. Eine kleine Besonderheit ist ein eigener Zugang vom Gelände des Hotels zum Zoo, dafür wäre lediglich ein Ticket an der Rezeption zu buchen. Bei einem Teil der Juniorsuiten wird die Aussicht allerdings etwas vom Neubauflügel des Hotels beeinträchtigt. Hier haben die Architekten das Raumprogramm vielleicht nicht ganz optimal umgesetzt, denn Anbau und Altbau stehen in den oberen Geschossen im spitzen Winkel zueinander. Solch eine Anordnung und Ausrichtung mag allerdings auch denkmalpflegerischen Vorgaben geschuldet sein, sodass wir hier die Architekten nicht von vornherein verantwortlich machen würden. Dank des Anbaus wurde sogar immerhin ein 260 Quadratmeter großer Spa mit einem 14 x 4 Meter großen Indoorpool, einem aktuell ausgestatteten Fitnessbereich und einer gläsernen finnischen Sauna realisiert. Kulinarisch kann man heute zwischen dem The Casual Restaurant – hier ist das Motto „Regional trifft Mediterran" – und der Bar-Karte in der Stue-Bar auswählen, nachdem das Fine-Dining-Konzept des katalanischen Sternekochs Paco Pérez mit dem zweiten Restaurant „5" (Cinco) mit Beginn der Corona-Krise eingestellt wurde. Abschließend sei erwähnt: Das SO / Berlin Stue gehört zur Luxusmarke SO / Hotels & Resorts des französischen Accor-Konzerns und zählt damit zu dessen Spitzenhäusern im Bereich der Boutique- und Resort-Hotels. Mit seiner einmalig ruhigen, grünen und dennoch absolut zentralen Lage sowie der authentischen historischen Architektur, die um moderne Anbauten ergänzt wurde, besitzt das Haus diese Kategorisierung absolut zu Recht und bleibt eines der attraktivsten Luxus-Hotelangebote der deutschen Hauptstadt. Nur das Parken gestaltet sich ein wenig schwierig, denn das Hotel selbst verfügt weder über eine Tiefgarage noch über eigene Stellflächen. Daher müssen Gäste in den verkehrsberuhigten Anwohnerzonen parken, wofür Preise aufgerufen werden, die geradezu unverschämt sind, nämlich 30 Euro pro Tag. Eine Parkvignette ist an der Rezeption erhältlich.

Bewertung:

## DORINT KURFÜRSTENDAMM

**(OT Charlottenburg)**
**Augsburger Straße 41**
**10789 Berlin**
**Telefon: 0 30-800 999 -0**
**Internet: www.dorint.com**
**E-Mail: info.berlin@dorint.com**
**Direktor: Carsten Colmorgen**
***DZ ab € 134,00***

Ein wirklich kluger Schachzug war es von den Verantwortlichen der Dorint-Konzernzentrale, dieses Hotel in der City West unweit des Kurfürstendamms im Oktober 2020 zu übernehmen, um unseren Hinweis aus dem vergangenen Jahr noch einmal zu betonen. Das Haus mit seinen 267 Zimmern und immerhin 44 Suiten, das einst von Star-Architekt Jan Kleihues entwickelt wurde, war zuvor im Portfolio des Accor-Konzerns. Reichlich Platz bieten die Zimmer selbst in der Standard-Kategorie, denn alle weisen eine Größe zwischen 34 und 39 Quadratmetern auf. Letztlich gilt hier: je höher das Segment, desto höher die Lage. So bieten die *Deluxe*-Zimmer, die sich zwischen der zehnten und elften Etage befinden, teilweise einen hervorragenden Ausblick über die Dächer des dazwischenliegenden Straßenblocks hinweg

auf den Kurfürstendamm beziehungsweise die Tauentzienstraße und die Gedächtniskirche. Zusätzlich sind die recht großen Bäder nicht nur mit einer Dusche, sondern außerdem mit einer Wanne ausgestattet. Bis auf die Kategorie *Standard* sind alle Zimmer jüngst renoviert worden. Zu den Standardserviceleistungen zählt hier selbstverständlich auch ein 24-Stunden-Zimmerservice. Der langjährige Direktor, Carsten Colmorgen, der bereits vor dem Wechsel zu Dorint die Geschicke des Hotels über viele Jahre lenkte, hatte das Haus zwischenzeitlich verlassen, wurde dann aber von Dorint zunächst vermutlich nur für die Repositionierung unter neuem Namen zurückverpflichtet. Erst sah es danach aus, als ob damit lediglich eine Interimslösung gefunden sei, zwischenzeitlich zeigt sich jedoch, dass Colmorgen, der ja auch den hiesigen Markt sehr gut kennt, geradezu eine Idealbesetzung darstellt. Vor allem partizipiert man von seinen guten Kontakten zu Vertretern der lokalen Wirtschafts- und Kulturszene. Hinzu kommt vermutlich auch, dass er sich mit der Marke Dorint identifizieren kann, denn schließlich war er für die Gruppe bereits tätig und führte vor vielen Jahren das Dorint in Potsdam, ein komplexes und großes Tagungshotel. Passend, dass zum Gesamtangebot des Hauses am Ku'damm ein 2200 Quadratmeter großer Veranstaltungsbereich mit insgesamt 16 modern ausgestatteten Räumlichkeiten inklusive eines Ballsaals mit Platz für bis zu 350 Personen zählt, der auch ausgelastet werden muss. Und dies obwohl die letzten Jahre für derlei lupenreine Businesshotels keine einfachen waren, denn das Tagungsgeschäft war aufgrund des Corona-Ausnahmezustands bekanntermaßen komplett eingebrochen. Erfreulicherweise entwickelt sich dieses Segment aber erneut in eine positive Richtung, auch wenn das mit der Business- und Tagungshotellerie eng verbundene Messegeschäft nach wie vor noch nicht wieder volle Fahrt aufgenommen hat. Beispiele waren hier die letzte Internationale Funkausstellung oder die letzte ITB, die in einem viel kleineren Rahmen und ohne Publikumstage stattfanden. Hinzu kommt, dass viele große Firmen, vor allem aus dem asiatischen Raum, an Präsenzveranstaltungen noch immer nicht wieder teilnehmen. Positiv überrascht hat uns bei diesem Dorint auf jeden Fall die Entwicklung des Restaurants Le Faubourg, dessen französische Küche wirklich ambitioniert ist. Die Weinkarte bietet eine hervorragende Auswahl unterschiedlicher deutscher und internationaler Weingüter. Sonntags ist das Restaurant jedoch geschlossen. Wir können für das Le Faubourg in jedem Fall eine Empfehlung aussprechen, ungeachtet der Tatsache, dass sich in unmittelbarer Nähe zum Hotel zahlreiche gastronomische und kulinarisch interessante Alternativen eröffnen. Erfreulich ist, dass der Gast sich zumindest tagsüber und bis in den frühen Abend auf Valet Parking und Unterstützung beim Gepäck verlassen darf. Parkgebühren werden mit 29 Euro pro Tag berechnet. Auch eine Ladestation ist vorhanden, für die bisher keine zusätzlichen Gebühren anfallen. Wellness wird hier leider eher kleingeschrieben. In Anbetracht der Größe dieses Luxus-Businesshotels beschränkt sich das Angebot auf einen Saunabereich mit finnischer Sauna, Dampfbad, Eisbrunnen und Ruhezone. Auch ein Gym mit modernen Cardio-Trainingsgeräten steht den Gästen zur Verfügung und ist sogar rund um die Uhr zugänglich. Die Lage inmitten der City West, seitlich des Boulevards Kurfürstendamm und nahe zum Bahnhof Zoologischer Garten, ist auch für touristische Aktivitäten in Berlin ideal. Mit den öffentlichen Verkehrsmitteln anzureisen, bietet sich hier geradezu an, denn der Hauptbahnhof ist vom Bahnhof Zoo aus mit der S-Bahn, die tagsüber im Sechs-Minuten-Takt verkehrt, in gut fünf Minuten zu erreichen. Der öffentliche Nahverkehr ist in Berlin bekanntlich sehr gut ausgebaut. Ein kleiner Tipp: Die Buslinie 100 fährt an vielen bekannten Berliner Sehenswürdigkeiten vorbei und ist sozusagen die preiswerte Alternative einer Stadtrundfahrt. Eine Haltestelle befindet sich vor dem Bahnhof Zoologischer Garten. Wer allerdings durch die Unterführung auf der rechten Seite des Bahnhofs geht, findet dort die erste Haltestelle auf der Linie, an der man in der Regel in den dann noch leeren Bus einsteigen und sich einen Logenplatz im Oberdeck sichern kann.

Bewertung:

## HOTEL DE ROME

**(OT Mitte)**
**Behrenstraße 37**
**10117 Berlin**
**Telefon: 0 30-4 60 609-0**
**Internet: www.hotelderome.com**
**E-Mail: info.derome@roccofortehotels.com**
**Direktor: Ulrich Schwer**
***DZ ab € 445,00***

Wie ein Paukenschlag wurde die deutsche Hotelszene Anfang 2022 durch die Nachricht aufgerüttelt, dass mit der Frankfurter Villa Kennedy eines von drei deutschen Hotels des britischen Hotelmoguls Sir Rocco Forte schließen würde. Denn die Eröffnung eines Hauses der mondänen Hotelkollektion Rocco Forte in Frankfurt war damals ein Adelsschlag für die Mainmetropole – schließlich kamen nur die Millionenstädte München, mit dem The Charles Hotel, und Berlin, mit dem Hotel de Rome, zu dieser Zeit zu derselben Ehre, in den illustren Kreis neben den italienischen und britischen Luxushotels der Kette aufgenommen zu werden. In Deutschland starteten zudem alle drei Häuser mit der Fünf-Sterne-Superior-Klassifizierung. Frankfurt am Main, als vorwiegender Business-Standort mit einer vormals großen Konkurrenz im Spitzensegment der Hotellerie, wurde durch die Coronapandemie offensichtlich härter getroffen als Berlin oder München, die sich bei ihrer Klientel auf ein breiteres Spektrum an Verantwortlichen und Akteuren aus Politik, Kunst und Kultur verlassen können und nebenbei auch noch mehr auf touristisch motivierte Individualreisende zählen dürften, als das im Business-lastigen Frankfurt der Fall ist. Die Villa Kennedy als Luxushotel ist also mindestens für den Moment Geschichte und sollte der ersten Verlautbarung nach als Seniorenresidenz eine Zweitverwertung finden. Anfang März dieses Jahres wurde aber bekannt, dass die deutsche Althoff Gruppe es zukünftig wieder als Nobelherberge betreiben möchte. In Berlin hingegen, anders als in der eher sachlich-modernen Münchner Niederlassung, spricht schon allein die Lage am Bebelplatz und die renaissanceartige Hülle des ehemaligen Hauptsitzes der Dresdner Bank aus dem späten 19. Jahrhundert, die in der zweiten Hälfte des 20. Jahrhunderts dann die Staatsbank der DDR beherbergte, für ein erfolgreiches Fortbestehen dieser Luxusadresse der Hauptstadthotellerie. Nach und nach sind im gesamten Bereich der historischen Mitte Berlins rund um die Spreeinsel immer mehr Spuren der Zerstörungen der Kriegsjahre des Zweiten Weltkriegs getilgt worden. Wer durch die Konzentration an Museen, Kirchen und Universitätsbauten sowie die ebenfalls renovierte, wiedereröffnete Staatsbibliothek Unter den Linden nun fürchtet, hier herrsche des Abends Langeweile, der kann beruhigt sein. Denn gleich hinter dem Hotel befinden sich der Gendarmenmarkt und die Französische Straße mit weiteren Spitzenhotels und ihren Restaurants sowie Institutionen wie dem Restaurant Borchard. Das Hotel de Rome bietet mit seinem massiven Neorenaissance-Gebäude eine beeindruckende Kulisse für das im Inneren ebenfalls mit historischen Details aufwartende Bauwerk, in dem hohe Decken, teilweise erhaltene dunkle Vertäfelungen und vor allem die ehemalige Schalterhalle, die heute als Ballsaal genutzt wird, an die Vergangenheit des Gebäudes erinnern. Der Ballsaal bildet gemeinsam mit vier weiteren Tagungsräumen das Portfolio des im Hotel angebotenen Veranstaltungsbereichs. Auch ein Spa mit kleinem Pool und einer alten Tresortür als Relikt der ehemaligen Banknutzung ist vorhanden. Kulinarisch zeigt sich das Rocco Forte dort, wo man bei einem Fünf-Sterne-Superior-Haus vielleicht ein Gourmetrestaurant erwarten würde, mit dem Chiaro jedoch nur als ein Etablissement mit unklarem italienisch-japanischen Profil. Zu allem Überfluss soll es auch noch unter der „Leitung" von Tim Mälzer stehen – der uns bisher weder für seine italienische noch für seine japanische Küche bekannt war. Obendrein soll eine Atmosphäre „a la nonna" geboten werden – wie bei Oma? Scheinbar steckt eher ein Marketingkonzept statt einer wirklichen Feinschmecker-Alternative hinter dem Ganzen, denn ein echtes Spitzenrestaurant ist damit im Hotel de Rome immer noch nicht realisiert. Dass ein Gourmetrestaurant grundsätzlich ein Zuschussgeschäft und eher eine Frage der Kultur sowie der Imagepflege eines Hotels ist, führte bei Rocco Forte scheinbar zu der Schlussfolgerung, dass man seine Gäste auch davon überzeugen kann, ein solches sei eigentlich überflüssig und von niemandem gewollt. Dabei haben August Escoffier als Schöpfer der Haute Cuisine und César Ritz als begnadeter Hotelunternehmer erst gemeinsam das Konzept des klassischen Grandhotels entwickeln können, und nur Kulinarik und Spitzenhotellerie gemeinsam führten nach Auffassung vieler Kenner zum Erfolg der legendären Hotels wie des Ritz und der Ritz Carlton Hotels im späten 19. und frühen 20. Jahrhundert. Diese Symbiose in Spitzenhotels einfach über Bord zu werfen, ist eine Strategie, die für Rocco Forte zumindest in Frankfurt nicht aufgegangen ist.

Auch wegen der durchschnittlichen Kulinarik wurde die Villa Kennedy bei vielen nie als wirkliches Luxushotel akzeptiert. Ebenso hat in Berlin nach wie vor das Adlon als erstes Haus am Platze die Nase vorn, in dem das Lorenz Adlon die angesprochene Symbiose von Spitzenkulinarik und -hotellerie immer noch gewährleistet. Aber Corona hat überall die Karten neu gemischt, und wer weiß, welche Schließungen uns im Bereich der Spitzengastronomie in der Folge noch bevorstehen. Das Hotel de Rome bietet neben dem also eher zweifelhaften Restaurant noch die Bar und die Rooftop-Terrasse, wenn man im Hause selbst zu essen gedenkt. Insgesamt wirkt es immer noch so, als wolle man auf keinen Fall zu einem Hotel werden, das einem Adlon Konkurrenz machen könnte. Dabei ist das Zimmerprodukt hier wirklich beeindruckend, denn die hohen Decken des ehemaligen Bankgebäudes, die teilweise erhaltenen Vertäfelungen und die dunklen Holzböden bieten zum generell modernen Mobiliar und den ebenso aktuellen Bädern einen interessanten Kontrast. Das Ambiente ist damit stark vom historischen Büro- und Bankinterieur geprägt und bietet so Unverwechselbarkeit wie auch charaktervolle Zimmer und Suiten. Trotz der schönen Hardware des Hotel de Rome ermöglichen der Name Adlon und die dortige Geschäftigkeit samt Vollständigkeit des Erlebnisses Spitzenhotellerie immer noch die prominentere Hotelerfahrung. Übrigens, wer ein Rooftop-Feeling haben möchte, das jenes des Hotel de Rome und seiner Dachterrasse in puncto Aussicht und Panorama bei Weitem übertrifft, sollte unbedingt das neue Humboldtforum aufsuchen und dort den Außenbereich der obersten Etage besuchen. Um einiges höher gelegen, bietet sich so ein Panoramablick über Berlin, der unschlagbar ist. Und dank der nötigen Buchung eines Zeitfensters ist hier nie mit Überfüllung zu rechnen.

Bewertung:

## HOTEL ZOO

**(OT Charlottenburg)**
**Kurfürstendamm 25**
**10719 Berlin**
**Telefon: 0 30-88 43 7-0**
**Internet: www.hotelzoo.de**
**E-Mail: info@hotelzoo.de**
**Direktorin: Karolin Brückner**
***DZ ab € 222,00***

Das Hotel Zoo am Boulevard Kurfürstendamm ist innovativ, exzeptionell und progressiv. Ein Hotelprodukt, das beeindruckt, Gäste zum Staunen bringt und sich mit seinem Konzept von den allermeisten Häusern der Stadt abhebt. Auch wenn dieses Boutique-Hotel eher dem Luxussegment zuzuordnen ist, wird ganz bewusst auf eine Klassifizierung verzichtet. Dies ist allein schon deshalb nachvollziehbar, weil sich das Haus mit seinem Gesamtkonzept nur schwer unter seinen Mitbewerbern einordnen lässt. So muss man sich durch die ausbleibende Klassifizierung von vornherein nicht mit anderen Hotels vergleichen lassen. Ein nicht unwichtiger Grund für das Abstandnehmen von einer Klassifizierung dürfte außerdem sein, dass keine Hemmschwellen aufgebaut werden sollen – vor allem nicht für eine jüngere und teilweise internationale Klientel. Denn sehr schnell konnte sich das Hotel Zoo einen Kultstatus in besagtem Gästekreis erarbeiten und diesen bis heute halten. Das Publikum reicht vom progressiven Manager über den Medienhipster bis zum Start-up-Unternehmer sowie zu Persönlichkeiten aus der Show-, Kunst- und Kulturszene. Keine große Vorfahrt mit livriertem Doorman, keine riesigen Schriften, die auf das Hotel hinweisen. Nur aus Nostalgie hat man den alten Schriftzug des ehemaligen „Hotel am Zoo" auf dem Dach des Hauses beibehalten und kurzerhand einfach das „am" entfernt. Der Eingang zwischen dem Apple-Store und dem Boss-Store am oberen Kurfürstendamm wirkt unauffällig wie ein Zugang zu einem noblen Privatclub. Zur Rezeption schreitet man über einen smaragdgrünen 20 Meter langen Teppich mit Raubkatzenmotiv. Imposant sind die übergroßen Türen in der Lobby, bei denen der Gast den Eindruck gewinnt, inmitten einer Liliput-Szenerie zu stehen. Teil des Konzeptes ist die Livingroom-Atmosphäre im Hotel, die bereits in der Lobby mit ihren Möbeln, wie etwa den Baxter-Ledersesseln oder den Tom-Dixon-Wing-Chairs, geschaffen wird, und die sich dann auch im Restaurant und in der Bar fortsetzt. Dazu gibt es keine aufgesetzte Begrüßungszeremonie an der Rezeption, wie man es aus anderen Häusern kennt, wenn dort die wichtigsten Gästeinformationen immer wieder von Neuem abgespult werden; stattdessen erwartet den Gast ein eher unaufdringlicher Check-in. Während die einen durchaus auf einen kleinen Small Talk mit den Mitarbeitern der Rezeption verzichten können, würde sich der eine oder die andere vielleicht über eine etwas offensivere Kommunikation freuen. Doch augenblicklich haben sich die Mitarbeiter ganz offensichtlich im Umgang mit dem Gast auf ein gewisses Understatement verständigt. Das ist beim Team des Restaurants und der Bar völlig anders, denn diese, so unser Eindruck, loten aus, wie viel Ansprache der Gast möchte. So beraten sie ihn zum Menü oder der Weinfolge und setzen alles daran, ihm einen wunderbaren Abend zu bereiten. Selbstverständlich erhält man Hilfe beim Gepäck und wird auch zu seinem Zimmer begleitet. Für das Interieur zeichnete die US-amerikanische Designerin Dayna Lee verantwortlich, der es gelungen ist, Zimmer, Suiten und öffentliche Bereiche mit unverwechselbarem Charakter zu gestalten. Nicht selten neigen Star-Innenarchitekten dazu, ihr Designverständnis konsequent über eine tatsächliche Nutzbarkeit und Resilienz im Alltagsbetrieb eines Hotels zu stellen. Viele scheinen bei der Auswahl der Stoffe und Materialien, etwa für Bodenbeläge, bewusst auszublenden, dass Gäste nicht mit Filzpantoffeln über den

Boden schlurfen, um diesen zu schonen. Das ist hier anders. Die Zimmer und Suiten mit ihren bodentiefen Fenstern, die für viel Licht sorgen, wirken mit ihrer Farbgebung, den ausgesuchten Möbeln, Stoffen und Belägen sowie der geschickten Auswahl an Accessoires warm und behaglich. Somit bieten sie zweifellos eine schöne Wohlfühlatmosphäre. Von den Badezimmern mit ihren begehbaren Duschen hat

man einen Blick in den Wohn- und Schlafbereich und natürlich umgekehrt. Alle Zimmer sind mit einer Nespresso-Kapselmaschine zur Zubereitung von Kaffee oder Espresso ausgestattet. Entscheidet man sich für die Kategorie *Grand Deluxe*, dann ist das eine sehr gute Wahl, hat diese mit 30 bis 35 Quadratmetern doch reichlich Platz zu bieten, und einige solcher Zimmer gestatten sogar den begehrten Kurfürstendamm-Ausblick. Ansonsten geht die Aussicht entweder zum Innenhof oder hinüber zum Theater des Westens. Auch eine circa 105 Quadratmeter große Luxussuite mit Wohn- und Schlafbereich inklusive Ankleidezimmer sowie zwei Bädern ist vorhanden. Außergewöhnlich ist zudem die Gastronomie im Hotel Zoo, denn in der Hauptstadt, das steht außer Frage, ist das Grace sicherlich eine der angesagtesten Restaurantadressen. Chef de Cuisine Martin Bruhn ist kein Unbekannter in der Branche, war er doch zuvor für das ehemalige Gourmetrestaurant Fischers Fritz unter der Leitung von Christian Lohse in dessen Michelin-Sterne-gekürter Küche tätig. Um den Abend ausklingen zu lassen, bietet sich die Grace Bar an. Allerdings weisen wir auch in diesem Jahr darauf hin, dass mit dem Besuch des Restaurants kein Anspruch auf Zutritt zu dieser Kult-Bar gleich nebenan besteht. Aufgrund der hohen Gästefrequenz wird der Zugang mithilfe eines Türstehers geregelt. Das gilt in den Sommermonaten im Übrigen auch für die Rooftop-Bar, die Open-Air-Lounge des Hauses auf der Dachterrasse. Seit Beginn der Eröffnung trägt Karolin Brückner die Verantwortung im Hotel Zoo. Die quirlige General Managerin mit Esprit und einer unglaublichen Power hat sich geradezu als Idealbesetzung erwiesen, denn sie führt das Haus, schon von Anfang an, erfolgreich und mit einer Verve, die der Energie entspricht, die Besucher Berlins hier generell empfinden. Dieser Spirit überträgt sich auch auf ihre Mitarbeiter. Bei der Auswahl ihres Teams, dem es gelingen sollte, unkompliziert auf die Gäste zuzugehen, setzt sie auf jung und hip. Nichts soll gestelzt, abgehoben oder unnahbar wirken. Zugegeben, es ist nicht ganz einfach, ein derartiges Nischenhotel mit den üblichen Bewertungsmaßstäben so einzuordnen, dass sich dessen Einzigartigkeit und Individualität im Hinblick auf das Interior Design und die Gastronomie auch entsprechend in der Bewertung abbilden. Das Hotel Zoo kann es sich zwar leisten, an anderen Spitzenhotels gemessen zu werden, möchte aber, konsequenterweise, auf gar keinen Fall mit diesen verglichen werden. Denn es ist in jeder Hinsicht „unique", sowohl mit seiner extravaganten Atmosphäre als auch mit dem Zimmerprodukt, dem kulinarisch hochklassigen Restaurant und den angesagten Bars.

Bewertung:

## GRACE RESTAURANT & BAR

**(OT Charlottenburg)**
**Kurfürstendamm 25**
**10719 Berlin**
**Telefon: 0 30-88 43 7-0**
**Internet: www.grace-berlin.com**
**E-Mail: reservierung@grace-berlin.com**
**Küchenchef: Martin Bruhn**
***Hauptgerichte ab € 22,00***

Seine große Zeit hatte das damals als Hotel am Zoo bekannte Haus am Kurfürstendamm in den 1950er- und 1960er-Jahren, als das Berliner Filmfestival Berlinale die Aufmerksamkeit der Weltöffentlichkeit auf die Stadt lenkte, die mehr als alle anderen deutschen Städte unter dem Kalten Krieg litt. 1951 veranlasste der Film Officer der Militärregierung der Vereinigten Staaten, Oscar Martay, dass das Festival als „Schaufenster der freien Welt" in jener Enklave des Westens hinter dem Eisernen Vorhang startete. Mit dem Mauerbau wurde diese Funktion für den Überlebenswillen der West-Berliner natürlich noch wichtiger. Sicherlich auch aus Gründen der Unterstützung Berlins als kulturellem Vorposten des Westens besuchten große Hollywoodstars ebenfalls das Event, um ihre Filme vorzustellen und den verkaufsfördernden Glamour zu bieten, mit dem der Westen besonders gegenüber osteuropäischen Filmproduktionen punkten konnte, die zum Beispiel auf einer rasch installierten Gegenveranstaltung, dem Festival des volksdemokratischen Films, in Ost-Berlin präsentiert wurden. Ein Star, der in den 1950er-Jahren wie kaum ein anderer für diesen Glamour Hollywoods stand, war Grace Kelly, die im Hotel am Zoo logierte, welches sich in direkter Nähe der ehemaligen Filmbühne Wien, heute Apple-Store, und des Zoopalastes befindet, der ab 1957 als neu errichtetes Festival-Kino im Mittelpunkt der Berlinale stand. Ebenso wohnten Gina Lollobrigida und Romy Schneider hier während des Filmfestivals, aber Grace Kelly wurde als international bekannteste

Filmikone letztlich als Namensgeberin für das Hauptrestaurant im ab 2014 ganz neu gestalteten und wiedereröffneten Hotel Zoo ausgewählt. Der Namensbestandteil „am" entfiel, vermutlich auch, um das Haus für internationale Gäste mit einem möglichst unkomplizierten, leicht merkbaren und auch im Englischen verständlichen Namen zu versehen. Die deutsche Präposition „am" musste also dran glauben und der englische Vorname „Grace" schlug „Romy" oder „Gina" als Diven-Vorname, der nun das Restaurant schmückt. Die US-amerikanische Innenarchitektin Dayna Lee designte nicht nur die Hotelzimmer und Suiten des Hauses neu, sondern gestaltete auch das Grace. Das Restaurant liegt dabei im hinteren Teil des Hotelgebäudes und besitzt eine Fensterfront zum neu errichteten, im Jahr 2000 fertiggestellten City Quartier Neues Kranzler Eck von Stararchitekt Helmut Jahn. Das Interieur des Grace steht ganz für sich und schafft ein eigenes Ambiente unabhängig von der Umgebung des Hotels. Wenn man so will, eine sehr amerikanische Herangehensweise für eine Innenarchitektin. Das Flair ist ganz auf einen behaglichen Abend mit der Spitzenküche von Martin Bruhn ausgelegt, dessen asiatisch-kalifornische sowie europäische Aromen und Genüsse kombinierende Küche hier schon seit Jahren viel Anerkennung erfährt. Ein vorwiegend jüngerer, kosmopolitischer Gästekreis, oft im Hotel wohnend, aber durchaus auch aus noch angesagteren Stadtteilen im ehemaligen Ostteil der Stadt anreisend, findet hier eine Atmosphäre, die zwar wenig Lokalkolorit bietet, aber sehr wohl von dieser Klientel akzeptiert wird. Dabei ist das Interieur auch eine Abwechslung vom ansonsten in der Berliner Gastronomie so oft anzutreffenden, authentisch auftretenden Shabby Chic in typischen Berliner Altbau-Immobilien mit hohen Decken, oder vom elegant-langweiligen Stil, der in Orientierung an die französische Bistrokultur ebenso zahlreich in der Stadt anzutreffen ist. Kronleuchter in großen Vogelkäfigen verbreiten hier behagliches Licht, umlaufende, gepolsterte Wandbänke bieten eine maximale Anzahl an beliebten Sitzmöglichkeiten mit schützender Wand im Rücken und freiem Blick auf den gesamten Gastraum des Restaurants. Bei den Toiletten wagt man eine kleine Provokation, sind sie doch dunkel ausgekleidet und nur sehr akzentuiert beleuchtet. Es ist sogar so dunkel, dass einzelne Kerzen einen nennenswerten Beitrag zur Beleuchtung leisten. Martin Bruhn präsentiert im Grace eine außergewöhnliche Küche, für die er nach eigenen Angaben bei Reisen in die kulinarischen Hauptstädte der Welt wie Bangkok, Paris, Tokio oder Mexiko-Stadt Anregungen findet. So ist die in der internationalen Gourmetszene immer noch tonangebende Nouvelle Cuisine französischer Provenienz für ihn eine, aber nicht die einzige Orientierungslinie. Zwar sind Klassiker wie Hummer, Foie gras, Austern und Kaviar auf der Karte, aber oft in asiatisch beeinflusster Zubereitung oder Würzung. Steaks, Beef Tatar und Shrimps sind genauso ohne diese asiatische Veredelung zu bekommen, denn auch darin ist das Grace eher US-amerikanisch orientiert. Gästen, die keinerlei kulinarische Experimente wünschen, werden somit ebenfalls klassische Angebote ohne Originalitätszwang geboten. Schließlich ist man ein Hotelrestaurant, und hier ist man, internationaler Auffassung von Gastfreundschaft folgend, schließlich immer noch ein Dienstleister, der dem Gast nichts aufdrängen will, wenn er es nicht wünscht. Martin Bruhn zeigt ständig Präsenz in seinem Restaurant und seine kulinarische

Kunst kann bei allen anderen Einflüssen seine Erfahrungen aus der klassischen Gourmetküche im Fischers Fritz nicht verhehlen. Ihm und seinem Talent kann vertraut werden, sodass jeder Bereich der Karte, ohne Angst vor exotisch klingenden Kreationen und Kombinationen, zu empfehlen ist. Niemand wird enttäuscht werden, wenn er sich hier auf ihm Unbekanntes einlässt. Im Sommer bietet sich zudem die Rooftop-Bar an, den Abend ausklingen zu lassen.

Bewertung:

## INTERCONTINENTAL

**(OT Tiergarten)**
**Budapester Straße 2**
**10787 Berlin**
**Telefon: 0 30-26 02-0**
**Internet: www.berlin.intercontinental.com**
**E-Mail: berlin@ihg.com**
**Direktor: Sebastian Germershausen**
***DZ ab € 151,00***

Das InterContinental, das sich im Herzen der City West in direkter Nachbarschaft des Zoologischen Gartens, der Tauentzienstraße mit dem KADEWE sowie des Botschaftsviertels am Tiergarten befindet, ist hier in Berlin eine Institution. Das Schachbrettmuster an der Außenfassade des Ensembles aus Hotel- und Pavillonbauten, das bereits aus den 1950er-Jahren stammt, ist unverkennbar und hat einen hohen Wiedererkennungswert für Hotelgäste. Zu Zeiten der Entstehung war dies eine wegweisende Architektur. Bereits vor der Wende zählte das Haus zu den renommiertesten Adressen Berlins. Zunächst als Hilton eröffnet, wurde es kurz danach und bis zum heutigen Tag ein InterContinental. Dieses Luxusbusinesshotel zählt zweifelsohne zu den drei Top-Playern im Tagungssegment der Hauptstadt, denn der Convention-Bereich erstreckt sich hier über 6200 Quadratmeter und umfasst 55 Räumlichkeiten inklusive eines großen, säulenfreien Ballsaals, der je nach Bestuhlung Platz für bis zu 2500 Personen bietet. Tagungen und Veranstaltungen, aber auch große Kongresse sind ebenso möglich wie kleinere Inhouse-Messen. Zahlreiche wichtige und gesellschaftlich bedeutende Events wurden und werden hier ausgerichtet. Dem zur Seite stehen insgesamt 558 luxuriöse Zimmer und Suiten, die in Erdtönen wohnlich und behaglich, gleichzeitig aber elegant gestaltet sind. Zwischenzeitlich sind sie alle auf die Höhe der Zeit gebracht worden, denn die Renovierungsmaßnahmen, die zuletzt noch im Westflügel durchgeführt wurden, konnten im zweiten Quartal dieses Jahres komplett abgeschlossen werden. Mittlerweile ist auch die Club-Lounge wieder zugänglich, nachdem zu Beginn der Pandemie zunächst der Service beschränkt und dann komplett eingestellt wurde. Täglich zwischen 6.30 Uhr und 22.30 Uhr ist sie nun geöffnet. Wer ein sogenanntes *Club*-Zimmer gebucht hat, der erhält dort kostenfreien Zugang. Ein weiterer Vorteil dieser Kategorie ist, dass bei Anreise ein

Check-in über den Lounge-Bereich möglich ist. Hier werden, neben einem etwas eingeschränkten Frühstück, tagsüber Getränke, kleine Snacks und nachmittags ein High Tea sowie abends Canapés geboten. Außergewöhnlich für ein Haus eines großen, internationalen Hotelkonzerns ist, dass man sich mit dem Hugos in der 14. Etage ein veritables Gourmetrestaurant leistet. Chef de Cuisine Eberhard Lange konnte über viele Jahre durchgängig einen Michelin-Stern für seine moderne, französisch geprägte Küche erringen. Dort diniert der Gast bei einem sensationellen Ausblick über die Dächer der Stadt. Geboten wird ein Acht-Gänge-Menü, das aber selbstverständlich auch reduziert werden kann. Zweifelsohne ist dieses Spitzenrestaurant ein wirkliches Alleinstellungsmerkmal des Hotels unter seinen Mitbewerbern. Das Hugos, das in der Regel von mittwochs bis samstags, außer in den Monaten Oktober und November – dann nämlich erst ab donnerstags – geöffnet hat, zählt zu den kulinarischen Institutionen in Berlin, nicht zuletzt deshalb, weil es sich über die vielen Jahre seines Bestehens keine nennenswerte Schwäche geleistet hat. Drei exklusive Dining-Rooms, die miteinander verbunden werden können, sind zudem für Veranstaltungen exklusiv buchbar. Des Weiteren steht den Gästen im Hotel die legendäre Marlene Bar zur Verfügung, in der auch geluncht oder diniert werden kann. Zum Gesamtangebot des Hauses zählt außerdem ein 1000 Quadratmeter großer Spa mit Pool und schön gestaltetem Saunabereich. In Anbetracht der Größe des Hauses und der vorhandenen Zimmerkapazitäten ist dieser Wellnessbereich jedoch alles andere als großzügig ausgefallen. Das könnte auch der Grund sein, weshalb man versucht, den Zugang über zusätzliche Gebühren zu reglementieren. Denn die Nutzung, die in vielen Kategorien nicht in den Zimmerpreis inkludiert ist, wird mit 20 Euro berechnet. Anfänglich wurde diese Gebühr damit begründet, den Zugang exklusiv halten zu wollen; mit Beginn der Coronapandemie waren die Hygiene- und Abstandsregeln dann der Grund, die Nutzung einzuschränken. Nunmehr werden die Energiekrise und die damit verbundenen erheblich gestiegenen Strom- und Heizkosten als Begründung ins Feld geführt. Bei der Buchung eines *Club*-Zimmers wie auch bei Belegung einer Suite bleibt der Besuch des Spa jedoch kostenfrei. Der Fitnesscenter steht den Gästen dagegen grundsätzlich kostenlos und rund um die Uhr offen. Und wie in einem Haus dieser Klasse erwartbar ist, erhält der Gast bei Anreise Hilfe beim Gepäck, wird zu seinem Zimmer begleitet und der Wagenmeister kümmert sich um das Fahrzeug. Selbstredend steht auch ein 24-Stunden-Etagenservice zur Verfügung. In diesem Jahr hat Sebastian Germershausen als General Manager die Verantwortung für das InterContinental übernommen. Er war hier bereits von 2015 bis 2018 als Hotelmanager tätig und wird vermutlich wieder für einen frischen Wind sorgen. Wir hatten ja bereits mehrfach darauf hingewiesen, dass sein Vorgänger Aernout de Jong eher vom sprichwörtlichen Elfenbeinturm aus dieses Hotel geführt hat und in den letzten Jahren kaum noch sichtbar war. Somit bleibt abzuwarten, ob es Germershausen gelingt, vielleicht wieder an die große Ära des Hauses unter dem legendären Hotelchef Willy Weiland anzuknüpfen, der dieses InterContinental einst zu einem der Lieblingstreffpunkte der Berliner Gesellschaft entwickelt hatte.

Bewertung:

## REGENT

**(OT Mitte)**
**Charlottenstraße 49**
**10117 Berlin**
**Telefon: 0 30-2 03-38**
**Internet: www.regenthotels.com**
**E-Mail: info.berlin@regenthotels.com**
**Direktor: Claus Geißelmann**
***DZ ab € 358,00***

Dieses Luxusgrandhotel inmitten des touristischen Zentrums der sogenannten Neuen Mitte, gegenüber dem Gendarmenmarkt mit dem Konzerthaus sowie dem Deutschen und dem Französischen Dom, hätte durchaus das Potenzial, neben der Hotelikone Adlon die Speerspitze der Bundeshauptstadt in diesem Metier zu bilden. Doch bedauerlicherweise hat das Regent seit einigen Jahren ein wenig an Glanz verloren. Das wiederum hat vielschichtige Gründe. Da wäre zum einen das schwache Management, zum anderen das zwar überdurchschnittliche, aber nicht herausragende gastronomische Angebot im Hotel. Trotzdem spricht man mit dem Gesamtprodukt jene meist internationalen Gäste an, die einen ostentativ präsentierten Glamour besonders schätzen. Die mit Marmor verkleideten Wände der Lobby, die riesigen Lüster und das große Blumenbouquet demonstrieren überbordenden Luxus und unterstreichen den Anspruch des Hauses, ein Hotel der Spitzenklasse zu sein. In jedem Fall kann das Regent mit seiner Lage punkten, denn die wichtigen touristischen Hotspots der Hauptstadt wie das Regierungsviertel, das Brandenburger Tor, die Museumsinsel, das neue Humboldtforum sowie der Fernsehturm können fußläufig erreicht werden. Gäste dürfen sich zudem in der Regel auf für das Luxussegment typische Serviceleistungen wie Valet Parking, Hilfe beim Gepäck, Begleitung zum Zimmer und einen 24-Stunden-Etagenservice verlassen. Die Ausstattung der 195 exquisiten Zimmer ist an den Biedermeierstil angelehnt, alle verfügen über ein nobles Marmorbad und bereits in der untersten Kategorie bieten sie mit 40 Quadratmetern reichlich Platz. Sie werden in die Segmente *Classic* und *Premium* eingeordnet, die sich vor allem durch ihre Lage unterscheiden. Letztere ermöglichen einen direkten oder zumindest seitlichen Blick auf den Gendarmenmarkt. Die Kategorie *Classic* hingegen ist zum Innenhof oder zu den Seitenstraßen ausgerichtet. Die äußerst komfortablen, zwischen 60 und 120 Quadratmeter großen Suiten sind für einen längeren Aufenthalt geradezu prädestiniert. Einige wenige können sogar mit einem Tageslichtbadezimmer aufwarten. Auch ein kleiner Spa zählt zum Gesamtangebot, der sich allerdings auf Sauna und Fitness beschränkt. Die finnische Sauna gibt es in zweifacher Ausfertigung, weil hier mit Rücksicht auf das internationale Publikum strikt nach Geschlechtern getrennt wird. Der Trainingsraum ist recht übersichtlich gestaltet und bietet eine Basisausstattung an Cardio-Trainingsgeräten und ein paar Hanteln. Längst Geschichte ist das Gourmetrestaurant Fischers Fritz, das einst für bundesweite Aufmerksamkeit sorgte und vom Guide Michelin mit zwei Sternen mehrfach in Folge prämiert war. Nachdem Chef de Cuisine Christian Lohse sein Gastspiel hier beendete, um sich, wie verlautbart wurde, neuen Aufgaben zu widmen, war diese Ära jedoch zu Ende. An derlei Erfolge konnte man seitdem nicht wieder anknüpfen, denn der unmittelbare Nachfolger hatte bereits nach wenigen Monaten erneut die Segel gestrichen. Längst wurden die Ambitionen, zumindest noch einmal einen Stern zu erringen, aufgegeben. Das Restaurant Charlotte & Fritz, in dem morgens auch das exzellente Frühstück genossen werden kann, welches hier überwiegend à la carte angeboten wird, ist das Hauptrestaurant des Regent. In den Sommermonaten dient der Innenhof als Open-Air-Lounge und neben Cocktails werden dort auch kleine Snacks aus dem Restaurant angeboten. Die Inhouse-Reservierungsabteilung vermochte in diesem Jahr ein weiteres Mal gar nicht zu überzeugen, dabei ist sie doch so etwas wie die Visitenkarte eines Hotels, denn nicht selten erfolgt hierüber die erste Kontaktaufnahme. Noch dazu hat dieser Bereich seinen Sitz im InterContinental, da das Regent zum Portfolio der IHG-Hotelgruppe gehört. Daher ist es nicht akzeptabel, dass die Mitarbeiterin jener Abteilung auf die Frage, ob es denn noch das Gourmetrestaurant gebe, das mit zwei Michelin-Sternen ausgezeichnet ist, mit „Ja natürlich, das Charlotte & Fritz gibt es nach wie vor" antwortete. Zugegeben war das eine Fangfrage, und wir ließen nicht locker. Die erneute Rückfrage bezüglich der Michelin-Sterne verunsicherte sie dann offenbar und sie antwortete „Ich glaube schon, bin mir aber nicht mehr zu 100 Prozent sicher". Dass der Guide Michelin seit vielen Jahren die Gastronomie des Hotels noch nicht mal mehr mit einem Stern prämiert, hätte ihr nun wirklich bekannt sein müssen. Würde sich die Dame doch vor Ort nur einmal intensiver im Haus umschauen, das sie nach außen vertreten und vermarkten soll. Hier gibt es also offensichtlich einen erheblichen Schulungsbedarf. Wir sind davon überzeugt, dass dieses Luxushotel ein erhebliches ungenutztes Potenzial besitzt, leider aber hat es unter der Führung des aktuell amtierenden Hoteldirektors Geißelmann in der öffentlichen Wahrnehmung nicht die notwendige Aufmerksamkeit generiert. Dieser scheint offenbar nur zu verwalten und sich auf den verdienten Lorbeeren vergangener Zeiten auszuruhen. Sein Vorgänger, der unserer Meinung nach nicht gerade einen Bilderbuchgastgeber abgegeben hatte, wusste zumindest, wann seine Präsenz unverzichtbar war. Gesellschaftlich wichtige Kontakte sowie Netzwerke bediente er mit größtem Fleiß und seine Presse- und Öffentlichkeitsarbeit war geradezu vorbildlich. Augenblicklich laboriert dieses Luxushotel als eines unter vielen in der Hauptstadt. Fast könnte man vergessen, dass das Regent damals vor dem Adlon neu eröffnete und damit kurze Zeit die Nummer eins in Berlins neuer alter Mitte war.

Bewertung: ●●●◐

## THE RITZ-CARLTON

**(OT Tiergarten)**
**Potsdamer Platz 3**
**10785 Berlin**
**Telefon: 0 30-33 7 77-0**
**Internet: www.ritzcarlton.com**
**E-Mail: berlin@ritzcarlton.com**
**Direktor: Torsten Richter**
***DZ ab € 365,00***

Wie beim Waldorf Astoria oder dem Adlon hat auch beim Ritz-Carlton der Name nichts mehr mit den tatsächlichen Besitzverhältnissen zu tun, die hinter einem Hotel stehen. Vielmehr betreiben heute internationale Hotelkonzerne oftmals gepachtete Immobilien und schmücken sich mit den klangvollen Namen einstiger Titanen, die in den Anfangsjahren der Grandhotellerie zwischen Mitte und Ende des 19. Jahrhunderts Pionierarbeit leisteten. So auch César Ritz, ein Schweizer Hotelunternehmer, der damals mit zwei Luxushotels in Monte Carlo und Luzern ein ganz neues Niveau an Hotellerie etablierte. In Deutschland startete die Marke mit einem größeren Haus, nach einem kurzen Gastspiel im Schlosshotel Grunewald, erst im Jahre 2000 mit dem Ritz-Carlton in Wolfsburg, bevor 2004 an dem im Krieg dem Erdboden gleichgemachten Potsdamer Platz in Berlin ein Hochhauspaar im Stil des Art déco der 1920er- und 1930er-Jahre eröffnet wurde. Zu Beginn wirkte das Hotel zu opulent, zu beliebig, mit protzigem Mobiliar und in fragwürdigen Stilmischungen ausgestattet, um sich neben den anderen neuen, stilvollen Fünf-Sterne-Häusern wie dem Hotel de Rome oder dem Adlon etablieren zu können. Zu willkürlich orientierte sich die Ausstattung am Geschmack internationaler Gäste, welchen es demnach vor allem auf Opulenz und ostentativen Luxus anzukommen schien, als auf die kunst- und designgeschichtlich stimmige Gestaltung eines Hotels, das zu allem Überfluss bereits von außen mit seiner Art-déco-Architektur eine längst vergangene Epoche zitiert. Die eigenartige Melange aller möglichen Einflüsse wirkte fragwürdig für ein solches Haus, und Merkwürdigkeiten wie ein Mitarbeiter im Kostüm eines Wächters des Londoner Towers, der jeden Abend formell die Bar öffnete, ließen viele Beobachter zweifeln, dass man hier einem ernst zu nehmenden Konzept folgte, welches über die reine Zurschaustellung eines beliebigen Luxus hinausging. Im Laufe der Jahre hat man dies wohl eingesehen, denn 2019 wurde endlich eine umfassende Überarbeitung des Hotel-Interieurs abgeschlossen. Insgesamt wurde nun auch im Inneren mehr der Art-déco-Stil als Leitlinie herangezogen, allerdings in einer wertigen, modernen Form, die einem Luxus- und Grandhotel absolut angemessen ist. Glückwunsch, ein wirklich gelungener, nun endlich sich in die Architektur stimmig einfügender Stil wurde zum Leitfaden der neuen Ausstattung, was das ganze Haus aufwertet. Die überwiegend in unaufdringlichen Erdtönen gehaltenen Zimmer und Suiten haben ein großzügig geschnittenes Marmorbadezimmer mit Badewanne und separater Dusche. Sie wirken hell und lichtdurchflutet. Alle sind zudem mit einer Kapselmaschine ausgestattet. Von den luxuriösen Suiten einmal abgesehen, haben die Zimmer eine Größe von 40 Quadratmetern und unterscheiden sich in ihren Segmenten durch Lage, Ausblick oder besondere Komfortmerkmale. Wer beispielsweise eines der Ritz-Carlton *Club*-Zimmer bucht, die sich auf der zehnten Etage befinden, erhält einen kostenfreien Zugang zur Lounge, in der besondere Annehmlichkeiten wie Getränke, ein Frühstück, ein kleiner Lunch oder Snacks am Abend angeboten werden. Im Hinblick auf den Veranstaltungsbereich sind im Hotel mit seinem 550 Personen fassenden Ballsaal dank der Kooperationsmöglichkeit mit dem benachbarten Marriott auch Großveranstaltungen möglich und die beiden Bars sowie das Restaurant Pots im Hause garantieren ein sehr ordentliches gastronomisches Niveau. Der schöne Wellnessbereich mit finnischer Sauna, Dampfsauna und Pool neben Fitnessbereich und Ruhezonen ist für ein großstädtisches Grandhotel mehr als angemessen, denn Wellness-Wochenenden wird hier niemand verbringen wollen. Mit seiner 2019 abgeschlossenen Überarbeitung und Neugestaltung hat das The Ritz-Carlton unter den Berliner Luxushotels wieder einen dem klangvollen Namen entsprechenden Status erreicht und kann erneut als Empfehlung in diesem elitären Segment der Hauptstadthotellerie gelten.

Bewertung: ●●●●

## WALDORF ASTORIA

**(OT Tiergarten)**
**Hardenbergstraße 28**
**10623 Berlin**
**Telefon: 0 30-81 40 00-0**
**Internet: www.waldorfastoriaberlin.de**
**E-Mail: berlin.info@waldorfastoria.com**
**Direktor: Gregor Andréewitch**
***DZ ab € 371,00***

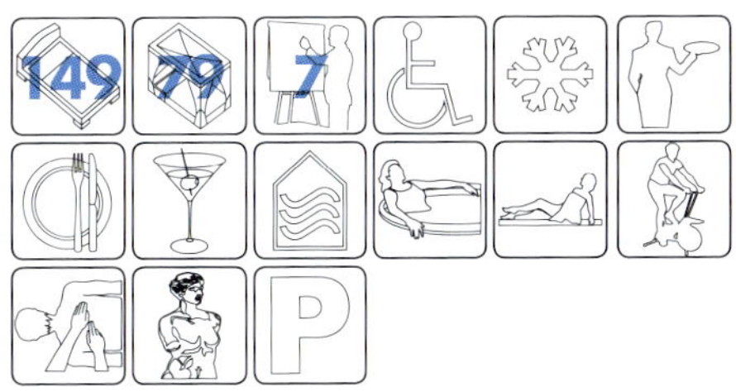


Große Namen stellen oftmals aufgrund ihrer Prominenz einen eigenen Wert, eine Marke dar. Denn ein klangvoller Name ist nicht nur ein Versprechen für besondere Qualitäten bei Service und Hotelhardware, sondern repräsentiert auch einen gehobenen Status bei der Übernachtung, mit dem sich viele Gäste gerne vor Geschäftspartnern, Freunden und Bekannten profilieren. So bedeutet ein Name wie Waldorf Astoria, bekannterweise auf das New Yorker Luxushotel zurückgehend, das die Gründer nach ihrem deutschen Vorfahren Johann Jakob Astor aus Walldorf in Baden benannten, auch heute noch das Versprechen auf besonderen Luxus und Glamour. Ursprünglich Ende des 19. Jahrhunderts in zwei Häusern, als Waldorf Hotel und Astoria Hotel direkt nebeneinander, durch zwei Astor-Cousins eröffnet, verbanden sich beide Häuser bald miteinander unter dem gemeinsamen Doppelnamen. Ebenso handelt es sich in Berlin um kein durchschnittliches Fünf-Sterne-Hotel, das unter dieser Marke 2013 eröffnet wurde, denn das Gebäude, ein Hochhaus direkt neben der Gedächtniskirche, war jahrelang kontrovers diskutiert worden. Schließlich war ein vergleichbares Projekt in direkter Nähe, das sogenannte Kantdreieck an der Kantstraße, nur als stark gestutzte Variante realisiert worden. Hochhäuser waren zu dessen Bauzeit im West-Berlin der 1980er-Jahre zum Tabu geworden, denn die Internationale Bauausstellung zu Beginn dieses Jahrzehnts hatte die Berliner Traufhöhe von um die 20 Meter als der Stadt angemessenes, historisch etabliertes Maß der Bebauung gefeiert. Hochhäuser galten nach der Bauausstellung demnach als Irrweg der Nachkriegszeit, mit den abschreckenden Großsiedlungen an den Stadträndern als Negativbeispiel. Aber mehr und mehr zeigten andere internationale Metropolen, dass das Hochhaus als Zeichen der Prosperität und Wirtschaftskraft einer Stadt immer weiter an Popularität gewann und auch Berlin konnte sich schließlich dem Trend nicht mehr widersetzen. Heute stehen mit dem Waldorf-Astoria im sogenannten Zoofenster-Hochhaus und dem Upper-West gleich zwei solcher Gebäude neben der Gedächtniskirche und weitere sind in Planung. Das Zoofenster erinnert mit seiner steinernen Bauart und den rasterartig angeordneten Fenstern sogar etwas an die New Yorker Hochhausarchitektur der 1930er-Jahre und auch im Inneren hat man sich dazu entschieden, eine moderne Interpretation des Art-déco-Stils jener Zeit bei der Ausstattung zum Zuge kommen zu lassen. Die 149 Zimmer und 79 Suiten sind in diesem eleganten sowie gleichzeitig sehr wohnlichen Stil eingerichtet worden und bieten teilweise einen fantastischen Ausblick über die Stadt, einige davon direkt auf die Gedächtniskirche. Im Zimmersegment gibt es nur die Kategorie *Deluxe* mit 42 Quadratmetern, die wahlweise „mit Aussicht" gebucht werden kann. Darüber hinaus werden Juniorsuiten und große, luxuriöse Suiten angeboten. Auch die öffentlichen Bereiche des Waldorf Astoria zitieren mit ihrem Interieur die legendäre Epoche zwischen den beiden Weltkriegen, in der Berlin, gebremst durch den Aufstieg der Nationalsozialisten, unbestreitbar zur Weltmetropole herangewachsen war. Die Bar des Hauses trägt den Namen Fritz Langs, jenes legendären deutsch-österreichischen, später auch US-amerikanischen Schauspielers und Regisseurs, der ebenfalls in jenen Jahren seine internationale Filmkarriere begann, am bekanntesten vielleicht durch seinen Stummfilm-Klassiker „Metropolis". Ein ursprünglich vorhandenes Gourmetrestaurant wurde bereits 2016 geschlossen, sodass man sich dazu entschied, das sogenannte Romanische Café im Erdgeschoss des Hauses zum Restaurant umzugestalten und in ROCA umzubenennen. Offensichtlich eine Hommage an den einstigen Künstler- und Literatentreffpunkt, der eine Institution des Berlins der 1920er- und 1930er-Jahre war, eigentlich auf der anderen Seite der Gedächtniskirche beheimatet, und der im Waldorf-Astoria hier wiederbelebt werden sollte. Nun also wird dort stattdessen ein Angebot zwischen Frühstückskarte, Barkarte und mediterranen kleinen Speisen vorgehalten, das weder vom Ambiente noch von der Kulinarik her als ein Ersatz für ein echtes Fine-Dining-Restaurant fungieren kann, wie es diesem Hause eigentlich gut zu Gesicht stünde. Dass man im ursprünglich als Nachfolger des Romanischen Cafés geplanten Etablissement keine führende Patisserie vorfindet, während anderenorts in der Stadt dahingehende Spitzenleistungen erbracht werden, ist traurig. Hier ist etwa die Patisserie Du Bonheur in der Brunnenstraße mit ihren exquisiten Törtchen, Tartelettes und Macarons zu nennen, die so beliebt ist, dass sich dort mitunter lange Schlangen bilden. Ein anderes Beispiel ist die Patissière Marie Mang, die zwischenzeitlich sogar das KADEWE mit ihren einzigartigen, handgefertigten, künstlerisch gestalteten Pralinen beliefert und in einer Kreuzberger Markthalle verkauft. Vom Angebot im ROCA sind viele hingegen enttäuscht, was sich langfristig ändern muss. Immerhin bietet der Guerlain Spa im Hotel, anders als der gastronomische Zweig des Hauses, keinen Grund zur Klage, denn hier bilden ein Innenpool, eine Sauna, ein Dampfbad und eine eigene Terrasse ein zufriedenstellendes Angebot. Ein wenig kleinlich wirkt es, wenn Gästen, die hier für die unterste Kategorie auch außerhalb von Messezeiten und Großveranstaltungen fast 500 Euro zahlen, für den Besuch des Spa-Bereichs allen Ernstes 15 Euro in Rechnung gestellt werden. Wer am Loyalitätsprogramm teilnimmt und mindestens den Gold-Status erreicht hat, für den bleibt der Besuch allerdings kostenfrei. Offenbar möchte man das Kundenbindungsprogramm hierdurch fördern. Highlight des Hauses aber ist die Library Lounge in der 15. Etage, die bis zum Beginn der Coronapandemie in der Regel auch spontan zugänglich war, augenblicklich jedoch nur noch am Wochenende und nach vorheriger Reservierung betreten werden kann. Denn in diesem Zeitfenster wird hier der traditionelle High Tea mit Sandwiches und Gebäck geboten, serviert mit einem Glas Champagner. Die Teilnahme kostet pro Person inklusive des Champagners 65 Euro. Dabei gilt es zu beachten, dass angesichts der Beliebtheit dieser Offerte bereits Wochen im Voraus reserviert werden muss. Ein Besuch lohnt schon wegen des hervorragenden Ausblicks auf den Breitscheidplatz mit der Gedächtniskirche und auf die Tauentzienstraße. Ansonsten wird die Lounge exklusiv für Veranstaltungen vermarktet. Parken in der angrenzenden Tiefgarage wird mit 38 Euro berechnet, doch selbstverständlich muss der Gast seinen Wagen nicht persönlich einparken, denn zum verbrieften Serviceangebot zählt auch das Valet Parking. Allerdings ist eine Elektroladestation noch nicht vorhanden. Alternativ bietet sich die nahe gelegene Parkgarage unter dem Kranzler Eck in der Kantstraße an, das zu Contipark gehört, und wo man entsprechend für nur 15 Euro am Tag parken kann. Wer eine kostenfreie P-Card des Betreibers besitzt, für den reduzieren sich die Gebühren sogar noch weiter. Unser Gesamtresümee: Insgesamt ist das Waldorf Astoria also ein Haus der Luxuskategorie mit vielen Stärken, einem Highlight in Form der Library Lounge mit ihrem fantastischen Ausblick, aber einem klaren Mangel an eigenständigem Charakter unter den Berliner Luxushotels.

Bewertung:

# BIELEFELD Nordrhein-Westfalen

## BIELEFELDER HOF

**(Stadtmitte)**
**Am Bahnhof 3**
**33602 Bielefeld**
**Telefon: 0521-52 82-0**
**Internet: www.bielefelder-hof.de**
**E-Mail: info@bielefelder-hof.de**
**Direktor: Martin Roßmann**
***DZ ab € 100,00***

Noch immer darf der Bielefelder Hof als die erste Adresse und gute Stube der Stadt gelten, wenngleich es Bielefeld nicht an Hotels des Vier-Sterne-Segments mangelt. Seit mehr als zwölf Jahren steht Martin Roßmann nun diesem Haus als Direktor vor und hat es maßgeblich geprägt und weiterentwickelt. Hinsichtlich seiner Verdienste ist in jedem Fall die hervorragende Personalpolitik herauszuheben, hat er hier doch für ein außerordentlich gutes Betriebsklima gesorgt. Das zahlt sich gerade in den jetzigen Zeiten aus, in denen die Branche über Fachkräftemangel klagt. Denn bei der hohen Mitarbeiterzufriedenheit in diesem Haus hält sich die Fluktuation innerhalb des Teams offenbar in Grenzen. Zahlreiche Teammitglieder sind dort sogar seit vielen Jahren tätig. Es gibt allerdings auch Kritik festzuhalten, denn während der Coronapandemie hat man hier kein allzu gutes Bild abgegeben und die Serviceleistungen zeitweilig eingestellt. Die meisten Hotels suchten für die Umsetzung der Vorgaben der Landesregierung, etwa in Bezug auf die Abstandsregelungen, kreative Lösungen. Beispielsweise beim Frühstück: Während die einen ein reichhaltiges Frühstück oder zumindest eine Frühstücksbox zum Mitnehmen anboten, andere dies über den Zimmerservice lösten, entschied man sich hier für den bequemen Weg, nämlich den, in dieser Hinsicht erst gar nichts zu offerieren. Stattdessen wurde den Gästen zeitweise tatsächlich empfohlen, sich am Bahnhof mit einem Frühstückssnack selbst zu versorgen. Das Restaurant sowie die Bar waren dementsprechend geschlossen und für die mittägliche oder abendliche Verköstigung wurde auf örtliche Lieferdienste verwiesen. Auch nachdem die Restriktionen komplett aufgehoben worden waren, blieb es bei so manchen Einschränkungen der Hotelinfrastruktur im Bielefelder Hof, etwa in der Gastronomie. Der langjährige Küchenchef Rafael Kucharski hat das Haus während dieser Zeit verlassen und das Restaurant GeistReich dient zwischenzeitlich nur noch als Eventlocation, wie zum Beispiel für Festbankette. Der aktuelle Küchenchef Sebastian Lehmeier verpflegt seine Gäste über die sogenannte EssBar. Immerhin wurde das Angebot auf deren Karte mittlerweile etwas erweitert, denn zuvor war die Auswahl doch sehr bescheiden und sogar die Mitarbeiter der Rezeption sowie der Reservierung wiesen explizit darauf hin, es gebe nur ein sehr, sehr kleines Angebot. Mit der Möglichkeit, sich über den Roomservice Speisen und Getränke auf das Hotelzimmer zu bestellen, wird nicht mehr gedient. Die Zimmer, die sich entweder im historischen Altbau oder im sogenannten

Neubau befinden, wurden vor einigen Jahren einer weitreichenden Renovierung unterzogen und sind immer noch in einem zeitgemäßen Zustand. Es gibt hier sogar die Kategorie des Einzelzimmers, die allerdings mit 15 Quadratmetern nicht allzu viel Platz bietet. Sicherlich ein Alleinstellungsmerkmal ist die unmittelbare Nachbarschaft zur Stadthalle mit direktem Zugang vom Hotel aus, der bei Bedarf geöffnet werden kann. Mit zwölf Räumlichkeiten für Tagungen, Meetings und Events ist man im Veranstaltungsbereich recht gut aufgestellt. Der Westfalensaal auf der zweiten Etage ist für bis zu 110 Personen geeignet, wenn man eine parlamentarische Bestuhlung voraussetzt. Mit circa 190 Quadratmetern ist er der größte Tagungsraum des Hauses. Die Lage gegenüber dem Hauptbahnhof spricht natürlich ebenfalls für den Bielefelder Hof und ein weiterer Vorteil ist, dass die Innenstadt fußläufig in wenigen Minuten erreicht werden kann. Auch wenn die Anreise mit der Bahn bequem ist, kommen die meisten Gäste vorwiegend mit dem Auto. In der hoteleigenen Tiefgarage sind die Kapazitäten begrenzt, denn es stehen lediglich 25 Stellplätze zur Verfügung. Hinzu kommt, dass die Parksituation innerhalb der Garage sehr beengt ist. Zum Glück kann alternativ auf das Parkhaus an der Stadthalle verwiesen werden, das erfreulicherweise auch über Elektroladestationen verfügt. Vor dem Eingang des Hotels befinden sich im Übrigen zwei Ladestationen auf öffentlichen Stellplätzen. Unser Fazit: Nach wie vor ist der Bielefelder Hof, zumindest augenblicklich, als die erste Adresse der Stadt einzuordnen. Das könnte sich jedoch vielleicht mit dem neuen IntercityHotel ändern, das allerdings vermutlich erst Ende 2024 öffnet. Denn die neuen Häuser dieser Marke können mit einem modernen Zimmerprodukt und einem soliden gastronomischen Angebot durchaus überzeugen. Dennoch ist nicht von der Hand zu weisen, dass der Bielefelder Hof nicht zuletzt im Hinblick auf seine Historie immer eine Trumpfkarte ziehen kann.

Bewertung:

## BONN Nordrhein-Westfalen

### KAMEHA GRAND

**(OT Oberkassel)**
**Am Bonner Bogen 1**
**53227 Bonn**
**Telefon: 02 28-43 34 50 00**
**Internet: www.kamehabonn.de**
**E-Mail: info@kamehagrand.com**
**Direktor: Andreas Graeber-Stuch**
***DZ ab € 114,00***

Bonn am Rhein als Bundeshauptstadt ist heute fast vergessen. Daher ist man dort froh, auch fast 33 Jahre nach der Wiedervereinigung noch von den damals zum mit Berlin vollzogenen Rollenwechsel vereinbarten Regelungen zugunsten Bonn profitieren zu können. Die UN-Vertretung oder die Hauptsitze einzelner Ministerien sind hier ebenso beheimatet wie so manche Headquarter international agierender Unternehmen, etwa Haribo oder die Postbank AG. Somit ist die Bonner Hotellandschaft durchaus noch immer in der Lage, ihre Kapazitäten zu füllen. Im Jahr 2009 konnte mit dem Kameha Grand sogar ein Hotel der Luxus-Businesshotelkategorie reüssieren, dessen außergewöhnliche Architektur eindrucksvoll dokumentiert, wie viel in dieses Haus investiert wurde – und welche Wirtschaftskraft dem Standort Bonn damit auch in Zukunft zugeschrieben wird. Das keilförmige und dennoch abgerundete Bauwerk des Kameha Grand weist zur Straße liegend sechs Stockwerke auf, nach hinten zur Rheinseite verläuft es abflachend, bis die Höhe auf drei Etagen reduziert ist. In die so zum Fluss hinabfallende Dachaußenhaut sind Terrassen und sogar ein Swimmingpool eingelassen. Sie überragen die äußere Hülle des Hotels damit nicht und passen sich auf diese Weise in die massive, futuristische Form des Gebäudes wunderbar ein. Das zentrale Atrium liegt ebenso innerhalb der Gebäudehülle unter einem Glasdach, das damit geschickt verbirgt, dass es sich hier keineswegs um eine monolithische Architekturform handelt, sondern um einen Bau mit Seitenflügeln und zentralem Innenhof, der erst durch eine alles über- und umspannende Glashaut eine uneinheitliche Form bekommt. Auch die Ausstattung bewegt sich abseits der gängigen Interieurs von Luxus-Businesshotels und folgt dementsprechend dem offensichtlich beabsichtigten avantgardistischen Grundkonzept. Kuriose Blickfangpunkte wie die riesigen Acryl-Glocken über dem Eingang stehen dabei der klaren und technischen Form des Hotelgebäudes gegenüber. So werden Kontraste geschaffen, um die es den Designern und Architekten hier offensichtlich ging. Denn die dadurch erzielte Spannung gibt dem Haus Unverwechselbarkeit und Erinnerungswert bei Gästen, die sich teilweise viele Nächte innerhalb ihres Berufslebens in unterschiedlichsten Hotels aufhalten und infolgedessen schon einmal den Überblick verlieren können, wann sie wo genau waren. Ein Hotel mit Wiedererkennungswert ist diesbezüglich die beste Garantie, damit man sich bei einem erneuten Aufenthalt wieder für dasselbe Hotel entscheidet. Das Interieur des Kameha Grand von Innenarchitekt Marcel Wanders, der die Glocken zum Wahrzeichen seines Hotel-Designs bestimmt hat und die überall im Haus in der Form von Leuchten wieder auftauchen, leistet genau das. Während die Zimmerkategorie *Premium* zum Innenbereich, dem Atrium, liegt und daher keine Aussicht aufs Wasser eröffnet, bietet die Kategorie *Superior*, nach außen orientiert, immerhin einen seitlichen Rheinblick. Die *Premium*-Zimmer sind 25 Quadratmeter, jene der Kategorie *Superior* 30 Quadratmeter groß und verfügen über luxuriöse Badezimmer. Die daneben offerierten Themensuiten *Diva*, *Princess* oder *Hero* verfügen ebenso über einen direkten Rheinblick wie die zusätzlich angebotenen Juniorsuiten. Gastronomisch ist man mit drei Restaurants breit aufgestellt. Das japanische Fine-Dining-Restaurant Yunico in der fünften Etage mit Ausblick auf den Rhein, das seit 2016 durchgängig mit einem Michelin-Stern ausgezeichnet wird, ist das kulinarische Highlight des Hotels. Das Ludwig's, ein À-la-Carte-Restaurant mit mediterraner Ausrichtung, in dem morgens auch das Frühstück serviert wird, löst die vorherige Brasserie Next Level ab. Dort wird eine alltäglichere, dennoch feine Küche geboten, wobei die zuvor gegebene französische Ausrichtung einer Fusionsküche weichen musste. Die

RheinAlm, eine 150 Quadratmeter große Holzhütte mit uriger Gaststube im Außenbereich, ist schon allein aufgrund des Baus etwas Besonderes in dem ansonsten so konsequent modern gestalteten Hotel. Geboten werden bayerische Schmankerl. Und da sich das Kameha Grand selbst im Luxushotel-Segment einordnet, wird zudem rund um die Uhr ein Zimmerservice gewährleistet, auch wenn die Karte ab 22 Uhr etwas eingeschränkt wird. Der Spa mit dem bereits erwähnten beheizten Außenpool, dessen Wassertemperatur konstant bei 28 Grad gehalten wird, ist mit 785 Quadratmetern für ein Haus dieser Größe großzügig dimensioniert, das schließlich kein Urlaubs- oder Wellnesshotel sein will. Der Fünf-Sterne-Status des Kameha wird so neben der kostspieligen Architektur und der exquisiten Lage am Rhein vor allem durch das Vorhandensein des Michelin-Stern-gekürten Restaurants untermauert. Der Bestandteil „Grand" im Namen des Hauses mag vielleicht irreführend sein, wenn man damit ein klassisches Grandhotel mit dem entsprechenden Serviceniveau verbindet. Hier ist der Namenszusatz dagegen offenbar wörtlich zu übersetzen, denn das Kameha Grand zeigt im Hinblick auf sein Zimmerprodukt, das gastronomische Angebot und die Weitläufigkeit in jedem Fall Größe. Davon abgesehen ist sein Konzept durchaus originell und einen Besuch wert.

Bewertung:

## BRAUNSCHWEIG Niedersachsen

### STEIGENBERGER PARKHOTEL

**(Innenstadt)**
**Nîmes-Straße 2**
**38100 Braunschweig**
**Telefon: 05 31-4 82 22-0**
**Internet: www.steigenberger.de**
**E-Mail: braunschweig@steigenberger.de**
**Direktor: Andreas Neininger**
***DZ ab € 87,00***

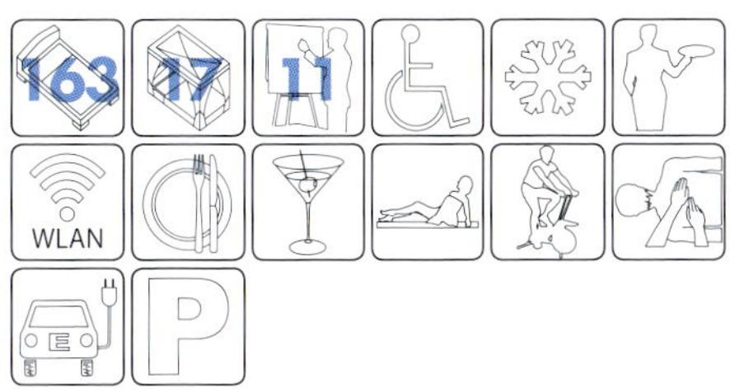


In Braunschweig gibt es eine Vielzahl an Hotels, die allerdings vorwiegend im Mittelklassesegment beheimatet sind. Im Vergleich dazu führt das Steigenberger Hotel inmitten des Bürgerparks seit seiner Eröffnung im Jahr 2013 die hiesige Hotellandschaft eindeutig an. Es überzeugt durch seine Lage, sein zeitgemäßes Zimmerprodukt und natürlich mit seinen hervorragenden Tagungsmöglichkeiten. Was hier jedoch wirklich auffällt, und das schon seit einigen Jahren, ist die Praxis, dass die Rezeptionsmitarbeiter offenbar auch gleich die Aufgaben einer Reservierungsabteilung übernehmen müssen. Dass sie das in Anbetracht der Zusatzaufgaben natürlich nicht in der gebotenen Professionalität tun können, ist nachvollziehbar. Sie wirken gehetzt, sagen staccatoartig, ohne Punkt und Komma die Zimmerkategorien nebst den Preisen auf, vermutlich um zu verhindern, dass eine Zwischenfrage gestellt werden kann. Bei Nachfragen zu den Mehrwerten und Vorzügen der einzelnen Kategorien wirken sie leicht genervt, ganz so, als habe sich der Gast gefälligst vor dem Anruf selbst zu informieren. Bleibt zu hoffen, dass dieses stringente Kostenmanagement zulasten der Mitarbeiter lediglich noch ein Relikt der Coronapandemie und spätestens mit Herausgabe dieses Hotel Guide wieder Geschichte ist. Denn das Haus hätte es verdient, erneut zum Status vor der Pandemie zurückzukehren. Exzellent sind die Tagungs- und Veranstaltungsmöglichkeiten, da der Convention-Bereich eine Größe von über 1000 Quadratmetern hat und neben elf Räumlichkeiten, die teilweise miteinander verbunden werden können, mit der angrenzenden, denkmalgeschützten historischen Maschinenhalle zusätzlich auch noch einen wirklichen Trumpf im Wettbewerb mit anderen Hotels der Region bietet. Die Halle eignet sich nicht nur für große Tagungen, sondern besonders für Events, da sie neben moderner Licht-, Ton- und Tagungstechnik über eine Bühne verfügt und zudem befahrbar ist. Somit ist sie eine beliebte Location bei Brautpaaren mit großen Hochzeitsgesellschaften, da sie Platz für bis zu 280 Gäste bietet. Bei Theaterbestuhlung finden hier sogar bis zu 450 Personen Platz. Die Zimmer werden in die Kategorien *Comfort* und *Superior* eingeordnet. Beide Segmente, die im Übrigen grundsätzlich mit einer Klimaanlage ausgestattet wurden, weisen eine Größe von 28 Quadratmetern auf. Sie unterscheiden sich durch ihre Lage im Gebäude und bieten in der höheren Kategorie dann beispielsweise einen Ausblick auf den Park sowie auf den Fluss Oker neben dem Hotel, können aber ansonsten keine nennenswerten Mehrwerte für sich verbuchen, von der Möglichkeit der Tee- und Kaffeezubereitung einmal abgesehen. Komfortabler und weitaus mehr Platz bietend sind, bei einer Größe zwischen 40 und 56 Quadratmetern, die Juniorsuiten und Suiten. Sie verfügen jeweils über ein großzügiges Tageslichtbadezimmer mit Wellnessdusche und darüber hinaus einen Balkon oder eine Terrasse. In die Zimmerrate ist der Besuch des 250 Quadratmeter großen Sauna- und Fitnessbereichs auf der vierten Etage inkludiert. Auch Massageanwendungen wie Ganzkörper- oder sogenannte Wellnessmassagen sind buchbar, wenn auch nicht spontan, weil hier mit einem externen Anbieter kooperiert wird. So wird seitens des Hotels gebeten, eine solche Anwendung, wenn möglich, mindestens eine Woche vor dem Hotelbesuch zu fixieren. Auf einem guten kulinarischen Niveau arbeitet seit Jahren die Brasserie an der Oker, die ihren Schwerpunkt auf eine deutsch-französische Küche gelegt hat. Parken im angrenzenden hoteleigenen Parkhaus wird mit 20 Euro pro Tag auf der Rechnung der Gäste ausgewiesen. Deutlich günstiger ist das circa 500 Meter entfernte öffentliche Parkhaus für nur 3,50 Euro je 24 Stunden. Übrigens befindet sich auch eine Elektroladestation in unmittelbarer Nähe, nämlich nur 30 Meter entfernt, zum Hotel. Hervorragend ist die Anbindung an den Fernverkehr der Deutschen Bahn, da Braunschweig ein ICE-Bahnhof ist. So ist beispielsweise die Hauptstadt in gut 90 Minuten ohne Umstieg zu erreichen. In jedem Fall ein Vorteil, denn nicht nur ein hervorragender Convention-Bereich, sondern auch eine gute Anbindung ist bei der Planung einer Tagung durchaus ein wichtiger Aspekt. Somit ist und bleibt dieses Steigenberger Hotel die absolute Nummer eins in Braunschweig, egal ob man nun aus privaten oder beruflichen Gründen dort weilt.

Bewertung:

## DORINT CITY-HOTEL BREMEN

**(Stadtmitte)**
**Hillmannplatz 20**
**28195 Bremen**
**Telefon: 04 21-6 20 00-0**
**Internet: www.dorint.de**
**E-Mail: info.bremen-city@dorint.com**
**Direktor: Peter Pusnik**
***DZ ab € 125,00***

Die Dorint Hotelgruppe ist in der Hansestadt Bremen mit drei Häusern vertreten und kann daher gleich mehrere Segmente des Hotelmarktes abdecken. Marktführer auf diesem ist jedoch die Bremer Atlantic-Gruppe, die hier mit insgesamt fünf Hotels vertreten ist und, ebenso wie dieses Dorint, vor allem das First-Class-Business-Segment bespielt. Mit dem 2000 Quadratmeter großen Veranstaltungsbereich des Dorint City-Hotel inklusive seiner insgesamt acht Räumlichkeiten und Freiflächen, die sich für Empfänge anbieten, zählt man selbiges trotz der Konkurrenz durchaus zu den Schwergewichten in der Hansestadt. Der große Ballsaal Zürich, der unterteilbar ist, bietet etwa bei Kinobestuhlung Platz für bis zu 650 Personen. Festbankette sind mit immerhin bis zu 420 Personen möglich. Etwas ganz Besonderes ist die Cine-Lounge, die sich für Konferenzen im kleineren Kreis sowie für Events eignet. Die insgesamt 230 Zimmer des Hauses sind allesamt in einem recht guten Pflegezustand, allerdings liegt die letzte Teilrenovierung nun auch schon mehr als sechs Jahre zurück. Doch wurde die Coronapandemie genutzt, um zumindest die Bäder der *Standard*-Zimmer zu renovieren. Einige bieten einen Ausblick auf den Park, andere zum Innenhof oder zur Hillmannstraße, die vor allem in den Sommermonaten durch die Außengastronomie doch sehr laut ist. In der Kategorie *Standard* sind sie mit einer Tee- und Kaffeestation ausgestattet, im Segment *Superior* hingegen sogar mit einer Kapselmaschine. Im Untergeschoss befindet sich der für Hotelgäste frei zugängliche, 250 Quadratmeter große Spa, der sich auf eine finnische Sauna, ein Dampfbad sowie ein Schneebecken beschränkt. In den heutigen Zeiten sollte der Gast allerdings grundsätzlich noch einmal nachfragen, ob und wann eine Einrichtung, die er in einem Hotel nutzen möchte, überhaupt zugänglich ist. Denn Personalmangel, Energiekrise und Pandemieregeln, an denen intern, wenn auch ohne erkennbare

Grundlage, weiterhin festgehalten wird, führen deutschlandweit in der Hotellerie zu Einschränkungen. Hier besteht beispielsweise die Besonderheit, dass das Dampfbad nur an Wochenenden zwischen 10 und 22 Uhr zugänglich ist. Auch ein Fitnessraum mit einer kleinen Auswahl an Trainingsgeräten kann genutzt werden, und das sogar rund um die Uhr. Die Gastronomie, das haben wir an dieser Stelle immer wieder thematisiert, hat in besagtem Hause seit einigen Jahren einen Gang zurückgeschaltet. Das einstige Hauptrestaurant Hillmann's wird aktuell nur noch für das Frühstück genutzt. Das wiederum wird von vielen Gästen erfreulicherweise, im Hinblick auf die Auswahl und die Qualität der Produkte, sehr positiv bewertet. Im Bar- und Bistrobereich wird hingegen immerhin eine kleine Karte mit internationalen Gerichten offeriert, die sich im Wesentlichen auf die beliebten Klassiker beschränken. Übrigens, auch die Kaffee- und Teespezialitäten werden in Bio-Qualität angeboten und die Eier kommen mindestens aus Freilandhaltung. Eine Tiefgarage steht für Hotelgäste nicht zur Verfügung, was hier allerdings nicht allzu sehr ins Gewicht fällt, denn auf der gegenüberliegenden Seite des Platzes befindet sich ein öffentliches Parkhaus. Erfreulicherweise sind die Parkgebühren dort mit 13 Euro pro 24 Stunden recht moderat. Es liegt uns fern, für Parkhausbetreiber Werbung zu machen, jedoch möchten wir darauf hinweisen, dass es sich vielleicht lohnen könnte, eine sogenannte P-Card von Contipark zu beantragen, da diese kostenfrei ist und in vielen deutschen Parkhäusern Sonderkonditionen bietet. Hier in Bremen würden sich die Parkgebühren immerhin von 13 Euro auf 5,50 Euro pro Tag reduzieren. Eine Ladestation für Elektrofahrzeuge ist bedauerlicherweise bisher nicht vorhanden. Die nächste befindet sich derzeit an einer öffentlichen Straße circa fünf Minuten vom Hotel entfernt. Der Hauptbahnhof kann fußläufig in gut zehn Minuten, das historische Zentrum rund um den steinernen Roland und das Renaissance-Rathaus in etwa zwanzig Minuten erreicht werden. Somit liegt dieses First-Class-Hotel absolut zentral und ist mit dem eigenen Fahrzeug wie mit dem öffentlichen Fernverkehr gleichermaßen gut erreichbar.

Bewertung:

## MARITIM

**(OT Findorff)**
**Hollerallee 99**
**28215 Bremen**
**Telefon: 04 21-37 89-0**
**Internet: www.maritim.de**
**E-Mail: info.bre@maritim.de**
**Direktor: Oliver Risse**
***DZ ab € 96,00***

In den vergangenen Ausgaben haben wir immer wieder angemerkt, dass die langjährige Direktorin Constanze Neuhörl das Haus so unauffällig führte, dass wir uns regelmäßig rückversichern mussten, ob sie nicht bereits ihr Gastspiel beendet und sich einer neuen Aufgabe gestellt hatte. Und dann wäre es fast passiert, dass uns ihr zwischenzeitlicher Wechsel zum Schwesterhotel in Frankfurt an der Messe während unserer Recherche entgangen wäre. Die Position in Bremen wurde mit Oliver Risse neu besetzt. Er ist sozusagen ein lang gedienter Hoteldirektor, der die Besonderheiten des Konzerns nur allzu gut kennt, hatte er doch über viele Jahre das sogenannte Maritim Grand Hotel Hannover bis zu seiner Schließung geführt. Grundlegendes Problem der meisten Häuser dieses Konzerns ist bekanntermaßen der Renovierungsstau, der, je nach Standort, auch schon einmal zwei Jahrzehnte oder mehr betragen kann. So wundert es nicht, dass ein Aufenthalt in solchen Häusern nach wie vor so etwas wie eine Zeitreise in die 1980er- und 1990er-Jahre ist. Ungeachtet dessen, dass hier zwischenzeitlich immerhin kleinere kosmetische Auffrischungen stattfanden, zumindest was den größten Teil der Zimmer anbetrifft, ist und bleibt auch dieses Maritim ein Hotel, das sichtbar in die Jahre gekommen ist. Nach wie vor dominieren die Farben Braun und Beige, oft ergänzt durch Messingelemente bei Leuchten, Möbelbeschlägen und Türklinken. Schwer wirken die verwendeten dunklen Hölzer wie auch die gedeckt-farbigen floralen Stoffe der meisten Vorhänge. Buchbar neben den Suiten sind die Kategorien *Klassik*, *Komfort* und *Superior*. Letztere bieten als zusätzlichen Mehrwert eine pro Aufenthalt einmal aufgefüllte Minibar. Ansonsten unterscheiden sie sich lediglich durch ihre Lage innerhalb des Gebäudes. Das gastronomische Niveau hat sich bedauerlicherweise zwischenzeitlich im unteren Mittelfeld eingependelt. Wir haben über die vergangenen Jahre mehrfach angemerkt, dass es hier durchaus auch schon einmal Zeiten gab, in denen die Gastronomie sehr ambitioniert war, auch wenn diese bereits mehr als ein Jahrzehnt zurückliegen. So wird ein Lunch schon lange nicht mehr angeboten. Seit der Coronapandemie werden die Gäste über den Barbereich versorgt und können aus einer Karte mit einer kleinen Auswahl an Speisen wählen. Dies sei dem Personalmangel geschuldet, so die durchaus verständliche Entschuldigung – wenn man denn Verständnis dafür hat, dass viele Hotels im Servicebereich über Jahrzehnte schlecht zahlende und dabei extrem fordernde Arbeitgeber waren, sodass die durch Corona vertriebenen Mitarbeiter keinen Anlass sehen, hierher zurückzukehren. Sonntags und montags ist die Bar geschlossen und ansonsten, darauf wird bereits bei Reservierung hingewiesen, können sich die Öffnungszeiten durchaus kurzfristig ändern. Eine Mitarbeiterin berichtete, dass dies vor allem von der Belegung abhängig sei. Bei sehr guter Buchungslage öffne das Restaurant denn schon mal. Sicherlich wird sich der eine oder andere potenzielle Gast fragen, ob es nicht vielleicht besser wäre, dann in einem Hotel direkt im Stadtzentrum zu logieren, da sich ihm in diesem Fall natürlich zahlreiche Alternativen eröffnen würden, außerhalb des Hotels essen zu gehen. Schließlich hat Bremen vor allem im First-Class-Segment ein gutes und breit gefächertes Angebot mit weitaus moderneren und höherwertigeren Hotelprodukten, gerade bezüglich der Qualität der Hardware. Immerhin, das Frühstück wird hier, wie in der Regel überall bei Maritim, gelobt. Das liegt vor allem auch daran, dass es im Hinblick auf die Auswahl des Angebotes Konzernvorgaben gibt, weil Maritim das Frühstück eines Hotels immer noch als dessen wichtigste Visitenkarte sieht. Da könnte etwas dran sein, denn sofern man, womöglich enttäuscht und sauer über das angejahrte Hotelzimmer, morgens vom Frühstück vor der Abreise angenehm überrascht wird, ist es vielleicht dieser positive Eindruck, der vom Besuch bleibt. Ungeachtet der Tatsache, dass man in der Lage ist, den Gästen auch einen Schwimmbad- und Saunabereich zu bieten, ist dieser im Maritim weit davon entfernt, dass wir eine Empfehlung für ein Wellnesswochenende in besagtem Hause aussprechen würden. Denn irgendwie mag eine Wohlfühlstimmung dort nicht so recht aufkommen. Das könnte daran liegen, dass der Bereich doch recht altbacken und nüchtern wirkt. Der 10 x 6 Meter große Pool ist auch nicht gerade zum Bahnenziehen, sondern eher zum Planschen geeignet. Normalerweise werden in Häusern dieser Gruppe für die Nutzung des Sauna- und Fitnessbereichs Gebühren erhoben; hier wird zumindest darauf verzichtet, obwohl mittlerweile der Eindruck entstehen könnte, dass solche Nebengebühren für die Hotellerie ständig wichtiger werdende Umsatzbringer sind. So ist die Aufpreisliste auch in jenem Maritim trotz des freien Spa-Zugangs lang: Ein Early Check-in ab 10 Uhr kostet 39 Euro, ab 12 Uhr immerhin noch 19 Euro, während für den Late Check-out bis 14 Uhr 19 Euro und zwischen 14 und 16 Uhr 40 Euro zu zahlen sind. Hinzubuchbar sind auch ein Obstteller oder eine Flasche Sekt zur Anreise. Klare Stärke dieses Hauses ist der Veranstaltungsbereich, da das Hotel direkt an das Congress Centrum Bremen angebunden ist. Tagungen, Events und Kongresse mit Gesamtkapazitäten von bis zu 3500 Personen sind möglich. Der Hanse-Saal, der über eine Bühne sowie eine Empore verfügt, ist hier der größte Raum und fasst maximal 1600 Personen. Dieser ist selbstverständlich mit moderner Licht-, Ton- und Tagungstechnik ausgestattet. Positiv hervorzuheben ist ebenso die Nähe zum Hauptbahnhof, der in wenigen Gehminuten erreicht werden kann. Zur Altstadt wären dann vom Hotel aus allerdings gut 30 Minuten zu Fuß zurückzulegen. Bei aller Kritik, was wir wirklich stets bei unserer Recherche registrieren, sind die äußerst freundlichen und zuvorkommenden Mitarbeiter, sei es an der Rezeption, im Restaurant oder der Zimmerreservierung – ein Kapital, mit dem man wuchern kann. Und wahrscheinlich erklärt dies auch, warum Maritim so viele treue Stammgäste hat. Denn dem altbackenen Innendesign ist dies sicherlich nicht geschuldet.

Bewertung: ●●◐

## PARKHOTEL BREMEN

**(OT Schwachhausen)**
**Im Bürgerpark 1**
**28209 Bremen**
**Telefon: 04 21-34 08-0**
**Internet: www.hommage-hotels.com**
**E-Mail: info.bremen@hommage-hotels.com**
**Direktor: Steffen Eisermann**
***DZ ab € 144,00***

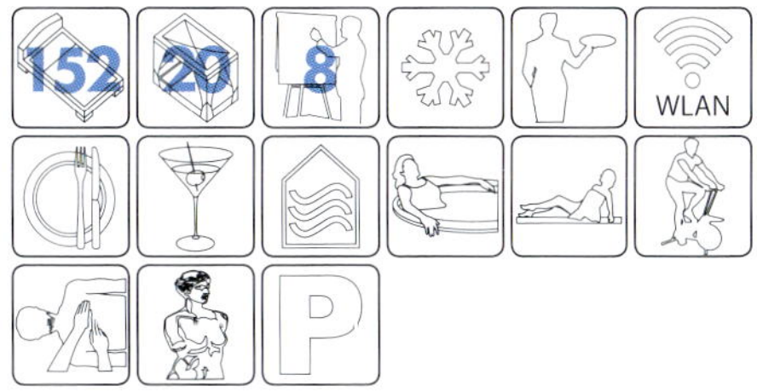

Das Parkhotel ist eingebunden in den Bremer Bürgerpark und augenblicklich das einzige veritable Luxushotel der Hansestadt, das in der Lage ist, Gäste mit höchsten Ansprüchen an das Zimmerprodukt sowie an ein überdurchschnittliches Service- und Dienstleistungsangebot zu quartieren. Zu den verbrieften Standardleistungen zählen hier Hilfe beim Gepäck, Begleitung des Gastes zu seinem Zimmer, der Concierge- sowie ein 24-Stunden-Zimmerservice. Einst war das Parkhotel Bremen sogar kulinarischer Hotspot, diese Zeiten liegen jedoch schon einige Jahre zurück. Die Entscheidung, das Gourmetrestaurant, welches mit einem Michelin-Stern prämiert war, zu schließen, wurde bekanntermaßen unter dem Gesichtspunkt der Wirtschaftlichkeit vom vorherigen Geschäftsführer der Hotelgruppe getroffen. Allerdings wäre dieser gut beraten gewesen, seinen Betrachtungswinkel etwas aufzuweiten, denn mit einer solchen Auszeichnung kann ein Hotel immer merklich von der zusätzlichen Aufmerksamkeit profitieren. In Anbetracht des Umstandes, dass der Guide Michelin seit Jahren kein einziges Bremer Restaurant mit einem Stern prämiert, hätte man einen solchen Ritterschlag dann sogar als Unique Selling Point nutzen können. Immerhin leistet man sich nach wie vor eine Patisserie, deren Kuchen und Törtchen dann beispielsweise in der imposanten Kuppelhalle des Parkhotels genossen werden können. Hier wird auch täglich der traditionelle High Tea zelebriert. Alternativ bietet sich das Parkrestaurant für das Fine Dining zum Lunch oder Dinner an. Hier gibt es jeweils ein Fleisch-, ein Fisch- sowie ein veganes Menü, wahlweise können vier oder fünf Gänge ausgewählt werden. Die Zimmer werden in die Kategorien *Classic*, *Executive*, *Superior* und *Deluxe* unterteilt, die entweder im Haupthaus oder in den Seitenflügeln untergebracht sind und teilweise einen Park- oder Seeblick ermöglichen. Im Haupthaus, das teilweise Balkone und nicht nur sogenannte französische Balkone, also lediglich bodentiefe Fenster mit Geländer bietet, wurde zwischenzeitlich komplett renoviert, ansonsten wurde zumindest ein Softlifting vorgenommen.

Zusätzlich sind natürlich auch Juniorsuiten sowie edle Suiten buchbar. Übrigens verfügen nicht alle der 172 Zimmer über eine Klimaanlage. Aufgrund der Vielfalt des Zimmerangebots und dessen Besonderheiten wie Lage, Größe und Ausblick empfiehlt sich, bei besonderen Präferenzen vor einer Buchung eine ausführliche Beratung durch die Reservierungsabteilung in Anspruch zu nehmen.Ein schicker 1200 Quadratmeter großer Spa, der diese Bezeichnung wirklich verdient, zählt ebenfalls zum Gesamtangebot. Er umfasst neben einem Saunabereich mit finnischer Sauna, Sanarium sowie zwei Dampfbädern und einer Ruhezone auch einen ganzjährig beheizten Außenpool samt Liegewiese zum Relaxen. Reichhaltig ist überdies das Beauty- und Massageangebot. Zusätzlich steht ein recht ordentlicher Gym mit modernen Cardio- und Krafttrainingsgeräten zur Verfügung. Der Veranstaltungsbereich umfasst acht edel ausgestattete Räumlichkeiten, zusätzlich den Wintergarten als Eventlocation. Der größte Saal Gräfin Emma hat Platz für bis zu 100 Personen. Das Parkhotel Bremen bietet so den entsprechenden festlichen Rahmen für private Festivitäten und ist darüber hinaus eine beliebte Adresse für Hochzeitsgesellschaften. Nachdem im Juni 2020 Stefan Eisermann zum Hoteldirektor bestellt wurde, zeichnen sich überdies positive Veränderungen im Hinblick auf die Servicekultur des Hauses ab. Er, der erfreulicherweise Erfahrung aus der Luxushotellerie mitbringt, schließlich war er zuletzt für zwei Kempinski Hotels im Taunus verantwortlich, ist für ein Haus, das der Dorint-Luxusmarke Hommage angehört, ein echter Gewinn. Vor allem gibt er hier auch einen passablen Gastgeber ab, was man von seinen unmittelbaren Vorgängern nicht behaupten konnte. Das Parken auf dem Gelände rund um das Parkhotel war bislang kostenfrei. Nunmehr sind jene Parkflächen durch eine Schranke separiert. Seit letztem Jahr ist das Abstellen des Autos daher gebührenpflichtig, hierfür werden 10 Euro pro Tag berechnet, was jedoch durchaus moderat ist. Begründet wird dies damit, dass der Bürgerpark öffentlich zugänglich ist, weshalb Spaziergänger hier ebenso gerne parken. Um also den Hotelgästen in der Regel einen freien Stellplatz zu ermöglichen, musste die Fläche letztlich durch eine Schranke separiert werden. Diesem Argument kann man sich natürlich nicht verschließen. Möglich ist allerdings auch, das Fahrzeug in der Tiefgarage zu parken, dafür werden wiederum täglich 20 Euro berechnet. Aufgrund der äußerst zentralen Lage können Innenstadt und Bahnhof fußläufig sehr bequem erreicht werden. Unser Fazit: Nach einer längeren Schwächephase ist Bremens einziges Luxushotel wieder in Hochform, ungeachtet dessen gibt es noch erhebliches ungenutztes Potenzial.

Bewertung: ●●●●

## STEIGENBERGER

**(Überseestadt)**
**Am Weser-Terminal 6**
**28217 Bremen**
**Telefon: 04 21-4 78 37-0**
**Internet: www.steigenberger.com**
**E-Mail: bremen@steigenberger.com**
**Direktor: Alexander Skibbe**
***DZ ab € 104,00***

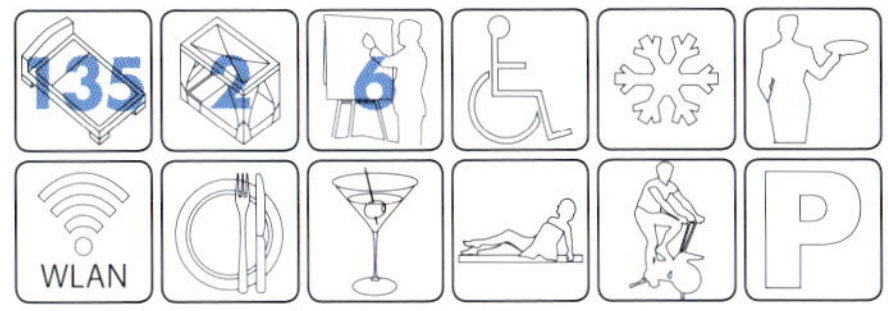


Deutsche Investoren streben ans Wasser. Dass sich mehr und mehr ehemalige Hafen- und Industriegebiete im ganzen Land seit vergleichsweise noch nicht allzu langer Zeit in exklusive Wohn- und Büroviertel verwandeln, hat seinen guten Grund, der unmittelbar mit geschichtlichen Ausflügen verknüpft ist. Flüsse waren nämlich im Mittelalter für die Städte sowohl Hauptverkehrsadern als auch Energielieferanten, sodass die erste Reihe an mehr oder weniger schnell fließenden Gewässern oft sowohl Anlegestellen und Häfen als auch Wassermühlen zur Nutzung der Wasserkraft vorbehalten war. Letztere belegten als wichtige Energiequellen für Gewerbebetriebe wie Getreidemühlen, Gerbereien oder Schmieden die Flussufer oder nahe gelegene Flächen, an die mittels Gräben und kleinen Kanälen das Wasser zum Antreiben solcher Mühlen umgeleitet wurde. Als intensive Nutzungen des Ufers kamen Webereien, Wäschereien und vor allem sogenannte Bleichen, also Flächen zum Ausbreiten und Bleichen frisch gewaschener Leinenstoffe, hinzu. Kein Wunder also, dass das Wohnen direkt am Fluss eher selten war, wenn sich dort schon im Mittelalter lautes, riechendes oder im Falle von Pulvermühlen zur Schwarzpulverherstellung sogar gefährliches Gewerbe tummelte. Mit der wieder wachsenden Beliebtheit der Innenstädte als Wohnorte ist seit ungefähr 40 Jahren ein neuer Trend zu erkennen. Flussufer werden dadurch wertvolle, attraktive Wohnbereiche und repräsentative Standorte für Dienstleistungsfirmen entstanden, die das Wasser vor der Haustür als anziehende Kulisse schätzen, oft verbunden mit neuen Promenaden und Anlegern für Privatboote und Segelyachten. Die Hansestadt Bremen ist mit der Überseestadt seit dem Jahr 2000 ein Beispiel für diese typische geplante Umwandlung alter Hafengebiete in moderne Wohn- und Dienstleistungsstandorte. Hier in Bremen entstand, fast direkt neben dem westlichen Rand der Altstadt mit ihren heute parkartigen Wallanlagen, bis 2010 das höchste Gebäude der Stadt, der Wesertower, und zusammen mit ihm ein modernes und hochklassiges Businesshotel, welches durch die traditionsreiche Hotelgruppe Steigenberger betrieben wird. Gleich nebenan eröffnete kurz darauf das GOP Varieté-Theater Bremen, eine beeindruckend großzügige Spielstätte mit umfangreicher Gastronomie und kulinarisch begleiteten Shows, das für die Region ein ganz neues Entertainmentangebot darstellt. Dadurch ergeben sich hier für das Steigenberger zahlreiche Synergien durch Kooperationen mit dem GOP Varieté-Theater für Tagungen, Events und Veranstaltungen, das exklusiv gebucht werden kann. Das Hotel selbst bietet sechs Räumlichkeiten mit Kapazitäten für bis zu 160 Personen zum Tagen, Konferieren oder für Festbankette und das sogar teilweise mit Weserblick. Die Hotelzimmer mit ihren bodentiefen Fenstern sind hell und lichtdurchflutet, zum überwiegenden Teil mit direktem oder seitlichem Blick auf die Weser. Insbesondere die Eckzimmer bieten einen wunderbaren Panoramablick auf den Fluss. Die zwei Zimmerkategorien, *Superior* und *Deluxe*, weisen beide eine Größe von circa 27 Quadratmetern auf. Grundsätzlich sind alle Zimmer mit einer Nespresso-Kaffeemaschine zur Zubereitung von Kaffeespezialitäten ausgestattet. Für den Besuch des Spa auf der sechsten Etage, der eine finnische Sauna, ein Dampfbad und einen angeschlossenen Ruheraum umfasst, liegen auf allen Zimmern Bademantel und Slipper bereit. Das Restaurant Blaufeuer kann mit einer soliden Küchenleistung aufwarten – regional norddeutsch, saisonal und innovativ, wie die Eigenwerbung verspricht. Und auch wir können das Blaufeuer nach unseren Besuchen wirklich empfehlen, denn dessen abgelieferte Küchenleistung konnte durchgängig überzeugen. Bei sommerlichen Temperaturen kann nicht nur das Frühstück, sondern auch der Lunch oder das abendliche Dinner auf der großen Terrasse mit Blick auf die Weser genossen werden. Durchaus wichtig an einem Hotelstandort, den man abends nicht unbedingt immer in Richtung Innenstadt und der dortigen Restaurantangebote verlassen möchte. Doch auch gleich nebenan finden sich in Flusslage weitere Restaurants, wo allerdings eher Liebhaber der Event- und Trendgastronomie fündig werden, etwa im benachbarten Restaurant Chili Club mit Angeboten aus der asiatischen Küche zwischen Sushi und Surf and Turf. Auch für touristisch motivierte Gäste ist das Steigenberger eine gute Adresse, denn einerseits herrscht dort Ruhe vor Trubel und Verkehr in der Innenstadt, andererseits befindet sich eine Straßenbahnhaltestelle direkt vor dem Areal, über die der Hauptbahnhof und damit das Zentrum nach kürzester Fahrt erreicht werden kann. Mit dem Pkw anreisende Gäste nutzen das benachbarte öffentliche Parkhaus, welches ebenso den Besuchern und Nutzern des Wesertowers den nötigen Parkraum bietet, und in dem pro Tag derzeit nur 9 Euro aufgerufen werden. Elektrofahrzeuge können eine Autominute vom Hotel entfernt wieder geladen werden. Was wir hier, seitdem Hoteldirektor Marc Wachal von Alexander Skibbe abgelöst wurde, vermissen, ist ein eloquenter Gastgeber, der in Anbetracht der starken Mitbewerber am Markt das Haus nicht nur nach innen, sondern auch nach außen hervorragend vertritt. Immerhin führt er dieses First-Class-Businesshotel bereits seit Juli 2019. Skibbe, so unser Eindruck, scheint das Haus jedoch weiterhin nur zu verwalten. Erfreulicherweise hat er zumindest das Beschwerdemanagement stärker gewichtet, setzt er sich doch offenbar mit konstruktiver Kritik seiner Gäste auseinander. Ob diese auf fruchtbaren Boden fällt, bleibt dahingestellt.

Bewertung: 

## GUT ISING

**(OT Ising)**
**Kirchberg 3**
**83339 Chieming**
**Telefon: 0 86 67-79-0**
**Internet: www.gut-ising.de**
**E-Mail: info@gut-ising.de**
**Direktor: Christoph Leinberger**
***DZ ab € 174,00***

Auf dem Weg von Munchen nach Salzburg ist der Chiemsee im Vorland der Alpen die markanteste Landmarke an der Autobahn Richtung Österreich, denn letztere schlängelt sich förmlich zwischen dem Gebirgsmassiv und dem bekannten See hindurch. Vermutlich, um allzu viele Unfälle durch langsam fahrende Fahrzeuge zu vermeiden, die den Ausblick auf das majestätische Gewässer etwas länger genießen wollen, wurde hier an der engsten Stelle ein Rastplatz eingerichtet, der aufgrund der malerischen Aussicht stets gut besucht ist. Biegt man, von München kommend, einige Kilometer weiter an der nächsten Ausfahrt von der Autobahn ab, gelangt man bald auf der parallel zum Ufer verlaufenden Landstraße nach Chieming zum dort etwas versteckt gelegenen Gut Ising. Verborgen hinter pittoresken Bauten wie der kleinen Dorfkirche samt Friedhof und dem ehemaligen Herrenhaus des Gutes, das heute ein Gymnasium und Landschulheim ist, erreicht man schließlich das Hotel Gut Ising. Zunächst stechen nur zwei seiner Gebäude, im bayerischen Gasthausstil, ins Auge, die gemeinsam mit einer großen Scheune um einen kleinen Gartenhof mit Brunnen angeordnet sind. Von dieser Seite aus sind die Ausmaße des erwähnten Vier-Sterne-Superior-Resorts und Hideaways kaum auszumachen. Auch die kostenfreien Pkw-Stellplätze hinter der großen Scheune auf einer gekiesten Parkplatzfläche machen, derart versteckt, kaum den Eindruck, zu einem Ferienresort zu gehören. Nichts an jener Anlage stört die dörfliche Umgebung. Die Zimmer und Suiten sind im Gut Ising in ihrer Ausstattung von unterschiedlichem Alter und Stil, zudem sind durchaus hier und da noch ältere Bäder und Ausstattungselemente vorzufinden. Ein guter Erhaltungs- und Pflegezustand ist jedoch immer gegeben. Sie sind über mehrere Gebäude verteilt, die alle miteinander unterirdisch verbunden sind. Somit kann das Hauptgebäude, egal wo man logiert, immer trockenen Fußes oder etwa im Bademantel erreicht werden, wenn der Wellnessbereich aufgesucht werden möchte. Überdies gibt es Spa Lofts, die eine Größe von circa 100 Quadratmetern haben, in einem sachlich modernen Stil eingerichtet sind und als besonderer Luxus mit einem Whirlpool, einer Infrarotkabine sowie einem elektrischen Kamin ausgestattet sind. Im April wurden im Übrigen die Renovierungen im Gutshaus abgeschlossen. In den Gebäuden Schmiede und Petershaus gibt es ebenfalls Zimmer, die vor noch nicht allzu langer Zeit modernisiert wurden. Dass sich das Hotel Gut Ising dem Golf- und vor allem auch dem Pferdesport verschrieben hat, passt bestens in sein ländliches Umfeld, finden doch beide Sportarten unter freiem Himmel und auf dem Lande statt, wenn beim Golf auch in einer sehr gepflegten und gezähmten Natur. So wird hier durchaus ein rustikaleres Ambiente geschätzt, in dem etwas Pferdemist oder Erde am Schuh normal ist, und das es verzeiht, wenn Gäste nach einem Nachmittag mit den, oft auch eigenen, Tieren oder auf dem Golfplatz nicht unbedingt wie aus dem Ei gepellt zu ihren Hotelzimmern und -suiten zurückkehren, um sich auf das Abendessen vorzubereiten. Der Landhausstil des Resorts Gut Ising wirkt daher eher wertbeständig und elegant als übertrieben luxuriös. Direkt beim Check-in fällt darum schon der meist sportlich-funktionelle Dresscode der Gäste auf, der je nach Sportart für das Reiten oder das Golfen optimiert daherkommt. Die an Trachtenmode angelehnten Uniformen der Mitarbeiter passen dabei ebenfalls bestens in das Ambiente des Hauses, das durch Antiquitäten und überwiegend hochklassiges Landhausmobiliar geprägt ist. Dennoch handelt es sich bei diesem Hotel, bei aller Rustikalität, unverkennbar um eine Anlage der Luxusklasse, denn nicht nur ein 9-Loch-Golfplatz und ein Golfclub zählen zum Angebot. Auch ein Polo-Platz, drei Reithallen und eine Reitschule nebst Stallungen und Boutiquen finden sich auf dem riesigen 160 Hektar großen Resort-Gelände. Dem Luxusaspekt eines Aufenthaltes auf dem Gut Ising dient zudem der üppig dimensionierte Spa mit großem Indoorpool und einem Außenbecken mit Getränkeservice, der nicht nur auf den angrenzenden Liegen, sondern, wie wir beobachten konnten, manchmal sogar von Gästen in Anspruch genommen wird, die sich im angenehm temperierten Nass auf den dortigen unter Wasser gelegenen Bänken am Beckenrand entspannen. Dazu steht ein Saunabereich mit finnischer Sauna, Dampfbad und Ruheraum zur Verfügung. Sehr breit aufgestellt ist der Beauty-Spa im Hinblick auf Massage- und Kosmetikanwendungen. Das kulinarische Angebot zeigt ebenfalls ein vielfältiges Spektrum. Zwar ist das Fine-Dining-Restaurant Usinga seit Beginn der Coronapandemie geschlossen und kann augenblicklich nur für exklusive Events gebucht werden. Doch dafür zeichnen sich die anderen drei Restaurants im Hause allesamt durch urige Gemütlichkeit und authentisches Landhausambiente aus und sind zumeist geprägt von einer unprätentiösen, kulinarisch nicht abgehobenen Küche. Der Goldene Pflug beispielsweise kredenzt eine wirklich exzellente bayerische Küche mit den üblichen Klassikern, darunter auch hervorragende Fischgerichte, während sich die Derby Bar auf Steaks in unterschiedlichen Qualitäten sowie Burger spezialisiert hat. Das Il Cavallo in der großen Turnierhalle bietet eine italienische Küche mit klassischen Pastagerichten, selbstverständlich hausgemacht, Pizza aus dem Steinofen sowie Fleisch- und Fischgerichte. Hinzu kommt die Besonderheit, dass man in jenem Restaurant dank des geziegelten Fußbodens auch direkt vom Pferd steigen und an einem der Tische oder der Bar Platz nehmen kann, um dort ebenso ohne notwendiges Umziehen bei kleineren Pausen während des Pferdesports vorzüglich zu speisen. Aber auch Gäste, die dem Reitsport nicht aktiv nachgehen, kommen in diesem Ambiente, direkt unter dem Dach der Reithalle und unmittelbar neben der Reitbahn, auf ihre Kosten. Denn eine solche Umgebung mit so direktem Bezug zum Reitsport ist durchaus etwas Besonderes. Mit Rücksicht und Feingefühl hat man sich mit diesem Resort-Hotel in die ländliche Umgebung integriert, sodass trotz der

Größe, welche die Anlage mittlerweile angenommen hat, der Ort nicht vollständig okkupiert wurde und die idyllische Atmosphäre erhalten blieb. Gäste, die ostentativen Luxus präferieren oder ihren persönlichen Reichtum zur Schau stellen wollen, sind hier eher fehl am Platze. Stattdessen ist dieser eher für diejenigen geeignet, die das Understatement schätzen oder sich über ihren persönlichen Status überhaupt keine Gedanken machen, sondern einfach die Naturverbundenheit genießen wollen, die mit dem Reitsport einhergeht, auch wenn die wertvollsten Pferde in den Stallungen sicherlich ein kleines Vermögen wert sind. Ganz ähnlich verhält es sich in Bezug auf die Freunde des Golfsports unter den Gästen, die dieser Passion offenbar vor allem nachgehen, um mit Ehrgeiz ihr Handicap zu verbessern. Sommers sind den Möglichkeiten der aktiven Freizeitgestaltung so gut wie keine Grenzen gesetzt, sei es Wandern, Segeln, Surfen oder Kiten. Winters bieten sich Langlauf, Biathlon oder Rodeln geradezu an. Bei all diesen Angeboten darf natürlich nicht unerwähnt bleiben, dass auch der Chiemsee sozusagen zu Füßen liegt und dort zum Beispiel die Inseln Frauenchiemsee mit der über tausend Jahre alten Grablege der Seligen Irmingard, oder der Herrenchiemsee mit dem größten und gleichzeitig unvollendeten Schloss König Ludwig II. per Ausflugsschiff angesteuert werden können. Und letztlich kommt der Gast auch hierher, um das eigentliche Highlight der Region, das Panorama der majestätischen Alpen hinter der Kulisse des bei sonnigem Wetter tiefblauen Chiemsees zu genießen. Wie pflegte der ehemalige Papst Benedikt XVI. zu sagen: Bayern ist die Vorstufe zum Paradies.

Bewertung: ●●●◖

## CUXHAVEN Niedersachsen

### BADHOTEL STERNHAGEN

**(OT Duhnen)**
**Cuxhavener Straße 86**
**27476 Cuxhaven**
**Telefon: 0 47 21-4 34-0**
**Internet: www.badhotel-sternhagen.de**
**E-Mail: sternhagen@badhotel-sternhagen.de**
**Direktorin: Susan Cantauw**
***DZ ab € 285,00***

Es ist vor allem die Konstanz, die hier die zahlreichen treuen Stammgäste schätzen, etwa im Hinblick auf die besondere Servicekultur oder die exzellente Gastronomie. Mit der Vorfahrt vor dieses Fünf-Sterne-Superior-Hotel genießt jeder Gast die ungeteilte Aufmerksamkeit der Mitarbeiter. Während des Aufenthaltes ist ein Parkplatz für ihn exklusiv reserviert. Zudem erhält er umgehend Hilfe beim Gepäck, der Meldeschein ist bereits zur Unterschrift vorbereitet und selbstverständlich wird er zu seinem Zimmer begleitet. Alle Gäste werden von der geschäftsführenden Hoteldirektorin Susan Cantauw persönlich, entweder direkt bei Ankunft oder zumindest unmittelbar danach, begrüßt. Während des Aufenthalts sucht sie immer wieder mit ihnen das Gespräch – für sie unverzichtbar, nur so kann sie ungefiltert Stimmungen und Eindrücke aufnehmen und den Zufriedenheitsgrad eruieren. Susan Cantauw ist eine Gastgeberin aus Leidenschaft, die dieses Haus auf ein solides Fundament gestellt und es in eine erfolgreiche Zukunft geführt hat. In enger Abstimmung mit Hoteleigentümer Dr. Eik Sternhagen hat sie hier vor einigen Jahren begonnen, einen sanften Erneuerungsprozess einzuleiten. Gerne werden von Hoteliers für das eigene Marketing Sätze bemüht, wie „Wir setzen alles daran, dass Gäste sich wie Freunde des Hauses fühlen". Hier ist das keine Floskel, sondern Teil des Erfolgskonzepts. Letztlich ist es vor allem auch das freundliche und herzliche Personal sowie dessen Service- und Dienstleistungsbereitschaft, die Teil der Erfolgsgeschichte sind. Dabei ist es insbesondere Cantauws hoher Sozialkompetenz zu verdanken, dass die Mitarbeiterzufriedenheit in diesem Haus sehr hoch ist, das haben wir bereits mehrfach thematisiert. In ihrem Team gibt es zahlreiche Mitglieder, die jenem Luxusferienhotel seit langer Zeit verbunden sind. Gerade in den letzten drei Jahren der Corona-Krise mit ihren Einschränkungen und Restriktionen war es für die Direktorin eine Erleichterung, eine so gefestigte Mannschaft hinter sich zu haben. Und deshalb konnte es auch gelingen, nach den Lockdowns recht schnell wieder in den Regelbetrieb überzugehen und inzwischen erneut zur Höchstform aufzulaufen. Hier gilt also nach wie vor uneingeschränkt das Leitmotiv „wahrer Luxus ist Service". Hoteleigentümer Eik Sternhagen ist mit einer Führungspersönlichkeit wie Susan Cantauw in einer äußerst komfortablen Lage, schließlich hat sie in dieser schwierigen Phase vor allem gezeigt, dass sie eben auch „Krise kann", wie man so schön neudeutsch sagt. Deshalb verwundert es nicht, dass viele Gäste mehrfach im Jahr kommen, manche mehrere Wochen. Wie beispielsweise ein älteres Ehepaar, das hier seit mehr als einem Jahrzehnt, Jahr für Jahr in den Sommermonaten circa acht Wochen in einer Suite im sogenannten Panoramatrakt verbringt. Zwischenzeitlich hatte sich der Gesundheitszustand des Ehemannes so verschlechtert, dass er nunmehr, stark gehandicapt, auf ein barrierefreies Zimmer angewiesen war, infolgedessen es ihm nicht mehr möglich gewesen wäre, seinen Sommerurlaub im Sternhagen zu verbringen. Dies teilte er auch so Hoteldirektorin Susan Cantauw mit. Die hatte dann die Idee, die Modernisierung der Suite mit in die jährliche Renovierungsplanung aufzunehmen, um sie durch verschiedene Maßnahmen mit mehr Barrierefreiheit auszustatten. Unter anderem wurde beispielsweise die Breite der Badezimmertür auf ein komfortables Maß erweitert, die begehbare Dusche vergrößert, das WC erhöht und mehrere Haltegriffe wurden angebracht. Die Terrasse erhielt zusätzlich eine Rampe. Somit wird

das erwähnte Ehepaar auch zukünftig dem Haus die Treue halten und in diesem Jahr erneut ihren Sommerurlaub hier verbringen können. Rührend, dass den beiden in Anbetracht der Umstände auch gestattet ist, Speisen und Getränke über den Roomservice zu ordern, ohne dass eine zusätzliche Charge erhoben wird, die sonst jeweils 12 Euro betragen würde. Der Umbau unterstreicht seinerseits

nicht nur die besondere Wertschätzung gegenüber treuen Stammgästen, sondern dass Cantauw mit dieser situativen Entscheidung letztlich auch vorausschauend und klug agierte. Denn schließlich sind barrierearme Räumlichkeiten ebenso für jüngere Gäste, etwa nach Sportunfällen oder operativen Eingriffen, von Vorteil. Übrigens, wer auf seinem Zimmer gerne gemütlich frühstücken möchte, der kann sich all das bestellen, was auch auf dem bekanntlich hervorragenden Buffet des Badhotel Sternhagen angeboten wird, anstatt nur aus einer meist deutlich eingeschränkten Zimmerfrühstückskarte zu wählen. Auch in diesem Jahr können wir wieder berichten, dass neben der bereits erwähnten Suite drei Zimmer der *Superior*-Kategorie im Bädertrakt einer weitreichenden Renovierungsmaßnahme unterzogen wurden. Denn traditionell wird während der Schließzeit von Ende November bis Mitte Dezember die Zeit genutzt, um notwendige Erhaltungs- und Revisionsmaßnahmen durchzuführen. Sie erhielten ein neues Farb- und Designkonzept, wobei der frische Stil der Familien- sowie der Privat-Spa-Suite zwischenzeitlich als Maßstab bei weiteren geplanten Renovierungen der Zimmer dient. Denn dieser erfreut sich größter Beliebtheit, da die Rückmeldungen der Gäste durchweg positiv sind. Selbstverständlich erhielten die Bäder begehbare Duschen. Allerdings fiel die Loggia zugunsten der Raumgröße zum Opfer. Doch erfreulicherweise können die bodentiefen Fenster so geöffnet werden, dass die Mittagssonne sozusagen vom bequemen Sessel aus genossen werden kann. Zudem bieten diese Zimmer nun eine Klimaanlage. Und natürlich wurde das Thema Schlafkultur durch ein hochwertiges Bettensystem besonders gewichtet. Die Privat-Spa-Suite ist mit einem luxuriösen Wellnessbadezimmer mit finnischer Sauna und großer Whirlwanne mit Meerblick ausgestattet. Über den Wohn- und Schlafzimmerbereich gelangt man auf die Balkon-Terrasse. Die ebenfalls 75 Quadratmeter große Familiensuite, in der bis zu vier Personen Platz haben, verfügt sogar über zwei Schlafräume. Ansonsten sind die Zimmer und Suiten, dem ausgezeichneten Housekeeping sei Dank, zweifelsohne in einem hervorragenden Pflegezustand, wobei sie teilweise ein wenig konservativ und gediegen daherkommen. Bereits die Einzelzimmer bieten mit einer Größe zwischen 30 und 35 Quadratmetern reichlich Platz. In allen Segmenten ist ein direkter Meerblick buchbar. Das Herzstück des Hauses ist der 1000 Quadratmeter große Spa mit einem Sportbecken inklusive Gegenstromanlage und Wasserfall, einem Kinderbecken, Römerbad und Sprudelbecken. Eine Besonderheit und sicherlich ein Alleinstellungsmerkmal sind die mit Meerwasser gespeisten Pools. Im Übrigen ist das Sternhagen als „originales Thalasso-Therapie-Zentrum" zertifiziert. Somit besteht die Möglichkeit, entweder eine komplette Kur, die eine ärztliche Eingangsuntersuchung beinhaltet und sich über einen Zeitraum von einer Woche erstreckt, zu buchen oder aus einzelnen der Thalasso-Anwendungen zu wählen. Auch sonst ist das Angebot an Beauty- und Massagetreatments erstklassig. Kulinarisch ist das Badhotel zweifelsohne in der Region ein absolutes Schwergewicht, denn das Gourmetrestaurant Sterneck, das seit vielen Jahren in Folge mit einem Michelin-Stern prämiert wird, bildet hier die Speerspitze. Chef de Cuisine Marc Rennhack, der seit 2012 mit einer zeitgemäßen klassisch französischen Küche begeistert, leistete sich unseres Erachtens in all der Zeit keine Schwächephase. Für die meisten Gäste, die in der Regel hier mehr als eine Woche logieren, ist der Besuch eine angenehme Pflicht. Hauptrestaurant ist das Panoramarestaurant Schaarhörn, in dem eine erstklassige jahreszeitengemäße Küche auf einem sehr guten Niveau geboten wird. Nachmittags treffen sich die Gäste dort gerne auch, um Kuchen und Torten aus der hauseigenen Patisserie zu genießen. Ende 2020 wurde die rustikale Stube Eckendöns vollständig entkernt, entstanden ist die EIX Bar & Lounge, die sich dafür anbietet, einen Aperitif oder Digestif zu sich zu nehmen. Außerdem wird auch hier eine kleine Auswahl an Speisen angeboten. Gegenüber der Bar wurde noch eine Raucherlounge eingerichtet, die von den Gästen sehr gerne frequentiert wird. So zeigt man nicht nur mit der vor ein paar Jahren neu entstandenen Privat-Spa-Suite eindrucksvoll, wie geschickt man das Designkonzept an den Stil des Hauses anpasst, einen sanften Erneuerungsprozess einleitet und sich zukunftsfähig aufzustellen weiß. Darum gilt auch in diesem Jahr, dass das Badhotel Sternhagen im Hinblick auf die Service- und Dienstleistungsqualität der Kulinarik sowie das exzellente Wellnessangebot in Niedersachsen nach wie vor zu den besten Adressen zählt. Wir können daher erneut eine uneingeschränkte Empfehlung für dieses Haus aussprechen.

Bewertung:

## STRANDPERLE

**(OT Duhnen)**
**Duhner Strandstraße 15**
**27476 Cuxhaven**
**Telefon: 0 47 21-40 06-0**
**Internet: www.strandperle-hotels.de**
**E-Mail: info@strandperle-hotels.de**
**Direktor: Bernhard Dohne**
***DZ ab € 199,00***

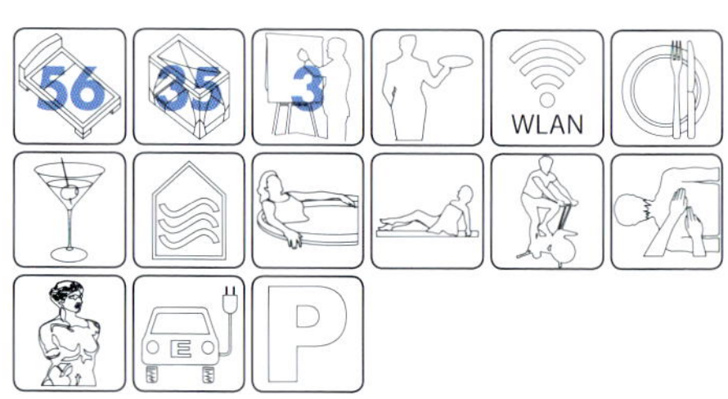


Es gibt Neues zu berichten aus der Strandperle, denn gleich neben dem Haupthaus wird nun endlich das verwirklicht, was der langjährige Hoteleigentümer Hans-Jürgen

Heinrich über Jahre geplant hat, nämlich eine Erweiterung der Hotelanlage mit einem Neubau gleich nebenan. Die beiden Geschäftsführer Bernhard Dohne, der für die operative Hotelführung verantwortlich ist, sowie Heiko Prinzhorn-Köster, sozusagen der kulinarische Direktor des Hauses, setzen diese Idee nunmehr in die Tat um. Der Neubau, der sich wunderbar in das Gesamtbild der Häuser an der Promenade einfügt, ist auf dem Gelände des ehemaligen und mittlerweile abgerissenen Café Bellevue entstanden. Nur der Name „Bellevue" blieb erhalten. Für das Innendesign wurde das renommierte Innenarchitekturbüro CUBIK³ beauftragt, das unter anderem für Kreuzfahrtunternehmen, aber auch Hotels arbeitet und mit progressiven Designkonzepten überzeugen und begeistern konnte. Geschaffen wurden 2 Penthäuser und 17 Suiten, von denen 14 sogar einen direkten Meerblick ermöglichen. Sie haben eine Größe zwischen 60 und 90 Quadratmetern, verfügen über getrennte Wohn- und Schlafbereiche, ein luxuriöses Bad mit Badewanne samt begehbarer Dusche und einen Balkon. Des Weiteren befinden sich im Erdgeschoss drei Ladenflächen. Hier wurde noch nicht final entschieden, an wen diese vermietet werden sollen, schließlich wird damit eine Bereicherung des Gesamtangebots für die Gäste angestrebt. Dass das Gebäude natürlich auch künftigen hohen Energiestandards entsprechen kann, versteht sich von selbst. Zusätzlich haben alle Gäste Zugang zur Dachterrasse. Die Eröffnung ist für November dieses Jahres geplant. Künftig wird das Bellevue das Fünf-Sterne-Superior-Segment bespielen; deshalb wurde ein besonderes Servicekonzept mit einem Rundum-sorglos-Paket entwickelt. Selbstverständlich wird der Gast bei Anreise auf sein Zimmer begleitet, die Anmeldeformalitäten sind bereits zur Unterschrift vorbereitet. Während des Aufenthalts kann man in der Lounge entspannen, die sich über drei Bereiche erstreckt. Hier stehen nicht nur Softgetränke sowie Kaffee und Tee, sondern auch Alkoholika zur Auswahl. Zudem ist während des Aufenthaltes ein Gästebetreuer als Ansprechpartner gegeben. Überdies wird selbstverständlich ein Zimmerservice ermöglicht. Da das Bellevue über eine Glasbrücke mit dem Haupthaus der Strandperle verbunden wurde, können die Gäste auch die dortige Infrastruktur nutzen und erhalten somit Zugang zum 500 Quadratmeter großen Spa mit seinem 15 x 8 Meter großen Pool inklusive Gegenstromanlage und Meerblick vom Beckenrand. Außerdem umfasst er einen Saunabereich mit finnischer Sauna, Dampfbad, einem Caldarium sowie einem Ruheraum mit Meerblick. Eine weitere Besonderheit ist die Sonnenoase, hier kann der Gast nach dem Schwimmen oder Saunieren entspannen. Aufgrund der speziellen Verglasung soll es nach Bekundungen des Hotels möglich sein, zu jeder Jahreszeit auch ein wenig Bräune zu erhalten. Das Angebot des Beauty-Spa,

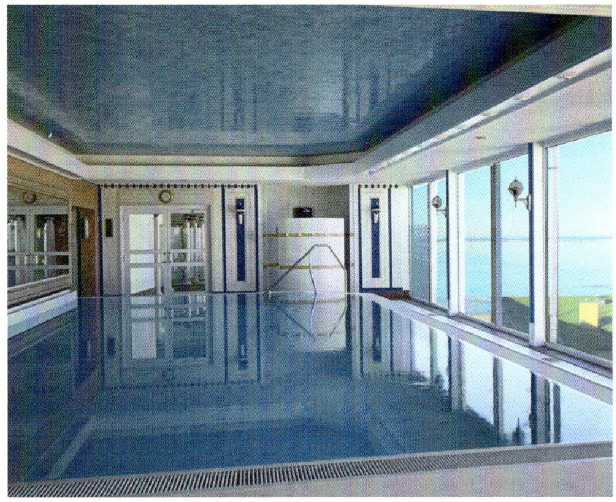

zuletzt von zwei auf drei Behandlungsräume erweitert, umfasst ein breites Spektrum an Kosmetik- und Massageanwendungen, das sich von einer klassischen Massage über eine Ayurveda-, Lomi-Lomi- bis zu einer Hot-Stone-Massage erstreckt. Auch ein Fitnessraum wird ausgewiesen. In Anbetracht der recht guten Ausstattung hätte es keinen Sinn gemacht, im Bellevue einen eigenen Freizeitbereich zu integrieren, da sich dieser entsprechend der Zimmerzahl nur auf ein kleineres Angebot beschränkt hätte. Heiko Prinzhorn-Köster sorgt im Restaurant in der Strandperle für eine konstant gute Küchenqualität. Aber auch hier wird daran gearbeitet das Konzept etwas zu modifizieren. Bereits das tägliche, reichhaltige Frühstücksbuffet wird von den Gästen sehr gelobt. Dass die Zimmer und Suiten in der Strandperle in naher Zukunft einer weitreichenden Renovierung mitsamt konzeptioneller Neugestaltung unterzogen werden müssen, wissen natürlich auch die beiden Geschäftsführer. Bei privat geführten Häusern wie diesem ist davon auszugehen, dass anders als bei großen Hotelketten sukzessive eine Rundumerneuerung erfolgt, auch wenn hier über die Jahre im gesamten Haus selbstverständlich bereits immer wieder erweiterte Softliftings stattfanden. Im Admiralsflügel des sogenannten Stammhauses befinden sich insgesamt 14 Suiten, darunter auch eine 120 Quadratmeter große Luxussuite, die Platz für bis zu fünf Personen bietet, da sie mit drei Schlafzimmern, zwei Luxusbadezimmern, einem Wohn- und Essbereich und einer Terrasse ausgestattet ist und somit gerne von Familien gebucht wird. Ansonsten verfügen alle Zimmer über einen Balkon, einige ermöglichen sogar einen direkten Meerblick; hier wäre jedoch die Kategorie *Panorama* oder *Deluxe* zu buchen. Mit der Erweiterung des Hotels war es überdies notwendig, auch zusätzliche Parkmöglichkeiten zu schaffen, sodass nunmehr insgesamt 90 Stellflächen gegeben sind. Vorbildlich sind die insgesamt neun Ladesäulen für Elektrofahrzeuge. Daher dürfen wir auch in diesem Jahr konstatieren, dass die Strandperle als Nummer zwei in Cuxhaven nach wie vor gemeinsam mit dem Badhotel Sternhagen die Speerspitze auf dem hiesigen Hotelmarkt bildet.

Bewertung: ●●●

## JAGDSCHLOSS KRANICHSTEIN

**Kranichsteiner Straße 261**
**64289 Darmstadt**
**Telefon: 0 61 51-13 067-0**
**Internet: www.hotel-jagdschloss-kranichstein.de**
**E-Mail: info@hotel-jagdschloss-kranichstein.de**
**Direktor: Stefan Stahl**
***DZ ab € 98,00***

Das malerische Jagdschloss Kranichstein liegt unmittelbar am nordöstlichen Stadtrand Darmstadts. Wer über die Autobahn A 5 und deren Ausfahrt Darmstadt-Nord anreist, durchquert auf dem Weg zum Schloss mehrere moderne und durchaus „eindrucksvoll" große Gewerbegebiete. Der Stadtteil Kranichstein ist eine typische, wenn auch sehr ansehnliche Großsiedlung der 1960er-Jahre. Beide Szenerien lassen wenig Romantik aufkommen, auch wenn dieser Anreiseweg der einfachste sein dürfte. Wer sich auf die herrliche Schlossanlage, mittels einer Anfahrt durch Wiesen und Wälder, jedoch noch besser einstimmen möchte, der reist hier von Norden an. Dazu verlässt man die A 5 eine Ausfahrt weiter Richtung Norden und fährt über die Bundesstraße B 486, vorbei an Langen, und über die Landesstraßen L 3317 und L 3097 nach Kranichstein. Im dabei passierten Örtchen Messel wurde das berühmte Urpferdchen-Fossil entdeckt, das viele noch aus ihren Schulbüchern kennen. Die bis in die 1960er-Jahre genutzte Ölschiefergrube darf sich aufgrund der dort gefundenen herausragenden Pflanzen- und Tierfossilien seit 1995 sogar UNESCO-Weltnaturerbe nennen. Ab Messel fährt man dann die letzten Kilometer durch dichten Wald, der bereits erahnen lässt, warum hier einst ein Jagdschloss errichtet wurde. So gewinnt man einen unverfälschten Eindruck dieses herrlichen freistehenden Baudenkmals. Selbiges besteht aus dem Schloss mit zwei Seitenflügeln, dem benachbarten Kavaliershaus und dem etwas abseits gelegenen Zeughaus. Das Hotel belegt den Westflügel, das Kavaliershaus und einen dahinterliegenden, architektonisch sehr gelungenen Neubau, den Parkflügel sowie das 200 Meter entfernte Zeughaus. Die Hotelräumlichkeiten in allen Gebäuden folgen einem einheitlichen Designkonzept, in dem ein sehr moderner Landhausstil, Jagdmotive und behagliche Eleganz auf Vier-Sterne-Niveau vereint werden. Die Zimmer sind in die Kategorien

*Standard, Classic* und *Deluxe* eingeteilt und haben eine Größe zwischen 18 und 32 Quadratmetern. Zusätzlich gibt es Juniorsuiten und eine große Suite. Deutlich ist an der hochwertigen und aufeinander abgestimmten Gestaltung aller Zimmer, Suiten und öffentlichen Bereiche des Hauses zu erkennen, dass hier viel Geld durch einen solventen Pächter in die Hand genommen wurde. Dahinter verbirgt sich der

bekannte Bilfinger-Konzern, zu dieser Zeit noch unter der Ägide des ehemaligen hessischen Ministerpräsidenten, der hier ab 2013 investierte und den Betrieb des auf zehn Jahre gepachteten Hotels einer Tochterfirma des Mischkonzerns hinzufügte. Die Entscheidung war sicherlich von der Idee getragen, das Hotel vorwiegend als eine Art Gästehaus sowie Veranstaltungszentrum zu nutzen und somit für eine recht hohe Grundauslastung zu sorgen. Hoteldirektor Stefan Stahl, der zuvor unter anderem in einem erstklassigen Designhotel in Münster seine Expertise erfolgreich unter Beweis gestellt hatte, wurde 2014 zur damaligen Eröffnung als Fachmann für eine Neupositionierung des erneuerten und grundsanierten Jagdschlosshotels engagiert und nutzte umgehend dessen Potenzial. Weil ein hochklassiges Haus mit einer solch traumhaften Umgebung und architektonischen Kulisse nicht nur Geschäfts- und Individualreisende anspricht, sondern sich genauso als Hochzeits- und Eventlocation und nicht vorrangig als Tagungs- und Schulungsadresse für Firmen des Bilfinger-Konzerns vermarkten muss, war es kaum verwunderlich, dass die Stiftung Hessischer Niederhof es nach dem Rückzug des besagten Konzerns an Stahl verpachtete. Immerhin kannte er das Haus und dessen Stärken nur allzu gut und kann es somit weiterhin auf Erfolgskurs halten. Sicherlich war der Neustart für ihn nicht ganz so einfach, schließlich übernahm er das Hotel offiziell im Mai 2021, also inmitten der Coronapandemie, was in jedem Fall Mut und Entschlossenheit erforderte. Nun findet dieser Schritt endlich Anerkennung und zeitigt Erfolge. Stahl, ein Gentleman und Direktor alter Schule, hat das Haus dank seiner auf jahrzehntelanger Erfahrung beruhenden Personalpolitik und der entsprechend geschulten Auswahl seines Teams jederzeit und ganz nach seinen Direktiven und Konzepten unter Kontrolle. Entsprechend hoch ist ebenso die Service- und Dienstleistungsbereitschaft der Mitarbeiter, die jedem Gast das Gefühl vermitteln, ein Freund des Hauses zu sein. In Anbetracht der beschriebenen Rahmenbedingungen ist man trotzdem nicht nur attraktiv für Events, wie etwa Hochzeitsgesellschaften. Schließlich ist der Frankfurter Flughafen von hier aus schnell erreicht, sodass bei Tagungen, Konferenzen und Meetings neben dem Pkw oder dem ICE nach Darmstadt-Hauptbahnhof genauso das Flugzeug für die Anreise genutzt werden kann. Sechs Veranstaltungsräume, alle auch zur Ausrichtung hybrider Formate geeignet, inklusive des eleganten Schlosssaals mit Platz für bis zu 150 Personen, stehen dafür zur Verfügung. Natürlich sind sie ebenfalls für Feste buchbar und beliebt, wenn diese etwa den Rahmen des dafür geeigneten Fine-Dining-Restaurants Kavaliersbau im Kavaliershaus übersteigen. Letzteres bietet hier nach seinen eigenen Angaben französische Kulinarik, verbunden mit gehobener deutscher Küche, und ist damit deutlich mehr als ein einfaches Hotelrestaurant. Anders als in vielen anderen Häusern dieser Größe ist es daher auch getrennt vom Frühstücksrestaurant, das sich im Bistroteil der gemütlichen, aber dennoch sehr geräumigen Diana-Bar im Verbindungsbau zwischen Schloss und Kavaliershaus befindet. Die beiden Terrassen, die an Bar und Restaurant angrenzen, bieten den Gästen im Sommer einen herrlichen Ort, um zu speisen oder um einfach nur einen Drink zu genießen. Erfreulich, dass das Parken auf dem Gelände ohne Berechnung bleibt. Sicherlich ein weiterer Vorteil im Vergleich zu einem Cityhotel in Frankfurt, bei denen manchmal exorbitante Gebühren aufgerufen werden. In jedem Fall ist die Mainmetropole schnell zu erreichen. Wer noch einen weiteren Grund benötigt, dieses kleine, aber feine Ausnahmehotel einmal zu besuchen, der mag vielleicht durch das Jagdmuseum im Hauptflügel des Schlosses oder durch das Museum Bioversum im Zeughaus, auch bei Eltern mit Kindern sehr beliebt, überzeugt werden. Nicht zu vergessen sind die hier möglichen herrlichen Spaziergänge im Schlosspark rund um das Gebäudeensemble sowie in den angrenzenden Wäldern, die ebenfalls dazu beitragen, dass ein Aufenthalt im Jagdschloss Kranichstein zu einer wunderbaren Auszeit avanciert.

Bewertung:

## DORTMUND Nordrhein-Westfalen

### DORINT AN DEN WESTFALENHALLEN

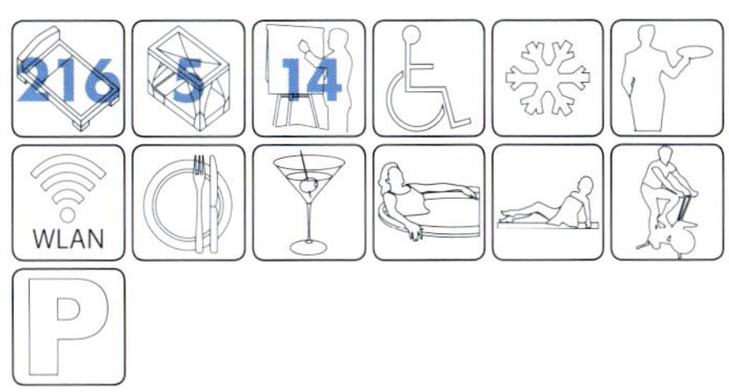


**(OT Innenstadt-West)**
**Lindemannstraße 88**
**44137 Dortmund**
**Telefon: 02 31-91 13-0**
**Internet: www.dorint.com**
**E-Mail: info@dortmund.dorint.com**
**Direktor: Tom P. Tröbs**
***DZ ab € 98,00***

Fast vier Jahre hatte Michael Demmerle für dieses Dorint, das zur Berliner HR-Hotelgruppe zählt, die Verantwortung als Direktor getragen. Er, der während seiner beruflichen Laufbahn zuvor vor allem Leisurehotels leitete, hat jenes Haus im Businesssegment mit viel Engagement und äußerst besonnen ebenso durch die schwierigste Phase der Coronapandemie manövriert. Herauszuheben sind zudem seine ausgesprochenen Gastgeberqualitäten, auch wenn derlei Fähigkeiten hier im Allgemeinen und bei der

HR-Hotelgruppe im Besonderen offenbar nicht zum unbedingten Einstellungsprofil ihrer Direktoren zählen. Nachdem er dann direkt zum Dorint-Konzern wechselte, führt er nunmehr für selbigen ein wunderschönes Leisurehotel in Bad Brückenau. Seinem Nachfolger Benjamin Barth, der bereits nach gut zehn Monaten von Tom Tröbs abgelöst wurde, konnten wir nur attestieren, dass er das Haus doch recht unauffällig leitete. Doch kommen wir nun zu den nüchternen Fakten, vorrangig den Zimmern. Wir berichteten bereits, dass ein Teil vor ein paar Jahren einer weitreichenden Renovierung unterzogen wurde, alle anderen jedoch warten nach wie vor auf eine grundlegende Sanierung. Zimmer der neuesten Generation sind jene der Kategorie *Deluxe*, welche eine Größe von 28 Quadratmetern haben. Hier sind auch bereits die Softdrinks aus der Minibar inkludiert, außerdem steht zur Zubereitung von Espresso und Kaffee eine Kapselmaschine zur Verfügung. Ebenso zählt eine 100 Quadratmeter große Suite zum Portfolio dieses Dorint, die allerdings bislang lediglich eine Auffrischung erhielt. Nebenbei sei erwähnt: Entweder sind die Zimmer zum verkehrsberuhigten Bereich vor der einen Seite des Hauses oder zur Bundesstraße B 1 auf der anderen ausgerichtet. Aufgrund der Schallschutzfenster ist es aber für die Nachtruhe letztlich unerheblich, für welche Kategorie und damit Zimmerausrichtung man sich entscheidet. Die Nutzung des 170 Quadratmeter kleinen Freizeitbereichs, der sich auf eine finnische Sauna, eine Infrarotkabine sowie einen Ruheraum beschränkt, ist bereits in die Zimmerrate inkludiert. Der Gym, der rund um die Uhr zugänglich ist, verfügt über eine Basisausstattung an Cardio-Trainingsgeräten. Mit insgesamt 13 Tagungsräumen, die sich entweder im Erdgeschoss oder in der 5. Etage befinden, sind die Möglichkeiten für die Durchführung von Veranstaltungen, Konferenzen oder Festbanketten hervorragend. Der größte Saal bietet Platz für immerhin bis zu 300 Personen. Ebenso ist die Gastronomie des Hauses durchaus eine Erwähnung wert, da das Restaurant Davidis eine grundsolide Leistung abliefert, auch wenn die aktuelle Karte etwas eingeschränkt zu sein scheint. Geboten wird neben den üblichen Dorint-Klassikern eine kleine Auswahl regionaltypischer Gerichte und Snacks. Einige Speisen, etwa Dortmunder Krüstchen und Currywurst, werden daneben auch in der Bar Overbeck angeboten. Viel Lob gibt es von den Gästen für das reichhaltige Frühstück, das hier mit einer Live-Cooking-Station für Eierspezialitäten geradezu zelebriert wird. Etagenservice ist zumindest von 17.30 Uhr bis 21.30 Uhr ebenfalls möglich. Allerdings wird eine Servicegebühr von 10 Euro berechnet, eine echte Verhinderungsgebühr, wie wir finden. Das Angebot ist dafür recht ordentlich, die Karte enthält die beliebten Klassiker Caesar Salad, Club Sandwich, Burger und Wiener Schnitzel. Zur Innenstadt läuft man vom Hotel aus in etwa 30 Minuten, hingegen liegen der Signal Iduna Park, also das Bundesliga-Stadion, und die Westfalenhalle nur zehn Minuten entfernt auf der anderen Seite der Bundesstraße B 1 am Hotel. Vom Bahnhof aus kann dieses Dorint auch mit den öffentlichen Verkehrsmitteln erreicht werden, die entsprechende U-Bahn-Station Kreuzstraße befindet sich ganz in der Nähe. Die meisten Gäste reisen allerdings mit dem eigenen Fahrzeug an und parken in der Tiefgarage, die jedoch auf 100 Stellplätze beschränkt ist. Eine Elektroladestation ist zwischenzeitlich vorhanden.

Bewertung:

## L'ARRIVÉE

**(OT Höchsten)**
**Wittbräucker Straße 565**
**44267 Dortmund**
**Telefon: 02 31-88 050-0**
**Internet: www.larrivee.de**
**E-Mail: mail@larrivee.de**
**Inhaber: Ernst Claußmeyer**
***DZ ab € 133,00***

Wir weisen ja schon seit Jahren darauf hin, dass dieses Vier-Sterne-Superior-Hotel zahlreiche positive Attribute für sich verbuchen und sich somit vom Gros der Dortmunder Häuser deutlich abheben kann. Wären da doch nur nicht die Faktoren jenseits der Hardware, wie etwa der Service, der immer wieder Anlass zur Kritik gibt. Nach wie vor vermissen wir hier eine Direktorenpersönlichkeit, die einerseits über eine hohe Sozialkompetenz verfügt und somit dem allgemeinen Betriebsklima zuträglich wäre, und die andererseits das Haus auch nach außen seinem Potenzial entsprechend repräsentiert und vermarktet. Eigentümer Ernst Claußmeyer sieht aber offensichtlich diesbezüglich keinen Handlungsbedarf. Die auf den ersten Blick etwas randständig erscheinende Lage hat bei Lichte betrachtet durchaus Vorteile. Denn das Hotel befindet sich in einem ruhigen Wohngebiet, angrenzend an die Naturlandschaft des Niederhofener Waldes, einem 165 Hektar großen Naherholungsgebiet zum Spazierengehen, Wandern oder Joggen. Und dennoch ist das Hotel alles andere als umständlich zu erreichen, denn die Autobahnauffahrt zur A 45 befindet sich keine zehn Minuten entfernt. Bei entspannter Verkehrslage fährt man 20 Minuten in die Dortmunder Innenstadt. Dabei bietet sich das L'Arrivée durchaus auch für eine Wochenendauszeit an, denn ein veritabler Spa zählt hier zum Gesamtangebot des Hauses. Er hat eine Größe von 1000 Quadratmetern und umfasst neben einem Pool, einem Whirlpool sowie einem Saunabereich mit einer großen finnischen 90°-C-Panorama-Sauna und einem 60°-C-Dampfbad auch eine zugehörige Ruhezone und einen gut aufgestellten Beauty-Spa, in dem die gängigsten Kosmetik- und Massageanwendungen buchbar sind. Da dieser Bereich ebenso für externe Gäste zugänglich ist, erscheint es ratsam, Anwendungen rechtzeitig zu buchen, da es mitunter schwierig sein kann, ganz kurzfristig einen Termin zu erhalten. Mit sechs Trainingsgeräten verfügt der Fitnessraum zumindest über eine Basisausstattung. Die Nutzung dieser Bereiche ist bereits in die Zimmerrate inkludiert. Das ist in Anbetracht dessen, dass immer mehr Hotels dazu übergehen, hierfür Gebühren zu erheben, durchaus bemerkenswert. Hoffen wir, dass die zwischenzeitlich aufgetretene Energiekrise daran nichts ändert. Die Zimmer, die in die Kategorien *l'Arrivée*, *Komfort*, *Superior* und *Studio* unterteilt werden, haben eine Größe zwischen 20 und 35 Quadratmetern. Mehr Platz und Komfort bieten hingegen die beiden Juniorsuiten sowie die *Panorama Suite*. Letztere hat eine Größe von 58 Quadratmetern, und zu ihren zusätzlichen Komfortmerkmalen zählt neben einem getrennten Wohn- und Schlafbereich sowie einem Marmorbad mit Badewanne ebenso eine Loggia, die mit Entspannungsliegen ausgestattet wurde. Diese Suite eignet sich auch deshalb besonders für Langzeitaufenthalte, weil eine Kitchenette vorhanden ist. Der Konferenzbereich umfasst zehn Salons, die miteinander verbunden werden können. Somit sind Tagungen, Veranstaltungen und Festbankette mit bis zu 250 Personen bei entsprechender Bestuhlung möglich. Gastronomisch gibt es zweifelsohne Luft nach oben, die beiden Restaurants Rustique und Vivre unterscheiden sich in ihrer kulinarischen Ausrichtung nur unwesentlich. Lediglich das Interieur ist unterschiedlich. Positiv werten wir, dass ein Late Check-out, bei Verfügbarkeit, bis 14 Uhr möglich ist. Jede weitere Stunde wird dann allerdings mit 30 Euro berechnet.

Bewertung:

## RADISSON BLU

**(Stadtmitte)**
**An der Buschmühle 1**
**44139 Dortmund**
**Telefon: 02 31-10 86-0**
**Internet: www.radissonblu.com**
**E-Mail: info.dortmund@radissonblu.com**
**Direktor: Frank Senger**
***DZ ab € 125,00***

Dieses Radisson Blu befindet sich direkt am Westfalenpark, einem der größten Stadtparks in Deutschland. Die Zimmer haben Wiedererkennungswert, sind sie doch nach wie vor im typischen Hilton-Design ausgestattet, und das, obwohl jenes Haus ja nun schon immerhin mehr als zehn Jahre unter anderer Flagge betrieben wird. In den öffentlichen Bereichen fanden zwischenzeitlich hingegen weitreichende Renovierungsmaßnahmen statt, während die Zimmer bislang nur einer Auffrischung unterzogen wurden. Sie sind in die Kategorien *Standard*, *Superior* und *Premium* unterteilt, haben jedoch alle lediglich eine Größe von 24 Quadratmetern. Letztlich unterscheiden sie sich durch ihre Lage und damit den Ausblick, den sie bieten, etwa ins Grüne in Richtung Westfalenpark oder Signal Iduna Park. Besondere Mehrwerte können die höheren Segmente kaum für sich ins Feld führen. Die sogenannten *High Floor Premium* Zimmer liegen in den oberen Etagen und wurden zusätzlich noch mit einer Kapselmaschine zur Zubereitung von Espresso und Kaffee ausgestattet. Außerdem liegen dort für den Besuch des Spa-Bereichs Bademantel und Slipper bereit. Die Coronapandemie und die damit verbundene schwache Auslastung wurde genutzt, um 74 Badezimmer auf 2 Etagen komplett zu erneuern. So wichen die herkömmlichen Badewannen großen begehbaren Duschen. Seit Beginn der Pandemie wurde der Zimmerservice komplett eingestellt und bisher noch nicht wiederbelebt. Das wird unter anderem mit dem augenblicklichen Fachkräftemangel und der Notwendigkeit, die Servicecharge sonst deutlich anheben zu müssen, begründet. Gäste könnten aber im Restaurant etwas bestellen und die Speisen mit auf ihr Zimmer nehmen. Über diese doch so großzügige Geste darf man dann auch noch froh sein. Das Restaurant Ingwer, in dem auch das Frühstück angeboten wird, kann abends ab 18 Uhr besucht werden. Seine kulinarische Linie erschließt sich nicht auf den ersten Blick, man propagiert aber vor allem eine saisonale Küche. Bei größeren Veranstaltungen im Hause ist es durchaus möglich, dass nur ein Buffet geboten wird, zusätzlich aber noch aus einer kleinen Karte unter beliebten Klassikern wie Burgern oder Pasta, ohne die kein Hotelrestaurant auskommt, ausgewählt werden kann. Eine Besonderheit – schließlich ist dieses Radisson Blu ein lupenreines Businesshotel – stellt der sich über 1050 Quadratmeter erstreckende Spa-Bereich mit seinem großen 17-Meter-Pool dar. Der Saunabereich umfasst zwei finnische Saunen, ein Dampfbad sowie eine Ruhezone. Sehr gut ausgestattet ist der Fitnessraum, zu dem die Gäste im Übrigen rund um die Uhr Zugang haben. Selbst Massagen sind hier buchbar, allerdings nur nach Terminabsprache und lediglich mittwochs, freitags und samstags, da an diesen Tagen ein Masseur im Hause ist. Externe Gäste erhalten für eine Tageskarte von 19 Euro ebenfalls Zugang zum Spa. Selbstredend zählt das Radisson auch zu den großen Playern im Tagungsgeschäft, denn der 1000 Quadratmeter große Veranstaltungsbereich umfasst 15 Räumlichkeiten, die mit moderner Tagungstechnik ausgestattet sind. Der größte bietet etwa, bei Kinobestuhlung, Platz für bis zu 400 Personen. Was bei der Radisson-Gruppe wirklich auffällt, ist der Umstand, dass nicht wie für andere große Hotelkonzerne üblich eine regelmäßige Direktorenrochade stattfindet, sondern Hotelmanager offenbar langfristig eingesetzt werden, zumindest an den B- und C-Standorten. Das hat manchmal zwar Schattenseiten, aber in Dortmund sicherlich eher Vorteile: Direktor Frank Senger, der nunmehr seit September 2018 dieses Businesshotel führt, hat hier während der Coronapandemie wirklich besondere Führungsqualitäten unter Beweis gestellt. Das Haus blieb geöffnet und, was positiv hervorzuheben ist, die Vorgaben der Landesregierung zur Bekämpfung der Pandemie wurden vorbildlich umgesetzt, während gleichzeitig große Anstrengungen zu erkennen waren, dem Gast den Aufenthalt trotzdem so angenehm wie möglich zu machen. Denn es gab zeitgleich selbst im Luxussegment Häuser, die in dieser Hinsicht wirklich kein gutes Bild abgaben. Parken in der Tiefgarage wird mit 15 Euro pro 24 Stunden sehr fair kalkuliert. Eine Ladestation für Elektrofahrzeuge ist mittlerweile direkt auf dem Areal des Hotels vorhanden. Auch die Anbindung an den öffentlichen Nah- und Fernverkehr ist hervorragend, denn in unmittelbarer Nähe befindet sich eine U-Bahnstation. Nach nur vier Haltestellen kann der Hauptbahnhof somit in gut 15 Minuten erreicht werden.

Bewertung:

# DRESDEN Sachsen

## GEWANDHAUS

**(Altstadt)**
**Ringstraße 1**
**01067 Dresden**
**Telefon: 03 51-49 49-0**
**Internet: www.gewandhaus-hotel.de**
**E-Mail: info@gewandhaus-hotel.de**
**Direktor: Florian Leisentritt**
***DZ ab € 201,00***

Das Gewandhaus, ein Luxus-Boutique-Hotel am Rande der Dresdner Innenstadt, begeistert mit seinem progressiven Interior Design, mit dem es sich von den meisten Häusern der Stadt abhebt. Vor allem aber überzeugt die hier kultivierte Service- und Dienstleistungsqualität. Da dieses Fünf-Sterne-Superior-Hotel in Dresden durchaus ein Nischenprodukt ist, hat sich die Sea Side Gruppe einst entschieden, es unter der Marke Autograph Collection zu vermarkten. Unter selbigem Branding, das zum Portfolio der Marriott Hotelgruppe zählt, versammeln sich zahlreiche namhafte, meist sehr individuelle Häuser. Dieses geschichtsträchtige, barocke Gebäude, das zwischen den Jahren 1768 und 1770 erbaut wurde und somit unter Denkmalschutz steht, ist in der Tat besonders. Erstmals wurde es 1967 als Hotel genutzt, davon stand es mehr als 16 Jahre, bis Ende 2014 unter dem Management von Radisson. Nach einer Master-Renovierung, die im ersten Quartal 2015 komplett abgeschlossen wurde, war es nach Anhebung der Standards gelungen, zu einem der besten Hotels der Stadt aufzusteigen. Mit dem Gesamtkonzept wird nunmehr eine progressivere Klientel angesprochen, die im Hinblick auf die Service- und Dienstleistungsqualität zwar durchaus hohe Ansprüche stellt, aber klassisch-opulenten Grandhotels meist wenig abgewinnen kann. Ohne sich der Lobhudelei schuldig zu machen, darf man Direktor Florian Leisentritt, der diesem Haus für die Sea Side Hotelgruppe in der Verantwortung als General Manager vorsteht, bescheinigen: Ihm ist es gelungen, die vorhandenen Potenziale des Hauses wirklich zu nutzen, dessen Besonderheiten sowie Alleinstellungsmerkmale auch hervorragend herauszustellen und zu vermarkten. Daneben stellt Leisentritt einen Gastgeber aus dem Bilderbuch dar, eine Qualität, die bei Direktoren immer seltener als gegeben vorausgesetzt werden darf. In Anbetracht des hohen Anspruchs an die Servicestandards hat er sein Team auch für Details bei der Gästekommunikation sensibilisiert, was nicht unbemerkt bleibt. Denn das offenbar bestens geschulte Personal gibt durchweg ein gutes Bild ab, sei es am Empfang, im Service oder in der Reservierungsabteilung. So ist es bereits bei der telefonischen Kontaktaufnahme selbstverständlich, dass der Mitarbeiter der Rezeption den Namen des Gastes erfragt, um diesen an die Kollegen weiterzugeben, die den Gast dann ebenfalls durchgängig wieder mit Namen ansprechen. Ein kleiner Malus ist allenfalls die nicht vorhandene Tiefgarage. Bislang war es den Gästen zumindest möglich, auf der benachbarten Freifläche ihr Fahrzeug abzustellen. Ende letzten Jahres wurde dem Hotel aber seitens der Stadt Dresden der entsprechende Pachtvertrag gekündigt, da die Fläche künftig neu genutzt werden soll. Nunmehr muss auf ein öffentliches Parkhaus am Altmarkt unweit des Hotels verwiesen werden. Umstände, für die man natürlich nichts kann, denn im 18. Jahrhundert waren Tiefgaragen eben noch nicht vorgesehen. Wie gut, dass auch ein Valet Parking Service möglich ist, vorausgesetzt, die Anreise erfolgt nicht zu allzu später Stunde. Zu den weiteren Dienstleistungen des Hotels zählen ein 24-Stunden-Zimmerservice und Hilfe beim Gepäck. Wahrlich Klasse haben die Zimmer und Suiten. Durch die Farbgebung in Erdtönen wirken sie warm und behaglich, gleichzeitig sind sie äußerst modern gestaltet. Eine Besonderheit im Hause ist, dass in der Kategorie *Superior* die luxuriösen Marmorbadezimmer eine sogenannte Airpool-Badewanne aufweisen, während die *Standard*-Zimmer mit einer begehbaren Dusche auskommen müssen. Ein Teil ist im Übrigen zum Atrium ausgerichtet, wobei man wissen muss, dass bei diesen die Frischluftzufuhr über die Klimaanlage erfolgt. Eine besondere Empfehlung möchten wir für die komfortablen Juniorsuiten aussprechen, die eine Größe von 41 bis 57 Quadratmetern aufweisen und somit mehr als nur ausreichend Platz bieten. Zusätzlich ist hier auch ein Wohn- und Essbereich integriert. Sehr schön sind die stuckverzierten Decken im ganzen Haus. Grundsätzlich verfügen alle Zimmer über eine Kapselmaschine zur Zubereitung von Tee und Kaffee. Die Bäder haben Tageslicht und bei den Amenities wie Shampoo, Duschgel und Bodylotion hat man sich unter anderem für die Nobelmarke Molton Brown entschieden. Elegant gestaltet ist der Spa im Untergeschoss, der allerdings ohne Tageslicht auskommen muss. Hier stehen neben einem Pool auch ein Saunabereich mit finnischer Sauna, Dampfbad sowie Ruhezone und selbstverständlich auch ein kleiner Fitnessraum zur Verfügung. Ebenso kann die Lage des Gewandhauses überzeugen, denn fußläufig können von hier aus die touristischen Hotspots der Dresdner Altstadt erreicht werden, seien es die Frauenkirche, der Zwinger oder die Semperoper. Für Veranstaltungen, Events oder Festbankette gibt es im Hotel immerhin fünf Salons. Die Tagungskapazitäten beschränken sich jedoch auf 56 Personen, etwa bei festlichen Banketten im Salon Dinglinger. Das (m)eatery Restaurant + Bar als Hauptrestaurant hat seinen Schwerpunkt auf Steaks gelegt, die in unterschiedlichen Qualitäten angeboten werden, serviert mit hausgemachten Dips, alternativ gibt es Salate und exzellente Burger. Daneben findet man in der Karte auch Fischgerichte. Geöffnet hat das Restaurant abends von Dienstag bis Samstag, an den übrigen Tagen kann auf eine kleine Karte in der Bar zurückgegriffen werden. Lob gibt es in diesem Spitzenhaus für das exzellente Frühstück mit seinem vielfältigen Angebot für

22 Euro, das so gut wie nichts vermissen lässt. Besonders hervorzuheben ist zudem das Kuchenatelier unter der Verantwortung von Patissier Dirk Günther, welches eine hervorragende Auswahl an köstlichen Törtchen und Kuchen bietet. Diese werden auch zum Mitnehmen verkauft. Das Gewandhaus bildet somit gemeinsam mit dem Kempinski Taschenbergpalais die Speerspitze auf dem hiesigen Hotelmarkt, der damit zwei Häuser umfasst, die von ihrem Gesamtkonzept her unterschiedlicher nicht sein könnten, die aber eines vereint, nämlich der Anspruch, ihre Gäste neben der Hardware auch mit einer hohen Service- und Dienstleistungsqualität zu begeistern. Somit können wir für das Gewandhaus eine uneingeschränkte Empfehlung für alle Gäste Dresdens aussprechen, die auf genau diesen Unterschied zu weniger hoch klassifizierten Häusern Wert legen.

Bewertung:

## HILTON

**(Altstadt)**
**An der Frauenkirche 5**
**01067 Dresden**
**Telefon: 0351-8642-0**
**Internet: www.hiltonhotels.de**
**E-Mail: info@hiltondresden.com**
**Direktor: Gunnar Wassong**
***DZ ab € 110,00***

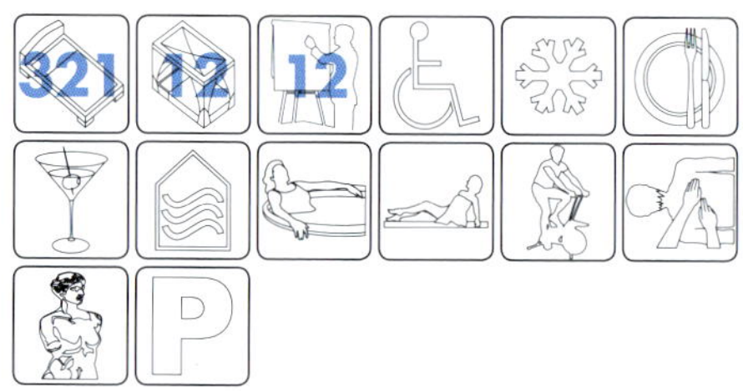


Seit Dezember vorletzten Jahres zeichnet für das Dresdner Hilton nunmehr Gunnar Wassong als Direktor verantwortlich. Allerdings ist es nicht etwa so, dass diese Personalie auf die zukünftige strategische Ausrichtung des Hauses einen Einfluss haben könnte. Ganz im Gegenteil, ein Direktor ist bei jener Hotelgruppe lediglich ein wenig potenter Statthalter der Konzernleitung, der die Vorgaben der Zentrale ohne Abstriche umzusetzen hat. Ein eigener Handlungs- und Entscheidungsspielraum ist dabei relativ eng abgesteckt. Wir haben bei Hilton mehr als bei anderen Hotelkonzernen leider zwischenzeitlich den Eindruck gewinnen müssen, dass der Erfolg eines Hauses nur noch am Umsatz per verfügbarem Zimmer, dem sogenannten RevPAR, bemessen wird, selbst wenn dieser auf Kosten des Zufriedenheitsgrades der Gäste hochgetrieben wird und damit dem Renommee der Kette langfristig schadet. Der Gast und seine Erwartungen stehen immer weniger im Mittelpunkt und solange er seine Rechnung begleicht, ist weitergehende Kommunikation nicht gefragt. Den Unmut, den der Gast infolgedessen verspüren mag, kann er dann nur noch auf einem der bekannten Bewertungsportale kundtun. Eine Reaktion des Hotels wird dort, wenn sie überhaupt stattfindet, in die üblichen Textbausteine gekleidet und endet meist mit der Floskel „Wir würden uns freuen, Sie bald wieder einmal begrüßen zu dürfen". In Anbetracht des Anteils an Individualreisenden in diesem Hause in Dresden wäre durchaus auch ein veritabler Gastgeber mit überdurchschnittlicher Kommunikationsbegabung gefragt. Jedoch scheint im Anforderungsprofil eines Hoteldirektors bei Hilton eine derartige Sozialkompetenz offenbar keine Priorität zu haben. Kommen wir aber zu den Pluspunkten, die für dieses Haus sprechen. Die zentrale Lage inmitten der Altstadt ist in jedem Fall positiv hervorzuheben, auch wenn sie kein Alleinstellungsmerkmal darstellt, da sich zahlreiche Häuser, vom Mittelklasse- bis hin zum Luxussegment im unmittelbaren Umfeld befinden. Von einigen der Zimmer ist ein direkter Blick auf die Frauenkirche möglich. Wie bei Hilton üblich, erhalten Gäste, die ein Zimmer auf dem sogenannten *Executive Floor* gebucht haben, Zugang zur eigens eingerichteten Lounge. Ansonsten stehen neben den Kategorien *Classic* und *Deluxe* selbstverständlich auch Juniorsuiten und Suiten zur Auswahl. Nicht mehr zeitgemäß ist die Ausstattung der Bäder, in denen die Gäste die Badewanne zum Duschen besteigen müssen. Dies ist durchaus ein Malus für ein Haus in einem derartigen Segment. Wir haben mehrfach an dieser Stelle darauf hingewiesen, dass hier eine Master-Renovierung mit Austausch der Bäder in naher Zukunft unumgänglich ist. Vermutlich wäre aber der Return on Investment nicht so schnell zu erreichen, weil die zu erzielenden Raten auf dem Dresdner Hotelmarkt, zumindest bislang, weit unter dem bundesdeutschen Durchschnitt liegen. Daher ist davon auszugehen, dass es wohl auch mittelfristig erst einmal bei kleineren Auffrischungen bleibt. Immerhin erhalten alle Gäste, ungeachtet der gebuchten Kategorie, Zugang zum Living Well Health Club, der eine Größe von 1100 Quadratmetern aufweist und vor allem einen sehr gut ausgestatteten Fitnessclub sowie einen großen Pool und, im Außenbereich, einen Whirlpool bietet. Zum Saunabereich zählen eine finnische Sauna, ein Dampfbad sowie eine Ruhezone. Auch wenn sicherlich viele Gäste Kultur- und Städtereisende sind, stellt dennoch das Tagungssegment eine tragende Säule des Hauses dar. Konferenzen, Events, aber auch große Festbankette, etwa im Ballsaal, sind mit bis zu 550 Personen möglich. Das gastronomische Angebot ist hier wirklich ausgezeichnet, auch wenn wir die Gesamtzahl der insgesamt zwölf beworbenen Bars, Bistros und Restaurants nicht nachvollziehen können. Hinzu kommt, dass beispielsweise das italienische Rossini vorübergehend geschlossen wurde. Ein Großteil der Restaurants richtet sich an die zahlreiche Laufkundschaft durch die Münzgasse neben dem Haus, die mit der Frauenkirche und der Brühlschen Terrasse zwei der Hauptsehenswürdigkeiten Dresdens miteinander verbindet. Zu den beliebten Restaurants zählt die Alte Münze, hier werden Steaks in unterschiedlichen Reifegraden und Qualitäten geboten, daneben aber selbstverständlich auch Burger und Salate. Ebenso beliebt ist das Restaurant Dampfschiff mit seiner gutbürgerlichen Küche auf einem akzeptablen Niveau. Worauf sich der Gast allerdings grundsätzlich einstellen muss, ist die angespannte Personalsituation. Allgemeiner Fachkräftemangel, Jobwechsel durch die unsicheren Zukunftsaussichten während der Pandemie und hohe Krankenstände durch die gesunkene Bereitschaft der Servicemitarbeiter führen zu einer solchen Arbeitsbelastung, dass diese vom Personal nicht mehr klaglos hingenommen wird. Für so manche Hoteliers diente die Coronapandemie zudem als Generalausrede hinsichtlich heruntergefahrener Services und geschlossener Restaurants. Die Geduld der Gäste wird hierdurch zuweilen doch sehr gefordert. Aktuell dürfte es vermutlich aber dennoch die meisten Beschwerden über den Renovierungsstau der Zimmer geben. Einen

Minuspunkt gibt es daher für den abgeschafften Etagenservice, der in einem solchen Hause eigentlich erwartbar ist. Lange vorbei sind auch die Zeiten, in denen man den Gästen einen Valet Parking Service angeboten hat, und nachdem dieser eingestellt wurde, müssen die Gäste die Tiefgarage nun grundsätzlich selbst ansteuern. Pro Tag werden 25 Euro für das Abstellen des Fahrzeugs aufgerufen. Unser Fazit: Für das Dresdner Hilton spricht in jedem Fall die gute Lage, der vorhandene Spa und die gastronomische Vielfalt, die als unbestrittene Vorzüge herauszuheben sind.

Bewertung:

## INNSIDE

**(Altstadt)**
**Salzgasse 4**
**01067 Dresden**
**Telefon: 03 51-79 51 5-0**
**Internet: www.innside.com**
**innside.dresden@melia.com**
**Direktor: Robert Bauer**
***DZ ab € 104,00***

Manche Personalentscheidungen sind nur schwerlich nachzuvollziehen. Nachdem Florian Stühmer, der im INNSiDE in Dresden bis zum September 2021 einen recht guten und beliebten Gastgeber abgegeben hatte, dieses First-Class-Hotel verließ, um das Meliá in Luxemburg zu führen, wurde seine Position bis zum heutigen Tage nicht mehr nachbesetzt. In Anbetracht der Coronapandemie wurde stattdessen ganz pragmatisch entschieden, dass Robert Bauer, bisweilen für das Leipziger Hotel verantwortlich, sozusagen als Cluster Manager dieses Haus gleich mitbetreuen kann. Eine besondere Bindung zum Hotel und der Stadt kann er somit nicht aufbauen, schon allein deshalb, weil er zu selten vor Ort ist. Zwischenzeitlich scheint man also zu der Überzeugung gelangt zu sein, dass hier ein Gastgeber mit lokaler Vernetzung verzichtbar ist, weshalb man damit ausschließlich auf das moderne Hotelprodukt und die zentrale Lage setzt. Tatsächlich ist nicht in Abrede zu stellen, dass INNSiDE Hotels, die zum Portfolio der Meliá Gruppe gehören, mit einem progressiven Designkonzept begeistern, das auf eine Klientel zugeschnitten ist, die Häuser mit einer Ausstattung abseits vom Einerlei der gängigen Hoteleinrichter bevorzugen. Trotzdem hatten die Verantwortlichen des Hotelkonzerns in der Vergangenheit auf erfahrene Manager gesetzt, die das Haus auch nach außen bestens vertraten. Inzwischen wird ebenso das Beschwerdemanagement anscheinend nicht mehr allzu stark gewichtet, denn auf konstruktive Kritik am Hotel wird in sozialen Medien nur mit Floskeln und Plattitüden geantwortet. Aus der dabei verwendeten Grußformel „Ihre Innsider" ist nicht abzuleiten, wer diese aus Textbausteinen zusammengesetzten Beschwichtigungen jeweils verfasst hat. So scheint man hier Unverbindlichkeit als Patentrezept zu verfolgen, damit niemand die letzte

Verantwortung übernehmen muss. Ein weiteres Beispiel für den eher ungelenken Kurs in besagtem Hause: Bis zu Beginn der Coronapandemie waren Erfrischungen aus der Minibar, die je nach gebuchter Kategorie ausgestattet war, noch in die Zimmerrate inkludiert; daraufhin wurde dieser Service jedoch komplett eingestellt. Die Mitarbeiterin der Reservierungsabteilung hatte sich, darauf angesprochen, bei unserem Telefonat eine sehr durchschaubare Erklärung zurechtgelegt, indem sie allen Ernstes behauptete, dass die Minibar von den Gästen nicht wie erwartet angenommen worden sei. Zwischenzeitlich wurde jene krude Entscheidung aber, trotz des angeblich geringen Zuspruchs, wieder zurückgenommen. So hat man das Angebot, etwas modifiziert, wieder etabliert und bietet nun unter anderem „gesunde Getränke" und zusätzlich Bier „aus der Region". Die Zimmer werden in die Segmente *The INNSiDE Room*, *The INNSiDE Premium Room* und zusätzlich *The Studio* unterteilt, wobei sie sich zuallererst durch ihre Größe unterscheiden, wohingegen die Kategorie *The Townhouse* genau genommen Suiten umfasst, die sich sogar über zwei Etagen erstrecken. Zum Gesamtangebot zählt auch ein Wellnessbereich, der sich allerdings auf eine finnische Sauna sowie ein Dampfbad beschränkt. Außerdem wurde ein Fitnessraum mit einer Basisausstattung an Cardio-Trainingsgeräten eingerichtet. Für das Restaurant VEN, das eine Mischung aus regionaler und internationaler Küche bietet, können wir erfreulicherweise nach wie vor eine Empfehlung aussprechen. Dabei bietet Dresden ja wahrlich ein großes Spektrum an Restaurants, das sich von gutbürgerlich über mediterran bis hin zu Fine Dining auf hohem Niveau erstreckt. Immerhin zeichnet der Guide Michelin drei Restaurants in der Stadt mit einem Stern aus. Einen kleinen Kultstatus hat sich die Twist Bar in der sechsten Etage des INNSiDE erarbeitet, die sich geradezu anbietet, den Abend trotz der zentralen Lage mit vielen gastronomischen Alternativen auch einmal im Hotel ausklingen zu lassen. Von hier aus hat man einen Ausblick auf die Turmspitze der nahezu direkt benachbarten Frauenkirche. Bislang wurde das Frühstück sehr gelobt, zwischenzeitlich allerdings gibt es wieder Luft nach oben. Der Tagungsbereich beschränkt sich auf vier Räumlichkeiten. In Dresden gibt es hier direkte Mitbewerber mit weitaus größeren Gesamtkapazitäten. Die stattlichste der im Hotel vorhandenen Räumlichkeiten für Veranstaltungen bietet aber immerhin Platz für bis zu 230 Personen. Der Innenhof dient in den Sommermonaten als eine Art Open-Air-Lounge und wird gelegentlich auch für Veranstaltungen oder Events gebucht. Parken ist hier durchaus gewöhnungsbedürftig, da aufgrund der begrenzten Fläche diese optimal genutzt werden muss und, um zumindest 46 Stellplätze anbieten zu können, eine Art Stapelsystem für die Fahrzeuge installiert wurde. Pro Tag werden für die Nutzung 28 Euro aufgerufen. Ein unbestrittener Vorzug des INNSiDE ist: Da die meisten Hotspots wie Frauenkirche und Semperoper fußläufig erreicht werden können, wird der Gast in der Regel während seines Aufenthalts seinen Wagen nach der Anreise nicht mehr benötigen. Eben ein Vorteil eines zentral gelegenen Hotels.

Bewertung:

## MARITIM

**Devrientstraße 10-12**
**01067 Dresden**
**Telefon: 0351-216-0**
**Internet: www.maritim.de**
**E-Mail: info.dre@maritim.de**
**Direktor: Jörg Bacher**
***DZ ab € 96,00***

Dresdens Schokoladenseite ist zweifelsohne das Panorama der barocken Altstadt mit der alles überragenden Frauenkirche. Am bekanntesten ist der Blick hierauf quer über die Elbe vom Ufer der Dresdener Neustadt aus, der sogenannte Canaletto-Blick. Der gleichnamige venezianische Veduten-Maler, der im 18. Jahrhundert mehrere berühmt gewordene Ansichten des sächsischen Elbflorenz malte, steht seitdem Pate für dieses heute wieder vervollständigte Panorama, das im Zweiten Weltkrieg untergegangen war. Kein Wunder also, dass man bereits Anfang des letzten Jahrhunderts vorsichtig war, als es darum ging, hier wichtige neue Infrastruktur zu errichten. Beim heutigen Maritim geht es zwar um einen Standort etwas abgesetzt von der Semperoper als südlichem Abschluss dieser Ansicht, nichtsdestotrotz ist es aber immer im Blick des Betrachters vom gegenüberliegenden Elbufer aus. Verständlich daher, dass man bereits Anfang des 20. Jahrhunderts besondere Ansprüche an die Architektur stellte, die in diese Lage eingefügt werden sollte. Ein städtisches Speichergebäude für Wolle, Tabak, Gewürze und Stoffe stand auf dem Programm und um vollen Zugriff auf die Gestaltung zu haben, entwarf ihn der Dresdener Stadtbaurat Erlwein kurzerhand selbst. Er schuf damit ein großes, ästhetisch unumstrittenes Gebäude, welches trotz seiner wahrlich nicht barocken Baukunst bestens in die berühmte Silhouette der Stadt passt und heute dort nicht mehr wegzudenken ist. Schwieriger ist da schon die Frage der Nachnutzung eines solchen Hauses, wenn dessen Funktion als Lager und Speicher nicht mehr benötigt wird. Das war hier nach der Wiedervereinigung der Fall, als die gesamte Wirtschaftsstruktur Ostdeutschlands vom Kopf auf die Füße gestellt wurde, um eine an das westdeutsche Wirtschaftssystem angepasste Ökonomie zu schaffen. Die niedrigen Geschosse des Erlweinspeichers, dessen Fenster nicht genügend Licht in die Tiefe des Gebäudes ließen, waren ein schwieriger Fall, als es um die Frage ging, wie das Gebäude neben dem neu geplanten sächsischen Landtag zukünftig genutzt werden könnte. Die Lösung lag auf der Hand, als Ende der 1990er-Jahre Pläne reiften, auf der südlichen Seite des Speichers am Elbufer das neue internationale Congress Center Dresden mit beachtlichen Kapazitäten, nämlich 30 Tagungsräumen mit insgesamt Platz für bis zu 6800 Personen, zu errichten und besagtes Bauwerk dafür mit zu nutzen. Hieran angeschlossen ein Hotel zu planen, war nahezu unausweichlich. Dass im Ergebnis die etablierte westdeutsche Hotelkette Maritim als Betreiber zum Zuge kam, lag nahe, denn einerseits war der Konzern in dieser Kombination quer durch Deutschland für vergleichbare Projekte bekannt. Andererseits kennzeichnete viele Häuser der Hotelgruppe seit den 1980er-Jahren ein Feature, das auch hier zum Tragen kommen sollte: das repräsentative Hotelatrium als Zentrum ihrer Häuser, das sich auch in den Erlweinspeicher einbauen ließ, dessen zuvor lichtloses Inneres dadurch mit von oben einfallenden Sonnenstrahlen erhellt werden konnte. Innen spektakuläres Businesshotel, konnte so nach außen die historische Fassade gesichert und renoviert werden. Dennoch mag es den Architekten am Anfang vermutlich nicht klar gewesen sein, welchen räumlichen Eindruck ein derart hohes, schlankes Atrium wie hier entfalten würde. Denn die Wirkung ist im wahrsten Sinne des Wortes schwindelerregend. Und zwar in einem Maße, dass auch Gästen, die mit der Höhe sonst keinerlei Probleme haben, leicht mulmig werden kann, wenn sie sich etwas zu nahe an eine der gläsernen Balustraden der umlaufenden Geschosse des Hotels mit den rund um das Atrium angeordneten Zimmern begeben. Um die optische Wirkung des Abgrundes etwas zu relativieren, installierte man ein weiteres der Maritim-Markenzeichen, den alle Blicke anziehenden, prächtigen Kristalllüster gleich in mehrfacher, riesiger Ausfertigung. Im Ergebnis wirkt der Blick in die Tiefe von oben dadurch aber kaum weniger respekteinflößend, während man unten in der Lobby nun wie die berühmten Gallier bei Asterix und Obelix in ständiger Furcht lebt, der Himmel respektive die riesigen Kristalllüster könnten einem auf den Kopf fallen. Zur Entspannung trägt jedoch in jedem Fall der Schwimmbad- und Saunabereich bei, der hier, wie in vielen Häusern dieser Hotelgruppe üblich, im Untergeschoss eingerichtet wurde. Einen hohen Wiedererkennungswert haben auch die fast 330 Zimmer und Suiten, die sich vor allem durch ihre Lage unterscheiden und beispielsweise auf die historische Altstadt oder Elbe ausgerichtet sind. In *Classic* und *Superior* unterteilt, weisen sie eine Größe von 25 und 27 Quadratmetern auf und sind in dem für Maritim bekannten, wenn auch etwas biederen Farbkanon gehalten. Hinsichtlich der Ausgestaltung ihres Interieurs ist zu vermuten, dass Konzernchefin Dr. Monika Gomolla hier in Dresden der Ansicht war, historische Gebäude hätten auch ein nahezu historisches Zimmerdesign verdient. Und wer Maritim kennt, weiß, dass die Hoffnung auf eine diesbezügliche Veränderung, etwa durch ein zukünftiges Makeover, nicht besteht. So fanden seit Eröffnung keine nennenswerten Renovierungen statt, von Erhaltungsmaßnahmen einmal abgesehen. Schließlich ist für Maritim-Verhältnisse das Hotel einfach noch zu neu. Hier wird in Dekaden geplant, nicht in Jahren. Der Konzern stattet seine Häuser also für die Ewigkeit aus, was allerdings nicht nur hochwertigste Verarbeitung und beste Stoffe, Möbel und Auslegeware bedeutet, sondern auch, dass all das nur selten ersetzt wird. Stattdessen wird meist im wahrsten Sinne des Wortes aufgemöbelt. Diese Hotelgruppe bringen wir daher zuallererst mit ihren freundlichen und zuvorkommenden Mitarbeitern in Verbindung, jedoch keinesfalls mit einem progressiven Zimmerprodukt. Dennoch gibt es natürlich Fans der Maritim-Biederkeit, der Kristalllüster und ganz bestimmt des üppigen Frühstücksbuffets. Will sagen: Über Geschmack lässt sich bekanntlich nicht streiten, sodass Maritim-Fans ihre geliebten Maritim-Features eben nicht missen wollen, zu denen neben Atrien, Lüstern und Schwimmbädern ganz bestimmt auch hervorragende Tagungsmöglichkeiten und sehr freundliches, professionelles Personal zählen. Wer all dem zugetan ist, fühlt sich in diesem Hotel gut aufgehoben.

Bewertung:

# DÜSSELDORF Nordrhein-Westfalen

## BREIDENBACHER HOF

**(Altstadt)**
**Königsallee 11**
**40212 Düsseldorf**
**Telefon: 0211-16090-0**
**Internet: www.breidenbacherhof.com**
**E-Mail: info@breidenbacherhof.com**
**Direktor: Cyrus Heydarian**
***DZ ab € 423,00***

Drei Häuser bilden die Speerspitze auf dem Düsseldorfer Hotelmarkt, dazu zählen das Kö59, das Steigenberger Parkhotel und natürlich dieses Haus. Alle drei befinden sich auf der berühmten Königsallee und sind im Luxussegment verortet. Einziges wirkliches Traditionshotel ist das Steigenberger, denn beim Breidenbacher Hof handelt es sich bei Lichte betrachtet um einen Neubau, ein Replikat, denn das Originalgebäude wurde nach dessen Schließung im Jahr 1999 komplett abgerissen und später an gleicher Stelle wieder errichtet. Dies ist in etwa vergleichbar mit dem Adlon, dass zwar rekonstruiert wurde, jedoch faktisch natürlich ebenfalls einen Neubau darstellt. Mit gestählter Brust, nicht selten äußerst arrogant und überheblich, tritt Cyrus Heydarian auf, der zunächst als angestellter Hoteldirektor für die Capella Gruppe und seit Januar letzten Jahres in Eigenregie das Haus führt. Gerne nutzt er für seine Öffentlichkeitsarbeit Superlative, und anfänglich wurde der Breidenbacher Hof daher sogar allen Ernstes als Sechs-Sterne-Hotel beworben, auch wenn es ein solches nach den Kriterien des Hotel- und Gaststättenverbandes überhaupt nicht gibt. Mit derartigen Verlautbarungen und Selbstüberschätzungen legt Heydarian die Messlatte bei den Erwartungen der Gäste natürlich extrem hoch. Die Service- und Dienstleistungsqualität hatte, so zumindest unser Eindruck, über viele Jahre nicht nur gelegentlich enttäuscht. Während der Coronapandemie und der damit einhergehenden Restriktionen hat sich dieser Eindruck jedoch relativiert und teilweise sogar ins Positive gewandelt. Denn während die meisten Hotels ihre Services heruntergefahren oder sogar komplett eingestellt hatten, mussten die Gäste jener Nobelherberge so gut wie keine Abstriche hinnehmen. Sogar der Wellnessbereich war nach Voranmeldung zugänglich. Hierzu konnten Zeit-Slots gebucht werden, in denen dann eine exklusive Nutzung möglich war. Ein riesiger Aufwand, denn danach wurde jedes Mal komplett desinfiziert. Und zugegeben, natürlich haben die wenigsten Gäste dieses Angebot letztlich genutzt. Aber mit solchen Dienstleistungen werden das eigene Selbstverständnis und der Eigenanspruch als Spitzenadresse in der Tat unterstrichen. Denn wahrer Luxus besteht nun einmal im Service und wird erst danach durch die gebotene Hardware definiert! Unübersehbar setzt dieses Fünf-Sterne-Superior-Hotel aber auch auf ostentativ zur Schau gestellte Opulenz als Luxusmerkmal. Da verwundert es auch nicht, dass in den Sommermonaten zahlreiche Gäste aus dem Nahen Osten anreisen, die teilweise mehrere Wochen hier verbringen, denn diese Klientel schätzt selbigen opulenten Stil doch sehr. Sie reist in der Regel mit großer Entourage und präferiert üppig ausgestattete Luxussuiten. Nicht selten unterziehen sich solche Gäste einem medizinischen Check-up, manchmal auch operativen Eingriffen in den hiesigen Kliniken wie in der Universitätsklinik Düsseldorf, wobei nicht nur zu deren Abteilungen beste Kontakte vonseiten des Breidenbacher Hofes bestehen. Denn im Gebäudekomplex des Hotels befindet sich mit dem Preventicum eine eigene medizinische Einrichtung, die ein breites Spektrum unterschiedlicher Behandlungs- und Präventionsangebote, etwa der Fachrichtungen Kardiologie, Gastroenterologie, Radiologie oder Urologie anbieten kann. Selbstverständlich sind Untersuchungen und Behandlungen nicht zulasten gesetzlicher Krankenkassen möglich, sondern ausschließlich Privatpatienten und Selbstzahlern vorbehalten. Somit lässt sich ein Aufenthalt im Breidenbacher Hof ganz bequem mit einem Medical Check verbinden. Für Gäste mit großem Gefolge eignet sich etwa die *Royal Suite*, die sich in der siebten Etage befindet und mit 400 Quadratmetern mehr als groß dimensioniert ist. Sie verfügt unter anderem über ein Wohnzimmer mit einem Essbereich, der Platz für bis zu acht Personen bietet. Das Schlafzimmer, das nicht nur mit Sitzmöglichkeiten sowie einem Schreibtisch und darüber hinaus auch mit einem Kamin ausgestattet wurde, bietet ebenfalls viel Komfort. Auch ein Wellness-Badezimmer mit eigenem freistehendem Whirlpool ist vorhanden, von dem aus man über die Dächer der Stadt blicken kann. Die Suite ist zudem über einen exklusiven Zugang mit eigenem Aufzug auch von der Straßenseite aus zugänglich. Ansonsten gewährleisten die Zimmer bereits in der untersten Kategorie mit 41 Quadratmetern hohe Aufenthaltsqualität und angenehmen Komfort. Entweder bieten sie einen Blick zur Düsseldorfer Altstadt oder zum Innenhof des Hotels. Alle verfügen über ein edles Marmorbadezimmer mit Wanne und separater Dusche. Besonders gefallen die insgesamt vier *Grand Deluxe* Zimmer, die zum einen mit 61 bis 69 Quadratmetern noch einmal etwas mehr Platz bieten und in denen außerdem eine Kitchenette integriert wurde. Sie weichen auch ein wenig vom Stil der anderen Zimmer ab, wirken sie doch durch ihre Farbgebung etwas heller und frischer und befinden sich ausschließlich in der neunten Etage. Damit eignen sie sich ebenso für einen längeren Aufenthalt. Ganz gleich, für welche Zimmerkategorie sich der Gast entscheidet, alle sind mit einem Touchpad am Nachttisch ausgestattet, mit dem das Licht bedient sowie die Vorhänge geöffnet oder geschlossen und auch die Klimaanlage gesteuert werden kann. Außerdem besteht die Möglichkeit der Tee- und Kaffeezubereitung mittels einer Kapselmaschine und Erfrischungen aus der Minibar bleiben ohne Berechnung. Grundsätzlich erhalten alle Gäste Zutritt zum noblen Spa des Hotels. Dieser umfasst neben einem zehn Meter großen Pool auch einen Saunabereich mit finnischer Sauna, Dampfbad und Erlebnisdusche. Im gut ausgestatteten Fitnessraum können die Gäste, wann immer sie möchten, trainieren, da er rund um die Uhr zugänglich ist. Die Gastronomie im Breidenbacher Hof hat nach wie vor Luft nach oben. Das Restaurant The Duchy bietet eine Mischung aus klassisch-französischer und internationaler Küche. In der Karte finden sich die üblichen und unverzichtbaren Klassiker wie etwa das Wiener Schnitzel oder Steaks in unterschiedlichen Qualitäten; natürlich dürfen in einem Luxushotel auch Gerichte mit Hummer und Kaviar nicht fehlen. In diesem Restaurant wird im Übrigen das wirklich hervorragende Champagner-Frühstücksbuffet zelebriert. Das wiederum rechtfertigt die 55 Euro, die dafür berechnet werden. Gäste des Breidenbacher Hofs, die hier in der Regel für ein *Superior*-Zimmer 470 Euro zahlen, dürfte der Hinweis, dass bei Inklusivraten der Frühstücksanteil nur 40 Euro beträgt, vermutlich nur peripher interessieren. In der Lobby Lounge ist es ebenfalls möglich zu speisen, denn immerhin wird eine kleine Karte geboten. Zwischen 14 Uhr und 17.30 Uhr genießt man hier den Afternoon Tea, der ganz klassisch mit Sandwiches, Gebäck, Scones und Clotted Cream sowie Konfitüre und, auf Wunsch, mit einem Glas Champagner serviert wird. Parken in der hoteleigenen Tiefgarage hat seinen Preis, denn für bis zu zwei Stunden werden 19 Euro, jede weitere Stunde 10 Euro, maximal pro Tag dann aber 45 Euro berechnet. Wie würde Cyrus Heydarian in diesem Kontext vermutlich anmerken? Ein guter Geschmack hat eben seinen Preis! Die persönlichen Assistenten, die hier den Concierge-Service übernehmen und jedem Gast mit Rat und Tat zur Seite stehen, organisieren auf Wunsch auch einen Limousinentransfer zum Bahnhof oder zu den Flughäfen Düsseldorf oder Köln. Mit der Vorfahrt vor jenes Luxushotel kann man sich augenscheinlich auf einen rückhaltlosen Service seitens der Mitarbeiter verlassen. Bei Anreise ist umgehende Hilfe beim Gepäck selbstverständlich, genauso verhält es sich mit einer Begleitung zum Zimmer durch das Personal. Valet Parking zählt selbstredend zu den hier verlässlich erbrachten Servicestandards. Es soll durchaus Gäste geben, die den öffentlichen Nah- und Fernverkehr nutzen, auch wenn diese in der Regel nicht zur Klientel des Breidenbacher Hofes zählen. In circa fünf Minuten ist die Nobelherberge vom Hauptbahnhof aus aber mit der U-Bahn bequem zu erreichen. Steigt man bereits an der Station Königsallee aus, ist über den gleichnamigen Einkaufsboulevard ein schöner Spaziergang möglich. Abschließend bewertet fällt auf, dass hier zwischenzeitlich der eigene Selbstanspruch nunmehr auch an die Service- und Dienstleistungsqualität angehoben wurde und dies sich ebenso in der Zimmerrate abbildet.

Bewertung:

## CLAYTON

**(Stadtmitte)**
**Immermannstraße 41**
**40210 Düsseldorf**
**Telefon: 02 11-83 40**
**Internet: www.claytonhotelduesseldorf.com**
**E-Mail: info.dus@claytonhotels.com**
**Direktor: Garret Marinnan**
***DZ ab € 98,00***

Mehr als 40 Jahre war dieses Haus im japanischen Viertel Düsseldorfs ein Nikko Hotel. Seit Februar 2022 wird es nunmehr von der irischen Dalata Group betrieben, die es infolgedessen zu einem Clayton Hotel „gebrandet" hat. Eine japanische Gastfreundschaft, mit der auch in der Regel ein exzellenter Service einhergeht, konnte dem Haus bereits vor dem Wechsel bedauerlicherweise nicht mehr bescheinigt werden. So gibt es keine Verlässlichkeit im Hinblick auf die Service- und Dienstleistungsbereitschaft der Mitarbeiter sowie die damit verbundenen Standards, denn jene Motivation schwankt wie der Aktienkurs eines vielversprechenden, aber unerfahrenen Start-up-Unternehmens. Ebenso konnte die Gastronomie, vom japanischen Restaurant einmal abgesehen, seit einigen Jahren nicht wirklich überzeugen. Hier wurde das Konzept allerdings zwischenzeitlich verändert, denn im Teppanyaki Restaurant wird der Schwerpunkt derzeit beispielsweise auf Gerichte mit Wagyu-Rind gelegt. Dabei gibt es ein Drei- und ein Sieben-Gänge-Menü, aber zusätzlich auch eine vegetarische Variante. Geöffnet hat es von Donnerstag bis Samstag. Ansonsten steht nur die Lobby Bar zur Verfügung, um im Hotel zu speisen. Die Karte bietet wenig Überraschendes, nämlich vorwiegend die üblichen Klassiker wie Schnitzel, Burger, Salat und Steak. Zugegeben, mit dem 1500 Quadratmeter großen Konferenzbereich und den insgesamt 14 Veranstaltungsräumen, von denen einzelne miteinander verbunden werden können, ist man im Convention-Segment hervorragend aufgestellt. Der größte Raum bietet immerhin Platz für bis zu 320 Personen. Dem zur Seite stehen 393 Zimmer und Suiten, die mit ihren sechs Kategorien, unter anderem *Superior*, *Executive* und *Business*, unterschiedliche Komfortansprüche der Gästeklientel abdecken können. Das Zimmerprodukt wurde sukzessive renoviert, wodurch dahingehend jedoch keine Einheitlichkeit besteht. Deshalb sollte sich der Gast vor einem Aufenthalt bei der Reservierungsabteilung über den Renovierungsstand des avisierten Segments informieren. Wer die Kategorie *Business* oder eine Suite gebucht hat, erhält kostenfreien Zutritt zum Spa, der sich über zwei Ebenen erstreckt, ansonsten wird der Besuch mit 15 Euro ausgewiesen. Eine Besonderheit ist der Penthouse Pool im Dachgeschoss, von dessen Beckenrand man einen wunderbaren Ausblick über die Stadt hat. Eine Etage tiefer befindet sich der Saunabereich mit einer finnischen Sauna, einem Sanarium sowie einem Dampfbad. Sehr übersichtlich gestaltet ist der Fitnessraum, in dem sich fünf Trainingsgeräte befinden. Im Hinblick auf die Führung dieses Hauses gab Sandra Epper über viele Jahre die Hotelmanagerin, allerdings ohne dabei besondere Gastgeberqualitäten zu entfalten, die sie im Businesssegment offenbar für verzichtbar hielt. Unbemerkt blieb für sie daher wohl, dass zahlreiche Teammitglieder dringend eine Serviceschulung benötigten. Eine Vermeidung des Nachlassens in diesem Bereich hätte natürlich vorausgesetzt, zunächst einmal verbindliche Serviceleitlinien auszugeben, um sie dann überprüfen und einfordern zu können. Das ist nach unserem Eindruck von Epper versäumt worden. Garret Marinnan, der zwischenzeitlich die Verantwortung als Hotelmanager übernommen hat, ist offenbar eher eine Art Interimslösung, um die Standards der neuen Hotelgruppe zu realisieren, konnte er doch bislang keine merkbaren Zeichen setzen. Ganz im Gegenteil, es ist recht offensichtlich, dass er hier keinen Neuaufbruch im Service plant, sondern nur versucht, den Status quo zu halten. So kann das Clayton, das dem First-Class-Segment zuzuordnen ist, keine besonderen Alleinstellungsmerkmale für sich verbuchen. Damit ist lediglich festzuhalten, dass die Betreibergesellschaft gewechselt hat und dieses Businesshotel nun unter einem neuen Namen vermarktet wird.

Bewertung: ●●●

## DERAG LIVING HOTEL DE MEDICI

**(Innenstadt)**
**Mühlenstraße 31**
**40213 Düsseldorf**
**Telefon: 02 11-16 09 20**
**Internet: www.living-hotels.com**
**E-Mail: demedici@living-hotels.com**
**Direktor: Bertold Reul**
***DZ ab € 141,00***

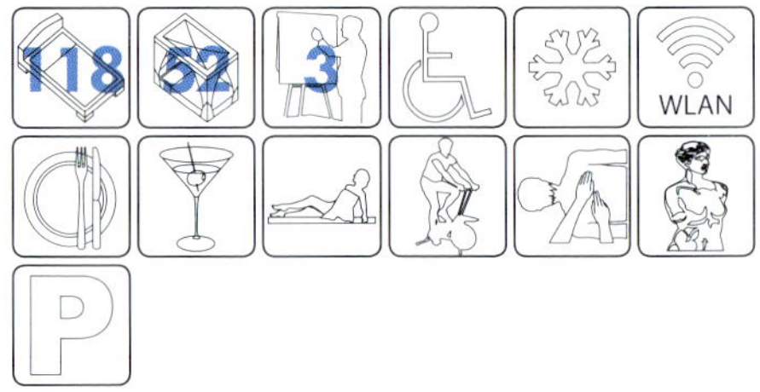


Mit dem erst 2015 eröffneten Derag Living Hotel De Medici und dem The Wellem, das während der Pandemie an den Start ging, sind kurz nacheinander zwei unmittelbar benachbarte Hotels der gehobenen Kategorie am Düsseldorfer Markt angetreten. Beide befinden sich inmitten der Altstadt, unweit der Königsallee, des Rheinufers und direkt neben der Kunsthalle Düsseldorf sowie der K20 Kunstsammlung Nordrhein-Westfalen, dem Museum für zeitgenössische und moderne Kunst. Auch die Oper befindet sich gleich gegenüber. Trotz 16 Hotels mit rund 3000 Zimmern und Appartements an 8 Standorten gehört die Derag Livinghotels Gruppe nicht unbedingt zu den bekanntesten Hotelketten, denn seit ihrer Gründung in den 1980er-Jahren hat man sich eher auf Appartement-Hotels konzentriert, die komplett ausgestattete Wohnungen mit einem hotelgleichen Service verbinden. In diesem Derag Living Hotel scheint man sich aber tatsächlich auf die Hotelnutzung beschränkt zu haben, denn es wird ein breites Portfolio an entsprechenden Dienstleistungen angeboten – bis auf einen 24-Stunden-Zimmerservice. Dieser Punkt ist allerdings für ein „echtes" hochklassiges Hotel unverzichtbar. Man kann stattdessen vorab eine komplett befüllte Minibar zum Zimmerpreis hinzubuchen, doch wenn ein Gast nach einem langen Tag oder auch zu jeder anderen Zeit lieber auf dem Zimmer speisen würde, ist das schlicht nicht möglich. Immerhin ist der Hotelcharakter hier deutlicher erhalten als im The Wellem nebenan, wo Wasch- und Spülmaschinen in den „Suiten" zeigen, dass man eigentlich anspruchsvolle Langzeitgäste ansprechen möchte, jedoch durch die Baubehörden zu einem Hotel gezwungen wurde. Das Living Hotel zeigt da immerhin einen etwas eindeutigeren Anspruch, als halbwegs vollwertiges Hotel zu agieren. Neben der genannten Minibar-Befüllung lassen sich auch ein Late Check-out, ein Stellplatz für den Pkw oder ein Zustellbett vorab gegen Aufpreis buchen. Ebenso können eigene Hunde gegen eine Gebühr von 25 Euro mitgebracht werden, in die Näpfe, ein Hundebett und Leckerlis inkludiert sind. Die Zimmer entsprechen in ihrem konservativen Stil einem Niveau, das man als „ordentlich" definieren würde, denn selbst wenn das Interieur nur aus dem Standardsortiment der Hotelausstatter kommt, gibt es grundsätzlich keinen Grund zur Beschwerde. Die Einzelzimmer sind mit 16 Quadratmetern nicht unbedingt groß, während die nächsthöhere Kategorie mit 23 Quadratmetern schon etwas mehr Platz bietet. Die Minibar ist in allen Kategorien inkludiert, wobei sich die Auswahl auf zwei Wasser und zwei Flaschen Bier beschränkt, diese kann aber wie erwähnt ein Upgrade erfahren, wenn man zusätzlich zahlt. Ein Alleinstellungsmerkmal ist die fast schon kuriose Ausstattung des Hauses, die selbiges als „Museums-Boutique-Hotel" in einem 400 Jahre alten Gebäude an der Mühlenstraße auftreten lässt. Als Vertreter im Vier-Sterne-Segment in der Düsseldorfer Altstadt hat man das historische Ambiente als Inspiration für die Gestaltung des Interieurs aufgegriffen und kam so zu einem ungewöhnlichen Konzept: Verschiedenste historische Objekte, Kunstwerke und Antiquitäten sind hier drapiert, um dem Haus ein authentisches geschichtsträchtiges Flair zu verleihen. Obwohl die Kombination von Antiquitäten und sachlich-schlichter Raumgestaltung in der Innenarchitektur ganz generell ein seit Jahrzehnten bewährtes Konzept ist, werden diese Ausstellungsstücke hier mit einer Mixtur aus klassischen, fast konservativen Ausstattungselementen auf der einen Seite und modernem Hoteldesign des 21. Jahrhunderts auf der anderen Seite arrangiert. Das Ergebnis ist eine opulente Mischung, ein Tuttifrutti mit Objekten aus allen denkbaren Epochen der Kunstgeschichte, einschließlich ägyptischer Artefakte. Die wahllos zusammengekauft wirkende private Kunstsammlung des Eigentümers lieferte die Exponate, aufgefüllt mit Repliken und Stilmöbeln. Im letztjährigen Bericht scherzten wir an dieser Stelle, dass keine Ritterrüstung neben dem Hoteleingang stehe, sei sicher nur ein vorübergehender Zustand. Mittlerweile haben wir besagtes Ausstellungsstück aber auf Fotos tatsächlich entdecken können. Der Hoteleigentümer hat hier merklich auf die Hotelplanung großen Einfluss genommen und auch nicht gespart, um seine Vorstellungen umzusetzen. Da überdies eine Vase aus dem Besitz der florentinischen Familie de Medici, deren Dynastie zwischen dem 15. und 18. Jahrhundert Macht und Einfluss entfaltete, zu seinen Sammelobjekten zählt, wählte man kurzerhand deren Name als Zusatz für das Hotel. Dennoch muss man den Mann insgesamt sicherlich mehr bewundern als etwa belächeln, denn er hat hier sein ganz eigenes Hotelprojekt geplant und gebaut, das inzwischen von Derag Living Hotels, wohlgemerkt der Hotelgruppe, die er selbst ins Leben rief, betrieben wird. Die Brasserie Stadthaus mit französischer Küche auf einem hohen Niveau wird von den Gästen sehr geschätzt. Das Frühstück kann in jedem Fall im Hinblick auf Qualität und Auswahl überzeugen, hierzu gehört sogar ein kleines japanisches Angebot. Der mit ägyptischen Wandmalereien dekorierte Wellnessbereich umfasst eine finnische Sauna sowie ein Dampfbad und damit immerhin eine Grundausstattung, zu der auch einige Behandlungsräume für Anwendungen wie Massagen zählen. Das Tagungsangebot mit seinen drei im Bedarfsfall auf 230 Quadratmeter zu vereinenden Räumen ist durchaus akzeptabel und hier veredeln die ausgehängten Gobelins die profane Nutzung sogar einmal auf recht unaufdringliche Art. Das Hotel de Medici ist damit sicherlich ein originelles Haus, das zwar ein etwas ungewöhnliches „Mehr ist mehr" als ein klassisch-modernes „Weniger ist mehr" zum Grundsatz der Ausstattung mit Kunstgegenständen und historischen Artefakten gemacht hat, aber hierdurch immerhin einen gewissen Schauwert aufweist und, je nach Geschmack, dadurch sogar als interessante Alternative zu allzu schlichten modernen Hotelprodukten gesehen werden kann. Am besten selbst ausprobieren und ein eigenes Urteil bilden.

Bewertung: ●●●

## HYATT REGENCY

**(OT Hafen)**
**Speditionstraße 19**
**40221 Düsseldorf**
**Telefon: 02 11-91 34 12 34**
**Internet: www.hyatt.com**
**E-Mail: duesseldorf.regency@hyatt.com**
**Direktor: Axel Ziegler**
***DZ ab € 255,00***

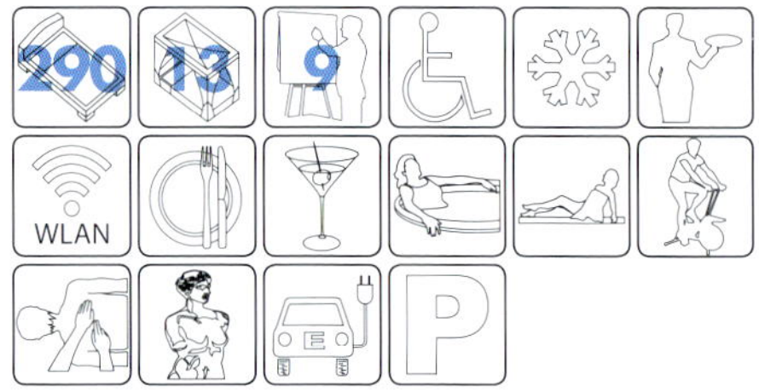


Am Düsseldorfer MedienHafen hat sich eine bunte Mischung an Businesshotels etabliert, die unter anderem auf Gäste, Kunden und Geschäftspartner der dort befindlichen Dienstleistungsunternehmen zugeschnitten sind, sich aber auch für Touristen und andere Besucher der nordrhein-westfälischen Landeshauptstadt empfehlen. Neben dem INNSiDE Düsseldorf Hafen, dem Courtyard by Marriott und dem Radisson Blu Media Harbour, allesamt moderne Businesshotels auf gehobenem Niveau, befindet sich mit dem Hyatt Regency ein weiteres Spitzenhaus dieser Kategorie rund um das der Innenstadt am nächsten gelegene Hafenbecken, das von einer Fußgängerbrücke zwischen der ehemaligen Hafenhalbinsel mit dem Hyatt Regency und dem Stadtufer überspannt wird. Hotelgäste des Hyatt, des INNSiDE und des Marriott auf dieser Halbinsel, der sogenannten Hafenspitze, können den Weg in Richtung Rheinuferpromenade, Altstadt und Königsallee mithilfe der Brücke etwas abkürzen. In den 1990er-Jahren im dortigen Hafengebiet angesiedelte Unternehmen, nach dem Willen der Planer idealerweise aus der damals boomenden Medienbranche, benötigen die hier vorhandenen Hotels als Teil ihrer Infrastruktur, denn für einige Meetings, Veranstaltungen und Tagungen sind firmeneigene Ressourcen in den Büroetagen oft nicht ausreichend, vom Catering solcher Events ganz zu schweigen. Die Düsseldorfer Landesregierung hatte bereits ab den 1970er-Jahren das Rheinufer mit dem neuen Landtag, dem WDR-Studio Düsseldorf und dem Rheinturm als neuem Fernsehturm bebaut, wonach im Anschluss der Neue Zollhof, eine Gruppe architektonisch sehr origineller Bürogebäude des Stararchitekten Frank Gehry, entstanden. Zur gleichen Zeit wurde mit der Bebauung des flussaufwärts anschließenden MedienHafens begonnen. Die 303 Zimmer und Suiten des 2011 eröffneten Hyatt Regency in einem elegant-modernen Ambiente stellen die größten Kapazitäten auf der Hafeninsel dar. Mit ihrer hochwertigen Gestaltung, den bodentiefen Fenstern und einer Größe von 32 Quadratmetern bieten die beiden Kategorien *Standard* und *Deluxe* einen hohen Aufenthaltskomfort. Alle sind zudem mit einer begehbaren Regenschauerdusche und einer separaten Badewanne ausgestattet. Zudem ermöglichen sie aufgrund der Lage des Hotels entweder einen Ausblick auf den MedienHafen oder auf die Skyline Düsseldorfs und damit meist gleichzeitig aufs Wasser. Verfügbar sind natürlich auch mehrere luxuriöse Suiten, die, ebenso wie einige der Zimmer, zusätzlich mit einem Clubzugang buchbar sind, womit weitere Annehmlichkeiten durch den Besuch der Regency Club Lounge erworben werden. Überdies ist mit dem Restaurant DOX, dem Selbstbedienungsrestaurant Café D sowie den Bars DOX und Pebble's Bar & Lounge auf der Hotelterrasse am Rhein ein adäquates gastronomisches Angebot geschaffen worden, wobei das Café D ein interessantes neues Mischkonzept aus Mitarbeiterkantine und Schnellrestaurant darstellt. Zum Zentrum rund um die Königsallee und zur Altstadt Düsseldorfs sind entlang des Rheinufers zwar zwei Kilometer, vorbei an Rheinturm und Landtag, zurückzulegen, doch kann dieser Weg auf der Rheinpromenade abseits vom Autoverkehr beschritten werden. Gerade die richtige Distanz für einen Spaziergang, um etwa nach einem feuchtfröhlichen Ausflug in die Altstadt wieder einen klaren Kopf zu bekommen. Und gerade die richtige Distanz, um auf der Hafenspitze relative Ruhe und Schutz vor dem Trubel am Rheinufer und in der Altstadt zu finden, der hier seit Langem, insbesondere bei den zahlreichen Festen und Events am Düsseldorfer Rheinufer, eher die Regel als die Ausnahme ist.

Bewertung:

## KÖ59 DÜSSELDORF

**(Innenstadt)**
**Königsallee 59**
**40215 Düsseldorf**
**Telefon: 02 11-82 85-0**
**Internet: www.hommage-hotels.com**
**E-Mail: info.koe59@hommage-hotels.com**
**Direktorin: Daniela Fette**
***DZ ab € 254,00***

Sicherlich war die Entscheidung gut durchdacht, als sich die Vertreter der Eigentümergesellschaft entschieden hatten, dieses Luxusbusinesshotel an der berühmten Königsallee künftig von Dorint unter dessen Luxusmarke HOMMAGE managen zu lassen und es seitdem unter dem Namen Kö59 zu führen – angelehnt an seine feine Adresse. Seit der Eröffnung im August 2005 war zunächst die internationale Hotelgruppe InterContinental für dieses Haus verantwortlich. Einer der General Manager war der heutige Dorint-CEO Jörg Thomas Böckeler. Ein leidenschaftlicher Gastgeber mit hohem Selbstanspruch, großer Kommunikationsbegabung und einem unglaublichen Ehrgeiz, gepaart mit Fleiß und Empathie, der hier maßgeblich an der Weiterentwicklung und Außenwirkung dieses Luxusbusinesshotels beteiligt war. Er kennt den hiesigen Hotelmarkt und dessen Besonderheiten somit nur zu gut und es ist davon auszugehen, dass ihm das heutige Kö59 als ehemalige Wirkungsstätte besonders am Herzen liegt. Zur Direktorin wurde nunmehr Daniela Fette bestellt, die zuletzt die Verantwortung für das Jumeirah in Frankfurt getragen hatte. Sie ist in der Spitzenhotellerie zu Hause, unter anderem war sie für Kempinski und die Rocco Forte Hotelgruppe tätig. Wir sind gespannt, welchen Kurs das Kö59 unter ihrer Führung nehmen wird. Immerhin gibt es in Nordrhein-Westfalens Landeshauptstadt einige Hotels, die das gleiche Segment bespielen. Durch den Konzernwechsel gibt es so manche Neuerung zu vermelden. So erhielten Gäste, die zu Zeiten von

InterContinental ein sogenanntes *Executive*-Zimmer gebucht hatten, Zutritt zum eigens eingerichteten Loungebereich auf der Empore. Hier standen täglich ein Frühstück, kleine Snacks sowie kostenfreie Erfrischungsgetränke bereit. Aus dieser Club Lounge wurde die Hommage Lounge, die nunmehr von allen Hotelgästen genutzt werden kann und die Funktion einer Art Chill-out-Area hat. Dort wird im Übrigen auch

eine kleine Karte mit Speisen angeboten. Noch nicht allzu lange ist es her, dass die Zimmer und Suiten einem erweiterten Fresh Up unterzogen wurden. Alle verfügen über ein luxuriöses Marmorbadezimmer mit großer, begehbarer Regenschauer-Dusche und separater Badewanne. Zwei Zimmer-Segmente, *Klassik* und *Superior*, stehen zur Auswahl, die sich vor allem durch ihre Lage innerhalb des Hauses unterscheiden. Letztere befinden sich zwischen 7. und 10. Etage, womit sie etwas ruhiger gelegen und dabei entweder zur Rückseite oder in Richtung Königsallee ausgerichtet sind. Alle Zimmer bieten eine Nespresso Kaffeemaschine, zudem liegen Bademäntel sowie Slipper für den Besuch des Spa bereit. Zusätzlich zählen selbstverständlich auch Juniorsuiten und luxuriöse Suiten zum Portfolio. Ein wirkliches Highlight ist die *Hommage-Lifestyle*-Suite, die sich bei einigen Gästen größter Beliebtheit erfreut. Ausgestattet ist sie mit einem Wohn- und Schlafbereich, einer großen Sonnenterrasse sowie einem eigenen Wellnessbadezimmer mit finnischer Sauna, Whirlwanne sowie einer Massageliege für Anwendungen. So viel Luxus hat natürlich seinen Preis und je nach aktueller Buchungslage sind daher für diese Suite zwischen 4.000 Euro und 7.000 Euro pro Übernachtung zu zahlen. Gerade in den Sommermonaten logieren hier gerne Gäste aus dem Nahen Osten, die meist mehrere Wochen in Düsseldorf verbringen und solche Annehmlichkeiten sehr zu schätzen wissen. Ungeachtet der gebuchten Kategorie wird ein kostenfreier Zutritt zum Spa gewährt, der von der renommierten Fitnesscompany Holmes Place betrieben wird. Dieser ist unter der Woche täglich von 6.30 Uhr bis 23 Uhr und am Wochenende immerhin von 9 Uhr bis 21 Uhr zugänglich. Nicht nur der große Gym, der mit modernen Cardio- und Krafttrainingsgeräten ausgestattet ist, sondern auch der Schwimmbadbereich vermag zu überzeugen. Hier kann der Gast im 21-Meter-Sportpool genüsslich seine Bahnen ziehen. Zur Entspannung steht zusätzlich ein Whirlpool zur Verfügung. Hinzu kommen eine finnische Sauna, ein Dampfbad, eine Ruhezone sowie zwei geschlechtergetrennte Saunen. Zu den tragenden Säulen dieses Luxushotels zählt der Tagungs- und Veranstaltungsbereich mit seinen insgesamt 14 Räumlichkeiten. Konferenzen, Festbankette und Events sind, etwa im Ballsaal, mit bis zu 750 Personen möglich. Das Restaurant Kö59 by Björn Freitag konnte uns bislang noch nicht so recht überzeugen, allerdings nur im Hinblick auf das Interior Design, das ein wenig, wenn auch noblen, Kantinencharme versprüht und recht nüchtern wirkt. Dies wird dem Anspruch an ein Luxus-Businesshotel aus unserer Sicht eher nicht gerecht, aber letztlich ist das natürlich reine Geschmackssache. Freitag vermarktet seine Kulinarik als eine Mischung von typischen Gerichten aus der Region bis hin zu neu interpretierten Klassikern der internationalen Küche. Natürlich kocht der beliebte Fernsehkoch hier nicht selbst, sondern ist sozusagen der „Spiritus Rector", welcher eher eine beratende Funktion einnimmt. Das Angebot der Karte in der Bar The Golden trägt nunmehr ebenfalls die Handschrift von Björn Freitag. Auch hier werden Klassiker neu interpretiert, beispielsweise statt eines Club Sandwichs das „The Golden Toast" – Pastrami mit Honig-Senf-Soße, Majo und Schmorzwiebeln. Ebenso erfährt der Burger ein Makeover als Brioche-Bun mit einem Königsberger-Klops-Patty samt Kapern, Majo und Roter Bete. Aber nun wollen wir uns den weiteren Services zuwenden: Parken in der öffentlichen Parkgarage wird mit 35 Euro pro Tag berechnet, nur ist leider keine Elektroladestation vorhanden. Hier müsste der Parkhausbetreiber Q-Park unbedingt kurzfristig nachrüsten. Gästen steht augenblicklich immerhin eine frei zugängliche nahe gelegene Ladesäule zur Verfügung. Zu den verlässlichen Serviceleistungen des Kö59 zählen ein Valet Parking Service, bei An- und Abreise Hilfe beim Gepäck, Begleitung des Gastes zu seinem Zimmer und natürlich auch ein 24-Stunden-Zimmerservice. In diesem Jahr überraschte uns ein Mitarbeiter der Reservierungsabteilung mit seiner ausgesuchten Höflichkeit, Freundlichkeit und vor allem Hilfsbereitschaft. Uns begeisterte, wie hoch motiviert er war und wie sehr er sich mit dem Haus identifizierte. Ein Schmunzeln löste sein Hinweis aus, als er das Restaurant Kö59 by Björn Freitag für einen Besuch empfahl und dann noch voller Stolz hinzufügte: „Das ist unser Sternekoch!" Diese Performance ist in jedem Fall als Fortschritt zu verbuchen, denn noch im letzten Jahr hatten wir hier mit einem Mitarbeiter Kontakt, der alles aus einer Datenmaske inklusive stilistischer Formulierungsfehler abgelesen hatte und bereits bei der kleinsten Nachfrage ins Schlingern geriet. Schön auch, dass die Reservierungsabteilung um 18 Uhr noch besetzt war. Und wenn wir schon beim Loben sind, dann möchten wir außerdem den exzellenten Concierge-Service erwähnen, dessen Team sich nicht nur um die großen und kleinen Wünsche der Gäste kümmert, sondern auch einen Limousinentransfer zum Flughafen Düsseldorf oder Köln organisiert, hier vor Ort natürlich bestens vernetzt ist und somit während des Aufenthalts als wichtiger Ansprechpartner gelten kann.

Bewertung:

## STEIGENBERGER PARKHOTEL

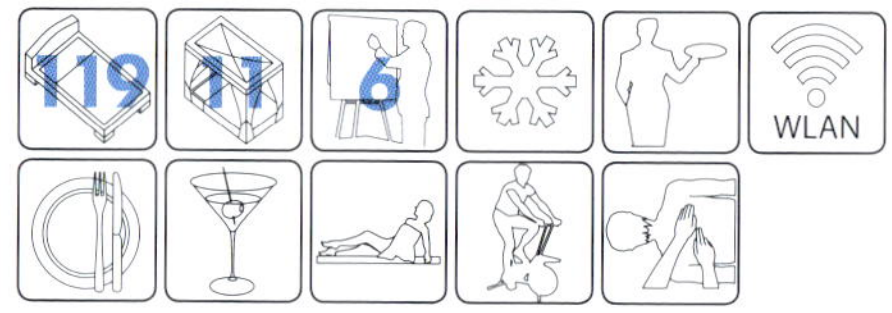


**(Stadtmitte)**
**Königsallee 1a**
**40212 Düsseldorf**
**Telefon: 02 11-13 81-0**
**Internet: www.duesseldorf.steigenberger.de**
**E-Mail: duesseldorf@steigenberger.de**
**Direktor: Guntram Weipert** ***(ab 03/23)***
***DZ ab € 248,00***

Eigentlich bringt das Steigenberger Parkhotel zahlreiche Attribute mit, die Spitze auf dem hiesigen Hotelmarkt im Luxussegment anzuführen. Über viele Jahre war es sogar so etwas wie eines der Wohnzimmer der Gesellschaft. Anfang der 2000er-Jahre nahm das Haus dann Kurs in Richtung Mittelmaß, was zum einen dem Renovierungsstau, zum anderen einer zwischenzeitlichen schwachen Führung geschuldet war. Erfreulicherweise hat der Hotelkonzern mittlerweile stark in die Hardware investiert. Von dieser positiven Entwicklung profitierte dann auch Carsten Fritz, der besagtes Traditionshotel im Sommer 2015 übernommen hatte. In den letzten Jahren fanden immer wieder weitere Renovierungsmaßnahmen statt. Daher sind alle Zimmer und Suiten nun entweder einem Fresh Up, wie etwa die Kategorie *Superior*, unterzogen worden oder sie erhielten eine umfassende Renovierung mit neuem Designkonzept. Diese sind beispielsweise in Richtung Hofgarten und Kö, Oper oder zum Innenhof ausgerichtet. In die angesprochenen Maßnahmen wurden auch die öffentlichen Bereiche, etwa die Gastronomie, miteingeschlossen. Neu entstanden ist das Restaurant Peppers. In der letzten Ausgabe hatten wir bereits angemerkt, dass es gelingen könnte, in die kulinarische Bundesliga aufzusteigen, sofern die bisherigen Anstrengungen fortgesetzt würden. Mit der Verpflichtung von Benjamin Kriegel als Chef de Cuisine, der, wir berichteten bereits darüber, zuletzt im Restaurant FRITZ's FRAU FRANZI einen Michelin-Stern einfahren konnte, wurde ein erfolgversprechender Spitzenkoch eingekauft. Und prompt wurde in diesem Jahr das Restaurant, genauer gesagt die hervorragende Küche, mit einem Stern geadelt, was für ein traditionelles Luxusgrandhotel wie dieses Steigenberger ein wirkliches zusätzliches Herausstellungsmerkmal ist. Daneben steht den Gästen die Lounge Bar Jones zur Auswahl, in der ebenfalls gespeist werden kann. Selbstverständlich ist auch ein veritabler Spa vorhanden, zu dem alle Gäste kostenfreien Zutritt erhalten. Zur Ausstattung zählen eine finnische Sauna, ein Dampfbad, eine Ruhezone sowie ein Fitnessraum mit einer kleinen Auswahl an modernen Cardio- und Krafttrainingsgeräten. Was es in diesem Steigenberger jedoch nicht gibt, ist eine Tiefgarage für die Autos der Hotelgäste. Hierzu muss daher auf ein benachbartes öffentliches Parkhaus verwiesen werden. Das ist durchaus ein kleiner Malus. Die wenigen Stellflächen vor dem Haus werden vorwiegend für Restaurantgäste und zum Kurzzeitparken genutzt. Beruhigend deshalb der Hinweis einer Mitarbeiterin: „Sie können bei der Anreise kurz vor dem Hotel halten und ihr Gepäck entladen lassen, damit sie nicht damit durch die ganze Stadt laufen müssen." Was wir zudem in den letzten Jahren vermisst hatten, war ein eloquenter, kommunikativer Hoteldirektor, der verstärkt den Kontakt zu seinen Gästen sucht. Und damit meinen wir nicht Prominente aus Politik, Wirtschaft und Hochadel, sondern den loyalen Stammgast. Einen solchen Direktor gab es zuletzt mit Michael Kain, der hier von Mai 2010 bis Mai 2015 wirklich eine Menge bewegen konnte. Vor allem hat er die Managementfehler seiner Vorgänger korrigiert und alle Anstrengungen unternommen, um dieses Traditionshotel wieder zu einem beliebten Treffpunkt der hiesigen Gesellschaft zu machen. Carsten Fritz, das haben wir an dieser Stelle bereits mehrfach angemerkt, war unseres Erachtens eher der nüchterne, zahlenverliebte, etwas spröde wirkende Technokrat. Im März 2023 wurde Fritz von Guntram Weipert abgelöst, der zuvor in Leipzig ebenfalls für Steigenberger ein ICON Hotel sehr souverän führte. Seine bisherige Performance können wir augenblicklich noch nicht bewerten, dazu sollte man ihm noch etwas Zeit geben. Erfreulicherweise findet er hier hervorragende Rahmenbedingungen vor, um dieses Haus auch weiterhin auf Erfolgskurs zu halten, denn, das sei noch einmal zusammenfassend betont, die Hardware ist augenblicklich in einem hervorragenden Zustand, die Kulinarik des Restaurants Peppers konnte den Guide Michelin derart überzeugen, dass es mit einem Stern ausgezeichnet wurde, und was besonders hervorzuheben ist: Weipert wird hier von einem Team flankiert, das hochprofessionell agiert und so dem Selbstanspruch dieses traditionsreichen Steigenberger gerecht wird.

Bewertung:

## THE WELLEM

**(Innenstadt)**
**Mühlenstraße 34**
**40213 Düsseldorf**
**Telefon: 02 11-547650-622**
**Internet: www.thewellem.com**
**E-Mail: contact@thewellem.com**
**Direktorin: Sandra Epper**
***DZ ab € 247,00***

Das ehemalige Land- und Amtsgericht Düsseldorf, das zwischen 1913 und 1923 errichtet wurde, fand hier vor wenigen Jahren eine neue Bestimmung als Hotel. Im Rahmen der Neubebauung des sogenannten Andreasquartiers wurden weniger schmucke Neben- und Seitenflügel des Gerichtskomplexes abgerissen und für die Entstehung lukrativer Mehrfamilienhäuser umgenutzt. Einzig das repräsentative Hauptgebäude blieb als Herz der Anlage stehen. Da zum Zeitpunkt der Errichtung des Gerichtsgebäudes bereits die architektonische Moderne rund um die Bauhausbewegung ihre ersten Schöpfungen anging, wird der überbordende Historismus des Hauses nicht unter allzu strengen denkmalrechtlichen Auflagen gestanden haben, auch wenn die opulente Architektur einen durchaus geschätzten ästhetischen Wert hat. Aber zeitgeschichtlich kann eine solcherart verspätete Baukunst beim Denkmalschutz im Allgemeinen etwas weniger streng bewertet werden, sodass mehr Kompromisse bei einer Neunutzung möglich sind. Beim The Wellem fungiert das Gebäude als historische Reminiszenz des Neubauviertels Andreasquartier an das alte Düsseldorf und somit als historischer Anker im erneuerten Stadtbild. Neben Hotel und Gastronomie wurden hier in großem Umfang Wohnungen in einem Komplex errichtet, der nur wenige Schritte von Rhein und Hofgarten entfernt liegt und von dem aus man nach nur 300 Metern das nördliche Ende der Königsallee erreicht. Da das Hotel lediglich über 102 Zimmer verfügt, wirkt die zentrale Halle mit den opulenten Treppen sehr überdimensioniert. Und irgendwie scheint der ganze Hotelbetrieb ein wenig zu klein geraten für die große Hülle. Das beginnt beim etwas enttäuschenden Frühstück und setzt sich fort in Bezug auf den dieser Hotelkategorie nicht gerecht werdenden Service, bis hin zu einem gänzlich fehlenden Wellnessangebot, wo normalerweise mindestens eine Sauna zu erwarten wäre. Was meinen wir mit unzureichendem Service? Nun, das bezieht sich nicht nur auf den teilweise nicht hotelgerechten Umgang mit Wünschen oder einen unprofessionellen Umgang mit Gästen, was beides von selbigen beklagt wird, sondern auch ganz konkret auf beispielsweise einen Roomservice, der nur in einem Zeitfenster von 17 Uhr bis 24 Uhr geboten wird. Leider erweist sich das The Wellem damit als eine weitere Ausgeburt des Synergie- und Optimierungswahns in der Businesshotellerie, der dazu führt, dass neue Hotels dieser Kategorie keine eigenen Wellnessbereiche mehr haben, sondern gleich mit einem benachbarten, öffentlichen Fitnessstudio mit Wellnessabteilung geplant werden, der dann von Gästen mitbenutzt werden darf. Oder dass Restaurants, wie hier der Fall, dem Hotel zugeordnet werden, obwohl sie teilweise wie eigenständige Betriebe mit eigener Küche im gleichen Komplex operieren. So befinden sich dort zwar mehrere gastronomische Angebote, doch muss das Hotel verlassen werden, um diese zu erreichen. Im The Wellem selbst gibt es dagegen das Pitti, das sozusagen als Hauptrestaurant des Hauses fungiert, in dem auch gefrühstückt wird. Zum Lunch wie zum abendlichen Dinner erwartet die Gäste dort eine gehobene italienische Küche. Überdies gibt es in der gemütlichen Bar ein kleines Speisenangebot. Hier im The Wellem liegt zudem ein Verdacht nahe, der damit einhergeht, dass sich die Zimmer und Suiten, grundsätzlich mindestens 30 Quadratmeter groß, fast wie Appartements anfühlen. So enthalten viele von ihnen neben einer Küchenzeile sogar Waschmaschine und Trockner, was für ein Haus im Luxus-Segment alles andere als passend erscheint. Wie in der letzten Ausgabe bereits berichtet, scheint hieran erkennbar zu sein, dass es aufgrund fehlender interessierter Hotelbetreiber kurz davorgestanden haben muss, zu einem Boardinghouse mit Wohnungen auf Zeit zu werden. Das wäre nur vermutlich nicht im Sinne der Stadtplanung gewesen, die eine Gewerbenutzung zum Schutz vor Gentrifizierung sicherlich bevorzugte. Zu den Pluspunkten des The Wellem zählen in jedem Fall die sogenannten Kunst-Suiten in der fünften Etage, die eine Größe von circa 89 Quadratmetern haben und mit moderner zeitgenössischer Kunst ausgestattet wurden. Hier ist auch ein Dachterrassenzugang mit Ausrichtung zum Andreasgarten, dem Blockinnenbereich des Quartiers, vorhanden. Überdies erhält jeder Gast des Hauses Zutritt zur privaten Gästelounge, die Softdrinks und Kaffee ohne Berechnung bereithält. Die Pandemie überschattete die Eröffnung des Hotels im November 2020, sodass das Tagungs- und Kongressgeschäft nicht sofort anlaufen konnte, obwohl dafür über 5 Etagen verteilt 18 Räumlichkeiten zur Verfügung stehen. Das The Wellem ist somit ein hardwareseitig attraktives Boutique-Hotel, aber nur dann eine wirkliche Alternative zur bisher etablierten örtlichen Spitzenhotellerie, wenn man auf einen Spa verzichten kann und Küchenzeile oder Waschmaschine in der Suite beziehungsweise dem Hotelzimmer Pluspunkte oder zumindest keine Makel darstellen. Im Oktober letzten Jahres hat hier Sandra Epper die Verantwortung übernommen, die zuvor fast fünf Jahre für das Nikko Düsseldorf tätig war. Leider gab es immer wieder Anlass zur Kritik im Hinblick auf die Service- und Dienstleistungsqualität im Hause, was angesichts unserer oben geschilderten Vermutungen ins Bild passt. Bedauerlicherweise konnten wir bei der neuen Managerin zudem bisher keine überdurchschnittlichen Gastgeberqualitäten bewundern, vielmehr führte sie das Nikko doch sehr unauffällig. Aber vielleicht sind solche Qualitäten hier eben auch gar nicht gefragt.

Bewertung:

## EISENACH Thüringen

### HOTEL AUF DER WARTBURG

**Auf der Wartburg 2**
**99817 Eisenach**
**Telefon: 0 36 91-7 97-0**
**Internet: www.wartburghotel.de**
**E-Mail: info@wartburghotel.de**
**Direktor: Hannes Horsch**
***DZ ab € 149,00***

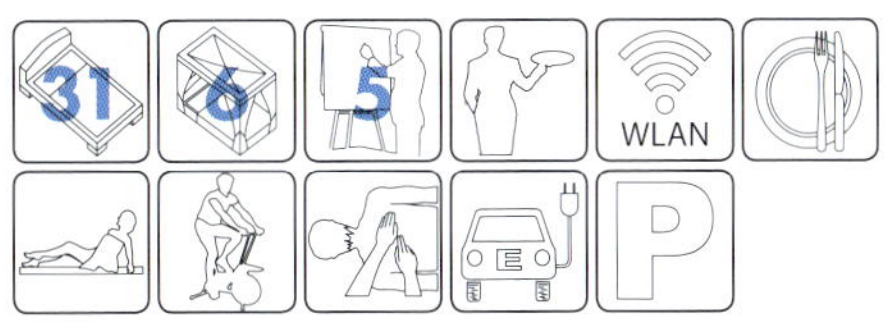


Seit vielen Jahren rätseln wir, weshalb sich das Hotel auf der Wartburg als Luxushotel hat klassifizieren lassen, denn weder das Zimmerprodukt noch die Service- und Dienstleistungskultur sind ein eindeutiges Zeichen dafür. Schließlich löst ein solches Label bei den Gästen auch eine gewisse Erwartungshaltung aus, die hier leider in wesentlichen Punkten nicht erfüllt wird. In erster Linie bestimmt der Service den wahren Luxus, dicht gefolgt von der Ausstattung eines Hotels. Keiner dieser beiden Aspekte konnte auf der Wartburg bisher vollumfänglich überzeugen. Vielleicht wäre es doch klüger gewesen, sich überhaupt nicht klassifizieren zu lassen. Ein Alleinstellungsmerkmal ist jedoch unbestritten der Standort des Hauses an einem historischen Ort mit überragender Bedeutung für die deutsche Geschichte. Wie der Name schon verrät, befindet es sich auf dem Areal der Wartburg, ihres Zeichens UNESCO-Weltkulturerbe, in der Martin Luther einst die Bibel ins Deutsche übersetzte. Wenngleich Touristenströme besagten Ort täglich bevölkern, bekommt der Gast davon nur wenig mit, denn das Hotel selbst befindet sich etwas unterhalb der Anlage in einem Gebäudekomplex, der vor etwas mehr als 200 Jahren als „Gasthof für fröhliche

Leut" eröffnet wurde. Trotz der unserer Meinung nach irreführenden Deklarierung als Luxushotel ist es für viele dennoch ein ganz besonderes Erlebnis, hier zu logieren. Die 37 Zimmer, darunter auch eine Juniorsuite sowie eine Suite mit getrenntem Wohn- und Schlafbereich, sind in einem etwas biederen Landhausstil eingerichtet. Entweder gewähren sie einen Ausblick auf den Thüringer Wald, die Wartburg oder auf die Silhouette der Stadt Eisenach. Alle sind mit einer Kaffeemaschine ausgestattet und die Bäder verfügen teilweise sowohl über eine Badewanne als auch über eine separate Dusche. Insgesamt gibt es fünf Kategorien, darunter Einzelzimmer, die mit 15 Quadratmetern recht beengt sind und somit die Aufenthaltsqualität doch ein wenig einschränken. Weitaus mehr Platz bieten hingegen die *Romantik*-Zimmer, denn diese haben eine Größe zwischen 27 und 40 Quadratmetern und verfügen zusätzlich über eine Couch. Der 2004 entstandene Vitalbereich beschränkt sich auf eine finnische Sauna, eine Ruhezone sowie eine kleine Fitnessecke mit drei Trainingsgeräten. Buchbar sind auch Massagen, allerdings ist dieses Angebot sehr reduziert. Mit insgesamt fünf Räumlichkeiten sind die Tagungs- und Veranstaltungsmöglichkeiten in Anbetracht der Größe des Hauses durchaus beachtlich, trotzdem sind diesem Bereich aufgrund der genannten Gesamtkapazitäten natürlich Grenzen gesetzt. Der festliche Wappensaal mit seinen Wandmalereien, der sich nicht nur für geschäftliche, sondern auch für Festveranstaltungen oder Events eignet, bietet aber immerhin Platz für bis zu 120 Personen. Besonders beliebt ist das Haus bei Hochzeitsgesellschaften, auch weil es möglich ist, im sogenannten Jägerzimmer standesamtlich zu heiraten. Aufgrund des Anspruchs, den dieses Hotel durch seine Klassifizierung erhebt, würde man hier vielleicht sogar eine Haute Cuisine auf Michelin-Sterne-Niveau erwarten. Immerhin wird in der Landgrafenstube aber eine Mischung aus regionaler und internationaler Küche auf einem recht guten Niveau geboten. Tagsüber bietet sich das Burgcafé Gadem für die Gäste an. Hier gibt es eine kleine, doch für den spontanen Besuch ausreichende Karte. Beliebt sind sogenannte Konzertteller zur Einkehr vor einer der auf der Wartburg stattfindenden Darbietungen, die allerdings vorbestellt werden müssen und eine kleine, aber feine kulinarische Versorgung vor einem solchen Abend bieten. Etwas Lachs und Wels, dazu ein wenig Wildragout nebst Käse, Trauben und eingelegten Zucchini, ergänzt durch ein Glas Sekt, bilden genau die richtige Auswahl, die man vor einem Konzert noch zu sich nehmen mag. Seit Januar 2019 trägt Hannes Horsch hier die Verantwortung als Gastgeber, der über weitreichende Erfahrung in der Führung individueller Spitzenhotels verfügt. Leider bescherte er dem Haus zuletzt negative Schlagzeilen: Der regionalen Presse war zu entnehmen, dass es mit seiner Personalpolitik nicht zum Besten stehen solle, denn von einem schlechten Betriebsklima war da die Rede. In Zeiten von Personalknappheit fällt eine solche Art von Publicity umso schwerer ins Gewicht. Nichtsdestotrotz können Horsch erfreulicherweise überdurchschnittliche Gastgeberqualitäten bescheinigt werden, die in einem Hotel mit einem eher intimen Charakter wie diesem unverzichtbar sind. Zumindest sind hier ganz rührige Mitarbeiter zu Diensten, denn als wir bei unserem anonymen telefonischen Check darum baten, uns das Haus doch einmal vorzustellen, bemühte sich die Mitarbeiterin rührend und mit sehr gewählter Sprache, den verfolgten Anspruch als Luxushotel zu unterstreichen. Als sie auch noch mit geschichtlichem Wissen über die Burganlage brillierte, waren wir wirklich begeistert. Der Fortgang des dann etwas unstrukturierten Gesprächs deutete jedoch auf ein wenig Schulungsbedarf hin. So hatten wir bei der Frage, welche kulinarische Ausrichtung das Restaurant des Hotels habe, den Eindruck, sie erst einmal ein wenig aus dem Konzept gebracht zu haben. Zunächst holte sie ganz tief Luft und antwortete dann „Mir fällt dazu spontan erst einmal die Thüringer Küche ein". Dabei wollte sie es aber nicht belassen und entschied sich, die Speisekarte zur Hand zu nehmen, um alle Hauptgänge vorzulesen. Auch die Besonderheiten der Parkplatzsituation, in deren Folge die Gäste ihr Fahrzeug auf einer Parkfläche unterhalb des Hotels hinter einer Schranke abstellen müssen, erläuterte sie und merkte dann noch an: „Wir sagen immer gerne, es muss keiner laufen, der nicht laufen will". Denn ein Mitarbeiter des Hauses „shuttelt" die Gäste vom Parkplatz zum Hotel. Mit Gepäck wäre dieser Aufstieg tatsächlich alles andere als bequem. Ergänzend sei erwähnt, dass für das Parken 15 Euro pro Tag in Rechnung gestellt werden. Nach unserem Fazit ist das Hotel auf der Wartburg ein kleines, schönes und toll gelegenes Hideaway mit herrlichen Ausblicken, allerdings kein lupenreines Luxushotel, wie man es bei dem Fünf-Sterne-Status erwarten würde.

Bewertung:

## VIENNA HOUSE THÜRINGER HOF

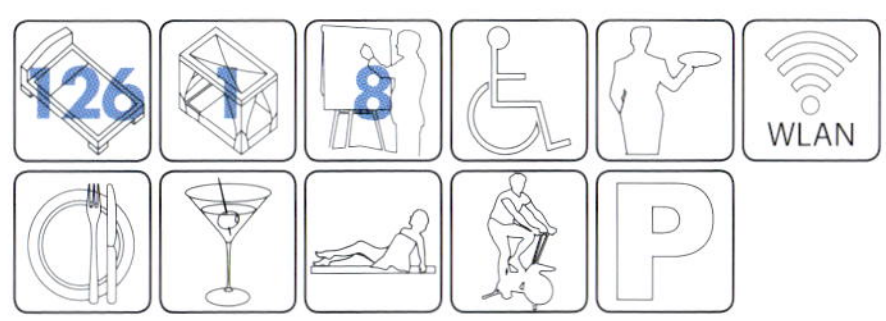


**(Innenstadt)**
**Karlsplatz 11**
**99817 Eisenach**
**Telefon: 0 36 91-28-0**
**Internet: www.viennahouse.com**
**E-Mail: info.thueringerhof-eisenach@viennahouse.com**
**Direktorin: Annette Krumrey**
***DZ ab € 79,00***

Das First-Class-Hotel Thüringer Hof inmitten der Eisenacher Innenstadt, direkt am zentralen Karlsplatz gelegen, schätzen wir durchaus als lokale führende Adresse ein. Noch vor Beginn des „Lutherjahres" 2017 fanden hier weiterreichende Renovierungsmaßnahmen statt, deren Ergebnis bis heute überzeugen kann. Denn durch ihr modernes Design- und Farbkonzept wirken die Zimmer frisch und zeitgemäß, wenn auch etwas nüchtern und schlicht ausgestattet für ein Hotel in historischer Umgebung aufgrund des schlichten Holzbodens ohne Teppich. Manche sind in Richtung Karlsplatz, andere zum ruhigen Innenhof ausgerichtet. Jene Zimmer der Kategorie *Standard* haben eine Größe von 24 Quadratmetern, in der Kategorie *Superior* hingegen sind es bis zu 32 Quadratmeter. Letztere verfügen teilweise über einen französischen Balkon. Etwas mehr Komfort bietet durch ihren getrennten Wohn- und Schlafbereich darüber hinaus die Penthouse Suite. Zusätzlich verfügt sie über eine eigene Terrasse. Auf allen Zimmern besteht die Möglichkeit der Tee- und Kaffeezubereitung. Mit insgesamt acht Tagungsräumen, die im Übrigen alle klimatisiert sind, kann auch das Convention-Segment bespielt werden. Veranstaltungen und Konferenzen sowie Festbankette sind bei entsprechender Bestuhlung mit bis zu 200 Personen möglich. Das Restaurant Leander bietet eine Mischung aus regionaler und internationaler Küche, deren Qualität mittlerweile im guten kulinarischen Mittelfeld zu verorten ist. Neben den üblichen Klassikern wie Burger, Steak und Schnitzel gibt es beispielsweise auch eine Roulade, selbstverständlich mit Thüringer Klößen, oder Forelle aus der Region nach „Müllerin Art". Nicht spektakulär, aber lokal ausgerichtet und grundsolide. Hier im Leander wird im Übrigen auch das Frühstück geboten. Im Sommer lädt die Außenterrasse des Restaurants zum Speisen ein. Mit Blick auf den recht hohen Anteil an Individualreisenden darf im Hotel natürlich auch ein kleiner Freizeitbereich nicht fehlen. Dieser beschränkt sich allerdings auf eine finnische Sauna nebst Dampfbad und Ruhezone. Die Nutzung wurde bereits in die Zimmerrate inkludiert. Das gilt auch für den Gym, dessen Angebot an Trainingsgeräten eher überschaubar ist. Mehrfach haben wir moniert, dass der komplette Bereich sehr kühl und nüchtern gestaltet ist und offenbar lediglich zur Pro-Forma-Komplettierung des Gesamtangebotes eingerichtet wurde, denn eine Wohlfühlstimmung mag hier nicht so recht aufkommen. Der Bahnhof, übrigens ein ICE-Haltepunkt, kann fußläufig in weniger als zehn Minuten erreicht werden. So besteht beispielsweise alle zwei Stunden eine Direktverbindung zwischen der Hauptstadt und Eisenach. Der überwiegende Teil der Gäste reist jedoch in der Regel mit dem eigenen Fahrzeug an, das entweder in der Tiefgarage geparkt werden kann, wofür dann 15 Euro berechnet werden, oder auf der Stellfläche im Innenhof, was mit 13 Euro zu Buche schlägt. Mittlerweile wurden auch drei Ladestationen für Elektrofahrzeuge eingerichtet. Pro Ladevorgang werden 5 Euro in Rechnung gestellt. Annette Krumrey lenkt nunmehr schon seit November 2019 als Direktorin die Geschicke des Hauses. Zuvor verantwortete sie hier wie auch für das Hotel auf der Wartburg den Bereich Sales und Marketing, als beide Häuser sich noch gemeinsam im Portfolio der Arcona Gruppe aus Rostock befanden. Immerhin kennt sie die Besonderheiten des Hotelmarktes in Eisenach bestens. Bemerkenswerte Gastgeberqualitäten konnten wir bei Frau Direktorin bislang nicht bewundern, was in Anbetracht des nicht unerheblichen Anteils an kulturinteressierten Individualreisenden durchaus ein Vorzug wäre. Wirklich positiv zu bewerten sind das Auftreten und die Professionalität des sehr freundlichen und herzlichen Personals, was wir, ohne verallgemeinern zu wollen, hier in der Region generell immer wieder bemerken. Vor allem auch die ungekünstelte Art gegenüber den Gästen ist als angenehm und unaufdringlich zu verzeichnen. Und letztlich sind es solche Mitarbeiterinnen und Mitarbeiter, die dem Haus eine Seele geben. Wir können konstatieren: In Anbetracht der Rahmenbedingungen und nicht zuletzt aufgrund der zentralen Lage ist der Thüringer Hof nicht nur für den Businessgast, sondern auch für den Kulturreisenden attraktiv. Für Letzteren sind zweifelsohne die Wartburg und das Lutherhaus die beiden touristischen Magneten in Eisenach.

Bewertung:

## DORINT HOTEL AM DOM

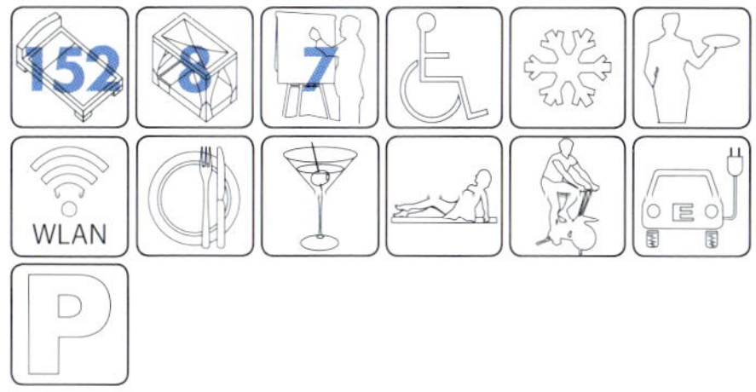


**Theaterplatz 2**
**99084 Erfurt**
**Telefon: 03 61-64 45-0**
**Internet: www.dorint.com**
**E-Mail: info.erfurt@dorint.com**
**Direktorin: Anja Schulz**
***DZ ab € 99,00***

Dass sich dieses moderne Businesshotel in der thüringischen Landeshauptstadt nicht wirklich am berühmten Erfurter Dom befindet, wie es der Name suggeriert, bemerken wir immer wieder. Denn jenes Bauwerk, das gemeinsam mit der direkt benachbarten Severikirche und der dazwischenliegenden Freitreppe das ikonische Ensemble der Stadt bildet, ist natürlich ein Wahrzeichen, mit dem sich jeder gerne schmückt. Doch der Dom ist vom Hotel aus nur mit viel Glück aus den zur linken Seitenstraße liegenden Zimmern der obersten Etage zu erspähen, wobei lediglich seine Rückseite über mehrere Straßenblöcke hinweg erkennbar ist. Dennoch muss das Haus sich wirklich nicht verstecken, schließlich wurde es ebenfalls als Teil eines Ensembles errichtet, nämlich als modernes Gegenüber zum renommierten Theater Erfurt. Dieses Arrangement am Theaterplatz ist durchaus ein attraktives Entree für das heutige Dorint-Hotel, das einst als Mercure startete und damals versuchte, einen Fünf-Sterne-Status für das Haus zu realisieren und zu halten. Erfreulicherweise hat man zwischenzeitlich von diesem hohen Selbstanspruch Abstand genommen. Interessant ist die historische Zitadelle Petersberg, eine sternförmig angeordnete Befestigungsanlage aus dem 17. Jahrhundert, die sich mit ihren mächtigen, gemauerten Bastionen gleich neben dem Hotel über dem Theaterplatz erhebt. Beeindrucken kann aber auch die Architektur des Dorint selbst, denn ein geschwungen verlaufendes Atrium zieht sich durch den ganzen Baukörper über seine gesamte Höhe, sodass fast der Eindruck einer mit Glas überdachten Gasse entsteht, die durch den Straßenblock mit dem Hotel verläuft. Die *Standard*-Zimmer, die zu diesem Atrium ausgerichtet sind, welches übrigens auch für Veranstaltungen genutzt werden kann, haben daher keine Frischluftzufuhr. Angesichts immer heißer werdender Sommer dürfte die vorhandene Klimaanlage heute vielen Gästen allerdings ohnehin wichtiger sein. Das Atrium weitet sich an seinem hinteren Ende zu einem Bar- und Restaurantbereich über mehrere Ebenen aus, der an der komplett verglasten hinteren rechten Ecke des Gebäudes liegt. Architektonisch sehr gelungen und immer noch aktuell ausgestattet, fühlt man sich in diesem großzügigen, lichtdurchfluteten Teil des Hotels sofort wohl. Während das Restaurant Gloriosa in den Jahren vor der Übernahme durch Dorint oft schlechte Kritiken erntete, ist das kulinarische Niveau seitdem gestiegen. Das Zimmerprodukt gefällt noch immer, denn wüsste man nicht genau, dass das Haus vor fast 20 Jahren als Mercure-Hotel eröffnet hat, könnte man meinen, Dorint habe schon damals bei der Ausstattung den Ton angegeben. Schließlich setzte diese Gruppe bereits in den 1990er-Jahren mit dem zeitlos modernen Interior Design Standards. Die Zimmer sind nach wie vor in einem recht guten Pflegezustand, auch wenn die nächste Auffrischung in naher Zukunft anstehen dürfte. Nicht mehr zeitgemäß sind die Badezimmer, in denen der Gast in die Wanne steigen muss, um zu duschen. *Standard-*, *Komfort-* und *Superior*-Zimmer werden, in dieser Reihenfolge nach aufsteigender Größe eingeordnet, ebenso angeboten wie *Junior-*, *Komfort-* und *Superior*-Suiten. Nur die *Standard*-Zimmer sind zum Atrium ausgerichtet, sodass Frischluftliebhaber mindestens ein *Komfort*-Zimmer buchen sollten. In Anbetracht dessen, dass den Gästen lediglich ein kleiner Wellnessbereich mit finnischer Sauna zur Verfügung steht, ist es nicht nachvollziehbar, dass dafür immerhin 10 Euro pro Zimmer aufgerufen werden. Das Dampfbad ist nunmehr schon längere Zeit außer Betrieb, hier gab es offenbar einen Rohrbruch. Mit seiner Architektur und Ausstattung passt das Haus, das zur HR-Gruppe zählt, bestens zum Portfolio von Dorint. Für einen Aufenthalt in der thüringischen Landeshauptstadt zählt dieses Businesshotel ohne Frage zu den empfehlenswerten Adressen.

Bewertung: ●●●

## RADISSON BLU

**(Altstadt)**
**Juri-Gagarin-Ring 127**
**99084 Erfurt**
**Telefon: 03 61-55 10-0**
**Internet: www.radisson-erfurt.de**
**E-Mail: info@radisson-erfurt.com**
**Direktor: Michael Rosin**
***DZ ab € 112,00***

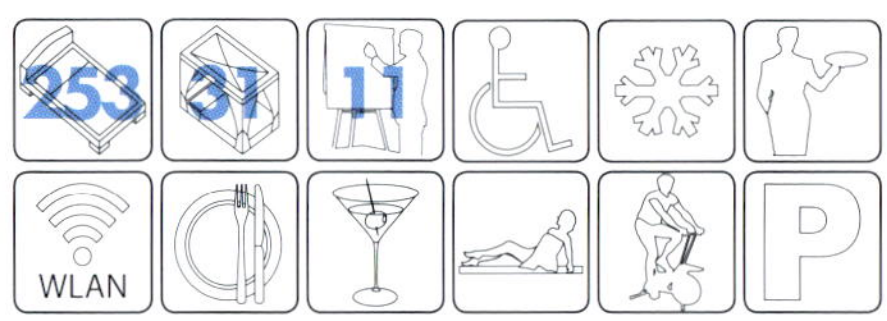


Noch immer bleiben wir bei unserer Einschätzung, es könnte durchaus gelingen, dass dieses Radisson Blu zur ersten Adresse in Erfurt avanciert, zumindest im First-Class-Segment. Zwar wäre die Service- und Dienstleistungsqualität dazu deutlich anzuheben, doch immerhin ist es in der Lage, mit seinem recht breit gefächerten Zimmerprodukt auch unterschiedlichen Komforterwartungen der Gäste zu entsprechen. Zwischenzeitlich wurde ein großer Teil der 253 Zimmer und 31 Suiten renoviert, wenngleich manchen von ihnen der Charme der 1990er-Jahre weiterhin anhaftet. Deshalb würden wir grundsätzlich empfehlen, ganz explizit den Renovierungsstand der von der Reservierungsabteilung angebotenen Zimmer zu hinterfragen. Eingeordnet werden sie in die Kategorien *Standard*, *Standard Stadtblick*, *Superior* sowie *Premium* bei einer Größe zwischen 20 und 35 Quadratmetern. Gerade bei den *Standard-* und *Superior*-Zimmern wurden die Flächen mit modularen Elementen von USM Haller ausgestattet und somit bestmöglich genutzt. In allen Zimmern wird die Kaffee- und Teezubereitung ermöglicht; die Juniorsuiten und Suiten wurden zusätzlich mit einer Kapselmaschine ausgestattet. Dies ist allerdings nur eines von mehreren Extras jener Segmente, denn wenn der Aufenthalt besonders komfortabel sein soll, dann empfiehlt sich eine der schicken Juniorsuiten auf der sogenannten Suiten-Etage, von denen sogar zwei über eine eigene finnische Sauna verfügen. Andere besitzen eine große Whirlwanne. Für Gäste mit einem erhöhten Sicherheitsbedarf bietet sich die luxuriöse, 150 Quadratmeter große Präsidentensuite an. Die Türen sowie die Fensterscheiben sind schusshemmend, der Eingangsbereich ist videoüberwacht. Sie umfasst zwei Schlafzimmer, einen Wohn- und einen Essbereich sowie ein Wellnessbadezimmer mit finnischer Sauna und Whirlpool. Zudem genießt man dort aufgrund der bodentiefen Fenster einen sensationellen Ausblick über die Dächer der Stadt. All jene, die sich keine Suite mit Wellnessbad leisten können oder wollen, steht in der 17. Etage ein kleiner Freizeitbereich mit Sauna zur Verfügung, dessen Nutzung seit neuestem allerdings nicht mehr in den Zimmerpreis inkludiert ist, sondern mit 5 Euro gesondert berechnet wird. Hierzu zählt auch der Fitnessraum, der mit drei Trainingsgeräten jedoch recht spärlich ausfällt. Dagegen sind die Tagungs- und Veranstaltungsmöglichkeiten mit insgesamt elf Räumlichkeiten überdurchschnittlich gut. Meetings, Empfänge oder Konferenzen mit bis zu 450 Personen sind möglich. Fünf Räume befinden sich in der 17. Etage. Die Gastronomie im Radisson schwächelt hingegen bereits seit vielen Jahren. So gewährleistet das Classico Bistro & Bar, das eine Mischung aus internationaler und regionaler Küche offeriert, die Verpflegung der Gäste ohne große Highlights. Die Blu's Bar in der geräumigen Hotellobby bietet sich zum Chillen an. Hier können zu Bier und Cocktails kleine Gerichte bestellt werden. Erfreulicherweise ist der Gast aber nicht auf die Gastronomie des Hauses angewiesen, denn durch die zentrale Lage eröffnen sich zahlreiche Alternativen im nahen Umfeld dieses Radisson. Über eine Tiefgarage verfügt das Hotel nicht und vor dem Haus befinden sich lediglich 60 Stellplätze, die bei einer hohen Auslastung natürlich nicht ausreichend sind. In diesem Fall wird daher auf ein benachbartes Parkhaus eines Einkaufscenters verwiesen.

Bewertung: ●●●

**HINWEIS:**

*Die Recherche wurde nach bestem Wissen und Gewissen durchgeführt. Es besteht trotzdem die Möglichkeit, dass Daten falsch oder überholt sind. Eine Haftung kann auf keinen Fall übernommen werden. Wir weisen darauf hin, dass es sich bei den geschilderten Eindrücken oder Erlebnissen um Momentaufnahmen handelt, die nur eine subjektive Beurteilung darstellen können.*

## SCHLOSSHOTEL HUGENPOET

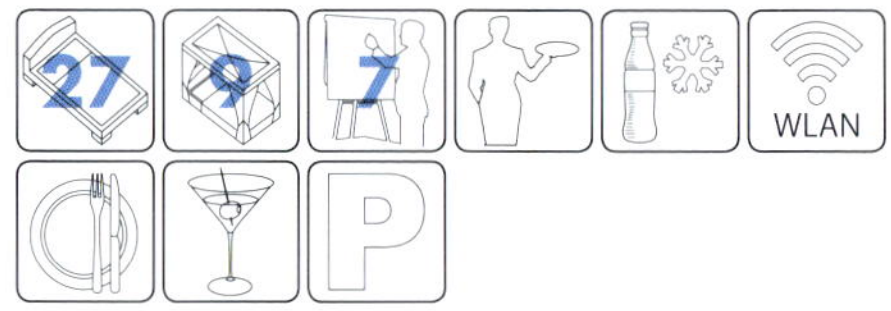


**(OT Kettwig)**
**August-Thyssen-Straße 51**
**45219 Essen**
**Telefon: 0 20 54-12 04-0**
**Internet: www.hugenpoet.de**
**E-Mail: info@hugenpoet.de**
**Direktorin: Vivian-Jessica Schiller**
***DZ ab € 232,00***

Schloss Hugenpoet im Ortsteil Kettwig kann auf eine Geschichte zurückblicken, die bis ins Jahr 778 zurückreicht. Es beherbergt ein klassisches Luxushotel und hat aufgrund der nur 36 Zimmer und Suiten einen eher intimen Charakter. Dieses Hideaway bietet sich dadurch insbesondere für exklusive Events und Festbankette, aber auch für private Feierlichkeiten an. In den Sommermonaten sind dort zudem Open-Air-Veranstaltungen sehr beliebt. Daher ist das Wasserschloss natürlich auch eine gefragte Hochzeitslocation. Wer sich für dieses Haus entscheidet, der schätzt vor allem die Individualität, den bislang recht guten Service sowie die hervorragende Gastronomie des Hauses. Auch wenn sich in Anbetracht der augenblicklichen Lage, vor allem wegen des Fachkräftemangels, die Frage stellt, ob die hier gewohnten Standards und Annehmlichkeiten zukünftig in gleicher Weise aufrechterhalten werden können. Mit Blick auf das Zimmerprodukt sind gewisse Unterschiede auszumachen, was die jeweilige Ausstattung und den Stil anbetrifft. Im Schloss selbst sind die Zimmer und Suiten gediegen und elegant, teilweise mit edlen Antiquitäten ausgestattet. Nach wie vor präsent ist uns die Beschreibung einer Mitarbeiterin, die sie mit „Die sind halt älter" kurz und bündig zusammengefasst hat. Dennoch erhielten einige Zimmer in jüngerer Vergangenheit erweiterte Softliftings, anderen wiederum wurden nur grundlegende Erhaltungsmaßnahmen zuteil. In der Remise sowie dem Torhaus ist das Interieur weitaus moderner. Sie seien, so eine Mitarbeiterin, „mit modernen Akzenten an den Stil des Hauses angepasst worden". Viel Platz bieten die Juniorsuiten, die über einen getrennten Wohn- und Schlafbereich sowie über ein Luxusbadezimmer mit Dusche und getrennter Badewanne verfügen. Nach dem Weggang von Erika Bergheim hat ihr damaliger Souschef Dominik Schab die Verantwortung für die Gastronomie übernommen, der bestrebt ist, das bisherige kulinarische Niveau auch weiterhin zu gewährleisten. Im Restaurant 1831 im linken Wintergarten im Haupthaus wird somit weiterhin Fine Dining geboten. Das zweite Restaurant Hugenpöttchen war zuletzt geschlossen, soll jedoch in der zweiten Hälfte des Jahres wiedereröffnet werden. Möglich ist aber auch, dass man das Restaurantkonzept nochmals modifiziert. Ein solcher Wechsel wie im Falle Schabs ist hier im Haus offenbar bewährte Praxis, bei der Mitarbeitern aus der zweiten Reihe nach langen Jahren der Bewährung Leitungsverantwortung übertragen wird. Denn wir erinnern uns, dass nach dem Abgang des langjährigen Betreibers Michael Lübbert die Direktionsassistentin zur Direktorin bestellt wurde, und dass nach deren Abschied mit Vivian-Jessica Schiller ebenfalls ein „Eigengewächs" nachgerückt ist. Somit kann sichergestellt werden, dass der jeweilige Übergang fließend vonstattengeht und es zu keinen unnötigen Vakanzen kommt. Ganz entspannt beginnt der Tag im Schlosshotel mit dem hervorragenden Frühstück, das nämlich auf einer Etagere, auf der sich Wurst, Käse und Lachs befinden, serviert wird. Eierspeisen werden selbstverständlich à la minute nach dem Gusto der Gäste zubereitet und Pancakes sowie Bio Smoothies können zusätzlich geordert werden. Wer keine Zeit hat, in Ruhe und ausgiebig zu frühstücken, der kann das „Take away Frühstück" in Anspruch nehmen. Tagungen und Konferenzen im festlichen Rahmen sind im Schloss selbst möglich, denn es stehen neben dem Kutschhaus mit modern-funktionalen Räumlichkeiten edle Salons als weitere Alternativen zur Verfügung. Im Festsaal sind Events mit bis zu 120 Personen möglich. Ein Wellnessbereich zählt leider nicht zum Gesamtangebot des Hauses. Dafür kooperiert das Hotel mit dem Fitness First Club, zu dem die Gäste des Hotels kostenfreien Zutritt erhalten, die dort eine hervorragende Ausstattung mit Cardio- und Krafttrainingsgeräten sowie ein Saunabereich erwartet. Es ist noch nicht allzu lange her, dass zu diesem Fitnessclub sogar ein Limousinen-Transfer angeboten wurde. Mittlerweile ist das aber nicht mehr möglich, da das Hotel derzeit über keine Limousine verfügt. So zumindest die nachvollziehbare Erklärung. Sportliche Betätigung ist darüber hinaus auf dem hoteleigenen Tennisplatz möglich, der für ein Spiel reserviert werden kann. Parken auf dem Gelände bleibt nach wie vor kostenfrei. Erfreulich, denn nicht selten lassen sich Hotels die Nutzung der Parkplätze fast in Gold aufwiegen. Und da der Düsseldorfer Flughafen sowie der Essener Hauptbahnhof von hier aus auch per Taxi in weniger als einer halben Stunde zu erreichen sind, kann von einer abgelegenen Lage hier nicht die Rede sein.

Bewertung:

## FRANKFURT Hessen

### JW Marriott Hotel Frankfurt

**(Innenstadt)**
**Thurn-und-Taxis-Platz 2**
**60313 Frankfurt**
**Telefon: 0 69-29 72 37-0**
**Internet: www.marriott.com**
**E-Mail: info@jwfrankfurt.com**
**Direktor: David Salomon**
***DZ ab € 271,00***

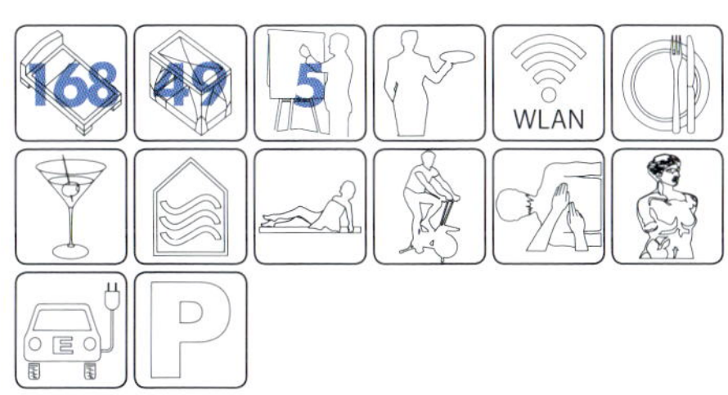


Nachdem die Jumeirah Group, eine internationale Hotelkette im Besitz der Herrscherfamilie Al Maktoum von Dubai, ihr Engagement in diesem Haus beendet hatte, wird es nun unter der Marke JW Marriott weiterbetrieben und bespielt nach wie vor das Luxus-Businesssegment. Der Start zu Beginn des zweiten Quartals letzten Jahres war offenbar noch ein wenig holprig, was aber vermutlich vor allem Gästen aufgefallen ist, die diese Hotelmarke generell präferieren und somit die sonst üblicherweise gebotenen Standards kennen. Hierzu dürften vor allem Teilnehmer des Kundenbindungsprogramms von Marriott zählen, die dahingehend einen hohen Status erreicht haben und beispielsweise enttäuscht waren, dass sie die damit verbundenen üblichen Mehrwerte in diesem Haus nur eingeschränkt genießen konnten. Das betraf die Upgrades oder kleine Aufmerksamkeiten, mit denen man die loyalen Kunden sonst während des Aufenthalts umschmeichelte. Denn die Konsolidierungsphase nach der Übernahme des Hotelbetriebes durch Marriott dauerte offenbar ein wenig länger. Ansonsten ist zu konstatieren, dass sich seit dem Markenwechsel nur bedingt Veränderungen zeigen; mit Ausnahme, und das sagen wir mit einem Augenzwinkern, der Bilder der Gebrüder Marriott, die im Rezeptionsbereich jedes Hotels der Gruppe hängen und hier ebenso nicht fehlen dürfen. Selbstverständlich gibt es nun in der Person von David Salomon auch einen neuen Direktor, nachdem Daniela Fette zu Dorint gewechselt ist. In der bisher ja noch nicht sehr langen Geschichte dieses Hotels ist Salomon sicherlich der farbloseste unter den bisherigen Direktoren. Allerdings, auch das gehört zur Wahrheit, konnte bislang niemand an die charismatische Dagmar Woodward heranreichen, die bereits die Pre-Opening-Phase des damaligen Jumeirah begleitete und die alles daransetzte, dieses Luxushotel an der Spitze der Frankfurter Hotellandschaft zu positionieren. Woran sich in jedem Fall nichts geändert hat, ist der Komfort des Zimmerprodukts. So bieten die *Deluxe*-Zimmer reichlich Platz, die unter anderem mit Panorama- und Skyline-Blick buchbar sind und eine Größe zwischen 33 und 46 Quadratmetern aufweisen. Die sogenannten *Skyline-Deluxe*-Zimmer befinden sich zwischen der 10. und 25. Etage. Selbstverständlich zählen zum weiteren Angebot neben Juniorsuiten ebenso besonders geräumige Luxussuiten, darunter auch eine 220 Quadratmeter große Präsidentensuite. Alle sind durch ihre bodentiefen Fenster lichtdurchflutet. Gäste erhalten ungeachtet der gebuchten Kategorie freien Zugang zum hoteleigenen JW Marriott Spa, in dem Beauty- und Massagetreatments geboten werden. Zusätzlich werden hier zwei geschlechtergetrennte finnische Saunen inklusive Ruhezonen ausgewiesen, woran erkennbar wird, dass es sich bei diesem Marriott, wie auch schon zuvor bei Jumeirah, um einen international gebuchten Standort handelt, weswegen unterschiedlichen Spa-Gepflogenheiten Respekt gezollt wird. Im Gebäudekomplex befindet sich zudem der Fitness First Club My Zeil, zu dessen Ausstattung ein geschlechtergemischter Saunabereich mit finnischer Sauna und Dampfbad zählt, zusätzlich auch noch ein 20-Meter-Pool. Das Angebot an Cardio- und Krafttrainingsgeräten ist erwartungsgemäß ebenfalls hervorragend. Die Gastronomie des Hauses hatte als Jumeirah schon einmal glanzvollere Zeiten gesehen. Hauptrestaurant ist nach wie vor das MAX ON ONE mit einer internationalen Ausrichtung, in dem man sich zum Lunch wie auch abends zum Dinner einfinden kann. Zudem wird dort das opulente Frühstücksbuffet angeboten, für das 42 Euro aufgerufen werden. Nimmt der Gast mit dem Hotel telefonischen Kontakt auf, wird er in der Regel auf Englisch begrüßt. Damit wird die bereits erwähnte internationale Ausrichtung des

Hauses und die damit verbundene Kerngästeklientel angesprochen. Leider verzichtet man auf eine Inhouse-Reservierung und verbindet den Gast stattdessen mit der internationalen Reservierung, was sich mitunter recht schwierig gestaltet – vor allem dann, wenn Detailinformationen gewünscht sind. Auskünfte auf diesem Kanal sollte der Gast daher stets als unverbindlich ansehen. „Oh, das weiß ich nicht!" ist noch die ehrlichste und hilfreichste Antwort, die man hier erwarten darf. In der Regel gibt es in der Gesprächsführung dieser Mitarbeiter bei Nachfragen zwei Varianten an Verbindlichkeit, eingeleitet jeweils mit „Ich glaube ja" oder einem „Ich glaube nein". Glauben allein hilft aber bei einer Reise- oder Veranstaltungsplanung leider nicht weiter. Hier gäbe es durchaus Optimierungsbedarf, um so potenziellen Gästen auch die Besonderheiten dieses Luxushotels angemessen nahebringen zu können. Positiv zu bewerten ist nach wie vor die Lage, die für das JW Marriott spricht, denn zu Füßen des Hotelturms liegt das Einkaufszentrum MyZeil. Der Römer, die Alte Oper, die Börse und die noble Einkaufspassage Goethestraße mit den zahlreichen Flagship-Stores bekannter Marken befinden sich als Frankfurter Sehenswürdigkeiten bzw. touristische Ziele von hier aus nur wenige Gehminuten entfernt. Auch die Anbindung an den Nahverkehr ist hervorragend, denn die zentrale S- und U-Bahn-Station Konstablerwache liegt ebenfalls direkt am Hotel. Nach nur einer Station ist der Hauptbahnhof in gut drei Minuten zu erreichen. Parken ist mit 39 Euro pro Tag in diesem Haus sicherlich kein preiswertes Vergnügen, erfreulich ist dafür, dass hier wirklich breite Parkflächen zur Verfügung stehen.

Bewertung:

## MARITIM

**(OT Bockenheim)**
**Theodor-Heuss-Allee 3**
**60486 Frankfurt**
**Telefon: 0 69-75 78-0**
**Internet: www.maritim.de**
**E-Mail: info.fra@maritim.de**
**Direktorin: Constanze Neuhörl**
***DZ ab € 91,00***

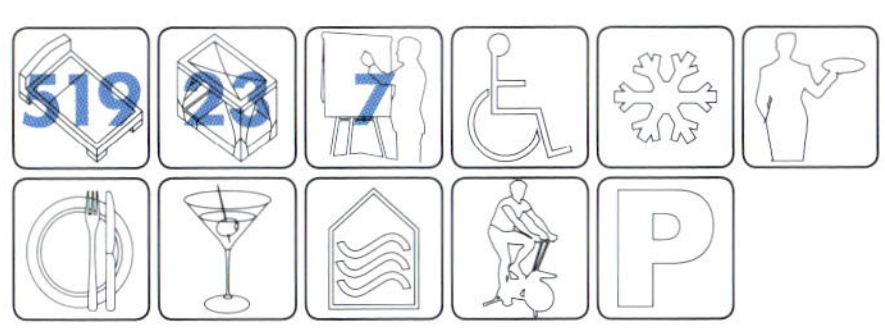


Dieses First-Class-Hotel der Maritim-Gruppe mit direktem Zugang zum Frankfurter Messegelände inklusive angrenzender Festhalle hat schwere Zeiten hinter sich, denn es ist in erster Linie nun einmal ein lupenreines Kongresshotel und profitierte in der Vergangenheit vor allem von seiner exponierten Lage. Gerade aber das Messe- und Kongressgeschäft lag in den letzten drei Jahren aus den bekannten Gründen faktisch am Boden. Und von großen Veranstaltungen einmal abgesehen gibt es nur wenige Gründe, die dafürsprechen würden, sich für dieses Maritim zu entscheiden, zumal es hier in der Stadt ja weitaus interessantere und vor allem progressivere Hotels gibt, die das gleiche Segment bespielen. Hinzu kommt, dass es bereits vor der Pandemie so war, dass Frankfurt große Messen verloren hatte, beispielsweise die IAA, die nunmehr in München stattfindet. Dennoch hat das Tagungs- und Kongressgeschäft nun langsam wieder Fahrt aufgenommen, nachdem seit April 2023 faktisch alle pandemiebedingten Einschränkungen aufgehoben wurden und somit keine Hygiene- und Abstandsregeln mehr einzuhalten sind. Ob dies augenblicklich bereits ausreicht, um wieder wirtschaftlich zu arbeiten, können wir abschließend nicht beantworten, immerhin müssen 519 Zimmer und 23 Suiten entsprechend ausgelastet werden. Eher ist zu befürchten, dass es noch eine längere Zeit dauern wird, bis das Vor-Corona-Niveau wieder erreicht werden kann. Das Haus selbst verfügt über insgesamt sieben Räume für Tagungen und Kongresse, unter denen der größte Saal Platz für bis zu 400 Personen bietet. Zuletzt wurde nochmals in die Technik investiert, um beispielsweise auch hybride Veranstaltungen zu ermöglichen. Die Gesamtkapazitäten sind durch das angrenzende Congress Center Frankfurt natürlich noch einmal deutlich erweiterbar, verfügt dieses doch über insgesamt 24 Räumlichkeiten. Somit können hier Events mit bis zu 2200 Personen realisiert werden. In Anbetracht der bereits erwähnten Zimmerkapazitäten ist es möglich, dann auch eine große Teilnehmeranzahl in diesem Maritim unterzubringen. Eine Master-Renovierung lässt unter diesen Bedingungen nach wie vor auf sich warten. Derartige Schritte beschränken sich bei Häusern des Maritim-Konzerns bekanntermaßen sowieso auf kleine Erhaltungsmaßnahmen. Manchmal ist das den Mitarbeitern derart peinlich, dass sie auf Nachfragen hinsichtlich des Renovierungsstandes gerne pauschal antworten: „Wir renovieren hier immer". Eingeteilt werden die Zimmer in *Classic* und *Superior*, die beide mit 30 Quadratmetern nicht wenig Platz bieten. Einige der Zimmer ermöglichen einen Skyline-Blick, andere sind zur Messe ausgerichtet. Ansonsten halten sich die zusätzlichen Annehmlichkeiten in Grenzen, von einer Kapselmaschine zur Zubereitung von Espresso und Kaffee im Segment *Superior* einmal abgesehen. Die Minibar wird seit einiger Zeit nicht mehr bestückt, und zu dieser Praxis gehen mehr und mehr Hotels über, denn damit können leicht personelle Ressourcen eingespart werden, wenn gleichzeitig Verkaufsautomaten mit etwas moderateren Preisen für Getränke und Snacks aufgestellt werden. Wer noch mehr Platz benötigt, der bucht eine Juniorsuite oder Suite. Mit 80 Quadratmetern ist die sogenannte *Executive* Suite recht groß, und hier ist auch die Minibar noch immer befüllt. Die Entnahme von Getränken bleibt allerdings kostenpflichtig. In der achten Etage befindet sich der Wellnessbereich mit Pool, Sauna, Ruhezone und Fitnessraum, wobei der Saunabereich zuletzt jedoch geschlossen blieb. Maritim war übrigens einer der ersten Hotelkonzerne, die für den Besuch der Sauna eine separate Gebühr aufgerufen haben, bei der pro Nutzungstag fünf Euro berechnet wurden. Sicherlich für die meisten Gäste verschmerzbar, aber irgendwie ein wenig kleinlich. Und auch die Mitarbeiter der Reservierungsabteilung haben Schwierigkeiten, dem Anrufer nachvollziehbar zu erklären, warum eine solche Gebühr erhoben wird und der Besuch nicht in die Zimmerrate inkludiert ist. Gastronomisch wurde bereits vor der Coronapandemie mehr als nur einen Gang zurückgeschaltet. So ist das wiederholt ausgezeichnete japanische Restaurant SushiSho, das sich inmitten der Lobby befand und eine Kultadresse war, vor ein paar Jahren für immer geschlossen worden. Aktuell dient das Classico als

Hauptrestaurant, dessen kulinarisches Angebot erfreulicherweise zwischenzeitlich erweitert und aufgewertet wurde, sodass die Gäste eine gehobene internationale Küche erwarten dürfen. Auch zu loben ist das Frühstücksbuffet, das die meisten Gäste positiv hervorheben. Parken ist hier mit 39 Euro eine kostspielige Angelegenheit, deshalb weisen die Mitarbeiter ausdrücklich darauf hin, dass Maritim nicht Betreiber der Tiefgarage ist; wobei, auch das gehört zur Wahrheit, die hier aufgerufenen Preise zwar sehr hoch, allerdings in Metropolen zwischenzeitlich völlig marktüblich sind. Eine Elektroladestation ist nicht vorhanden, deshalb muss hierfür auf das Parkhaus am Messeturm verwiesen werden. Die Anreise mit den öffentlichen Verkehrsmitteln ist dafür recht bequem, denn vom Hauptbahnhof ist es mit der U-Bahn nur eine Station bis zur Haltestelle Festhalle. Zusätzlich könnte auch die Straßenbahn genutzt werden und bei schönem Wetter und leichtem Gepäck wäre selbst ein kurzer Spaziergang zu diesem Hotel eine denkbare Alternative.

Bewertung:

## MELIÃ FRANKFURT CITY

**(OT Westend)**
**Senckenberganlage 13**
**60325 Frankfurt**
**Telefon: 069-66 81 98-0**
**Internet: www.melia.com**
**E-Mail: melia.frankfurt@melia.com**
**Direktor: Bastian Becker**
***DZ ab € 134,00***

Im Jahr 2021 trat das Meliã Frankfurt City als neues Premiumhaus des spanischen Meliã-Konzerns neu an, um den Hotelmarkt der deutschen Bankenmetropole zu bereichern. Das Haus ist Bestandteil eines architektonischen Mischkonzeptes aus Hotel und Wohnungen mitten in Frankfurt, denn der 145 Meter hohe Wolkenkratzer „One Forty West" beheimatet nur in seinen unteren 23 Etagen die 431 Zimmer und Suiten des Meliã Frankfurt City. Darüber befinden sich ausschließlich luxuriöse Eigentumswohnungen, was sich aber entgegen dem ersten Eindruck aufgrund der Balkone, die in etwas mehr als der oberen Hälfte des Gebäudes ein geometrisches Relief auf der Außenhaut des Hochhauses bilden, nicht äußerlich an der Architektur ablesen lässt. Denn der klare Wechsel zwischen einer glatten Glasfront und der Fassade mit Balkonen ist nicht deckungsgleich mit dem Wechsel zwischen Hotelbereich und Wohngeschossen innerhalb des Bauwerkes. Vielmehr liegen hier oberhalb des Gebäudesockels und der balkonlosen Etagen die Zimmer und Suiten der höheren Segmente *The Level*. Wer diese bucht, erhält einen exklusiven Zugang zur Executive Lounge mit einem eigenen Rezeptionsbereich sowie der Möglichkeit des Late Check-out. Innerhalb dieser *The-Level*-Ebenen oberhalb der 17. Etage gibt es die fünf Kategorien *The Level, Premium, Junior Suite, Grand Suite* und *Master Suite,*

die zusätzlich über einen Balkon verfügen. In den balkonlosen Etagen darunter befinden sich die Zimmer der Kategorien Meliã, was sozusagen das unterste Segment darstellt, *Meliã Premium* und weitere *Junior Suiten*. Grundsätzlich sind, bis auf die Einstiegskategorie, alle mit einer Kapselmaschine für Kaffeespezialitäten und einem Wasserkocher ausgestattet. In der 15. Etage befindet sich das Fine-Dining-Restaurant „Oben" mit spanisch-mediterran beeinflusster Küche sowie die Skybar für den abendlichen Drink oder Aperitif. Im Erdgeschoss hingegen speist man im Restaurant Neu-Frankfurt vom Buffet und à la carte, vor allem aber auch morgens beim Frühstück, was in dieser Kombination eine klassische Symbiose in Businesshotels der gehobenen Kategorien darstellt. Schließlich leistet es sich kaum ein Haus, ein reines Frühstücksrestaurant zu unterhalten, das den Rest des Tages ungenutzt bleibt. Verbunden ist dies jedoch immer mit einem Ambiente, das wenig intim und eher auf die morgendliche Massenabfertigung abgestimmt zu sein scheint. Gut, dass mit dem „Oben" eine ausgezeichnete Alternative für ein etwas exklusiveres Restauranterlebnis geboten wird. Die Gäste der *The-Level*-Zimmer und -Suiten erhalten Zugang zur eigens eingerichteten Lounge in der 15. Etage mit Blick über die Stadt und genießen hier bereits morgens in entspannter Atmosphäre das Frühstück. Dass die Öffnungszeiten der Lounge auf 20.30 Uhr reduziert wurden, nachdem der Zugang im letzten Jahr noch bis 22 Uhr möglich war, mag der nachvollziehbaren Tatsache geschuldet sein, dass man am späteren Abend nicht als Konkurrenz zur Skybar auftreten möchte. Denn immerhin werden hier ab 18 Uhr Tapas und alkoholische Getränke offeriert. Das Angebot einer solchen Hospitality Lounge, in der man sich nach der Ankunft im Meliã am späten Nachmittag idealerweise akklimatisieren und auf das Abendessen im Hotel oder anderswo in der Stadt einstimmen kann, ist ein klarer Pluspunkt für dieses Haus. Auch ein kleiner Spa mit finnischer Sauna, Erlebnisdusche, Ruhezone sowie einer Frischluftterrasse rundet das Freizeitangebot gemeinsam mit einem recht gut ausgestatteten Trainingsraum ab. Der sich über zwei Etagen erstreckende Veranstaltungsbereich zählt zu den tragenden Säulen des Hotels und umfasst eine Gesamtfläche von 1400 Quadratmetern mit insgesamt 15 Räumlichkeiten. Darunter befindet sich auch ein 650 Quadratmeter großer Festsaal, der fünffach unterteilbar ist und Veranstaltungen, Kongresse, aber auch Festbankette mit bis zu 360 Personen ermöglicht. Das Meliã in Frankfurt ist somit architektonisch ein Highlight und insgesamt eine sehr attraktive neue Offerte, welche als Businesshotel aber nicht das Rad neu erfunden hat. Ein gutes Grundangebot mit einer reizvollen Upgrade-Option auf das *The Level*-Niveau mit zusätzlichen Annehmlichkeiten, die weitgehend denjenigen von üblichen Executive-Etagen großer Businesshotels entsprechen, bietet alle Voraussetzungen, um es empfehlen zu können. Das gilt umso mehr, wenn man den spektakulären Ausblick auf die Frankfurter Skyline genießen möchte, denn nach Osten und Süden blickt man von hier nicht nur auf die Hochhäuser der City und die Wolkenkratzer an der Messe, sondern auch auf die neuesten Bauwerke dieser Kategorie am Ostende des noch unvollendeten Europaviertels.

Bewertung:

## SOFITEL FRANKFURT OPERA

**(Innenstadt)**
**Opernplatz 16**
**60313 Frankfurt**
**Telefon: 0 69-25 66 95-0**
**Internet: www.sofitel.com**
**E-Mail: H8159@sofitel.com**
**Direktor: Steffen Opitz**
***DZ ab € 254,00***

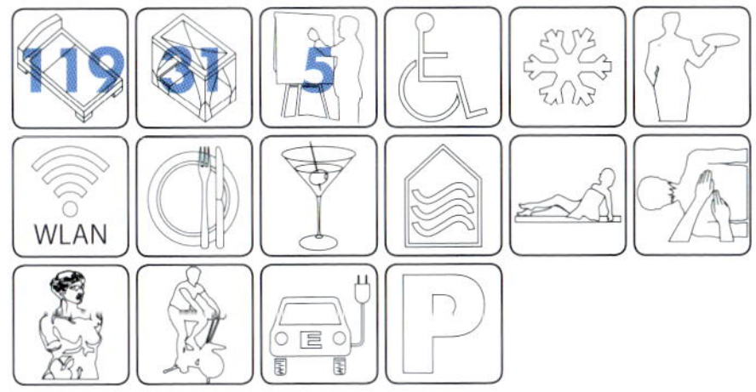


Im Oktober 2016 ist dieses Sofitel im Zentrum der Bankenmetropole Frankfurt angetreten, um das Luxussegment zu bespielen. Nachdem der international erfahrene Hotelmanager Denis de Schrevel Ende 2018 das Haus verlassen hatte, folgte auf diesen zunächst Florian Schütz, der hier allerdings nur ein relativ kurzes Gastspiel gab. Seit Juni 2020 trägt nun Steffen Opitz als Hoteldirektor die Verantwortung. Schrevel hinterließ zweifelsohne positiv nachwirkende Spuren, war es ihm doch gelungen, im Interesse des Hauses sehr schnell ein hervorragendes Netzwerk zu Persönlichkeiten der Frankfurter Gesellschaft aus Politik, Kultur und Wirtschaft aufzubauen. Damit trug er dafür Sorge, dass dieses Sofitel sehr schnell und auch in der öffentlichen Wahrnehmung als eines der besten Luxushotels der Stadt akzeptiert wurde. Bei Opitz konnten wir solche Qualitäten nicht entdecken, allerdings hatte er den Nachteil, inmitten der Coronapandemie die Verantwortung zu übernehmen und offenbar fehlte ihm zumindest bislang die Möglichkeit, zu einem Vorzeigegastgeber, wie er diesem Hause angemessen wäre, zu reüssieren. Nichtsdestotrotz kann dieses Sofitel zahlreiche positiv zu vermerkende Attribute für sich verbuchen, etwa eine prominente Lage direkt an der Alten Oper, vor allem aber eine außergewöhnliche Hardware in Bezug auf das Interieur des Hotels. Das trifft insbesondere auf die Zimmer und Suiten zu, deren geschmackvolle und edle Ausstattung, in warmen Erdtönen gehalten, zu einem eleganten Ambiente und einem hohen Aufenthaltskomfort beiträgt. Zudem sorgen bodentiefe Fenster für reichlich Tageslicht und ermöglichen entweder einen Stadtblick auf das Opernhaus und dahinterliegende Hochhäuser, einen Parkblick auf die Bockenheimer Anlage nördlich der Oper oder sie sind zur Hofseite ausgerichtet. Bereits die *Classic*-Zimmer haben eine Größe von 30 Quadratmetern. Das Thema Schlafkultur wurde generell stark gewichtet, daher wurde bei der Planung auf ein hochwertiges Bettensystem gesetzt. Alle Zimmer sind überdies mit einem luxuriösen Bad mit Regenschauerdusche ausgestattet. Neben Suiten zählen auch Juniorsuiten sowie eine 120 Quadratmeter große Präsidentensuite mit einer riesigen Terrasse zum Portfolio des Hauses. Für die Zubereitung von Kaffeespezialitäten stehen Illy-Kapselmaschinen zur Verfügung. Zu den verlässlichen Serviceleistungen im Sofitel zählen Valet Parking, Hilfe beim Gepäck, Begleitung zum Zimmer, ein 24-Stunden-Etagen- sowie ein Concierge-Service. Mit fünf Veranstaltungsräumen ist man auch im Convention-Segment recht gut aufgestellt; Tagungen, Konferenzen und Festbankette sind mit bis maximal 270 Personen möglich. In den Sommermonaten ist die Dachterrasse für exklusive Events mit bis zu 50 Personen buchbar. Das Restaurant Schönemann bietet eine französische Küche auf einem wirklich guten Niveau. Augenscheinlich ist es unter anderem auf die Belegschaften der benachbarten Unternehmen ausgelegt, da es unter der Woche täglich zwischen 12 Uhr und 18 Uhr eine Lunchkarte mit einer vielfältigen Auswahl offeriert, die sich für die Mittagspause ebenso eignet wie für ein Geschäftsessen. Für ein Zwei-Gänge-Menü werden 29 Euro und für ein Drei-Gänge-Menü 42 Euro inklusive einer kleinen Flasche Wasser aufgerufen. Seinen Aperitif oder Digestif nimmt man am besten in der Lili's Bar, hier werden beispielsweise erstklassige Champagner-Cocktails, optional auch mit einem kleinen Snack serviert. Geöffnet hat sie täglich ab 11 Uhr. Erstklassig ist das Frühstücksbuffet, sowohl hinsichtlich des Angebots als auch im Hinblick auf die Qualität – eben ganz entsprechend dem Sofitel-Standard. Die Nutzung des Hotel-Spa wurde bereits in die Zimmerrate eingeschlossen. Dieser umfasst eine finnische Sauna, ein Dampfbad, einen Ruhebereich sowie einen kleinen, rund um die Uhr zugänglichen Gym. Auch zum angrenzenden 3000 Quadratmeter großen Fitness First Club, zu dem nicht zuletzt ein 25-Meter-Sportpool zählt, haben Hotelgäste kostenfreien Zutritt. Parken ist dagegen mit 41 Euro pro Tag ein kostspieliges Vergnügen. Aufgrund der hervorragenden Anbindungen an den Nah- und Fernverkehr würde sich ebenso eine Anreise mit den öffentlichen Verkehrsmitteln anbieten. Unser Fazit: Das Sofitel darf sich ausgehend von seinem Angebot, seinem Zimmerprodukt, seiner Gastronomie und letztlich seiner guten Lage durchaus zu den fünf besten Hotels der Stadt zählen.

Bewertung:

## STEIGENBERGER FRANKFURTER HOF

**(Innenstadt)**
**Am Kaiserplatz**
**60311 Frankfurt**
**Telefon: 0 69-2 15-02**
**Internet: www.steigenberger.com**
**E-Mail: frankfurter-hof@steigenberger.de**
**Direktor: Stefan Frank**
***DZ ab € 200,00***

Der Frankfurter Hof, das nach der Schließung des Hessischen Hofes einzig noch verbliebene wahre Grandhotel alter Schule in der Stadt mit einer langen Geschichte, ist bereits seit einigen Jahren in der Mainmetropole wieder die absolute Nummer eins. Das war nicht zuletzt Hoteldirektor Spiridon Sarantopoulos geschuldet, der das Haus über viele Jahre geführt hatte, doch sein Engagement im Mai letzten Jahres beendete. Wir bleiben dabei, Sarantopoulos war hier der richtige Mann zur richtigen Zeit, vor allem nach den eher schwachen Vorgängern. So zeigte sich einmal mehr: Eine starke Führungspersönlichkeit ist nun einmal in Anbetracht der Strahlkraft

und des Stellenwertes einer solchen Hotellegende unverzichtbar. So wusste Sarantopoulos nur zu genau, wann seine Präsenz bei den Gästen erforderlich war und erwies sich dann regelmäßig als ein Bilderbuchgastgeber. Eine angemessene Pflege der Guest Relation ist nun einmal Pflicht und Kür gleichermaßen für ein Haus mit einem sehr hohen Anteil an Stammgästen wie diesem. Zumal der Frankfurter Hof in der Stadt zu jenen Häusern zählt, welche die Funktion des Wohnzimmers für Persönlichkeiten aus Wirtschaft, Politik, Kunst und Kultur der hiesigen Gesellschaft einnehmen. Bestens vernetzt, pflegte der Direktor Kontakte zu diesen speziellen Gästen und brillierte parallel mit einer vorbildlichen Presse- und Öffentlichkeitsarbeit im Interesse des Hauses. Zwischenzeitlich hatte Friedrich von Schönfeldt interimsweise die Gesamtverantwortung für das Steigenberger übernommen und stellte eindrucksvoll unter Beweis, dass auch er diese Frankfurter Institution führen kann. Für den jungen smarten Hotelmanager, der sich zuvor insbesondere um das operative Tagesgeschäft gekümmert hatte, dürfte das eine spannende Herausforderung gewesen sein, dieses Flaggschiff zumindest vorübergehend zu navigieren und dabei seine Leadership-Qualitäten unter Beweis zu stellen. Damit wurde implizit unseren Spekulationen Rechnung getragen, die sich auf die Karriere von Friedrich von Schönfeldt bezogen hatten, nämlich dass er zwar mit größter Wahrscheinlichkeit nicht langfristig die Gesamtverantwortung für den Frankfurter Hof erhalten würde, er sich aber längst für eine neue Aufgabe innerhalb des Konzerns als General Manager empfohlen hatte. Und in der Tat, bei der Deutschen Hospitality, die zahlreiche Marken unter ihrem Dach vereint, erweisen sich seine Aufstiegschancen als wirklich hervorragend, da er nun den Handelshof Leipzig, ebenfalls ein Icon Hotel und ein Haus im absoluten Spitzensegment, seit März als General Manager lenken darf. Damit wurde auch unser Eindruck erneut bestätigt, dass der Frankfurter Hof so etwas wie eine Kaderschmiede für junge und talentierte Steigenberger-Führungskräfte ist, denn wer in diesem doch sehr komplexen Haus seine Expertise und Führungsqualitäten unter Beweis stellt, kann sich mitunter schnell für andere renommierte Adressen der Gruppe empfehlen. Auf die Position des Hotelmanagers des Frankfurter Hofes rückte letztlich Florian Woithe nach, der nun den neuen General Manager Stefan Frank unterstützt. Und unser Eindruck ist positiv, weil Woithe ganz offensichtlich nicht nur ein formvollendeter Gastgeber mit hoher Kommunikationsbegabung ist, sondern auch zeigt, dass er seine Aufgabe mit großer Leidenschaft erfüllt, was besonders daran zu erkennen ist, dass er die Klaviatur der Guest Relation wirklich beherrscht. Kommen wir nun aber von Personalfragen zu den inneren Werten des Frankfurter Hofes. Die Zimmer und Suiten erhielten zwischenzeitlich alle ein mehr oder weniger großes Fresh Up. Hervorzuheben sind jene der

Kategorie *Grand Deluxe*, denn diese wurden zuletzt einer weitreichenderen Renovierung mit einhergehendem neuen Designkonzept unterzogen. Die hochwertigen Luxusbäder sind überwiegend mit einer Badewanne und einer separaten Dusche ausgestattet. Für dieses Segment sprechen wir ausdrücklich eine Empfehlung aus, wobei sich der edle, hochwertige Stil des Zimmerprodukts in allen Kategorien

wiederfindet. Der Frankfurter Hof bietet als klassisches Luxusgrandhotel selbstverständlich einen Full Service, der Valet Parking und Hilfe beim Gepäck genauso umfasst wie einen 24-Stunden-Etagenservice. Herauszuheben ist überdies der Concierge-Service: Bestens vernetzt ist das Team um Chef-Concierge Holger Alexander Müller, welches sich um die kleinen und großen Anliegen der Gäste, etwa um einen Babysitter für den Nachwuchs, eine Theaterkarte, den Limousinentransfer zum Flughafen oder um eine Restaurantreservierung kümmert und darüber hinaus recht gut über Neuigkeiten und Events in der Stadt informiert ist. Wertvolle Tipps und Auskünfte bekommt man hier also garantiert. Müller und seine Kollegen sind für die Gäste bei jeglichen Sonderwünschen somit die ersten Ansprechpartner. Über eine eigene Tiefgarage verfügt das Hotel nicht, jedoch kann auf ein gegenüberliegendes öffentliches Parkhaus zurückgegriffen werden. Im vergangenen Sommer sorgte die Nachricht von der Schließung des Gourmetrestaurants Francais für eine große Enttäuschung. Selbiges stand unter der Verantwortung von Chef de Cuisine Patrick Bittner, der mit seiner klassisch-französisch orientierten Küche über viele Jahre mit einem Michelin-Stern ausgezeichnet worden war. Nach wie vor steht den Gästen aber die Brasserie OSCAR's für eine kulinarisch anspruchsvolle Versorgung zur Verfügung. In den Sommermonaten ist es wirklich ein herrliches Erlebnis, dort auf der Terrasse zu speisen. Den Abend lässt man gerne in der Autorenbar ausklingen. Die wiederum genießt einen Kultstatus, ist sie doch ein Lieblingstreffpunkt von Kulturschaffenden, Journalisten, Politikern und Wirtschaftslenkern der Mainmetropole. Nebenbei bemerkt wird hier auch ein Speisenangebot mit den üblichen Klassikern wie Steak, Salat, Burger, Pasta oder Wiener Schnitzel offeriert. In der ersten Etage des Hotels befindet sich ein exklusiver Spa mit finnischer Sauna, Dampfbad und Hamam. Zusätzlich ist eine finnische Sauna allein für Damen reserviert. Erstklassig ist der Anwendungsbereich, der ein umfangreiches Angebot an Beauty- und Wohlfühlmassagen bietet. Eine exklusive Private-Spa-Suite rundet das Gesamtangebot ab und ist mit zwei Massageliegen, einem Ruhebett und einem luxuriösen Badezimmer mit eigener Sauna ausgestattet. Das hauseigene Fitnessstudio verfügt über eine gute Auswahl an Kardio- und Krafttrainingsgeräten und ist auch öffentlich zugänglich, wobei es möglich ist, von Tageskarten bis hin zu Jahresmitgliedschaften unterschiedliche Zugangsoptionen zu erwerben. Eine Besonderheit dieses Steigenberger ist der hauseigene Barbier, der im Übrigen sehr gerne auch von externen Gästen frequentiert wird. Positiv fallen uns immer wieder die Mitarbeiterinnen der Reservierungsabteilung bei unseren telefonischen Checks auf, da sie eben nicht einfach die Basics aus ihren Datenmasken ablesen, sondern den Anrufer individuell beraten und auch schon einmal eine ganz persönliche Empfehlung aussprechen. Wie gut, dass eine sogenannte Inhouse-Reservierungsabteilung hier nach wie vor Standard ist. So können wir augenblicklich konstatieren, dass Gäste, die ein traditionelles, klassisches Luxushotel lieben, dabei Wert auf einen exzellenten Service legen und darüber hinaus auch eine gute Gastronomie voraussetzen, mit dem Steigenberger Hotel Frankfurter Hof sicherlich die beste Wahl treffen.

Bewertung: ●●●● ◐

## FREIBURG Baden-Württemberg

### COLOMBI

**(Innenstadt)**
**Rotteckring 16**
**79098 Freiburg**
**Telefon: 07 61-21 06-0**
**Internet: www.colombi.de**
**E-Mail: info@colombi.de**
**Direktor: Michael-Stephan Sänger**
***DZ ab € 222,00***

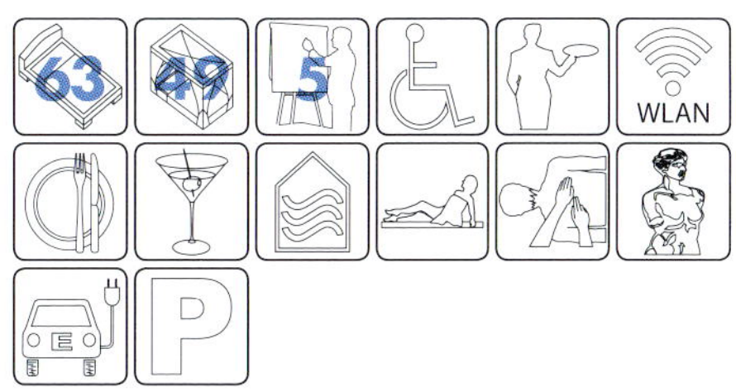


Das Colombi in Freiburg ist eines der letzten familiengeführten Luxusgrandhotels Deutschlands und nicht zuletzt aufgrund seiner Mitgliedschaft bei der feinen Vereinigung Leading Hotels of the World sind die Servicestandards des Hauses erwartungsgemäß auf einem sehr hohen Niveau. Wir berichteten an dieser Stelle bereits mehrfach, dass vor einigen Jahren ein sanfter Generationenwechsel in der Führung des Hotels stattfand, nachdem Hotelierslegende Roland Burtsche die operative Führung des Colombi an seine Tochter Dr. Kirsten Moser übergeben hatte. Doch auch wenn er inzwischen das 80. Lebensjahr längst überschritten hat, ist er nach wie vor in seinem Haus präsent und steht mit seiner Expertise sowie seiner Lebenserfahrung dem Führungsteam mit Rat und Tat zur Seite. Ebenso schätzen die vielen Stammgäste die Begegnung mit dem Doyen der Freiburger Hotellerie. Zu diesen Habitués zählen übrigens auch zahlreiche aus der Region, für die das Colombi so etwas wie ihr öffentliches Wohnzimmer darstellt, in dem sie gerne familiäre wie auch berufliche Feierlichkeiten ausrichten lassen. Kirsten Moser, die zudem das Hotel Stadt Freiburg führt – ein Businesshotel im Vier-Sterne-Segment auf dem Areal der Universitätsklinik – wird hier durch Michael Sänger unterstützt, der vor allem für sein Organisations- und Improvisationstalent geschätzt wird. Ihn trifft man auch noch spätabends, an Wochenenden und hohen Feiertagen im Hotel an. Vorbildlich gerade für ein Haus der Luxuskategorie wie diesem, wie wir finden. Gäste bei Ankunft oder etwa im Restaurant zu begrüßen, ist für ihn selbstverständlich. Übrigens zeigt Kirsten Moser genauso regelmäßig Präsenz bei ihren Gästen, und dies trotz ihres großen Aufgabenspektrums, schließlich trägt sie, wie erwähnt, auch noch die operative Verantwortung im Hotel Stadt Freiburg. Wir stellen immer wieder fest, dass ein „Gastgeber-Gen" ebenso in ihrer DNA angelegt zu sein scheint und sie ihrem Vater hier in nichts nachsteht. Von diesem hohen Anspruch an sich und ihre Hotels sowie vom entsprechenden Qualitätsverständnis profitieren die Gäste daher in beiden Häusern. Die insgesamt 112 Zimmer des Colombi, die sich sowohl im Haupthaus als auch in der sogenannten Residenz befinden, sind mit feinen Stilmöbeln, teilweise zudem mit Antiquitäten ausgestattet und verfügen allesamt über edle Marmorbadezimmer, unter denen einige sogar Tageslicht bieten. Die Zimmer erlauben je nach Lage Ausblicke auf die Altstadt, das Freiburger Münster oder den Schlossberg. Die exklusiven Juniorsuiten und Suiten haben eine Größe zwischen 45 und 150 Quadratmetern. Wenn der Aufenthalt besonders luxuriös sein darf, dann bietet sich die *Colombi* Suite an, in der bis zu vier Personen logieren können. Ausgestattet ist sie mit getrennten Wohn-, Ess- und Schlafbereichen sowie einem Ankleidezimmer. Zudem kann sie mit einem Panoramablick über die Stadt begeistern. Alle Zimmer befinden sich in einem hervorragenden Pflegezustand, erhielten sie doch größtenteils in jüngerer Zeit ein erweitertes Fresh Up. Dafür sorgt eine kleine Crew an Malern, Polsterern und Elektrikern sowie sogenannten Allroundern und natürlich auch das Team der Housekeeping-Abteilung, die sicherlich ein großes Verdienst am ausgezeichneten Pflegezustand dieses Hotels hat. Eine kulinarische Institution in Freiburg ist das Restaurant Zirbelstube. Im Herbst letzten Jahres zeichneten sich dort Veränderungen ab, als Küchenchef Harald Derfuß im Oktober aus privaten Gründen das Haus verließ. Nunmehr tragen Henrik Weiser und Sven Usinger als Doppelspitze die Verantwortung für Küche und Kulinarik des Hotels einschließlich der Zirbelstube. Usinger ist hier bereits seit einigen Jahren tätig und somit ein „Eigengewächs". Anders Henrik Weiser, der neu verpflichtet wurde, um dem gastronomischen Konzept innovative Impulse zu geben. Zuletzt hatte er im Restaurant des Hotels Das Freiberg in Oberstdorf einen Michelin-Stern erkocht und gilt somit als Erfolgsgarant für die ebenfalls von diesem Führer ausgezeichnete Zirbelstube mit ihrer exzellenten Haute Cuisine, die hier von dienstags bis samstags an wenigen Tischen für bis zu 30 Personen pro Abend geboten wird. Kirsten Moser hat augenscheinlich eine kluge und weitsichtige Entscheidung getroffen, als sie Weiser und Usinger zusammenbrachte

und die Verantwortung nunmehr auf mehrere Schultern übertrug. Bereits in diesem Jahr wurde das Gourmetrestaurant wieder mit einem Stern prämiert, dem dieser Ritterschlag zuletzt verwehrt geblieben war. Eine Entscheidung des Gourmetführers, die übrigens für viele Stammgäste nicht nachvollziehbar war. Uns ging es damit ähnlich, denn auch wir hatten uns davon überzeugt, dass das kulinarische Niveau der Zirbelstube weiterhin erstklassig war. Die Spitzenküche wurde bislang stets von einem herausragenden Service flankiert. Der Maître d'Hôtel dirigiert sein Team wie ein Orchester, der Ablauf des Servierens aller Gänge ist so präzise wie ein Schweizer Uhrwerk aufeinander abgestimmt, nichts fehlt und auch die Weinbegleitung ist natürlich exzellent. Nachdem der Ritterschlag durch den Guide Michelin nun wieder erfolgte, waren wir beruhigt, dass unsere fachliche Einschätzung der kulinarischen Leistung und der Servicequalität offenbar richtig war. Für ein klassisches Grandhotel, das seit vielen Jahrzehnten immer größten Wert darauflegte, seinen Gästen auch ein veritables Gourmetrestaurant zu bieten, hat eine solche Auszeichnung noch einmal einen ganz anderen Stellenwert, nicht zuletzt im Hinblick auf die Außenwirkung. Das gastronomische Konzept wurde nun insgesamt etwas modifiziert, denn die Falken- und die Hans-Thoma-Stube offerieren als Weinstuben zwischenzeitlich ein hochwertiges Vier-Sterne-Menü, mittags im Übrigen auch als Lunch-Angebot. Hier wird ebenfalls eine teilweise französisch orientierte Küche geboten, jedoch mit einem starken regionalen Bezug, die etwas einfacher gehalten ist als jene in der Zirbelstube. Wir können wie in den Jahren zuvor jedem Gast nur ans Herz legen, während seines Aufenthaltes hier zu speisen. Natürlich zählt zum Gesamtangebot des Colombi auch ein veritabler Spa, der neben einem Pool einen Saunabereich umfasst, welcher aus einer finnischen Sauna, einem Dampfbad sowie einer Ruhezone besteht. Selbstredend, dass den Gästen zudem ein Fitnessraum mit modernen Cardio- und Krafttrainingsgeräten zur Verfügung steht. Mit all dem bieten sich beste Rahmenbedingungen für Kultur- und Städtereisende oder für eine Wochenendauszeit in Freiburgs traditionsreichstem Luxushotel. Die Anreise kann auch ganz unkompliziert mit den öffentlichen Verkehrsmitteln erfolgen, denn der Hauptbahnhof befindet sich unweit des Hotels und kann sogar fußläufig erreicht werden. Gäste, die mit dem Auto anreisen, erhalten unverzüglich Unterstützung vom Wagenmeister. Der Valet Parking Service funktioniert hier tadellos, sodass sich der Gast ab dem Zeitpunkt seiner Vorfahrt vor das Colombi in Bezug auf Auto und Gepäck um nichts mehr kümmern muss. Auch die schriftlichen Meldeformalitäten sind bereits vorbereitet und selbstverständlich wird man zu seinem Zimmer begleitet. Ohne Frage hat der Gast in Freiburg eine reichhaltige Auswahl an Hotels, unter

anderem auch zahlreiche, die sich im Portfolio großer Hotelketten befinden. Im Hinblick auf die Kulinarik, die Service- und Dienstleistungsqualität, das Spa-Angebot sowie das luxuriöse Zimmerprodukt ist das Colombi in Freiburg aber in jedem Fall unerreicht.

Bewertung:

## DORINT THERMENHOTEL

**(OT Sankt Georgen)**
**An den Heilquellen 8**
**79111 Freiburg**
**Telefon: 07 61-49 08-0**
**Internet: www.dorint.com**
**E-Mail: info.freiburg@dorint.com**
**Direktor: Achim Thoma**
***DZ ab € 127,00***

Herrlich eingebunden in die wunderschöne Naturlandschaft des Mooswaldes befindet sich das Dorint Thermenhotel im Gesundheitsresort Freiburg. Die Entwicklung dieses Hauses im Vier-Sterne-Superior-Segment ist beachtlich und seine Symbiose aus Hotel, Klinik, Praxen und natürlich der Therme machen es zu etwas Besonderem. Der Übergang zwischen den genannten Bereichen ist fließend und alle profitieren voneinander. Etwa wie im Fall der Mooswaldklinik, deren Patienten bei einer Anschlussheilbehandlung nicht selten von einem Ehepartner begleitet werden, der dann im Hotel logiert und mitunter selbst einen sportmedizinischen Check oder sonstige Vorsorgeuntersuchungen mit dem Aufenthalt verbindet. Die Gastronomie des Dorint wird von Patienten ebenso gerne genutzt wie von Gästen aus der Region, die hier nicht selten nach einem Besuch in der Therme speisen. Aufgrund der Lage inmitten des Mooswaldes, der genauso herrlich duftet, wie man es bei dem Namen vermuten würde, ist man zudem für Incentive-Tagungen mit entsprechenden Outdooraktivitäten attraktiv. Denn der Veranstaltungsbereich des Hotels ist hervorragend aufgestellt und umfasst insgesamt elf unterschiedlich große Räumlichkeiten, die von Meetings im kleinen Kreis bis hin zu Konferenzen mit bis zu 125 Teilnehmern alle Möglichkeiten zum Tagen und Konferieren bieten. So verwundert es nicht, dass das Tagungssegment eine der tragenden Säulen dieses Dorint ist. Eine wichtige Rolle spielt aber

auch die benachbarte Therme, wie der Name bereits andeutet. Ganz bequem kann der Hotelgast das KEIDEL Mineral- und Thermalbad im Bademantel über einen hoteleigenen Zugang aufsuchen. Die Therme, die ihn dann erwartet, erstreckt sich über eine Gesamtfläche von 6000 Quadratmetern inklusive einer Sauna- und Badelandschaft mit Innen- und Außenbereich. Allein die Saunalandschaft hat mit ihren neun unterschiedlich temperierten Saunen eine Größe von 3000 Quadratmetern. Das Hotel selbst verfügt über einen eigenen Anwendungsbereich, in dem verschiedenste Massagen, von klassischen, auch medizinisch wirksamen, bis hin zu reinen Wohlfühlmassagen, möglich sind. In Anbetracht dieser Attribute ist das Haus ebenso attraktiv für eine Wochenendauszeit wie für einen Kurzurlaub. In den letzten Jahren wurde die Hardware des Dorint einer vollständigen Renovierung unterzogen, unter anderem auch der Zimmer und Suiten, die dabei ein neues Designkonzept erhielten. Die nun in warmen Erd- und Grautönen mit einzelnen Farbakzenten gehaltenen Zimmer, ergänzt durch natürliche Materialien wie Holz und Granit, werden in die Segmente *Standard*, *Superior* sowie *Deluxe* eingeordnet und unterscheiden sich vor allem durch ihre Größe und Lage. Besonders sticht die 68 Quadratmeter große Spa-Suite hervor. Sie bietet einen geräumigen Wohn- und Schlafbereich, der an ein offen gestaltetes Wellnessbadezimmer mit einer Regenschauerdusche und einer Wanne mit Klangwellenmassage samt Unterwasserbeleuchtung angrenzt. Zusätzlich verfügt sie über eine Dachterrasse, die nach Südwesten ausgerichtet ist. Hervorragend ist das im Restaurant Münstereck und dem Restaurant Priol gebotene Frühstücksbuffet. Eierspeisen werden in der Live-Cooking-Station nach den Wünschen der Gäste zubereitet. In den Sommermonaten bietet sich die große Terrasse vor den Restaurants an, um hier das Frühstück unter freiem Himmel zu genießen und so ganz entspannt den Tag zu beginnen. Ab der letzten Maiwoche bis Ende September wird dort mittwochs und donnerstags ab 19 Uhr ein Barbecue geboten. Dabei gibt es ein Salatbuffet, Antipasti, eine große Brotauswahl und zum Abschluss Obstsalat sowie Eis. Die kulinarische Linie der Restaurants ist als eine Mischung aus internationaler und französischer Küche zu beschreiben. Anfang letzten Jahres gab es einen Wechsel im Hotelmanagement, denn Pierino Di Sanzo, der seit Oktober 2016 für die operative Führung und dabei vor allem für den Hotelbereich verantwortlich war, stellte sich einer neuen, für ihn äußerst interessant erscheinenden Aufgabe in einer großen Hotelgruppe. Das bedauern wir sehr, da er in seiner Funktion hier im Dorint an zahlreichen Stellschrauben gedreht und die Prozesse im Hause weiter optimiert hatte. Im Hinblick auf die Nachfolge von Di Sanzo entschied sich Geschäftsführer Rüdiger Wörnle letztlich für eine Art Doppelspitze. Die Gesamtverantwortung trägt nunmehr

Achim Thoma und an seiner Seite agiert Andrea Duarte-Löffler, die sich sozusagen als Gastgeberin des Hauses um das operative Tagesgeschäft kümmert. Sicherlich war diese Personalie auch eine pragmatische Entscheidung, denn beide sind hier bereits seit einigen Jahren in verantwortlicher Position tätig und kennen das Haus und seine Besonderheiten somit bestens. Natürlich stehen über allem die Geschäftsführer Rüdiger Wörnle und Joachim Buhr, die sich beide ganz hervorragend ergänzen. Wörnle ist der kreative Kopf, der immer wieder neue Prozesse in Gang setzt, weil er zu den Menschen zählt, die überzeugt sind, dass nichts beständiger ist als der Wandel. Nach seiner Auffassung sind alle Abläufe und Konzepte immer wieder kritisch zu hinterfragen und an aktuelle Entwicklungen anzupassen, wobei diese aber von kurzlebigen Trends zu unterscheiden sind. Buhr hingegen ist der Analytiker, der grundsätzlich die Umsetzbarkeit, die wirtschaftliche Tragfähigkeit und letztlich den Return on Investment im Auge behält, wodurch er alle Konzepte auf ein solides Fundament stellt. Rüdiger Wörnle, den kreativen Geist dieses Thermenhotels und Gesundheitsresorts, zeichnen wir mit Herausgabe unseres Hotel Guide zum Hotelmanager des Jahres 2023 aus. Mit seinem Pragmatismus, den klug getroffenen Entscheidungen und seinem untrüglichen Gespür für Trends seiner Branche hat er immer wieder innovative Prozesse in Gang gesetzt, um so dieses Hotel mit guten Ideen an die aktuellen Entwicklungen anzupassen. Dabei agierte er grundsätzlich vorausschauend, verlässlich und sicher in Bezug auf die Zukunftsfähigkeit seiner Konzepte. Sehr souverän ist man durch die Coronapandemie gekommen. Es wurde dabei bewusst Flagge gezeigt, indem Rüdiger Wörnle, gemeinsam mit seinem damaligen Hoteldirektor, selbst als nur Geschäftsreisende beherbergt werden durften, entschieden hatte, das Haus geöffnet zu lassen. Gleichzeitig hatte er sich dafür starkgemacht, trotz aller bürokratischer Hürden und Auflagen auch hier vor Ort ein offizielles Impfzentrum zu eröffnen, anfänglich für Klinik- und Hotelmitarbeiter, später dann an ausgewählten Tagen ebenso für Freiburger Bürger. Wörnle hat hier in den letzten Jahren viele Projekte auf den Weg bringen können. Neuestes Vorhaben ist die Luisenhöhe in Horben vor den Toren Freiburgs, eine neue Topadresse, die in der zweiten Hälfte 2023 an den Start ging. Hier ist ein Resort-Hotel, eingebunden in die Landschaft rund um den Kaiserstuhl, entstanden, das zum einen mit seiner Lage und dem entsprechenden Ausblick auf das herrliche Umland, zum anderen mit dem Wellnessangebot und seinen kulinarischen Offerten das Leisure-Segment in der regionalen Spitzenhotellerie bespielen wird. Gleichzeitig wird es mittels ebenfalls geplanter und realisierter Tagungsmöglichkeiten auch den Convention-Bereich bereichern. Damit schafft Wörnle ein Haus, das insgesamt eine wunderbare Ergänzung zum Gesundheitsresort im Mooswald darstellt und voraussichtlich noch mehr Synergien freisetzen wird. So könnten die Patienten in der Luisenhöhe beispielsweise nach einer Anschlussheilbehandlung einen Erholungsurlaub verbringen. Bei der Umsetzung dieses auch architektonisch beeindruckenden neuen Hotels wurden den beiden Geschäftsführern Wörnle und Buhr allerdings viele Steine in den Weg gelegt, denn es gab Widerstände seitens der Lokalpolitik, aber auch einzelner Anwohner. Dabei war die ehemalige Luisenhöhe, die zuvor für das Projekt abgerissen wurde, ebenfalls ein Hotel, sodass dem Vorhaben kein zusätzlicher Landschaftsverbrauch vorzuwerfen ist. Und es stellt, so unsere Sicht, auch von außen betrachtet in jedem Fall eine Bereicherung für die Region dar. Letztlich wurden Kompromisse gefunden, die dann die Umsetzung dieses Projektes ermöglichten und mit der alle zufrieden sein können. Denn Wörnle als charismatische Führungspersönlichkeit gelingt es immer wieder, Menschen mit seiner eloquenten Art zu begeistern, und das nicht nur, wenn er seine Unternehmen nach außen vertritt, sondern ebenso im Rahmen seiner Personalpolitik. Mit seiner Expertise bringt er sich überdies auf politischer Ebene ein und platziert hier so die drängenden Fragen sowie Probleme der Branche. Wir sind mit unserer Einschätzung über sein Wirken und sein Engagement übrigens nicht allein, denn Anfang des Jahres wurde er bereits als herausragender Akteur im Gesundheitstourismus in seinem Bundesland Baden-Württemberg als „Tourismusheld 2023“ ausgezeichnet. Eben ein Hotelmanager des Jahres wie aus dem Bilderbuch.

Bewertung:

## HOTEL STADT FREIBURG

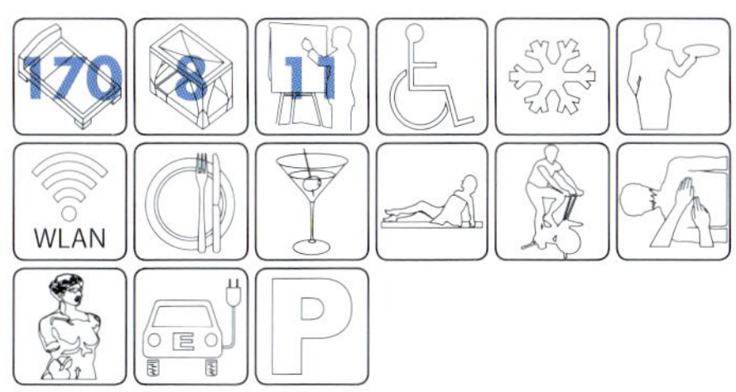


**(Innenstadt)**
**Breisacher Straße 84b**
**79110 Freiburg**
**Telefon: 07 61-8 96 80**
**Internet: www.hotel-stadt-freiburg.de**
**E-Mail: info@hotel-stadt-freiburg.de**
**Direktorin: Dr. Kirsten Moser**
***DZ ab € 170,00***

Das Hotel Stadt Freiburg, das direkt an das Gelände der Universitätsklinik angrenzt, ist ein lupenreines Businesshotel der Vier-Sterne-Kategorie und zählt zum Portfolio der Hoteliersfamilie Burtsche. Operativ geführt wird es von Dr. Kirsten Moser, der Tochter von Roland Burtsche, der es gelungen ist, dieses Haus als eines der Besten der Stadt zu positionieren. Im Kampf mit städtischer Bürokratie, steigenden Löhnen und der Aufgabe, ihre Mitarbeiterinnen und Mitarbeiter immer wieder zu Höchstleistungen zu motivieren, muss man Mosers Durchhaltevermögen auch in schwierigen Zeiten wie der Pandemie bewundern, zumal sie ebenfalls das Stammhaus der Familie in Freiburg führt, das Luxushotel Colombi. Im Gespräch ist die sympathische Hotelchefin zugewandt, zeigt sich offen für jedes Feedback und selbstverständlich ebenfalls für konstruktive Kritik. Dementsprechend ist sie nicht nur eine sehr talentierte Gastgeberin, sondern pflegt auch eine Open-Door-Politik gegenüber ihrem gesamten Team, sodass die damit einhergehende hohe Mitarbeiterzufriedenheit nicht zuletzt an der hier kultivierten Service- und Dienstleistungsbereitschaft abzulesen ist. Dieses Businesshotel der Vier-Sterne-Superior-Kategorie ist somit hervorragend aufgestellt, sei es in Bezug auf das Zimmerprodukt, die Gastronomie oder die Veranstaltungsmöglichkeiten, die zuletzt mit dem neuen, direkt angrenzenden Tagungszentrum Berliner Tor erweitert wurden. Entstanden ist ein großer, vierfach unterteilbarer Tagungsraum, der Events und Kongresse mit bis zu 220 Personen erlaubt. Darüber hinaus konnten 33 sogenannte Boutique-Appartements für Langzeitgäste integriert werden, die je nach Kategorie eine Größe zwischen 30 und 95 Quadratmetern aufweisen und zusätzlich mit einer Kitchenette ausgestattet wurden. Neben dem Veranstaltungssegment zählt der internationale Gesundheitstourismus zu den tragenden Säulen des Hotels, auch wenn dieser im Hinblick auf die Buchungslage noch nicht wieder das Vor-Corona-Niveau erreicht hat. Von der direkten Nachbarschaft zum renommierten Universitätsklinikum Freiburg kann das Hotel partizipieren, denn nicht selten reisen hier Gäste an, die sich entweder einem Medical-Check-up oder einem medizinischen Eingriff in einer der Fachkliniken unterziehen. Außerdem befinden sich im Gebäudekomplex des Hotels auch verschiedene Facharztpraxen sowie ein Physiotherapiezentrum. Auf der achten Etage des Hotel Stadt Freiburg besteht ein direkter Übergang zur Erich-Lexer-Klinik, einer Privatklinik für plastische und ästhetische Chirurgie unter der Leitung von Prof. Steffen Eisenhardt. Häufig logieren hier Gäste vor und nach einem komplexen Eingriff und genießen den Komfort. Neben einem Frühstücksangebot können im Zuge dessen etwa verschiedene Speisen und Getränke aus der Roomservice-Karte gewählt werden. Auf Nachfrage ist es sicherlich ebenso möglich, etwas von der Karte aus dem Restaurant zu bestellen, welches sowohl regionale als auch internationale Küche bietet. Die 170 Zimmer und 8 Suiten, die allesamt in einem zeitgemäßen Design ausgestattet sind, befinden sich in einem hervorragenden Pflegezustand. Einen großen Beitrag hierzu leistet ein hoteleigenes Handwerkerteam, das Gebrauchsspuren und Defekte sofort beseitigt und darüber hinaus notwendige Renovierungen regelmäßig durchführt. Über solch ein Personal zu verfügen, hat sich bewährt und ist in Zeiten des Fachkräftemangels durchaus ein kleiner Luxus. Die Doppelzimmer der Kategorie *Standard* haben eine Größe von 22 Quadratmetern, die Kategorie *Superior* bietet dann immerhin schon 32 Quadratmeter. Sehr komfortabel sind die drei 70 Quadratmeter großen *Panorama*-Suiten mit getrennten Wohn- und Schlafbereichen, einem wunderbaren Ausblick über die Dächer der Stadt und einer eigenen Terrasse. Die Anbindung an den öffentlichen Nahverkehr ist ausgezeichnet, denn in unmittelbarer Nähe befindet sich die Straßenbahnhaltestelle Berliner Allee, von der aus es nur zehn Minuten zum Hauptbahnhof sind. Und vom Airport Basel Mulhouse Freiburg aus, der in weniger als einer Stunde zu erreichen ist, gibt es hervorragende europaweite Flugverbindungen.

Bewertung: ●●●

## ESPERANTO

**Esperantoplatz**
**36037 Fulda**
**Telefon: 06 61-24 291-0**
**Internet: www.hotel-esperanto.de**
**E-Mail: info@hotel-esperanto.de**
**Direktor: Dieter W. Hörtdörfer**
***DZ ab € 127,00***

Das Esperanto in Fulda repräsentiert, neben allen unbestrittenen Vorzügen dieses großen Tagungs- und Kongresshotels mit einem außergewöhnlichen Wellness- und Restaurantangebot, vor allem auch ein Idealbild einer kommunal-privaten Zusammenarbeit. Denn die kosteneffiziente Bereitstellung einer herausragenden Infrastruktur für Tagungen, Veranstaltungen und sogar den Schwimmsport, von dem viele deutsche Städte und Gemeinden nur träumen können, wurde hier schon mit der Planung des Hotels entsprechend realisiert. Hoteleigentümer und Stadt taten sich letztlich zusammen, vis-à-vis des Fuldaer Hauptbahnhofs und somit in idealer Anbindung an den deutschen ICE-Verkehr ein höchst rational geplantes Hotelprojekt anzugehen. Nicht nur die Lage Fuldas in der Mitte Deutschlands spricht für diesen durchdachten Ansatz. Hinzu kommen die Umnutzung der Fläche einer alten Eisenbahnhalle zu einem Parkhaus, die gleichzeitige Errichtung einer an das Hotel angeschlossenen Veranstaltungshalle als großer Vorteil für die Stadt und der Bau einer öffentlich zugänglichen Schwimmhalle neben dem Solebad des Esperanto bei gleichzeitiger Betreuung durch ein und dasselbe Schwimmmeisterteam. All das beweist eine durchdachte Planung und so bestätigten sich die antizipierten Synergien bei dem 2005 eröffneten Komplex von Anfang an. Damit erhielt Fulda hier sowohl ein Kultur- und Kongresszentrum als auch ein öffentliches Hallenbad, welche man sonst hätte alleine bauen und betreiben müssen. Der Hoteleigner realisierte darüber hinaus einen 4000 Quadratmeter großen Wellnessbereich mit vier finnischen Saunen, zwei Dampfbädern, einem Dunstbad, einem Hamam, einem Eisbrunnen sowie vier Ruheräumen. Die an diesen Bereich angrenzende Dachterrasse mit den beiden Außensaunen im alpinen und japanischen Stil ist bei gutem Wetter ein beliebter Ort zum Sonnen, der zudem ein Abkühlbecken nach den Saunagängen bietet. Eine Etage tiefer befindet sich das erwähnte Solebad mit Innen- und Außenpool. Angrenzend liegt das öffentliche

Bad mit seinem 25 x 21 Meter großen Sportbecken, für dessen Nutzung Hotelgäste allerdings nochmals 4 Euro zahlen müssen. Sehr breit ist der Beauty-Spa im Hinblick auf Massage- und Kosmetiktreatments aufgestellt. Allerdings empfiehlt es sich, dahingehende Termine bereits bei der Reservierung zu fixieren, denn auch an Feiertagen und zu Hauptferienzeiten, also dann, wenn in den allermeisten Ta-

gungs- und Cityhotels eher Stille herrscht, ist das Esperanto dank des Wellness- und Restaurantangebotes nicht selten komplett ausgebucht. Zwischenzeitlich mussten sogar die Zugangszeiten für Nichthotelgäste zum Spa wegen der hohen Auslastung beschränkt werden. Ungeachtet der herausragenden Wellnessmöglichkeiten ist und bleibt die tragende Säule des Hauses aber der Veranstaltungs- und Kongressbereich. Die sogenannte Esperanto-Halle mit einer Fläche von 2500 Quadratmetern ist ein Hotspot für große Tagungen sowie Konferenzen und nicht zuletzt auch eine Event-Location, in der Künstler unterschiedlicher Genres auftreten. Im Hinblick auf das Zimmerprodukt ist vor allem hervorzuheben, dass unlängst acht Deluxe-Zimmer renoviert wurden und überdies ein neues Design erhielten. Die Bäder wurden nunmehr mit einer begehbaren Dusche ausgestattet. Zum Gesamtangebot zählen rund 326 Zimmer und Suiten der Kategorien *Komfort*, *Superior* und *Deluxe*. Wer mehr Luxus wünscht, entscheidet sich für eine der Junior- oder *Esperanto*-Suiten. Drei Restaurants, darunter das außerordentlich beliebte Toro Negro Grillrestaurant im Dachgeschoss des Hauses, eine Weinstube und eine Kaffeebar in der Hotelhalle, sorgen dafür, dass man das Haus im Grunde nicht verlassen muss, um während eines kurzen Wochenend- oder Tagungsaufenthaltes ein abwechslungsreiches gastronomisches Angebot genießen zu können. Besonders beliebt ist der Brunch, der an Sonn- und Feiertagen offeriert wird und meist über Wochen im Voraus ausgebucht ist. Denn dieser zieht auch zahlreiche Fuldaer und Gäste aus der Region immer wieder in das Esperanto. An der Erfolgsgeschichte dieses Hauses, davon sind wir überzeugt, hat Hoteldirektor Dieter Hörtdörfer ein nicht unwesentliches Verdienst. Er trägt für dieses Flaggschiff der regionalen Hotellandschaft seit dem Jahr 2007 die Verantwortung. Hörtdörfer, ein Direktor alter Schule, setzt auf klare Strukturen und gibt seinem Team verbindliche Leitlinien vor. Bei all dem zeigt er Präsenz, meist auch abends und teilweise an Wochenenden oder Feiertagen. Trotz seines stringenten Führungsstils ist die Mitarbeiterzufriedenheit in seinem Haus recht hoch, das zeigen alleine schon die zahlreichen Hotelangestellten, die hier bereits seit vielen Jahren tätig sind. Für ein derart komplexes Haus im Kongress- und Tagungssegment hat es sich als Vorteil erwiesen, dass er die Führung nun schon über einen langen Zeitraum innehat. Diese Kontinuität ist ebenfalls ein Beweis für den Erfolg des Esperanto, denn die positiven

Effekte eines wiederkehrenden Wechsels an der Spitze großer Hotels, wie die Verhinderung eingefahrener Strukturen und Netzwerke mit zu großer Abhängigkeit von der Person eines bestimmten Direktors, sind ja nur dann gefragt, wenn ein Haus noch ungenutztes Potenzial aufweist. In dieser Lage befindet sich das Esperanto unter Hörtdörfer jedoch keineswegs, da sich über all die Jahre seit Eröffnung keinerlei Nachlassen der Nachfrage nach diesem außergewöhnlichen Hotelangebot erkennen lässt. Der Erfolg des Esperanto erweckt schon länger die Fantasien vieler potenzieller Nachahmer, jedoch ohne dass bisher ein ähnlich umfassendes Hotelprojekt erkennbar umgesetzt wurde. Dafür sind die beschriebenen Gegebenheiten hier vielleicht einfach zu schwer zu kopieren. Schließlich hat nicht jede Stadt dieser Größe einen so großen Einzugsbereich, einen derart gut frequentierten ICE-Halt, eine vergleichbar zentrale Lage in Deutschland und ist nicht zuletzt als Stadt ein lohnendes touristisches Ziel mit sehenswerter Barockarchitektur samt attraktiver Innenstadt, wie das in Fulda der Fall ist. Das Esperanto war und ist einfach das richtige Hotelprojekt zur rechten Zeit am rechten Ort, nämlich ein in diesem Zusammenspiel bisher kaum erreichtes Vorzeigeprojekt.

Bewertung:

## GARCHING Bayern

### COURTYARD BY MARRIOTT

**(Innenstadt)**
**Walther-von-Dyck-Straße 12**
**85748 Garching b. München**
**Telefon: 089- 61 42 5-0**
**Internet: www.marriott.com**
**E-Mail: info@munich-airport.marriott.de**
**Direktor: Marc Wachal**
***DZ ab € 103,00***

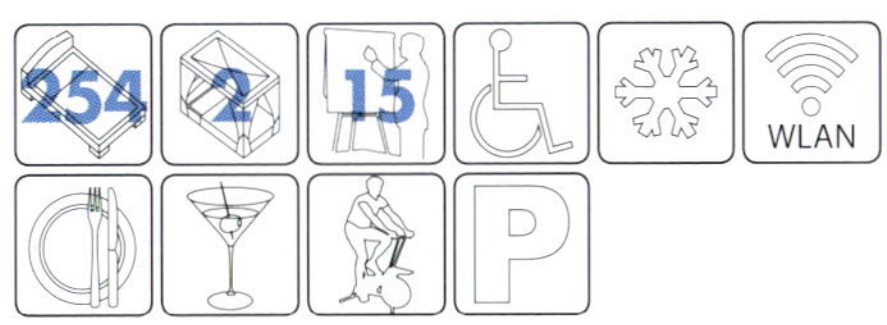


Hotelmanager Marc Wachal, der unter anderem auch die Verantwortung für das Marriott in Freising trägt und es durch die schwierige Zeit der Coronapandemie navigierte, wurde im vergangenen Jahr mit weiteren Aufgaben seitens der Verantwortlichen der Betreibergesellschaft betraut. In der Funktion eines Area Managers hat man ihm im Juli 2022 zusätzlich auch noch die Verantwortung für dieses Courtyard sowie das benachbarte Stellaris Appartementhotel übertragen. Ein Aufgabenspektrum ganz nach dem Geschmack von Wachal, denn bereits in der Vergangenheit konnte man den Eindruck gewinnen, er suche sich Häuser mit komplexen Aufgaben und erhöhtem Schwierigkeitsgrad geradezu als berufliche Herausforderungen aus. Nicht selten musste er Managementfehler der unmittelbaren Vorgänger korrigieren, um die Hotels dann entsprechend ihren Möglichkeiten am Markt positionieren zu können. Das Courtyard by Marriott, welches sich inmitten des Hochschul- und Forschungszentrums Garching der Technischen Universität befindet, ist nun der neue Dienstsitz von Wachal. Mitte letzten Jahres, nachdem mehrfach der Eröffnungstermin verschoben wurde, ging es endgültig an den Start und die Entwicklung in Bezug auf die Buchungslage ist durchaus positiv. Die Anreise vom Münchner Hauptbahnhof ist mit öffentlichen Verkehrsmitteln in knapp 30 Minuten möglich, die U-Bahn-

Station befindet sich direkt vor dem Hotel. Das erwähnte angrenzende Boardinghaus zählt ebenso zum Portfolio, wird aber von einer Resident Managerin geführt. Das Courtyard by Marriott ist seinerseits ein modernes und frisches Produkt, bei dessen Farbgestaltung sich die Interior Designer für vorwiegend braune und blaue Farbtöne entschieden haben. Drei Kategorien, nämlich *Superior*, *Deluxe* sowie Juniorsuiten stehen zur Auswahl und unterscheiden sich zuallererst hinsichtlich ihrer Größe voneinander. Die Bäder wurden alle mit einer begehbaren Dusche ausgestattet. Lobby, Bar und Restaurant sind offen gestaltet und gehen fließend ineinander über. Mit dem Designkonzept der Zimmer sowie der öffentlichen Bereiche spricht man vor allem den jungen und dynamisch-progressiven Hotelgast an. Für Veranstaltungen steht innerhalb des Courtyard lediglich ein einziger Tagungsraum zur Verfügung, der, etwa bei Theaterbestuhlung, bis zu 100 Personen Platz bietet. Allerdings sind durch die Kooperation mit dem benachbarten Kongresszentrum Science Congress Center Munich in Anbetracht der dort vorhandenen 15 Veranstaltungsräume Events jeglicher Art mit bis zu 1300 Personen möglich, etwa im 1150 Quadratmeter großen Audimax, das mit modernster Licht-, Ton- und Tagungstechnik ausgestattet ist. Die Bühne ist hier aufgrund eines vorhandenen Schwerlastaufzugs sogar mit einem Fahrzeug befahrbar, sodass sie sich beispielsweise auch für Produktvorstellungen aller Art eignet. Aktuell dürfte die größte Herausforderung für dieses Courtyard wie so häufig der Fachkräftemangel sein, der im letzten Jahr dafür verantwortlich war, dass hier das Dienstleistungsangebot merklich eingeschränkt werden musste. Das scheint ein anhaltender Zustand in der gesamten Branche zu sein, weshalb sich Gäste wohl allerorts daran gewöhnen müssen, dass Services an Personalengpässe angepasst und kurzfristig heruntergefahren werden. So mussten etwa Bar und Restaurant bei unserem Besuch aus ebendiesem Grund trotz relativ guter Belegung leider geschlossen bleiben. Noch nicht einmal eine kleine Snackkarte wurde angeboten, was ungünstig ist, da Alternativen im direkten Umfeld zumindest abends nicht vorhanden sind. Das Frühstück, das für 15 Euro hinzugebucht werden kann, bietet ein akzeptables Angebot, darunter auch regionale Klassiker wie Weißwürste und Laugengebäck. Ein klassischer Freizeitbereich ist nicht vorhanden, wohl aber ein Fitnessraum mit einer kleinen Auswahl an Cardio-Trainingsgeräten. Positiv zu bewerten ist, dass dieser rund um die Uhr zugänglich bleibt. Wir sind gespannt, mit welchen Konzepten Marc Wachal dem allgemeinen Fachkräftemangel in Zukunft begegnet. Immerhin wird ein Vollbluthotelier wie er sich sicherlich nicht damit abfinden, auf grundlegende Veränderungen wie die beschriebene Personalsituation nur reagieren, statt agieren zu können. Denn, wie sagt eine Volksweisheit: Jede Veränderung beginnt mit dem Handeln, jede Entwicklung geschieht durch Bewegung und jeder Fortschritt wird eingeleitet durch die Tat.

Bewertung:

## HALLE Sachsen-Anhalt

### DORINT

**(Innenstadt)**
**Dorotheenstraße 12**
**06108 Halle**
**Telefon: 03 45-29 23-0**
**Internet: www.dorint.de**
**E-Mail: info.halle-charlottenhof@dorint.com**
**Direktorin: Christine Gering**
***DZ ab € 95,00***

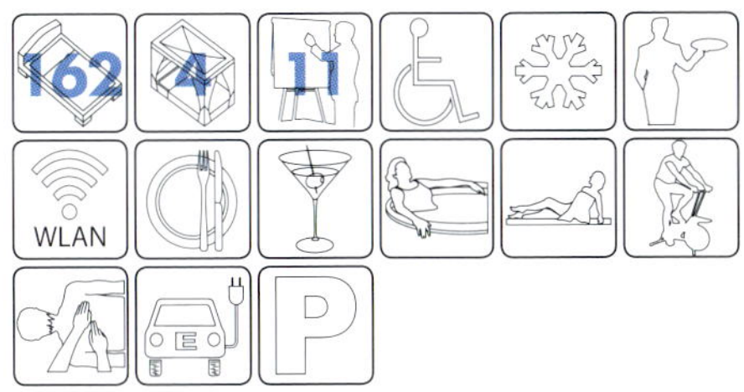

Halle an der Saale überrascht so manchen Besucher, der sich vom allgemeinen Image der Stadt leicht täuschen lässt. Denn dieses ist oft durch das Viertel Halle-Neustadt geprägt, eine der größten Stadterweiterungen der ehemaligen DDR. Dabei galt der massenhafte Bau moderner Wohnungen und die lockere Anordnung der typisierten Wohnblöcke mit viel Grün und Freiraum dazwischen damals als vorbildlicher Städtebau. Heute aber hat die historische Mitte der Stadt eine massive Aufwertung und Sanierung erfahren, was im starken Kontrast zur systematischen Vernachlässigung der Altstadt zu DDR-Zeiten steht. Denn die Mittel für beides – Altstadtsanierung und neuer Wohnraum in der Neustadt – waren zur damaligen Zeit nicht vorhanden. Bestandteil der Aufwertung der Altstadt war auch die Errichtung neuer Hotels in den 1990er-Jahren, unter ihnen das Rote Ross und das Dorint in direkter Nähe zueinander. Das Rote Ross, ein Traditionshaus, das nach einer Grundsanierung mit der Anbindung an ein vorhandenes Kongresszentrum punkten konnte, wurde dann von der renommierten Hotelgruppe Kempinski betrieben. Im Juli 1997 eröffnete das Dorint als kompletter Neubau in weit modernerem Gewand, geleitet durch den ehemaligen Direktor des zu DDR-Zeiten tonangebenden Interhotels Dr. Bertram Thieme. Dieser machte das nagelneue Hotel mithilfe seiner guten Kontakte in der Saalestadt zu einem Markenzeichen in der hiesigen Hotellerie. So musste sich das Rote Ross, pro forma höher klassifiziert, doch immer hinter dem Dorint einordnen lassen. Ein geschickter Schachzug der verantwortlichen Geschäftsführer war es, anders als in vielen Hotelkonzernen, die ihre Direktoren regelmäßig austauschen, um so für einen frischen Wind zu sorgen, langfristig auf die Person Dr. Bertram Thieme zu setzen. Ebenso klug ist es gewesen, dass, nachdem Thieme in den offiziellen Ruhestand gegangen war, seine langjährige Stellvertreterin Christine Gering zur Nachfolgerin bestellt wurde. In diesem Dorint kann man dementsprechend erkennen, welche Vorteile die traditionelle Führungsstrategie in der Hotellerie bietet, bei der zugelassen wird, dass sich Direktoren Netzwerke aufbauen und dem Haus so über Jahre eine herausgehobene Stellung sichern. Hier könnte man entgegenhalten, es käme dadurch in jedem Fall zu festgefahrenen Strukturen und mangelnder Bereitschaft zu Veränderung. Doch hier überwiegen vielmehr die Vorteile der weitreichenden Netzwerke, der Loyalität der Beschäftigten und der Professionalität des Service. Wer schon einmal das sympathische „Nuh?“ am Ende eines Satzes im Gespräch mit einer Mitarbeiterin oder einem Mitarbeiter in Halle vernommen hat, wird spüren, dass eine freundlich-gelassene Mentalität vorherrscht, und dass Führungsmodelle, die solche regionalen Eigenheiten und Charakteristiken übergehen, nicht erfolgreich sein können. Im Ergebnis führt Christine Gering dieses Haus nun seit Ende 2018 im Sinne ihres Vorgängers, also den Gast in den Mittelpunkt zu stellen und sich weiterhin über einen herausragenden Service zu profilieren. Als Sitz der Deutschen Akademie der Naturforscher, Leopoldina, ist Halle seit der Pandemie immer wieder im Gespräch, aber ganz generell bietet die Universitätsstadt heute eine beachtliche Lebensqualität und gewinnt ähnliche Beliebtheit wie das nahe Leipzig. Dass Halle Heimat für das Zukunftszentrum Deutsche Einheit wird, ist für die hiesige Hotellerie so etwas wie ein Booster. Das Zukunftszentrum wird zwischen Hauptbahnhof und Dorint errichtet. Somit wird dieses Haus eindeutig einen neuen Standortvorteil hinzugewinnen. In Anbetracht der Tatsache, dass mit der Fertigstellung frühestens im Jahr 2027 zu rechnen ist, wird die neue Eigentümergesellschaft, die erst im letzten Jahr das Haus übernommen hat, mit größeren Investitionen in die Hardware bis dahin zurückhaltend sein und Maßnahmen nur auf kleine Fresh Ups beschränken. Allerdings ist zwischenzeitlich bereits ein erstes Musterzimmer entstanden, um beim Planungsprozess für das Makeover die Rückmeldungen der Gäste einfließen lassen zu können. Diesen steht während des Aufenthaltes auch ein Freizeitbereich mit kleinem Fitnessraum, finnischer Sauna, Dampfbad sowie als Besonderheit ein Open-Air-Whirlpool auf der Dachterrasse zur Verfügung. Das Restaurant Charlotte, das mit einer Mischung aus regionaler und internationaler Küche viele Gäste begeistert, bietet eine außerordentlich gute Qualität. Somit bleibt das Dorint nicht zuletzt ein Treffpunkt der hiesigen Gesellschaft respektive heimischen Wirtschaft, die hier tagt, feiert oder einfach nur mit Freunden und Geschäftspartnern speist. Deshalb kann das Dorint nicht nur gefühlt als das erste Haus am Platze gelten. Zudem ist es die bereits erwähnte herausragende Service- und Dienstleistungsqualität neben der Freundlichkeit und Herzlichkeit, an die sich die meisten Gäste gern erinnern – das haben wir in den zwanzig Jahren, in denen wir bereits über dieses Vier-Sterne-Superior-Hotel berichten, mehrfach thematisiert. Darum können wir für das Dorint in Halle nach wie vor eine uneingeschränkte Empfehlung aussprechen.

Bewertung:

## DORMERO

**(Innenstadt)**
**Leipziger Straße 76**
**06108 Halle**
**Telefon: 03 45-2 33 43-0**
**Internet: www.dormero.de**
**E-Mail: halle@dormero.de**
**Direktorin: Tanja Blankenburg**
***DZ ab € 86,00***

Eine Kontaktaufnahme mit diesem ehemaligen Traditionshaus, dem früheren Roten Ross und heutigen Dormero, birgt so manche Überraschung. Mal meldet sich hier niemand, auch nach mehreren hintereinander getätigten Anrufen nicht, ein anderes Mal wird man direkt an die zentrale Zimmerreservierung verwiesen – mit dem Hinweis: „Die kennen sich besser aus". Wir hatten hier auch schon das Vergnügen, mit einem Mitarbeiter zu telefonieren, der sich offenbar nicht auf der Arbeit, sondern in seiner Freizeit wähnte. Nachdem wir ihn nach Auskunft fragten, bat er uns um Geduld und legte den Hörer zur Seite. Alsdann begann er damit, sich unter unserem Mithören in aller Ruhe mit einem Kollegen über private Aktivitäten zu unterhalten. Darüber hinaus wird hier mit dem Gast geplaudert, als sei er ein Bekannter, den man zuvor in einem Szeneclub kennengelernt hat. In diesem Jahr gerieten wir zum Beispiel an einen Mitarbeiter, der sichtlich irritiert war, dass ein potenzieller Gast vor einer Buchung noch Detailfragen haben könnte. Offenbar setzte er voraus, dass dieser sich vor einem Anruf auf der Homepage umsieht und grundsätzlich auch dort bucht. Seine flapsige Bemerkung „Vielleicht krieg ich das hin, Ihnen Auskunft zu geben" war ja noch hinnehmbar. Auf die Frage aber, ob es denn auch schon renovierte Zimmer gäbe, reagierte er jedoch regelrecht empört. „Wie meinen Sie das denn, kennen Sie die Geschichte des Roten Rosses zu Halle?" Die Zimmer seien „im kolonialen Stil eingerichtet und somit altbacken und daher weit weg von modern und fancy". Das betonte er so, als würde ein solches Zimmerprodukt grundsätzlich ausschließen, dass es jemals eine Renovierung erfahren könnte. Immerhin kann daraus abgeleitet werden, dass weitreichendere Revisionen, seit die Kempinski Hotelgruppe ihr Engagement in Halle in diesem Traditionshaus beendete, also bislang nicht erfolgten, von unumgänglichen Erhaltungsmaßnahmen einmal abgesehen, die sich dann aber auf eine Auffrischung des Bodenbelags oder das Anbringen eines Eimers Farbe beschränkten. Das sehr legere Auftreten der Mitarbeiter, die dabei leider nicht immer den richtigen Ton treffen, mag eine jüngere Gästeklientel, die mit dem aktuellen Hotelprodukt vonseiten der Verantwortlichen in der Konzernzentrale in Berlin wohl auch forciert wird, vielleicht nicht stören. Offenbar ist damit die Hoffnung verbunden, dass solche Gäste zum einen über den Renovierungsstau, zum anderen aber auch über den durchschnittlichen Service hinwegsehen. Trotzdem ist die mit jener Kundenausrichtung verbundene Form der Kommunikation in jedem Fall alles andere als professionell. Normalerweise wäre eine solche Performance bei Telefongesprächen mit potenziellen Gästen ein Armutszeugnis für einen Hoteldirektor, da er seine Mitarbeiter offensichtlich nicht regelmäßig schult. Das Problem ist nur: Wer könnte im Dormero als Direktor oder Direktorin die Haftung übernehmen? Denn dessen Hotelleitung wechselt in einem derart rasanten Tempo, dass man den Verantwortlichen letztlich kaum ausmachen kann. Hinzu kommt, dass für die Führung des Hauses nicht etwa eine Direktorenpersönlichkeit verpflichtet wird, sondern die Position mit Personal aus der dritten und vierten Reihe besetzt ist. Natürlich können diese Mitarbeiter günstiger unter Vertrag genommen werden. Damit einher geht allerdings, dass keine der bisherigen sogenannten „Führungskräfte" einen nachhaltigen Eindruck hinterlassen konnte, was damit zu erklären ist, dass es ihnen nicht nur an Erfahrung, sondern auch an der dafür notwendigen Zeit fehlte, um hier wirklich Akzente setzen zu können. Doch zeichnete sich letztlich bereits mit der Übernahme durch Dormero im Oktober 2009 recht schnell ab, dass der Anspruch, Halles erste Hoteladresse zu sein, aufgegeben wurde. Bei all dieser Kritik verwundert es vermutlich nicht, dass wir für dieses Haus auch nur eine eingeschränkte Empfehlung aussprechen können. Bislang hebt man sich im Vergleich zu anderen Hotels mit einer Niedrigpreispolitik ab, nicht aber durch einen angemessenen Service. Immerhin kann mit der sehr zentralen Lage gepunktet werden, denn Innenstadt und Hauptbahnhof sind fußläufig zu erreichen. Ein Alleinstellungsmerkmal ist das nur leider nicht, denn selbiges hat das Dorint ebenso zu bieten.

Bewertung: ● ● ◖

***HINWEIS:***
*Die Recherche wurde nach bestem Wissen und Gewissen durchgeführt. Es besteht trotzdem die Möglichkeit, dass Daten falsch oder überholt sind. Eine Haftung kann auf keinen Fall übernommen werden. Wir weisen darauf hin, dass es sich bei den geschilderten Eindrücken oder Erlebnissen um Momentaufnahmen handelt, die nur eine subjektive Beurteilung darstellen können.*

# HAMBURG

## ATLANTIC HAMBURG

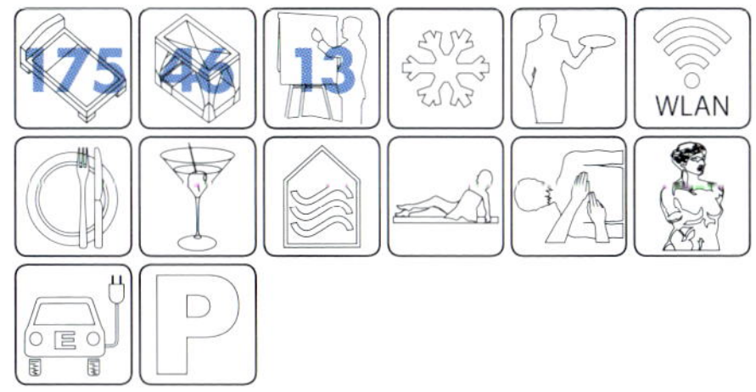


**(OT St. Georg)**
**An der Alster 72–79**
**20099 Hamburg**
**Telefon: 0 40-28 88-0**
**Internet: www.brhhh.com**
**E-Mail: atlantic-hamburg@brhhh.com**
**Direktor: André Vedovelli** ***(ab 09/22)***
***DZ ab € 242,00***

Es gab durchaus eine Phase, in der wir davon überzeugt waren, dass dieses Traditionshotel mit Weltruf die Spitze der hiesigen Hotellandschaft anführt. Dies war die Anfangszeit der Direktion von Franco Esposito im Atlantic Hotel. Er, der erfahrene Hotelier mit großer Expertise, der in der Luxushotellerie zu Hause ist, hatte damals alle Voraussetzungen mitgebracht, das Haus zukunftsfähig aufzustellen. Vor allem hatte er über sämtliche Attribute eines formvollendeten Gastgebers verfügt, die im Falle einer derart anspruchsvollen Klientel wie hier unverzichtbar sind, nämlich eine hohe Kommunikationsbegabung, beste Umgangsformen und diplomatisches Geschick. Angenehm dabei war zudem, dass Esposito alles andere als ein Dampfplauderer war, der sich mit dieser prominenten Gastgeberrolle in den Vordergrund spielt. Er war vielmehr unvoreingenommen auf sein Gegenüber zugegangen, hatte zuhören und auf Augenhöhe kommunizieren können. Jedoch schien er diese Fähigkeiten mit der Zeit zu verlieren, da er das Atlantic nicht erst seit Beginn der Coronapandemie immer mehr vom sprichwörtlichen Elfenbeinturm aus führte und im Auftreten zunehmend distanziert und abgehoben wirkte. Während der Pandemie gab es überdies zahlreiche, aus Sicht der Kundenorientierung schwerwiegende Entscheidungen, wie etwa während der jeweiligen Lockdown-Phasen das Service- und Dienstleistungsangebot komplett herunterzufahren. Bei Lichte besehen war das eine wirklich schwache Performance von Franco Esposito. Denn gerade in Krisenzeiten zeigen sich bekanntermaßen die wahren Qualitäten eines Hotelmanagers. Doch ist Esposito mittlerweile Geschichte und sein Nachfolger André Vedovelli, zuvor im Elysee Hamburg tätig, übernahm im September letzten Jahres das Haus. Bislang mussten wir den Eindruck gewinnen, dass er offenbar noch auf dem Weg der Selbstfindung ist und es ihm darüber hinaus auch an einem souveränen Auftreten fehlt. In jedem Fall steht er vor großen Herausforderungen und insbesondere gilt es, verloren gegangenes Renommee zurückzugewinnen. Ob Vedovelli das gelingen wird, bleibt abzuwarten. Dennoch gibt es Positives hervorzuheben. So erfuhr der Veranstaltungsbereich vor ein paar Jahren mit seinen insgesamt 13 Räumlichkeiten, darunter für Tagungen und Festbankette geeignete edle Salons, eine Revision. Zuletzt wurde der Lobbybereich konzeptionell neugestaltet, um ihm die nüchterne, funktionelle Atmosphäre zu nehmen und zu einem öffentlichen Living Room zu entwickeln. Es lohnt sich, hier Platz zu nehmen, sei es zum traditionellen High Tea oder schlicht auf einen Kaffee oder ein Glas

Champagner. Selbstverständlich kann hier auch gespeist werden. Ebenso wurde das Atlantic Restaurant, die Gourmetadresse des Hauses, komplett renoviert und erhielt ein neues Designkonzept, blieb aber zuletzt geschlossen. Aktuell wird auf das Atlantic Grill & Health als Alternative verwiesen, welches im April 2019 neu eröffnete und dessen Küchenlinie als norddeutsch-weltoffen beschrieben wird. In der Karte finden sich die Seezunge genauso wie der Hummer, das Steak oder ausgewählte vegetarische Gerichte. Weniger überzeugte bislang der sogenannte Wellnessbereich, der zwar über einen separaten Aufzug von jeder Etage aus zu erreichen ist, doch wirkt die Saunazone kühl, nüchtern und wenig einladend. Allerdings war die finnische Sauna zuletzt ohnehin aufgrund technischer Schwierigkeiten geschlossen, so zumindest die Auskunft einer Mitarbeiterin. Zurzeit steht deshalb lediglich die Infrarotkabine zur Verfügung. Der Schwimmbadbereich mit seinen Entspannungsliegen lässt ebenfalls wenig Wohlfühlatmosphäre aufkommen. Seit vielen Jahren verharrt man hier in einer Art Ankündigungsmodus, streut sehr geschickt Informationen, es lägen bereits weit gereifte Pläne in der Schublade, den Spa neu zu gestalten. Erfreulicherweise wurden zumindest die Zimmer und Suiten vor einigen Jahren einem erweiterten Softlifting unterzogen, auch wenn diese Maßnahmen nun schon mehr als ein Jahrzehnt zurückliegen. Teilweise ermöglichen die Räumlichkeiten einen Ausblick auf die Binnenalster, andere sind zu den Seitenstraßen oder zum ruhigen Innenhof gelegen. Alle verfügen über edle Marmorbäder mit begehbarer Dusche und Badewanne. Ungeachtet der Investitionen in die Hardware drängt sich irgendwie der Eindruck auf, dass hier augenblicklich ein strenges Kostenmanagement gefahren wird, das in letzter Konsequenz auch Auswirkungen auf die Servicequalität hat. Zum Beispiel darf der Gast in einem Luxusgrandhotel für gewöhnlich einen 24-Stunden-Zimmerservice erwarten, hier wird dieser jedoch auf den Zeitraum zwischen 6 Uhr und 22 Uhr beschränkt. Hilfe beim Gepäck, Begleitung der Gäste zu ihrem Zimmer sowie Valet Parking sind aber glücklicherweise nach wie vor verbriefte Serviceleistungen. Während des Aufenthaltes im Atlantic ist der Concierge der erste Ansprechpartner für die Gäste, der sich zuverlässig um deren große und kleine Anliegen kümmert. Parken in der Garage wird in diesem zentral gelegenen Luxushotel mit 37 Euro berechnet. Hier vermissen wir allerdings eine Elektroladestation, wenngleich sich eine solche laut Auskunft der Mitarbeiterin der Reservierungsabteilung in unmittelbarer Nähe des Hotels befindet. Es gibt somit einiges zu tun für Direktor André Vedovelli, der alles daransetzen muss, nicht nur den Status quo des Atlantic weiter aufrechtzuerhalten, sondern wieder Anstrengungen zu unternehmen, dass dieses Traditionshotel zu seiner alten Form zurückfindet. Vedovelli sollte sich deshalb auf die Fahnen schreiben, dass die Servicequalität den wahren Luxus eines solchen Hauses ausmacht, nicht zuletzt indem er seine dahingehenden Konzepte nochmals überprüft und entsprechend modifiziert. Bleibt zu hoffen, dass ihm dies gelingen wird.

Bewertung: 

## FAIRMONT HOTEL VIER JAHRESZEITEN

**(Innenstadt)**
**Neuer Jungfernstieg 9–14**
**20354 Hamburg**
**Telefon: 0 40-34 94-0**
**Internet: www.fairmont.de**
**E-Mail: hamburg@fairmont.com**
**Direktor: Ingo C. Peters**
***DZ ab € 319,00***

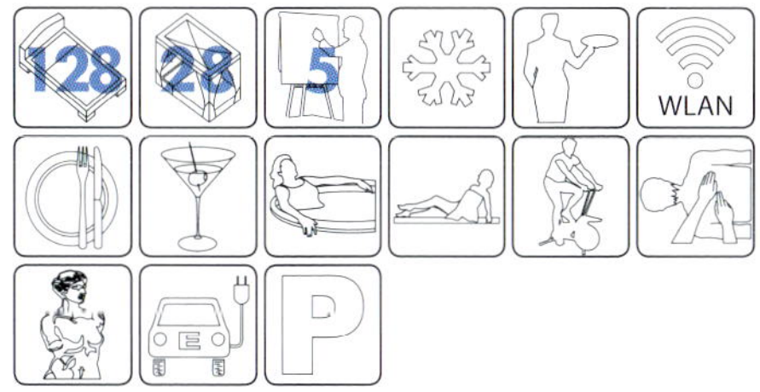


Das Vier Jahreszeiten, direkt an der Binnenalster gelegen, zählt neben dem Atlantic zu den traditionsreichsten Hotels der Hansestadt, kann es doch auf eine über 125-jährige Geschichte zurückblicken. Zeitweise vertraten wir die Überzeugung, dass es hinsichtlich seiner Position unter den Spitzenhotels in Hamburg hinter dem Atlantic eingeordnet werden müsste. Diese Einschätzung war vor allem der schwankenden Service- und Dienstleistungsqualität geschuldet. So konnte der Eindruck entstehen, dass nur jene Gäste die ungeteilte Aufmerksamkeit der Mitarbeiter erhielten, die sich zuvor sozusagen einen internen VIP-Status erworben hatten, während alle anderen sich diesen erst erkämpfen mussten. Zwischenzeitlich allerdings scheint es, als habe man alle Abteilungen des Hauses kritisch überprüft, Schwachstellen eruiert und, wenn nötig, nachjustiert. Die Zimmer und Suiten sind mittlerweile alle vollständig renoviert und das Ergebnis vermag zu überzeugen, nicht zuletzt, da man der klassischen Eleganz des Zimmerdesigns ohne Einschränkungen treu geblieben ist. Die *Deluxe*-Doppelzimmer, die eine Größe von 25 bis 30 Quadratmeter aufweisen, ermöglichen entweder einen Ausblick auf die Binnenalster oder sind zum ruhigen Innenhof ausgerichtet. Auf der sogenannten Beletage haben alle Zimmer einen Balkon. Wie von einem Luxusgrandhotel erwartbar, zählen Valet Parking, Hilfe beim Gepäck und bei Anreise eine Begleitung zum Zimmer zu den verlässlichen Serviceleistungen. Ein Haus dieser Klasse kommt zudem nicht ohne ein gut organisiertes und vernetztes Concierge-Team aus. Und über den Roomservice können selbstverständlich rund um die Uhr Speisen und Getränke geordert werden, wenn auch ab 23 Uhr nur noch mit einem kleinen Angebot. Ebenso hervorragend ist die Gastronomie des Vier Jahreszeiten aufgestellt. Star des Hauses ist das Gourmetrestaurant Haerlin, das nunmehr seit 2012 im Guide Michelin mit zwei Sternen prämiert wird. Küchenchef Christoph Rüffer begeistert hier seine Gäste mit einer klassischen Haute Cuisine auf Spitzenniveau. Einem breiten Publikum ist Rüffer aus dem ZDF-Format „Küchenschlacht" bekannt und für uns kann er als der wohl sympathischste Botschafter dieses Hauses gelten. Mit seiner angenehm ruhigen und unaufgeregten Art sowie seinem etwas hintergründigen Humor ist er ein Sympathieträger, bei dem man nicht das Gefühl hat, dass er zu jenen Vertretern seiner Zunft zählt, die durch eine verstärkte mediale Präsenz ihr viel zu großes Ego pflegen. Das Vier Jahreszeiten garantiert seinen Gästen aber auch über dieses Highlight hinaus gastronomische Vielfalt. So stehen neben dem Gourmetrestaurant mit dem japanisch-peruanischen Restaurant NIKKEI NINE und mit dem Jahreszeiten Grill, sozusagen der kulinarischen Institution dieses Nobelhotels, für Freunde hochklassiger Kochkunst zwei weitere, sehr interessante Alternativen zur Auswahl. Auch ein exklusiver, sehr schön gestalteter, kleiner Spa steht den Gästen während des Aufenthaltes zur Verfügung, der einen Saunabereich mit finnischer Sauna, ein Dampfbad, einen Ruheraum und einen passabel ausgestatteten Trainingsraum umfasst. Letztlich ist zu spüren: Nachdem hier eine millionenschwere Renovierung abgeschlossen wurde, kann man nun wieder uneingeschränkt dem eigenen Selbstverständnis genügen, zu den besten Luxushotels der Republik zu zählen. Erfreulich, dass Hoteldirektor Ingo Peters offenbar auch die weichen Erfolgsfaktoren seines Spitzenhotels, sprich den Service, nochmals verbessert hat und die diesbezüglichen Standards des Hauses offenbar regelmäßig überprüft. Solch eine hervorragende Service- und Dienstleistungskultur setzt natürlich die entsprechende Personalstärke voraus, was sich im Übrigen in der Zimmerrate abbilden muss. Bei unseren Anfragen für unterschiedliche Zeitpunkte kostete bereits ein *Deluxe*-Zimmer, das zum Innenhof ausgerichtet ist, um die 470 Euro pro Nacht. Deutlich mehr wird für den Alsterblick aufgerufen, denn hier werden in der Regel Preise um 700 Euro genannt. Doch guter Geschmack hat bekanntlich seinen Preis, und daran wird der Gast ebenso bei den Nebenkosten erinnert: Parken wird mit 40 Euro berechnet, der Ladevorgang des Elektrofahrzeugs zusätzlich mit 50 Euro, was hier inzwischen möglich ist, denn lobenswerterweise wurde endlich auch um eine Elektroladestation nachgerüstet.

Bewertung: ●●●●

## MÖVENPICK

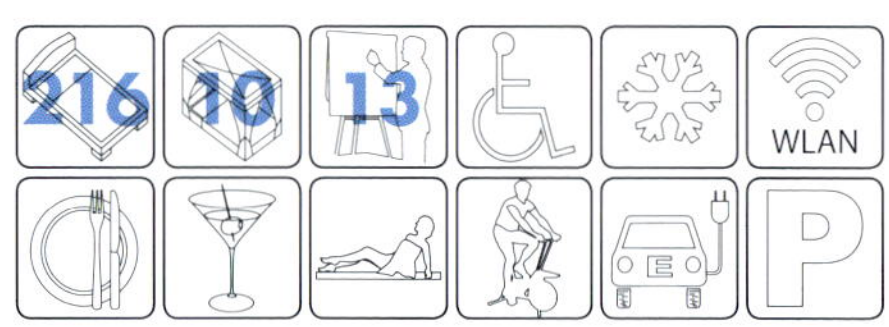


**(OT Schanzenviertel)**
**Sternschanze 6**
**20357 Hamburg**
**Telefon: 0 40-33 44 11-0**
**Internet: www.movenpick.com**
**E-Mail: hotel.hamburg@movenpick.com**
**Direktor: Michael Lutz** ***(ab 04/23)***
***DZ ab € 110,00***

Eine neue Nutzung für einen ehemaligen Wasserturm inmitten einer Großstadt wie Hamburg zu finden, dürfte vor gut zwei Jahrzehnten keine leichte Aufgabe gewesen sein. Sicherlich, die Architektur böte für vieles eine interessante Hülle. Gleichzeitig aber kann man sich angesichts der Herausforderungen durch die denkmalrechtlichen Auflagen, den ungewöhnlichen Grundriss und die massive Bausubstanz, die immerhin einen tonnenschweren Wassertank sicher tragen musste, nur zu leicht vorstellen, wie schwierig sich ein Umbau eines solchen Bauwerkes gestaltet. Und vor allem mit welchen erheblichen Kosten dies verbunden ist. Somit scheint sich ein Businesshotel der First-Class-Kategorie, welches hier mit dem Mövenpick im Jahr 2007 letztlich etabliert wurde, als eine gangbare Lösung für die Nachnutzung eines solchen Turmes angeboten zu haben. Die Architekten und Innenarchitekten haben hier einst ganze Arbeit geleistet und sowohl hinsichtlich des Umbaus als auch des Interior Designs Kreativität und professionelles Können bewiesen. Über eine Art langes Laufband, wie etwa in Messen oder Flughäfen üblich, erreicht der Gast bei seiner Anreise über den Sockel des Turms, von Klang- und Lichtilluminationen umfangen, die Rezeptionsebene. Die drei Zimmerkategorien *Classic*, *Superior* und *Premium* mit einer Größe zwischen 24 und 26 Quadratmetern sind entsprechend ihrem Ausblick gestaffelt, während sie hinsichtlich der Komfortmerkmale identisch sind, so zum Beispiel in Bezug auf die Möglichkeiten zur Zubereitung von Kaffee oder Tee auf den Zimmern. Geräumiger sind die Juniorsuiten in der 15. Etage mit 38 Quadratmetern. Dies liegt nicht zuletzt an den recht großzügig geschnittenen Badezimmern, die über eine Wanne sowie eine separate Dusche verfügen. Die Turmsuite schließlich an der Spitze des Gebäudes reicht über zwei Etagen und bietet sogar vom Bett aus einen Ausblick über die Stadt. Im Spa, zu dem alle Gäste kostenfrei Zutritt erhalten, sind eine gut ausgestattete Fitnesszone mit modernen Lauf- und Krafttrainingsgeräten, aber auch eine finnische Sauna sowie ein Ruhebereich gegeben. Der Tagungs- und Veranstaltungsbereich bietet 13 funktionale Räumlichkeiten für Events aller Art mit bis zu 160 Personen, wobei viele in einen lichtdurchfluteten Anbau des Hotelturmes integriert sind, der im Sommer von den rund um den Turm im Park stehenden Bäumen beschattet wird. Zudem kann das Mövenpick als Premiumadresse beim Besuch großer Veranstaltungen auf dem Hamburger Messegelände gelten, denn dieses liegt nur zehn Gehminuten entfernt. Auch die Anbindung an den öffentlichen Nahverkehr ist hervorragend, da sich die S-Bahn-Station Sternschanze sozusagen direkt zu Füßen des Hotels befindet. Hoteldirektorin Annette Bätjer prägte seit der Eröffnung im Jahre 2007 das Haus und hatte dabei anfangs durchaus schwierige Zeiten zu überwinden. Denn als Spitzenhotel in einem eher linksalternativ geprägten Stadtteil sah man sich zahlreichen Anfeindungen ausgesetzt, welche sogar etwa in Form von Buttersäureattacken eskalierten. Mittlerweile aber, so scheint es, hat man sich aneinander gewöhnt und offenbar ist ein relativ friedliches Miteinander eingekehrt. Annette Bätjer hat die unruhigen Zeiten souverän gemeistert und es dabei verstanden, ihre Mitarbeiter zu einem serviceorientierten Team zusammenzuschweißen, das den Aufenthalt für den Gast in diesem außergewöhnlichen Haus von Anfang an zu einem besonders angenehmen Erlebnis machte. Bätjers Sozialkompetenz, aber durchaus auch ihre Führungsqualitäten, haben wesentlich zu diesem Erfolg beigetragen. Die Coronazeit wurde im Mövenpick für Sanierungsarbeiten genutzt, um im Jahr 2021 durch eine mehrmonatige Schließung die Außenfassade sanieren zu können, bei der sich durch Regen und Feuchtigkeit Fugen gelockert und Teile gelöst hatten, sodass bereits zuvor die Außenterrasse gesperrt werden musste. Danach startete Bätjer wieder durch, wobei die Pandemie wie überall den Fachkräftemangel noch einmal verschärfte. Im März 2023 entschied sich Bätjer dann vor allem aus privaten Gründen, in den vorzeitigen Ruhestand zu gehen. Nach mittlerweile 16 Jahren ist das Mövenpick längst zu einem der Wahrzeichen der Stadt und einem festen Bestandteil der Hamburger Spitzenhotellerie geworden, den viele mit dem Namen der langjährigen Direktorin verbinden. Ihr Nachfolger Michael Lutz tritt in jedem Fall in große Fußstapfen!

Bewertung: ●●●

## RADISSON BLU HOTEL HAMBURG

**(OT Neustadt)**
**Marseiller Straße 2**
**20355 Hamburg**
**Telefon: 0 40-35 02-0**
**Internet: www.radissonblu.de**
**E-Mail: info.hamburg@radissonblu.com**
**Direktor: Guido Bayley**
***DZ ab € 122,00***

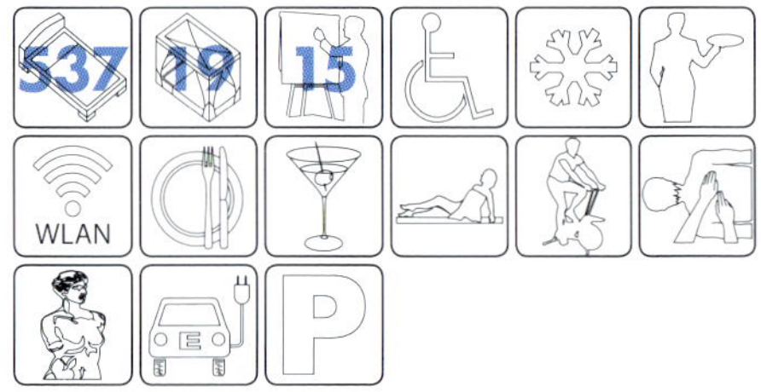


Deutschlands Messen, traditionsreiche Zentren des Handels und des Austauschs zwischen nationalen und internationalen Mitbewerbern wie auch Kooperationspartnern, haben oft ein Merkmal gemeinsam. Teilweise bereits entstanden vor Jahrhunderten, befanden sich selbige Gebäude und Orte oft inmitten der Städte, wie zum Beispiel in Leipzig mit seinem Handelshof, der heute als Hotel genutzt wird. Auch in Hamburg erstreckt sich die Messe unweit der Binnenalster gleich jenseits des CCH-Kongresszentrums am Dammtorbahnhof, der somit als Fernbahnhof der Messe fungiert. Zeitgleich mit dem Kongresszentrum eröffnete 1972 Hamburgs erstes Hotelhochhaus, ein bis heute beeindruckend elegantes und schlankes Gebäude direkt zwischen Bahnhof und CCH. Nun blickt man aus dem Hotel aber keineswegs auf öde Messehallen zu seinen Füßen, sondern genießt zur einen Seite die Sicht auf die Innenstadt rund um die Binnenalster. Zur anderen Seite bietet sich das Panorama von „Planten un Blomen", einer der ältesten Parkanlagen Hamburgs. Dort sind am Abend aus dieser hohen Perspektive unter anderem die farbig illuminierten Wasserorgelkonzerte mit ihren Wasserspielen im Gelände zu beobachten, ein Relikt der Internationalen Gartenschau von 1953 und typische Attraktion der 1950er-Jahre. Neben solchen Gartenausstellungen gab es in jenem Park einst einen Zoo und einen botanischen Garten. Heute wird das integrierte Ausstellungsgelände, der alte Botanische Garten und die frühere Heimat kleiner und großer Wallanlagen Hamburgs zusammengefasst als „Planten un Blomen" geführt. Ebenso sorgt der historische Dammtorbahnhof, seines Zeichens Haltepunkt im ICE-Netz der Deutschen Bahn, auf der anderen Seite des Radisson Blu dafür, dass hier trotz der Funktion als Messe- und Kongresshotel ein attraktiver, in das Stadtgefüge integrierter Hotelstandort entstanden ist. So ist es heute einer der herausragenden Vertreter der Spitzen-Businesshotellerie in Hamburg, der im viergeschossigen Sockel dieses Gebäudes trotz des benachbarten CCH nicht nur Restaurants und sonstige Infrastruktur des Hotels bereithält, sondern auch einen eigenen Tagungsbereich. Mit einem Haus, das von der Architektur bis zu den Möbeln und der Ausstattung aus einem Guss vom legendären Arne Jacobsen entworfen wurde, entstand damit die ganz eigene und neue Kategorie des Designhotels. Die Zimmersegmente *Standard*, *Superior* und *Premium* bieten ein individuelles und durchgehend edel gestaltetes Ambiente in insgesamt 537 Zimmern und 19 Suiten. Die höheren Zimmerkategorien befinden sich dabei generell in den oberen Etagen des Hotels, um die weitere Aussicht als zusätzliches Feature offerieren zu können. Das Zimmersegment *Superior* liegt beispielsweise oberhalb der 15. Etage und wartet mit kleinen und größeren Extras auf, wie etwa einer Nespresso-Kaffeemaschine, einem Bademantel und Slippern. Die noch höher angesiedelte *Premium*-Kategorie verfügt in Ergänzung hierzu über zusätzlichen Platz. Die Suiten *mit Parkblick* sind, in der Kategorienfolge hier anschließend, doppelt so groß wie die *Premium*-Zimmer und bieten kostenfreie Erfrischungen aus der Minibar. Ein solches Haus kann natürlich auch zwei Präsidentensuiten ausweisen. Sie haben eine Gesamtgröße von 90 Quadratmetern und liegen in der 25. und 26. Etage. Zum weiteren Angebot dieses Radisson zählt ein Spa mit einem Dampfbad, einer finnischen Sauna sowie ein Fitnessbereich mit modernsten Trainingsgeräten, der rund um die Uhr zugänglich ist. Hauptrestaurant ist das Filini Bar & Restaurant, in dem morgens das Frühstücksbuffet bereitsteht. Zum Lunch und Dinner wird dort eine italienische Küche auf einem relativ guten Niveau geboten, wenngleich man sich in Anbetracht der Größe des Hauses sicherlich ein breiteres Angebot wünschen würde. Bei dieser Gelegenheit möchten wir auf die Rooftop Bar & Restaurant TWOSIX in der 26. Etage hinweisen. Hier genießen die Gäste ihren Drink bei einem spektakulären Ausblick über die Stadt. Sowohl für Messe-, Business- als auch für Individualreisende ist das Haus zusammenfassend eine Empfehlung, denn selbst wenn ein kleines Hotel eine persönlichere Ansprache und ein intimeres Ambiente bieten mag, hat eine durch die Größe und Erfahrung durchorganisierte und reibungslos funktionierende Hotelinstitution wie dieses Radisson Blu in jedem Fall seine eigenen Qualitäten, die man durchaus zu schätzen wissen dürfte.

Bewertung: ●●●

## REICHSHOF HAMBURG

**(OT Neustadt)**
**Kirchenallee 34–36**
**20099 Hamburg**
**Telefon: 0 40-3 70 25 9-0**
**Internet: www.hamburg-reichshof.com**
**E-Mail: info@hamburg-reichshof.com**
**Direktorin: Kathrin Wirth-Ueberschär**
***DZ ab € 208,00***

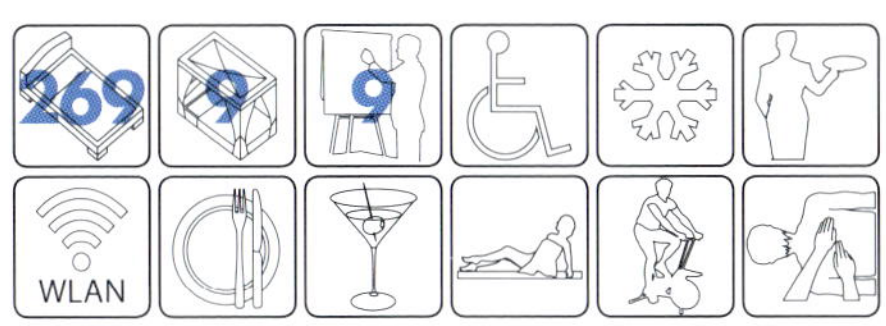


Der Reichshof Hamburg vis-à-vis dem Hauptbahnhof bereichert den hiesigen Hotelmarkt in unseren Augen deutlich mit seinem progressiven Interior Design. Die Zimmer, die entfernt an den Art-déco-Stil angelehnt und wahlweise in Richtung Bahnhof, Seitenstraße oder zum Innenhof ausgerichtet sind, werden in die Segmente *Medium*, *Large* und *Extra Large* eingeordnet. Die Einstiegskategorie *Medium* ist mit 18 Quadratmetern doch recht klein dimensioniert. Die Suiten haben hingegen eine Größe von 40 Quadratmetern und verfügen über einen getrennten Wohn-

und Schlafbereich. Hoteldirektorin Kathrin Wirth-Ueberschär ist uns bereits aus Zeiten bekannt, als sie noch im Mövenpick an der Sternschanze als stellvertretende Direktorin tätig war. Was wir hier bedauern, ist der Eindruck, dass sie dieses modern-progressive Ausnahmehotel vorwiegend mit einer distanzierten Attitüde führt. Würde sie sich doch nur ihre damalige Vorgesetzte und Direktorin Annette Bätjer, eine leidenschaftliche Gastgeberin mit hoher Sozialkompetenz, zum Vorbild nehmen. Auch bei Gästeanliegen schickt Wirth-Ueberschär bevorzugt eine Mitarbeiterin vor und lässt sich entschuldigen. Entweder ist sie im Gespräch, im Meeting, auf Außentermin, krank oder im Urlaub. Sie persönlich zu erreichen ist dementsprechend äußerst schwierig. Auf E-Mails reagiert sie nur auf mehrmalige Nachfrage. Aber selbst dann kann es passieren, dass sich eine Mitarbeiterin in ihrem Auftrag meldet. Dabei würden wir ihr durchaus einen regelmäßigeren Gastkontakt empfehlen, der sicherlich hilfreich wäre, etwa um aus erster Hand zu erfahren, wenn etwas nicht rund läuft im eigenen Hause. So könnten Schwachstellen leichter und vor allem schneller eruiert und behoben werden. Doch kommen wir zu Erfreulicherem, beispielsweise dem Restaurant Stadt Hamburg, das mit seinen Holzvertäfelungen, der Empore und seiner Raumhöhe an einen Speisesaal eines luxuriösen Kreuzfahrtschiffes erinnert. Chef de Cuisine Mario Regensburger setzt mit seiner Küchenlinie einen Kontrapunkt zu diesem opulenten Interieur und bietet eine modern interpretierte, regionale und nordisch geprägte Küche, wenn möglich unter der Verwendung von saisonalen Bio-Produkten. In der Karte fand sich bei unserem Besuch etwa der Panfisch, allerdings nicht klassisch mit Senfsauce, sondern in einer Beurre-blanc-Sauce, dazu Kürbis und Grünkohl. Geschmacklich interessant war auch, beispielsweise als Entree, die Gelbflossenmakrele mit Komponenten wie Kaviar, Algensalat und Schweinebauch. Ebenso ansprechend: die geschmorte Lammhaxe an Kichererbsenpolenta, Backpflaume, Minze und Gewürzjoghurt. Sicherlich ist das Restaurant eine Bereicherung der Gastronomieszene in Hamburg und in jedem Fall eine Empfehlung wert. Ein Wellnessbereich zählt ebenfalls zu den Einrichtungen des Reichshofs, auch wenn dieser sich auf eine finnische Sauna, ein Dampfbad sowie einen Ruheraum beschränkt und der Besuch nicht in die Zimmerrate inkludiert, sondern mit 10 Euro gesondert in Rechnung gestellt wird. Der rund um die Uhr zugängliche Gym, der mit modernen Cardio-Trainingsgeräten ausgestattet ist, kann von den Gästen hingegen kostenfrei genutzt werden. Zudem sind Massagetreatments nach Voranmeldung buchbar, wobei man mit einer externen Anbieterin zusammenarbeitet. Für Tagungen, Konferenzen, aber auch Festbankette stehen insgesamt neun funktionale Räumlichkeiten zur Verfügung. Veranstaltungen, etwa im Raum Hans Albers, sind mit bis zu 250 Personen möglich. Noch unter Maritim gab es sogenannte Autoboxen, in welchen die Fahrzeuge der Gäste über einen Aufzug an Ort und Stelle gebracht wurden. Die Anlage, die unter Denkmalschutz steht, musste allerdings zum einen aus Sicherheitsgründen, zum anderen in Anbetracht dessen, dass heutige Fahrzeuge teilweise aufgrund ihrer Größe hätten nicht mehr eingeparkt werden können, außer Betrieb genommen werden. So wird nunmehr auf ein öffentliches Parkhaus in unmittelbarer Nähe verwiesen. Allen anspruchsvollen Bahnreisenden, die in Hamburg nur einen kurzen Aufenthalt haben und gerne speisen oder einfach nur einen Drink nehmen möchten, sei empfohlen, in der großen und imposanten Hotellobby – mit ihren in Marmor verkleideten Wänden und Säulen sowie dem großen, modern gestalteten Lüster – Platz zu nehmen und dabei die Geschäftigkeit dieses Hotels zu genießen. Denn hier ist der Treffpunkt für die Gäste im Hause, der mit den bequemen Sitzgruppen die Funktion eines Living Rooms erfüllt. Das offen gestaltete Emil's Café, Bistro & Bar wurde in die Lobby integriert und macht mit einem Kaffee, einem Cocktail oder einem Bier ebenso wie mit einem kleinen Snack jede Wartezeit zu einem Genuss.

Bewertung: ●●●

## STEIGENBERGER

**(Innenstadt)**
**Heiligengeistbrücke 100**
**20459 Hamburg**
**Telefon: 040-3 68 06-0**
**Internet: www.steigenberger.com**
**E-Mail: reservierung@steigenberger.hamburg.de**
**Direktor: Moritz Klein**
***DZ ab € 169,00***

Endlich ist es soweit, die über viele Jahre angekündigte Master-Renovierung des Hamburger Steigenberger, die immer wieder verschoben wurde, konnte im November letzten Jahres komplett abgeschlossen werden. Auch wenn der Pflegezustand der Zimmer und Suiten in der Vergangenheit wenig Anlass zur Klage gab, bedurfte das Interieur durchaus eines Makeovers. Nunmehr haben die Innenarchitekten wirklich ganze Arbeit geleistet und ein dynamisch-progressives Konzept entwickelt. Allerdings wurde das Design an der ein oder anderen Stelle, etwa bei der Auswahl von Materialien wie im Falle der losen Teppichinsel im Sitzbereich an der Rezeption, offenbar über die Maßgabe gestellt, dass diese für eine Intensivnutzung geeignet sein müssen. Denn durch ihre Farbgebung werden sich selbige Bereiche vermutlich als äußerst pflegeintensiv herausstellen. Doch ist nicht von der Hand zu weisen, dass die beiden involvierten Innenarchitekturbüros reichlich Erfahrung in hotelleriebezogenen Projekten haben, sodass abzuwarten ist, ob tatsächlich falsche Prioritäten gesetzt wurden. Auch das gastronomische Konzept wurde verändert. Künftig möchte man mit dem neuen Restaurant „Stadthaus" und seiner integrierten Showküche begeistern, in der Fisch und Fleisch etwa auf dem Holzkohlegrill zubereitet werden. Durch eine solche Gestaltung sollen Anreize für die Hotelgäste gesetzt werden, hier einzukehren, denn die Konkurrenz außerhalb des Hotels ist im Zentrum Hamburgs natürlich nicht gerade klein. Auf eine griffige Umschreibung für das Küchenkonzept hat man sich noch nicht festlegen können. Fest steht nur, dass es modern-innovativ, aber durchaus auch bodenständig werden soll. Die Eröffnung ist im Sommer dieses Jahres geplant. Hier kann man dann sowohl einen Lunch als auch ein längeres Dinner am Abend genießen, bei entsprechenden Außentemperaturen wird die angrenzende Terrasse dazu einladen. Bis dahin wird im Frühstücksrestaurant „am Fleet" eine Auswahl an Speisen geboten. Im Hinblick auf die Zimmer unterscheiden sich deren Kategorien *Standard*, *Superior* und *Deluxe* vor allem durch ihre Größe und die gebotene Aussicht. Nicht ganz so schön ist, vor allem weil dieses Steigenberger unter den besten Hotels der Hansestadt eingeordnet werden möchte, dass die Minibar nicht mehr bestückt wird und sich der Gast zur Rezeption bemühen muss, um sich dort über den sogenannten Mini Market mit Getränken zu versorgen – selbstverständlich zu den gewohnten Minibar-Preisen. Direktor Moritz Klein begründet diese Entscheidung damit, dass die meisten Gäste die Minibar nicht besonders gut angenommen haben. Allerdings, so Klein, habe er sich Gedanken gemacht, dass als zusätzlicher Service künftig unterschiedlich buchbare Packages angeboten werden, bei denen man sich die Minibar entweder mit oder ohne alkoholische Getränke befüllen lassen kann. Zu den immer verbrieften Serviceleistungen zählen hier hingegen das Valet Parking, die Hilfe beim Gepäck und zusätzlich ein 24-Stunden-Roomservice, der ab 22 Uhr lediglich mit einem kleineren Speisenangebot offeriert wird. Ein Spa gehört nach wie vor zum Gesamtangebot des Hauses, allerdings beschränkt er sich auf eine finnische Sauna sowie eine Ruhezone und einen recht gut ausgestatteten Trainingsraum. Die bisherigen Flächen des Anwendungsbereichs werden nun für die 180 Quadratmeter große Präsidentensuite genutzt, die durch weitere Zimmer auf eine Gesamtfläche von 250 Quadratmetern vergrößert werden kann. Sie umfasst einen Wohn- und Essbereich sowie bei kompletter Nutzung sogar drei Schlafzimmer. So viel Luxus hat natürlich seinen Preis, denn pro Übernachtung werden circa 4.000 Euro aufgerufen. Die Lage dieses Steigenberger spricht für sich, denn mit nur wenigen Schritten kann der Alte Wall mit seinen zahlreichen Nobelboutiquen erreicht werden und die Elbphilharmonie liegt zu Fuß nur gut 15 Minuten entfernt. Mit der U-Bahn-Linie 3, deren Station sich unweit des Hotels befindet, gelangt man zudem in nur fünf Minuten zum Hauptbahnhof. Ungeachtet der guten Anbindung an den Nah- und Fernverkehr reisen die meisten Gäste dennoch mit dem eigenen Fahrzeug an. Pro Tag werden für einen der 77 vorhandenen Stellplätze 32 Euro berechnet. Nunmehr liegt es an Hoteldirektor Moritz Klein, der hier seit Dezember 2017 die Verantwortung trägt, dieses mit fünf Sternen klassifizierte Businesshotel wieder verstärkt in den Fokus der allgemeinen Wahrnehmung zu rücken. Der Hamburger Hotelmarkt ist seit Jahren in Bewegung, interessante spannende Hotelprojekte sind entstanden; hier denken wir beispielsweise an das The Fontenay oder an das The Westin im Komplex der

Elbphilharmonie. Erfreulicherweise ist dieses Steigenberger nun wieder auch im Vergleich mit solchen Häusern State of the Art und wird mit seinem neu designten, innovativ-progressiven Hotelprodukt sicherlich zu alter Stärke zurückfinden.

Bewertung:

## THE FONTENAY HAMBURG

**(OT Rotherbaum)**
**Fontenay 10**
**20354 Hamburg**
**Telefon: 0 40-6 05 66 05-0**
**Internet: www.thefontenay.com**
**E-Mail: info@thefontenay.com**
**Direktor: Thies Sponholz**
***DZ ab € 326,00***

Das The Fontenay ist der neueste Stern im Luxussegment des Hamburger Hotelhimmels. Auch wenn der milliardenschwere Unternehmer und bekannte HSV-Investor Klaus-Michael Kühne hier auf den ersten Blick eine Liebhaberei verwirklicht hat, bei deren Umsetzung Geld keine Rolle gespielt zu haben scheint, erweist sich die Immobilie auf den zweiten Blick jedoch durchaus als ein Projekt, das stark durch ökonomische Überlegungen motiviert gewesen sein dürfte. Denn ein Großteil des Bauvolumens des Gebäudes wird von 17 Luxuswohnungen eingenommen, die mitten in der Hochzeit der Nachfrage nach Immobilien auf den Markt kamen, als das Vorhaben 2018 realisiert und gebaut wurde. Man muss wissen, dass hier über Jahrzehnte das Hamburger Haus der Hotelkette InterContinental stand. Auch wenn er das sogenannte Interconti mit Grundstück erwerben konnte, bedeutete dies selbst für einen Milliardär wie Kühne nicht, dass er hier bauen durfte, wie es ihm gefiel. Dies betrifft vor allem die Nutzung des Grundstücks, weniger die Architektur an sich. Denn es bestand ein Bebauungsplan, der bereits 1969 zur Errichtung des alten Hotels erlassen wurde. Dessen großzügige Festsetzungen, wie neun Vollgeschosse und über 18.000 Quadratmeter Geschossfläche, dürften Kühne gefallen haben, und auch das großzügige Baufeld war nicht das Problem. Eher schon die Tatsache, dass hier eine ausschließliche Nutzung als Hotel bestimmt wurde. So kann als sicher gelten, dass der Anteil der Wohnungen am Gesamtobjekt Gegenstand intensiver Verhandlungen zwischen Behörde und Investor gewesen sein dürfte. Immerhin versprechen Wohnimmobilien, und gerade Luxuswohnungen, ungleich höhere Renditen als ein Hotel. 100 Millionen Euro sollen die Baukosten betragen haben, wobei ein großer Teil dieser horrenden Summe wahrscheinlich auf die ungewöhnlichen Grundrisse in dem Gebäude mit amöbenartiger Kontur durch unzählige gebogene Wände zurückgeht. Teppiche, Möbel, jegliche Ausstattung mussten deshalb nur zu oft speziell angefertigt werden. Ob das Haus eine internationale Strahlkraft entwickeln konnte, wie es sich Kühne wünschte, mag bezweifelt werden, zumal es auch Kritik an der eher biederen Zimmerausstattung gab, für deren Design nach Auskunft pikierter Hamburger Architekten Kühnes Ehefrau zuständig war. „Als sei man bei der reichen Stuttgarter Verwandtschaft zu Besuch", so die bösartige Kritik in einem Jahrbuch für Architektur. Dabei ist das Zimmerdesign durchaus modern und elegant, es bleibt in puncto Progressivität nur etwas hinter der architektonischen Hülle zurück. Die Muster der Zimmertapeten erinnern ebenso wie die petrolfarbenen Bezüge der Kopfteile der Betten oder einzelner Möbelstücke in Kombination mit dem in Rauten verlegten Parkett in der Tat etwas an die 1950er-Jahre, woher vielleicht die erwähnte Assoziation mit Stuttgart als Wirtschaftswunderstadt ebendieser Zeit und der dort bei älteren Verwandten vermeintlich konservierten Spießigkeit jener Jahre rührt. Uns erscheint solch ein Vorwurf etwas zu herablassend, denn die Zimmer, von den kleineren der Kategorie *Classic* mit 28 Quadratmetern über die größeren der Kategorien *Deluxe*, *Premier* und *Deluxe Alster* mit jeweils 43 Quadratmetern bis hin zu den Suiten, bieten ein behagliches Wohngefühl. Oberhalb der *Classic*-Kategorie, wo sich die Segmente nur durch ihre Lage im Hotel, die damit verbundene Aussicht sowie die Bettenlänge unterscheiden, verfügen alle über einen eigenen Balkon. 113 Zimmer und 17 Suiten sind dabei eine sehr überschaubare Anzahl an Zimmern, was die Vermutung des Hotels als Vehikel für die gleichzeitige Genehmigung von Luxuswohnungen stärkt, weil die zulässige Höhe und auch die Geschossfläche nicht ausgeschöpft worden sein soll, sodass es durchaus mehr Zimmer auf mehr Geschossen hätte geben können. Das Herzstück des The Fontenay bildet ein imposantes, 27 Meter hohes Atrium, welches an seinem höchsten Punkt mit einer Öffnung im obersten Geschoss des Hotels in der dortigen Bar endet. Auch Nichthotelgäste haben hier Zutritt zu einem Rundumblick über Hamburg auf der 500 Quadratmeter großen Panoramaterrasse vor der Bar. Darüber befindet sich das Gourmet-Restaurant Lakeside, in dem Sternekoch Cornelius Speinle zunächst für einen Michelin-Stern sorgte. Ihm folgte Julian Stowasser, der die an ihn gesetzten Erwartungen nicht nur erfüllen, sondern noch übertreffen konnte, denn mittlerweile erhielt das Restaurant 2023 sogar seinen zweiten Stern. Der Fontenay Spa bietet im obersten Hotelbereich mit Blick über die Außenalster Beauty, Sport, Well-being und Gesundheit auf 1000 Quadratmetern. Hierzu stehen eine finnische Panoramasauna, ein Quarzit-Dampfbad und ein 20 Meter langer Innen- und Außenpool mit Sonnenterrasse sowie unterschiedliche Ruhebereiche, Erlebnisduschen und ein Eisbrunnen zur Verfügung. Überdies kann eine privat nutzbare Spa-Suite gebucht werden. Der nun erreichte zweite Michelin-Stern ist ein gutes Zeichen dafür, dass das The Fontenay noch einmal Fahrt aufnehmen und wirklich als modernes, progressives Luxushotel reüssieren kann. Eine leichte Überarbeitung der Ausstattung, neue gastronomische Konzepte und spektakuläre Veranstaltungen könnten hier ebenso hilfreich sein. Vielleicht würde ja auch ein Auftritt in einem James-Bond-Film wie einst beim Hotel Atlantic helfen, dem Haus zusätzliches Renommee zu verleihen. Mit seiner Lage, seiner blendend weißen Architektur sowie den pittoresk geschwungenen Balkonen und Dachterrassen ginge es durchaus als Wohnsitz eines Filmbösewichts der Bond-Reihe durch, welche ja allesamt traditionell als Liebhaber außergewöhnlicher moderner Architektur in ihren Refugien portraitiert werden. In jedem Fall hat Hamburg mit dem Haus ein Fünf-Sterne-Superior-Hotel erhalten, das eine außergewöhnliche Architektur in herrlicher Lage bietet.

Bewertung:

## THE WESTIN HAMBURG

**Platz der Deutschen Einheit 2**
**20457 Hamburg**
**Telefon: 0 40-80 00 10-0**
**Internet: www.westinhamburg.com**
**E-Mail: info.thewestinhamburg@westin.com**
**Direktorin: Madeleine Marx**
***DZ ab € 270,00***

Die mittlerweile viel geliebte Elbphilharmonie im historischen, fast fensterlosen und durch einen Neubauteil ergänzten Kaiserspeicher am Rande der neuen HafenCity in Hamburg ist nicht nur Konzerthalle mit großem und kleinem Saal, sondern auch Wohnanlage, Parkhaus und vor allem ebenso Hotel. Im lichtlosen Speicher sind die notwendigen Parkraumkapazitäten sowie diejenigen Funktionsräume geschickt untergebracht, die nicht unbedingt auf Tageslicht angewiesen sind. Neben den Backstagebereichen und Technikräumen für die Philharmonie sind hier genauso Hotelbereiche des The Westin integriert, die typischerweise oft in Kellergeschossen einquartiert werden. Dazu zählen etwa Fitnessräume und Spa, wobei letzterer auf seinen stattlichen 1300 Quadratmetern nicht nur einen 20 Meter langen Pool, 6 Behandlungsräume, eine finnische Sauna und eine 70°C-Bio-Sauna beherbergt, sondern auch noch eine Balkonterrasse aufweist. Denn an einigen Stellen bot der ursprüngliche Kaiserspeicher Öffnungen in der Fassade, die man hierfür nutzen konnte. Zusammen mit dem Sockel ragt die niedrigere Hotelseite der Elbphilharmonie 19 Geschosse hoch auf, wobei sich die 244 Zimmer und Suiten sowie einige Tagungsräume erst oberhalb der 8. Etage mit der Hotellobby auftürmen. Die meisten der 10 Veranstaltungsräume befinden sich hingegen im Sockelbau, wo der 800 Quadratmeter große Tagungsbereich in flexible Einheiten für bis zu 350 Personen aufgeteilt werden kann. Wäre nicht der unauffällige Schriftzug neben dem Besuchereingang vorhanden, der zur geschwungenen Rolltreppe auf die Besucherterrasse der Philharmonie führt, könnte man die Existenz des The Westin im Gebäude fast übersehen. Ebenso dezent fügen sich die 45 Privatwohnungen auf der anderen Gebäudeseite in den Baukörper ein. Mit dem öffentlich zugänglichen Zwischengeschoss zwischen Speicher und Neubauteil, der sogenannten Plaza, hat man zudem eine neue Touristenattraktion geschaffen, von der aus das Hotel über einen separaten Eingang und Fahrstuhl erreicht werden kann. Aber auch durch das Parkhaus innerhalb des Gebäudesockels kann man zum Hotel gelangen und sein Fahrzeug hier für stolze 50 Euro pro Tag parken. Die Gebäudekreation der Star-

Architekten Herzog und de Meuron, die sich durch den hypermodernen Oberbau auszeichnet, dessen Dach an geblähte Segel erinnern soll, vereint alle Funktionen hinter einer Glasfassade mit scheinbar zufällig verteilten Fenstervariationen in einer Gestaltung, die an vereiste oder beschlagene Glasflächen erinnert. Wie dieser Eindruck zustande kommt, kann man in den Zimmern des Hotels genau betrachten. Nicht etwa satinierte Teile der Glasflächen lassen den vereisten Effekt entstehen, sondern kleine Metallpunkte, die dadurch zu Reflexionen führen und somit die Aufheizung der Glasfront erheblich reduzieren. Die teilweise erkennbar gewölbten Elemente der Fassade lassen es zu, kleine, fensterartige Luken für die Frischluftzufuhr zu öffnen. Noch mehr stechen aber die Zimmer und Suiten selbst durch ihr bedingungslos modernes Design in hellen Beige- und Weißtönen ins Auge. Zu beachten ist, dass die Kategorie *Classic* keinen Ausblick auf die Umgebung bietet, sondern auf ein enges Atrium ausgerichtet ist, sodass bestenfalls ein Stück Himmel sichtbar wird. Die Einordnung der anderen Segmente entspricht der jeweiligen Richtung des gebotenen Ausblicks sowie der Zimmergröße. Dass einige Gäste den Charakter eines Luxushotels dennoch vermissen und das The Westin eher als sehr gutes Businesshotel eingestuft wird, ist dennoch zu beobachten und stellt ein Beispiel für das in diesem Hotelführer immer wieder vertretene Mantra dar, dass Luxus nicht allein von der Hardware, sondern im Wesentlichen von der jeweils etablierten Service- und Dienstleistungskultur abhängt. Jedoch sind einem 244-Zimmer-Hotel in einem Komplex wie der Elbphilharmonie hierbei eben Grenzen gesetzt. Denn zusätzlicher Service benötigt neben motiviertem, zahlreichem und erfahrenem Personal auch Platz. Hier hat man hingegen das Gefühl, dass die Entwicklung des Hotels schon bei der Planung der Elbphilharmonie abgeschlossen sein musste und danach kein Freiraum mehr herrschte, dieses Hotelkonzept weiterzuentwickeln. Wollte man zum Beispiel ein weiteres Restaurant einrichten oder eine besondere Bar hinzufügen, wäre dies in einem so komplexen Gebäude kaum möglich. Daher hält man merklich am ursprünglich konzeptionierten Modell eines luxuriösen Businesshotels fest, bei dem Gäste einen Aufschlag vorwiegend für die Location zahlen und nicht so sehr für einen Service, der dem eines Luxushotels entsprechen würde. Bedauerlicherweise nehmen die Beschwerden im Hinblick auf die Service- und Dienstleistungsqualität zu. Es könnte der Eindruck entstehen, man ruhe sich auf dem Standortvorteil des Hotels aus und halte eine herausragende Servicequalität für verzichtbar. Wir fragen uns deshalb, ob eine erfahrene Hotelmanagerin wie Madeleine Marx der Schulungsbedarf ihrer Mitarbeiter nicht aufgefallen ist. Wir haben sie nämlich aus ihrer vorherigen Wirkungsstätte durchaus als sehr leidenschaftliche und engagierte Direktorin in Erinnerung.

Bewertung:

# HANNOVER Niedersachsen

## KASTENS HOTEL LUISENHOF

**(Innenstadt)**
**Luisenstraße 1–3**
**30159 Hannover**
**Telefon: 05 11-30 44-0**
**Internet: www.kastens-luisenhof.de**
**E-Mail: info@kastens-luisenhof.de**
**Direktor: Michael Rupp**
***DZ ab € 136,00***

Nach wie vor hält das Kastens Hotel Luisenhof an der Fünf-Sterne-Superior-Klassifizierung fest, dabei vermochte die Service- und Dienstleistungsqualität in diesem Traditionshotel bereits vor der Coronapandemie und dem aktuellen Fachkräftemangel nicht mehr so recht zu überzeugen. So ist es aufgrund dieser Klassifizierung opportun, dass man mit den besten Adressen der Republik gemessen wird. „Luxus ist Service" sollte eigentlich das Leitmotiv sein. Hier hingegen erfolgt bereits die Anreise des Gastes unspektakulär, was dem Umstand geschuldet ist, dass diese in den seltensten Fällen überhaupt bemerkt wird. Denn anders als in den meisten Hotels jener Kategorie üblich wartet kein Doorman oder Wagenmeister vor der Tür. Auf Nachfrage entschuldigt man diesen Umstand dann mit dem Hinweis, der zuständige Mitarbeiter sei gerade im Haus unterwegs. Allerdings haben zumindest wir bei unserer Ankunft einen solchen noch nie angetroffen. Somit bleibt dem Gast nichts anderes übrig, als den Wagen selbst in die Tiefgarage oder im Innenhof auf den Parkflächen einzuparken und sein Gepäck zur Rezeption zu bringen. Immerhin wird dort dann ganz zuverlässig Unterstützung beim Gepäck angeboten, auch wenn die Frage der Mitarbeiter, ob man behilflich sein darf, ein wenig halbherzig wirkt. Zu Zeiten, als das Kastens Hotel Luisenhof sich noch nicht anschickte, das Luxussegment zu bespielen, konnte man beispielsweise mit Zusatzleistungen wie etwa der kostenfreien Minibar überraschen. Seit einigen Jahren ist deren Nutzung jedoch gebührenpflichtig. Zu den Standardserviceleistungen zählt weiterhin ein 24-Stunden-Zimmerservice, Speisen und Getränke können hierfür aus einer kleinen Karte ausgewählt werden. Gleichbleibend durchschnittlich ist seit vielen Jahren das Angebot und die Qualität des Frühstücksbuffets. Die zahlreichen Gästebeschwerden werden geflissentlich ignoriert. An Kritik zu wachsen, würde nämlich voraussetzen, dass die grundsätzliche Bereitschaft einer Selbstreflexion besteht. Doch bedauerlicherweise fällt konstruktive Kritik bei Hoteldirektor Michael Rupp nicht auf fruchtbaren Boden. Das war allerdings nicht immer so, es gab durchaus Zeiten, da war, so zumindest unser Empfinden, derartiges Feedback für Rupp ein Antriebsmotor, um immer besser werden zu können. Zwischenzeitlich scheint sich bei ihm jedoch eine gewisse Selbstzufriedenheit eingestellt zu haben und es könnte der subjektive Eindruck entstehen, als bereite er sich langsam, aber sicher auf seinen Ruhestand vor. Konstant positiv hingegen ist die Küchenleistung des Restaurants MARY's zu bewerten, hier darf der Gast sich auf eine internationale Küche auf gutem Niveau freuen. Geöffnet hat es mittags und abends. Darüber hinaus brillieren dessen Mitarbeiter durch einen exzellenten Service. Vor allem wäre hier das Team um Oberkellner Radovan Vukosavljev zu loben, das sich mit großer Aufmerksamkeit um ihre Gäste kümmert. Zum Gesamtangebot des Kastens Hotel Luisenhof zählt auch ein Veranstaltungsbereich mit insgesamt zehn Räumlichkeiten, darunter der Georgs- sowie der Gobelinsaal für festliche Events. Tagungen, Konferenzen, aber auch Festbankette sind mit bis zu 200 Personen je nach Bestuhlungsanordnung möglich. Für Besprechungen mit bis zu 16 Personen eignen sich die sogenannten Clubräume. Ein wenig kleinlich wirkt auf uns, dass der Besuch des 220 Quadratmeter großen Freizeitbereichs, dessen Angebot sich auf eine finnische Sauna, ein Dampfbad, eine Erlebnisdusche sowie einen passabel ausgestatteten Gym beschränkt, mit 6 Euro gesondert berechnet wird. Zudem muss zuvor die Rezeption kontaktiert werden, die dann eine Zugangskarte ausstellt. Buchbar sind auch Massagetreatments, wofür das Hotel mit einem externen Dienstleister kooperiert. Gut zu wissen ist im Übrigen, dass die Zimmer und Suiten nicht auf einem einheitlichen Renovierungsstand sind, da diese sukzessive über mehrere Jahre aufgefrischt wurden. Wir würden eine Empfehlung für die Kategorie *Superior* aussprechen, die in einem zeitgemäßen Zustand ist und mit 30 Quadratmetern zumindest ausreichend Platz bietet. Beim Anblick des Zimmerdesigns und dem unprätentiösen Bad würde man jedoch nicht sofort darauf schließen, dass man sich in einem Luxushotel der Spitzenklasse befindet. Wirklich geschmackvoll ist die 100 Quadratmeter große *Leibniz Suite* eingerichtet. Sie verfügt über einen getrennten Wohn-, Ess- und Schlafbereich, ein exklusives Luxusbadezimmer sowie eine private Terrasse. Unser Fazit in diesem Jahr für das Kastens Hotel Luisenhof: Es gibt in jeglicher Hinsicht weiterhin deutlich Luft nach oben. Eine künftige Fünf-Sterne-Superior-Klassifizierung sollte man vielleicht endlich einmal überdenken. Vor allem die Zusatzbezeichnung „Superior“ verspricht ja eine besondere Servicequalität, die wir hier allerdings vermissen. Auch wenn in der Tat schon gekrönte Häupter und Staatspräsidenten zu Gast waren, ist das nicht gleichsam der Beleg dafür, dass es sich beim Kastens Hotel Luisenhof um ein anspruchsvolles Luxushotel handeln muss, denn dieses Attribut könnte womöglich der Tatsache geschuldet sein, dass es in Hannover schlichtweg an Alternativen fehlt.

Bewertung: 

## RADISSON BLU

**(OT Laatzen)**
**Expo Plaza 5**
**30539 Hannover**
**Telefon: 05 11-3 83 83-0**
**Internet: www.radissonhotels.com**
**E-Mail: info.hannover@radissonblu.com**
**Direktor: Frank Raspe**
***DZ ab € 98,00***

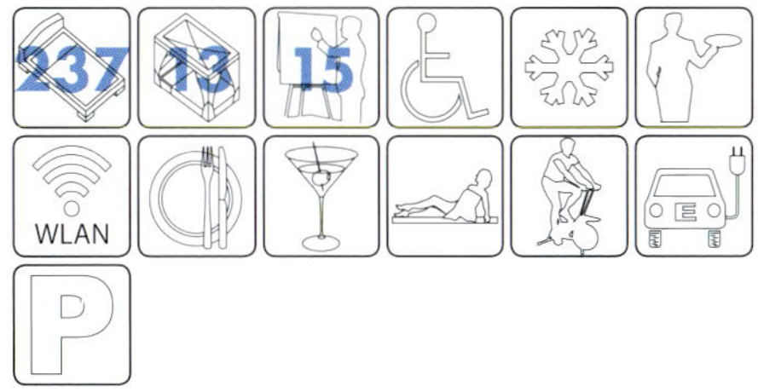


Ob sich das klassische Messegeschäft herkömmlicher Art jemals wieder von der Coronapandemie vollumfänglich erholen wird, steht in den Sternen. Dahingehend wirkte diese nur als Beschleuniger einer ohnehin schon eingetretenen Entwicklung in Richtung zu mehr Virtualisierung, Digitalisierung und generell des Wegfalls der Prüfung einer Ware oder eines Produktes vor dem Kauf. Einstige Publikumsrenner wie die Cebit sind längst Geschichte und selbst die IAA scheint mit ihrem Weggang aus Frankfurt nach München ihren Untergang eingeläutet zu haben. Bleiben also Messen wie Fachmessen für professionelle Besucher ohne interessiertes allgemeines Publikum – damit auch mit weniger Teilnehmern, weniger Fläche und weniger Aufmerksamkeit. Wenn man bedenkt, dass einst sogar Michael Jackson als Besucher auf die Cebit kam, um sich über den neuesten Stand der PC-Technik und Computergrafik zu informieren, sieht die Gegenwart aktueller Messen traurig aus. Nimmt man jetzt noch den durch Corona und Kriege eingeschränkten Welthandel hinzu, ist es unwahrscheinlich, dass ein Messegelände wie das in Hannover, ausgelegt für die Besucherzahlen von Events mit Massenpublikum und internationalem Ansturm wie die Cebit und die Industriemesse, jemals wieder in dieser Form ausgelastet werden kann. Gleiches gilt für die Hotelkapazitäten, die rund um den Messebetrieb geschaffen wurden. Die EXPO 2000 war vielleicht der dortige Höhepunkt der Entwicklung der Hotellerie und anderer Event-Infrastruktur. Danach war immer rätselhafter, welches Publikum das damals neu errichtete Radisson Blu angesichts immer weniger Messen und Veranstaltungen überzeugen wollte, hier außerhalb der Innenstadt zu logieren. Als Tagungs- und Veranstaltungshotel sind natürlich ebenso andere Sparten als das reine Messegeschäft zu bespielen, aber auch dieser Sektor erholt sich nicht unbedingt in der Geschwindigkeit und dem Umfang, wie es sich so mancher Hotelier wünscht. Events sind hier mit dem 1100 Quadratmeter großen Convention-Bereich mit 15 Räumlichkeiten trotz allem nach wie vor das Kerngeschäft dieses Radisson Blu. Zimmer und Suiten haben keinen ganz aktuellen Renovierungsstand mehr, aber das moderne Interieur präsentiert sich immer noch in einem zeitgemäßen Zustand. Als *Standard* und *Superior* werden dabei zwei der vorhandenen Kategorien bezeichnet, die beide eine Größe von 22 Quadratmetern haben und sich im Design nicht wesentlich unterscheiden. Immerhin ist ab der *Superior*-Kategorie eine Nespresso-Kaffeemaschine vorhanden. Alle Zimmer verfügen über schallhemmende Fenster, was angesichts der Lage des Hauses zwischen Messegelände und Messeschnellweg unverzichtbar ist. Auch Familienzimmer sowie die Juniorsuiten sind buchbar. Das Restaurant ARTs will eine internationale Küche mit regionalen und saisonalen Akzenten bieten, was eine nettere Umschreibung für ein Allerweltsangebot darstellt, welches man in einem Businesshotel aber auch nicht anders erwartet. Zu keiner Zeit wurde hier ein kulinarisches Niveau erreicht, das wir als überdurchschnittlich bezeichnen würden, eher hat es sich im guten Mittelfeld eingependelt. Bedeutsamer und noch dazu recht gut ist hingegen das Frühstücksbuffet in diesem Radisson, das nicht nur bei Businesshotels ein wichtigeres Aushängeschild darstellt als das Restaurantangebot. Auch ein kleiner Freizeitbereich steht zur Verfügung, welcher hier allerdings eher spartanisch wirkt, da er sich auf eine finnische Sauna, ein Dampfbad und eine Ruhezone beschränkt. Hoteldirektor Frank Raspe leistet seit langen Jahren seinen Dienst, wobei jene anhaltende Zuständigkeit bei Radisson eher unüblich zu sein scheint. Aber wahrscheinlich kann man an einem mit den eingangs beschriebenen Schwierigkeiten kämpfenden Standort vonseiten der Konzernleitung hier nicht beim Prinzip der steten Rochade der Führungspositionen im Hotel bleiben, wenn Erfahrung, örtliche Netzwerke und genaue Kenntnis des lokalen Hotelmarktes noch die einzigen Chancen sind, um ein Haus, das sich im Messesegment einst ganz von selbst füllte, unter den geänderten Bedingungen weiterhin wettbewerbsfähig zu halten. Raspes nicht zu erkennende Gastgeberqualitäten sind daher anscheinend kein Hindernis, sondern eher eine Randnotiz. Wer also hier für eine Tagung oder ein Seminar eingebucht wird, muss sich nicht grämen; wer allerdings aus anderen Gründen in Hannover logiert, findet in der Innenstadt vielleicht attraktivere Angebote, nicht zuletzt im Hinblick auf Lage, Komfort und Gastronomie.

Bewertung:

## HOHWACHT Schleswig-Holstein

### HOHE WACHT

**Ostseering 5**
**24321 Hohwacht**
**Telefon: 0 43 81-90 08-0**
**Internet: www.hohe-wacht.de**
**E-Mail: info@hohe-wacht.de**
**Direktor: Marco Gruber**
***DZ ab € 141,00***

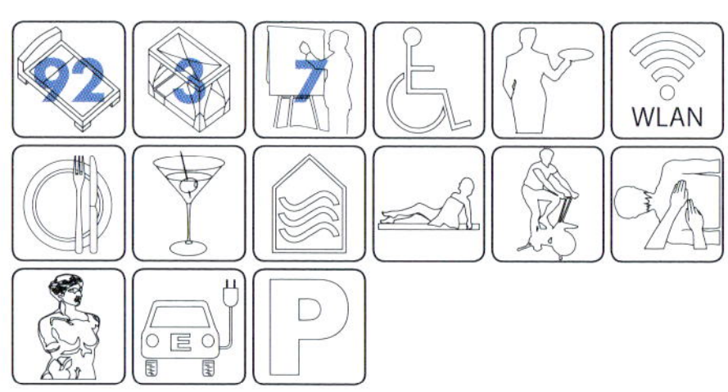


Was Hoteleigentümer Richard Anders hier in der Region geleistet hat, ist schon beachtlich. So zählen zu seinem Firmengeflecht neben Wohnungen und Ferienappartements ebenso zwei anspruchsvolle Hotels. Auch wenn er diese nicht persönlich führt, sondern als Hoteldirektor einen Statthalter eingesetzt hat, nimmt er dennoch höchstpersönlich Einfluss auf das operative Tagesgeschäft. Es gab Zeiten, da war er fast täglich nachmittags vor Ort und ließ sich bei Tee und Gebäck von seinem Direktor über alle Vorgänge im Hause berichten. Aufgrund seines fortschreitenden Alters wurde zwischenzeitlich sein Sohn Carsten mehr und mehr in sein Unternehmen eingebunden, um Aufgaben von seinem Vater zu übernehmen. Er kümmert sich daher auch verstärkt um die beiden Hotels hier in Hohwacht. Carsten Anders, der im Gespräch etwas nüchtern und dröge wirkt, bemüht sich merklich, in die Fußstapfen seines charismatischen Vaters zu treten. Richard Anders hat dieses Hotel einst aus Gastsicht gebaut, darauf haben wir an dieser Stelle mehrfach hingewiesen, und entsprechend großzügig sind die Zimmer, insbesondere die Bäder ausgefallen. Die Doppelzimmer haben eine Größe von 40 Quadratmetern und verfügen alle über eine Loggia. Zwischenzeitlich wurde der größte Teil der Zimmer erfreulicherweise einer weitreichenden Renovierung unterzogen. Dies war zweifellos eine dringend notwendige Investition. Auch wenn kein direkter Meerblick geboten wird, da die Aussicht durch einen Waldstreifen verhindert wird, überzeugt in jedem Fall die Lage des Hotels. So befindet sich auf dessen Rückseite der große Kurpark und nach wenigen Schritten schon erstreckt sich der Strand. Wer einen Seeblick präferiert, dem sei das Schwesterhotel Haus am Meer empfohlen, welches sich direkt an der Strandpromenade befindet. Allen Gästen steht ein 700 Quadratmeter großer Wellnessbereich mit Pool, finnischer Sauna und Dampfbad zur Verfügung. Komplettiert wird er durch einen Fitnessraum. Um sich möglichst breit aufstellen zu können, insbesondere für die belegungsschwächeren Zeiten, wurde zudem ein Konferenzbereich in einem Nebengebäude mit sieben Tagungsräumen integriert. Im 320 Quadratmeter großen Raum Baltic sind sogar Konferenzen und Events mit bis zu 230 Personen möglich. Die Gastronomie unterliegt leider Schwankungen, sei es hinsichtlich der Küchenqualität oder im Hinblick auf den Service. Das Parkrestaurant ist von einer Mischung aus einer regionalen und internationalen Küche geprägt. Geboten wird täglich ein Drei-Gänge-Menü. Die Auswahl auf dem Frühstücksbuffet ist gut, aber durchaus noch weiter ausbaufähig. Den Abend kann der Gast an der Bar ausklingen lassen oder sich in die Raucherlounge zurückziehen und dabei einen der exzellenten Whiskys oder Gins genießen. Was wir wirklich bedauern, ist die Tatsache, dass Hoteldirektor Marco Gruber bislang den Schulungsbedarf seiner Mitarbeiter nicht erkannt hat. Hierfür wäre jedoch die Bereitschaft notwendig, sich mit konstruktiver Kritik auseinanderzusetzen. Diese konnten wir bei ihm jedoch genauso wenig feststellen wie etwa überdurchschnittliche Gastgeberqualitäten. Letztere wären in einem Haus mit Gästen, die zum größten Teil länger als nur ein oder zwei Tage logieren, durchaus wünschenswert. Gruber muss offenbar über ganz besondere Talente und Qualitäten verfügen, die sich uns bislang nicht erschließen, denn immerhin ist er hier bereits seit fast acht Jahren zu Diensten. Das ist bei einem fordernden und sehr anspruchsvollen Eigentümer wie Richard Anders in jedem Fall beachtlich und muss somit seine ganz eigenen Gründe haben. Was darüber hinaus zu erwähnen ist: Parken auf den dafür ausgewiesenen Flächen vor dem Hotel bleibt kostenfrei. Schon vor längerer Zeit wurden Elektroladestationen eingerichtet, für den Ladevorgang wird ebenfalls nichts berechnet. Das wiederum ist vorbildlich. Insgesamt bietet dieses First-Class-Hotel mit seinen 95 Zimmern und Suiten somit beste Rahmenbedingungen für einen Erholungsurlaub oder eine Wochenendauszeit.

Bewertung:

# HORBEN Baden-Württemberg

## LUISENHÖHE

**Luisenhöhestraße 14**
**79289 Horben**
**Telefon: 0 43 81-90 08-0**
**Internet: www.luisenhoehe-hotel.de**
**E-Mail: info@hohe-wacht.de**
**Direktor: Niels Möller**
***DZ ab € 140,00***

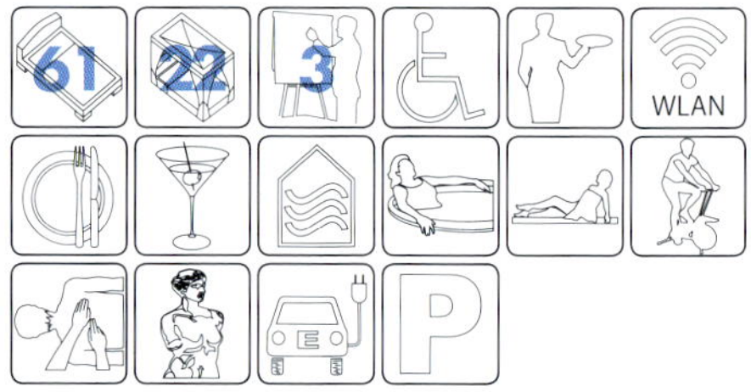

Fast könnte man meinen, den Namen Schauinsland für den Freiburger Hausberg hätte sich vor nicht allzu langer Zeit die Marketingabteilung eines lokalen Tourismusverbandes ausgedacht. Denn allein die Bezeichnung weckt schon die positiven Gefühle, die leidenschaftliche Wanderer beim Erklimmen von exponierten Anhöhen und Bergkuppen verspüren. Besagter Name ist jedoch bereits seit dem Jahr 1347 für dieses Massiv verbürgt, welches ursprünglich aufgrund des Silberbergbaus als „Erzkasten" bezeichnet wurde. Die Luisenhöhe ist Teil des Schauinsland-Massivs und befindet sich auf halber Strecke zwischen dessen Kuppe und Freiburg, unweit der Talstation der Seilbahn, die auf den Berg führt. Am Nordrand der Ortschaft Horben gelegen, bietet sich den Besuchern von hier aus Richtung Westen ein beeindruckendes Panorama. In dieser Lage ein Hotelresort errichten zu können, ist eine einmalige Herausforderung. Kenner der Freiburger Hotellerie wird es kaum wundern, dass Rüdiger Wörnle, Geschäftsführer der BCW Hotels & Resorts und damit auch des Gesundheitsresorts Freiburg mit der Mooswaldklinik sowie dem Dorint Thermenhotel, hinter dem Vorhaben steckt. Denn die Ausrichtung des gesamten Projektes Luisenhöhe, das neben Luxus und Komfort vor allem innovative Gesundheitskonzepte bieten will, ist einfach allzu typisch für die Philosophie, welcher der dynamische Wörnle in Freiburg mit dem Dorint Thermenhotel im Mooswald seit Jahrzehnten folgt. Dabei dürfte es für ihn ein Herzenswunsch gewesen sein, Gesundheit in Kombination mit Wellness – neben den beiden Leitmotiven der Gastfreundschaft und Genussgastronomie – bei der Planung eines neuen Luxusresorts gleichberechtigt mit aufs Tableau zu bringen und das ganze Hotelkonzept von Grund auf um die drei Säulen Gesundheit beziehungsweise Wellness, Kulinarik und Tagungen zu entwickeln. Denn die nach und nach etablierten Ideen, die das Projekt im Mooswald zu einem Erfolg machten, an einem solchen Premium-Standort von Anfang an zu berücksichtigen, hat noch einmal eine ganz eigene

Qualität, sodass Wörnle mit seiner Expertise ein Projekt wie die Luisenhöhe wortwörtlich auf ganz neue Ebenen heben kann. Dies bietet zahlreiche Möglichkeiten und vielversprechende Chancen für ein Haus, wie man sie sich kaum besser ausmalen könnte. Freiburg als Wissenschaftsstandort und ökologische Vorzeigestadt ist dank dessen Umgebung Lebensqualität-Primus unter den deutschen Großstädten und hierfür natürlich genau der richtige Platz. Das Hotel soll sich zudem ganz in die Landschaft einpassen, indem seine Form von vornherein durch die vorhandene Topographie bestimmt wurde. Denn genauso wie die namensgebende Luisenhöhe hier als Höhenrücken aus dem bewaldeten Hintergrund hervortritt und sich nach Westen streckt, wendet auch das an dieser Seite eng gebogene Gebäude seine dadurch gewölbte Front in Richtung Rheinebene. Sie nimmt in ihrem weiteren Verlauf als konvex gebogene Fassade dann wieder die Kontur einer Höhenlinie dieses Areals auf. Ebenso entspricht das Interieur, das auf Holz und schlichten, fein verarbeiteten Zementputz setzt, ganz dem Konzept, hier der Landschaft nichts entgegenzusetzen, sondern sich durch die Reduktion auf einfache Materialien zurückzunehmen. Das wirkt nicht nur schlicht und modern, sondern auch sehr edel und hochwertig. Die Exklusivität sowohl der Zimmer und Suiten mit ihren bodentiefen Fenstern als auch aller anderen Räume des Hotels wird durch die außergewöhnlich individuellen Grundrisse zusätzlich betont, denn natürlich entzieht sich eine derartige Anlage weitgehend der Verwendung rechter Winkel. Für den Gast bedeutet dies eine merkliche Großzügigkeit bei der Raumgestaltung. Hierin liegt somit auch ein Gutteil des Luxus, der in diesem Haus genossen werden soll. Natürlich ist die Erholung im Hotel selbst ebenfalls eine tragende Säule der Luisenhöhe, und hier hat man mit dem 4400 Quadratmeter großen Spa auf 2 Ebenen, mit allein 5 unterschiedlich temperierten Saunen, einer Waldsauna sowie einem 25 Meter langen Outdoorpool mit Panoramablick wirklich an nichts gespart. Anstelle der Beschränkung auf herkömmliche Wellnessanwendungen setzt man hier zudem auf Medical Fitness, ein von Ärzten, Therapeuten und Wissenschaftlern entwickeltes Gesundheitsprogramm, das auf Wunsch ganz individuell an die spezifische Situation des einzelnen Gastes angepasst wird und mit der Betreuung durch geschultes Fachpersonal einhergeht. Körperliche Leistungsfähigkeit und allgemeines Wohlbefinden zu erhalten sowie zu fördern sind hier anhand der Aspekte Ausdauer, Koordination, Beweglichkeit und Kraft ein klares Ziel, sodass nicht allein auf Entspannung als zentrales Mittel für Erholung und Wellness gesetzt wird. Darüber hinaus sorgen Niels und Caroline Möller als Gastgeberpaar im Restaurant Luise für das kulinarische Wohl. Nils Möller stellt dabei als Chef de Cuisine auf Grundlage seiner Erfahrungen aus der Sterne-Gastronomie und der

zugehörigen Hotellerie Regionalität sowie Nachhaltigkeit in den Mittelpunkt seiner Küche. Das ist kaum verwunderlich, denn eingeflogene Krustentiere und Fleisch von der anderen Seite der Erdkugel passen einfach nicht zu einem solchen Hotelkonzept. Insgesamt bietet die Luisenhöhe ein einmaliges neues Gesamtprodukt, dessen Lage und Architektur allein schon ein Erlebnis der Extraklasse verspricht. So hat es sich die Vorschusslorbeeren wie auch die freudige Erwartung auf die Entwicklung des Hauses, welches nun im Juli 2023 endlich eröffnet, angesichts der Erfahrung und Referenzen von Rüdiger Wörnle, den wir in diesem Jahr zum Hotelmanager des Jahres auszeichnen, sicherlich verdient.

Bewertung: Noch ausstehend (Neueröffnung)

## KARLSRUHE Baden-Württemberg

### NOVOTEL KARLSRUHE CITY

**(Südweststadt)**
**Festplatz 2**
**76137 Karlsruhe**
**Telefon: 07 21-35 26-0**
**Internet: www.novotel.com**
**E-Mail: h5400@accor.com**
**Direktorin: Christina Fitzi**
***DZ ab € 113,00***

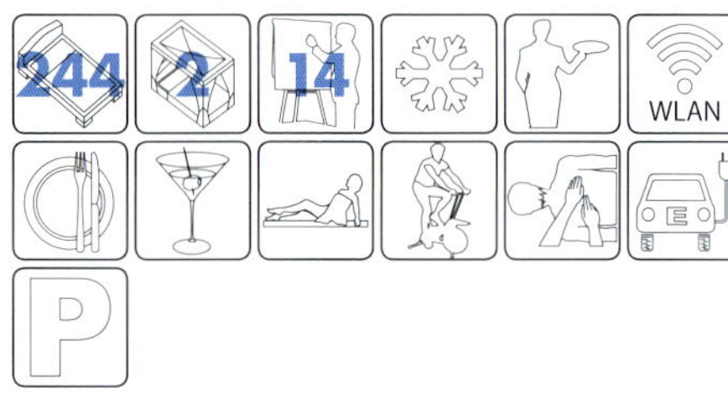

Das Ende des Zweiten Weltkrieges brachte in vielerlei Hinsicht Neuanfänge in Deutschland mit sich. Nicht nur zerstörte Städte und Industrien mussten wiedererstehen, auch die Administration und Organisation der deutschen Teilstaaten und Länder sollte sich neu erfinden. Der Westen des ehemaligen Deutschen Reiches wurde neu aufgeteilt und die Länder der Bundesrepublik entstanden nach und nach bis zum Beginn der 1950er-Jahre. Das vormalige Großherzogtum Baden, zwischen den Weltkriegen eine eigene Republik, ging im neuen Bundesland Baden-Württemberg auf und Karlsruhe als ehemalige Residenzstadt des Großherzogtums sowie Landeshauptstadt der Republik Baden verlor letztgenannten Status an Stuttgart. Daraufhin oblagen der Stadt ab der Nachkriegszeit zwar weiterhin einige herausgehobene Aufgaben, wie etwa als Sitz des Bundesverfassungsgerichtes. Dennoch musste sich Karlsruhe wie andere Städte dieser Größe bemühen, seine Bedeutung und wirtschaftliche Stärke zu steigern. So war etwa ab den 1970er-Jahren der Bau von Kongresszentren und Messegeländen hier wie in ganz Deutschland ein Ergebnis dieser Bemühungen, denn das Wirtschaftswunder der 1950er- und 1960er-Jahre steigerte die Nachfrage nach solchen Einrichtungen. Mitte der 1990er-Jahre

erst herrschte in Karlsruhe eine intensive Diskussion um die Planung eines Kongresshotels neben der damals gerade neu errichteten Stadthalle. Im Ergebnis entstand dann Anfang des neuen Jahrtausends das 35 Millionen Euro teure Vier-Sterne-Superior-Hotel mit 246 Zimmern, Sauna, Fitness- sowie eigenen Konferenz- und Tagungsräumen inklusive einer Anbindung an die Stadthalle. Unter dem Zeichen der deutschen Traditionshotelkette Dorint, die damals zahlreiche Projekte in ganz Deutschland startete, eröffnete das Haus im Jahre 2002. Seit dem wenig später eintretenden Ende der Expansion von Dorint ist das Hotel nun schon über 20 Jahre ein Haus der Marke Novotel des französischen Hotelriesen Accor. Die bauliche Qualität, die moderne und elegante Architektur wie auch der zeitlose und hochwertige Einrichtungsstil sind jedoch immer noch Zeugnisse aus den Zeiten der Expansionsinitiative Dorints, die in den 1990er-Jahren bis zum Beginn des neuen Jahrtausends herrschte, als die gesamte deutsche Business-Hotellerie durch diesen Qualitätsschub in Zugzwang gebracht wurde. Zwischenzeitlich zählt man nun zur Freiburger Hotelgruppe BCW und hat abschnittsweise bei laufendem Betrieb mit einer vollständigen Renovierung der Zimmer begonnen. Die vier Kategorien weisen elegante Sachlichkeit, hochwertige Materialien, zeitlos-schlichte Möbel und Ausstattungen auf, die sowohl Behaglichkeit als auch Solidität versprechen. Sie bieten bei gleicher Größe von jeweils 26 Quadratmetern hauptsächlich unterschiedliche Bettengrößen und eine variierende Lage, wobei die ruhigere Hofseite den beiden höheren Zimmersegmenten vorbehalten ist. Insgesamt ist der Bau geprägt vom Fensterraster und der Natursteinfassade des sechsgeschossigen, streng rechteckig erbauten Hotels mit seinen zwei Innenhöfen, womit die Architektur eindeutig am benachbarten Kongresshaus orientiert ist. Daneben liegen Schwarzwaldhalle und Konzerthaus ebenso wie Gartenhalle und Nancyhalle als große Eventlocations am äußeren Rand der mittigen Symmetrielinie des Karlsruher Straßenrasters, der Achse Karl-Friedrich-Straße / Ettlinger Straße. Das Novotel inmitten jenes Veranstaltungszentrums ist sicherlich das richtige Haus am richtigen Standort. Allerdings hatte das Hotelrestaurant Majolika Anfang 2023 wohl noch immer mit Personalmangel infolge der Coronakrise zu tun, daher sollte man sich in näherer Zukunft vorab über dessen Öffnungsstatus informieren. Normalerweise bietet es eine Karte, auf der auch die regionale Küche vertreten ist. Die namensgebende Staatliche Majolika Manufaktur Karlsruhe, die auf die Gründung durch Großherzog Friedrich I. von Baden im Jahr 1901 zurückgeht, ist im Hotel durch zahlreiche Produkte und Ausstattungen vertreten, die eigens für dieses Haus produziert wurden. Ebenso wie das Restaurant ist Anfang 2023 auch der Spa mit Sauna geschlossen geblieben. Zwar heißt es, dass er inzwischen wieder geöffnet ist, trotzdem empfiehlt es sich in Zeiten der Energiekrise, dass man bei Interesse vor der Buchung nachfragen sollte, ob jenes Angebot zur Verfügung steht. Das Novotel bleibt dennoch eine absolute Empfehlung für Karlsruhe, denn alle erwarteten Standards der Premium-Businesshotellerie werden hier geboten.

Bewertung:

## SCHLOSSHOTEL

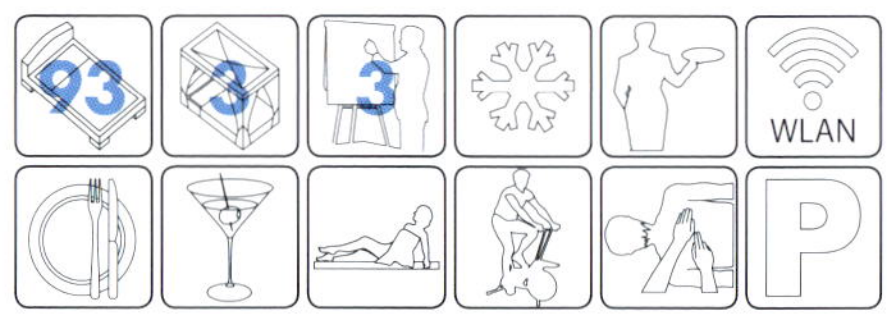


**(OT Südweststadt)**
**Bahnhofplatz 2**
**76137 Karlsruhe**
**Telefon: 07 21-38 32-0**
**Internet: www.schlosshotelkarlsruhe.de**
**E-Mail: info@schlosshotelkarlsruhe.de**
**Direktor: Patric Barth**
***DZ ab € 121,00***

Eigentlich hätte das Schlosshotel Karlsruhe das Potenzial, die Spitze auf dem hiesigen Hotelmarkt zu bilden. Denn zum einen kann es auf eine über hundertjährige, sehr lebendige Geschichte zurückblicken, zum anderen ist seine zentrale Lage von Vorteil. Der Hauptbahnhof befindet sich auf der gegenüberliegenden Seite, die Anbindung an den Fernverkehr ist somit optimal. Gäste, die mit dem Auto anreisen, können auf einem der wenigen Stellflächen vor dem Haus parken, wofür pro Tag nur 15 Euro berechnet werden. Bei guter Buchungslage reichen die vorhandenen Kapazitäten natürlich nicht aus; in diesen Fällen bietet sich die öffentliche Tiefgarage am Bahnhof an, vor allem auch dann, wenn der Gast eine Elektroladestation benötigt. Die Innenstadt ist von hier aus bequem fußläufig zu erreichen. Auf der Rückseite des Gebäudes befindet sich in Sichtweite der Karlsruher Zoo. Dass dieses Haus zudem kein nüchterner Zweckbau ist, der unter der Maßgabe geplant wurde, Flächen möglichst optimal und gewinnbringend zu nutzen, wie es bei Hotels heutzutage üblich ist, macht es besonders. So verfügen die Bäder teilweise über Tageslicht und bieten außerdem reichlich Platz. Und nachdem in den letzten Jahren erfreulicherweise auch in die Hardware investiert wurde, sind alle Zimmer des Schlosshotel Karlsruhe wieder in einem relativ zeitgemäßen Zustand. Aber es zählen natürlich auch die inneren Werte, etwa die Freundlichkeit sowie Herzlichkeit der Mitarbeiter, und dahingehend muss konstatiert werden: Leider unterliegt die Service- und Dienstleistungsqualität erheblichen Schwankungen. Was wir hier zuallererst vermissen, wir haben es bereits mehrfach thematisiert, ist ein veritabler Gastgeber, der das Hotel gleichermaßen geschickt nach innen wie außen vertritt, wie etwa der langjährige ehemalige Hoteldirektor Karl Brüggemann, der das Haus bis 2012 mit großem Engagement geführt hatte. Zwischenzeitlich, so unser Eindruck, scheint in der Hotellerie bei vielen Konzernen Kommunikationsbegabung, Eloquenz und vor allem Sozialkompetenz nicht zwingend zum Anforderungsprofil eines Hoteldirektors zu zählen, sondern offenbar primär eine gewisse Zahlenaffinität. Dabei wäre es eigentlich die vorrangigste Aufgabe von Hoteldirektor Patric Barth, hier erst einmal verbindliche Leitlinien an die Mitarbeiter auszugeben und somit für Strukturen zu sorgen. Stattdessen wirkt Barth auf uns wie ein Betriebsstellenleiter ohne besondere Befugnisse, der zuallererst die Vorgaben aus der Konzernzentrale konsequent umzusetzen hat. Würde er doch nur regelmäßig den Kontakt mit seinen Gästen suchen, dann böte sich ihm auch ein realistischer Eindruck über die Service- und Dienstleistungsqualität in seinem Haus. Daher verwundert es nicht, dass sein Beschwerdemanagement ebenfalls erheblich ausbaufähig ist. Enttäuschend, wie wir finden, immerhin tragt er hier ja nunmehr auch schon seit über zehn Jahren die Verantwortung. Auf einschlägigen Bewertungsportalen gelegentlich einmal zu antworten, wenn Gäste voll des Lobes sind, ist da wenig hilfreich. Dabei wäre es wichtig, sich ebenso mit konstruktiver Kritik auseinanderzusetzen, zeitnah auf diese zu antworten und sie gemeinsam mit dem Team zu analysieren, um dann gegebenenfalls entsprechende Maßnahmen einzuleiten und letztlich daran zu wachsen. Außerdem ist es kein streng gehütetes Geheimnis, dass Gäste, die sich beschweren, nicht selten trotzdem wiederkommen möchten. Das Restaurant Schwarzwaldstube hat, nachdem es aufgrund personeller Engpässe immer mal wieder temporär geschlossen werden musste, aktuell von Dienstag bis Samstag geöffnet. Zwischenzeitlich wurde es einer Renovierung unterzogen. Ansonsten bietet sich auch die Bar für einen kleinen Snack an, etwa für eine Kartoffelsuppe, „badische Tapas" oder einen Flammkuchen. Kritik wird seit Jahren am Frühstücksbuffet geübt, im Hinblick auf Qualität und Auswahl gleichermaßen. Es wird unseres Erachtens überdies ein wenig lieblos präsentiert. Vor allem verärgert jedoch das unaufmerksame Personal. Wir haben Gäste beobachtet, die, bevor sie überhaupt Platz nehmen konnten, erst einmal die Tische vom benutzten Geschirr befreien mussten. Zwar eilen einige Mitarbeiter geschäftig hin und her, aber sie machen keine Anstalten, regelmäßig abzuräumen und neu einzudecken. Doch wie gesagt, Kritik findet hier leider keinen fruchtbaren Boden, offenbar auch nicht, wenn sie öffentlich auf Bewertungsportalen geäußert wird. Dennoch macht der Gast wenig falsch, wenn er das Frühstück in Anspruch nimmt, weil hierfür lediglich 15 Euro berechnet werden. Die insgesamt 93 klimatisierten Zimmer inklusive dreier Juniorsuiten werden in *Classic* und *Elegance* unterteilt und unterscheiden sich zuallererst durch ihre Größe. Im Übrigen gibt es auch noch klassische Einzelzimmer, bei denen zumindest gefühlt das Bad größer ist als der Schlafbereich. Entsprechend der Kategorie bieten die Zimmer entweder einen Ausblick auf den Bahnhof, Innenhof oder den Zoo. Auch ein kleiner Saunabereich mit finnischer Sauna und Sanarium sowie ein überschaubarer Fitnessraum stehen den Gästen zur Verfügung, allerdings ist der Besuch nicht kostenfrei, da pro Aufenthalt eine Gebühr von 5 Euro berechnet wird. Warum nur wirkt das auf uns ein wenig kleinlich?

Bewertung: 

# KASSEL Hessen

## LA STRADA

**(OT Niederzwehren)**
**Raiffeisenstraße 10**
**34121 Kassel**
**Telefon: 05 61-20 90-0**
**Internet: www.lastrada.de**
**E-Mail: info@lastrada.de**
**Inhaber: Herbert Aukam**
***DZ ab € 101,00***

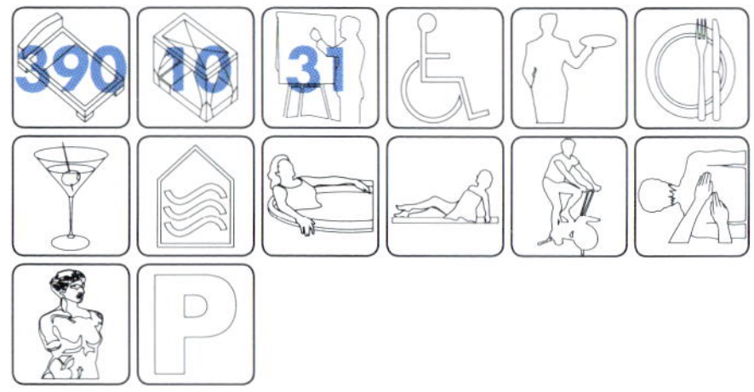


Wir besprechen das La Strada in Kassel seit vielen Jahren und weisen dabei ohne Unterlass auf die Schwächen in aller Deutlichkeit hin, doch leider vergebens. Im Vergleich dazu kennen wir Hotels, dessen Hardware zwar teilweise deutlich in die Jahre gekommen ist und die sich dennoch größter Beliebtheit erfreuen, weil die Servicequalität außerordentlich hoch ist und sie nicht selten über ein gutes Restaurant verfügen. Im La Strada vermögen weder das Zimmerprodukt noch das gastronomische Angebot durchgehend zu überzeugen. Unübersehbar ist, dass es den Mitarbeitern an verbindlichen Leitlinien fehlt. Mehrfach haben wir betont, dass, so unser Eindruck, alle nebeneinanderher arbeiten und Teamwork ein Fremdwort zu sein scheint. Unsere Empfehlung an den Inhaber Herbert Aukam wäre darum weiterhin, vielleicht endlich einmal einen veritablen Gast-affinen Hoteldirektor zu verpflichten. Einen solchen hält der Unternehmer offenbar für überflüssig. Vielmehr lässt er die Mitarbeiter anscheinend einfach laufen, mit fatalen Folgen, wie wir finden. Anfang dieses Jahres ist es uns zumindest tatsächlich erstmalig gelungen mit der Reservierungsabteilung verbunden zu werden, denn in all der Zeit, in der wir bereits über das Haus berichten, bemühte oder besser gesagt mühte sich lediglich das Personal der Rezeption Auskunft zu erteilen. Ungeachtet dessen gerieten wir jedoch kein einziges Mal an einen kompetenten Mitarbeiter, bei dem wir auch nur den Anflug einer Begeisterung für seinen Beruf spüren konnten. Die Informationen waren in der Regel vage, somit nicht zufriedenstellend und manchmal sogar schlichtweg falsch, etwa die Angaben zum Renovierungsstand oder der Größe der Zimmer. Zugegeben, hier und da hatten die Aussagen der Angestellten durchaus Unterhaltungswert, leider waren sie aber eben nicht verbindlich. Wenn beispielsweise die Auskunft erteilt wird, dass die Zimmer überwiegend mit einer Klimaanlage ausgestattet seien, dann stimmt das ganz einfach nicht. Es sei denn, ein Deckenventilator, der nebenbei bemerkt deplatziert und billig wirkt, würde neuerdings auch eine solche klimatisierende Funktion übernehmen. Eine kleine positive Überraschung gibt es dann doch noch, nämlich, dass vor Kurzem einige wenige Zimmer einem erweiterten Fresh Up unterzogen wurden. In Anbetracht der beachtlichen Zimmerkapazitäten, mit deren Segmenten unterschiedlichste Anforderungen der Gäste abgedeckt werden können, ist es möglich, Privat- und Geschäftsreisende gleichermaßen anzusprechen. Bezüglich der Stillosigkeiten im Hinblick auf die Themensuiten wollen wir an dieser Stelle nur auf den Grundsatz verweisen: „Über Geschmack lässt sich vortrefflich streiten.“ Ein wirkliches Alleinstellungsmerkmal in der Region ist zweifelsohne der Convention-Bereich, immerhin verfügt das La Strada angeblich über 31 Räumlichkeiten, die Tagungen und Konferenzen mit bis zu 1300 Personen ermöglichen. Wenn wir „angeblich“ einfügen, dann ist das der Tatsache geschuldet, dass man sich offensichtlich selbst noch nicht im Klaren ist, wie viele letztlich zum Portfolio zählen. In jedem Jahr erhalten wir nämlich eine andere Auskunft über die Gesamtanzahl und zudem gibt es diesbezügliche Differenzen sowohl hinsichtlich der Angaben auf der hoteleigenen Homepage als auch vonseiten der Mitarbeiter. Dies ist bedauerlich und auch ärgerlich, vor allem für potenzielle Kunden, die eine größere Veranstaltung ins Auge fassen und dafür Planungssicherheit benötigen. Als Fakt kann zumindest gelten: Der Festsaal Palazzo hat eine Größe von 1000 Quadratmetern und ist mit moderner Licht-, Ton- und Tagungstechnik sowie einer großen Bühne ausgestattet. Auch nicht ganz durchsichtig ist im Übrigen die Angabe der Zimmeranzahl des La Strada, denn nicht selten werden diese mit denen des Drei-Sterne-Segments addiert, die sich gleich nebenan befinden. Der Spa, der recht schön gestaltet ist, umfasst einem Pool sowie einen Saunabereich mit finnischer Sauna, Dampfbad und Ruhezone, zu dem alle Hotelgäste kostenfreien Zutritt erhalten. Wenig überzeugend, wie bereits angedeutet, ist dagegen die Gastronomie, da ein wirkliches Konzept leider nicht erkennbar ist. Das À-la-carte-Angebot wurde schon vor ein paar Jahren heruntergefahren. Überdies ist es grundsätzlich ratsam, sich vor einem geplanten Besuch zu erkundigen, ob das beziehungsweise welches Restaurant denn geöffnet hat. Augenblicklich ermöglicht es zum Beispiel nur das Castella, mittags und abends zu speisen, alles andere im Haus ist geschlossen. Meist wird hier entsprechend der Belegung ein Buffet geboten. Insgesamt ist ganz offensichtlich, dass sich das La Strada vor allem auf das Gruppen- und Busgeschäft fokussiert. Bleibt nur zu hoffen, dass zumindest diese Informationen stabil und verlässlich sind.

Bewertung: 

**_HINWEIS:_**

*Die Recherche wurde nach bestem Wissen und Gewissen durchgeführt. Es besteht trotzdem die Möglichkeit, dass Daten falsch oder überholt sind. Eine Haftung kann auf keinen Fall übernommen werden. Wir weisen darauf hin, dass es sich bei den geschilderten Eindrücken oder Erlebnissen um Momentaufnahmen handelt, die nur eine subjektive Beurteilung darstellen können.*

## ATLANTIC

**(Stadtmitte)**
**Raiffeisenstraße 2**
**24103 Kiel**
**Telefon: 04 31-3 74 99-0**
**Internet: www.atlantic-hotels.de**
**E-Mail: kiel@atlantic-hotels.de**
**Direktor: Frank Blasberg**
***DZ ab € 149,00***

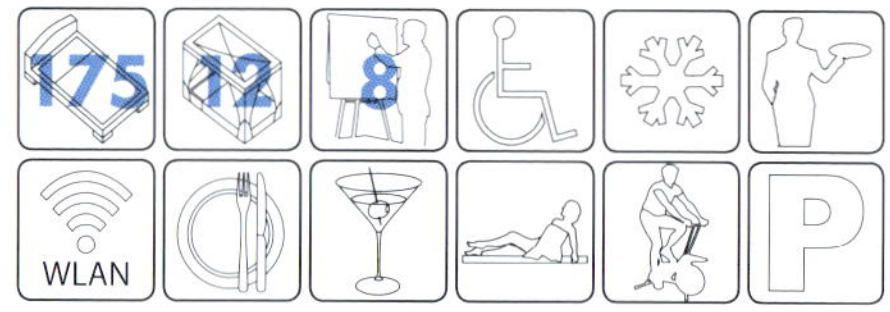


Die Bremer Hotelgruppe Atlantic treibt ihren Expansionskurs weiter voran. Denn Neueröffnungen beschränken sich nicht mehr nur auf den Norden, sondern weiten sich zukünftig auch auf den süddeutschen Raum aus. Darüber hinaus bespielt man, wie etwa hier in Kiel mit der Marke unique by ATLANTIC, ebenso das Low-Budget-Segment. Das unique-Hotel befindet sich in direkter Nachbarschaft zum Atlantic. Somit ist die Hotelgruppe in Kiel sozusagen in Doppelspitze für zwei unterschiedliche Marktsegmente der Hotellerie vertreten. Bei großen Veranstaltungen ist diese angrenzende Lage zum Schwesterhotel von Vorteil, um entsprechende Zimmerkapazitäten bereithalten zu können. Dem First-Class-Superior-Hotel Atlantic ist es zudem gelungen, zwischenzeitlich zu den Top 3 der Landeshauptstadt gezählt zu werden. Der Standort im Zentrum ist exponiert – der Bahnhof befindet sich direkt auf der gegenüberliegenden Seite des Hotels und der Hafenkai an der Kieler Förde liegt gleich jenseits der Kaistraße nebenan. Daher kann die Anreise bequem mit den öffentlichen Verkehrsmitteln erfolgen. Die Verantwortung für beide Häuser hat Frank Blasberg inne. In der Regel verbleiben Hoteldirektoren bei dieser Hotelgruppe über viele Jahre auf ihren Positionen. So ist auch Blasberg bereits seit der Eröffnung im Jahr 2013 hier tätig. Allerdings können wir an dieser Stelle wenig über sein Wirken berichten. Er ist in diesen Häusern mehr Statthalter als ein kreativer Gastgeber und tritt dementsprechend eher wie ein nüchterner Verwalter auf. In Erscheinung tritt Herr Direktor vor allem dann, wenn wieder einmal ein prominenter Gast sich die Ehre gibt und er diesen medienwirksam begrüßen darf. Fairerweise ist dahingehend jedoch auch anzumerken, dass die Handlungs- und Entscheidungsspielräume der Direktoren des Atlantic-Hotelkonzerns bekanntermaßen eng abgesteckt sind. Kommen wir aber zu den unumstößlichen Hardware-Fakten dieses Hauses, etwa den Zimmern, die den Kategorien *Comfort*, *Superior* und *Deluxe* zugeordnet werden und vor allem durch ihre Lage im Gebäude wie auch die damit einhergehenden Ausblicke differieren. Sie haben allesamt eine Größe von 30 Quadratmetern und bieten somit reichlich Platz. Selbstredend ist der direkte Fördeblick die beste Option bei der Buchung eines Zimmers, wobei dann allerdings die Kategorie *Deluxe* zu reservieren ist. Darüber hinaus können die Segmente keine unterschiedlichen Komfortmerkmale für sich beanspruchen. Zur Zubereitung von Kaffee und Tee steht eine Kapselmaschine bereit, bei Anreise gibt es eine Flasche Wasser zur Erfrischung. Grundsätzlich ist in der Zimmerrate das Frühstück bereits enthalten. In der siebten Etage steht den Gästen ein kleiner Freizeitbereich mit einem Basisangebot wie einer finnischen Sauna, einem Dampfbad, einer Ruhezone sowie einer Freiluftterrasse zur Verfügung. Zusätzlich gibt es einen Fitnessraum mit einer kleinen Auswahl an Cardio-Trainingsgeräten. Ebenso können Kosmetik- und Massageanwendungen gebucht werden, wenn auch nicht spontan, da das Hotel hierbei mit einem externen Anbieter zusammenarbeitet. Entsprechende Wünsche müssen einen Tag zuvor an der Rezeption angemeldet werden. Der Veranstaltungsbereich in der ersten Etage umfasst acht Räumlichkeiten, zusätzlich stehen aber auch zwölf Tagungssuiten zur Verfügung. Der Saal Förde, der in drei Räume unterteilbar ist, ermöglicht Veranstaltungen mit bis zu 400 Personen, etwa bei Kinobestuhlung. Für das Hotelrestaurant eines Businesshotels ist das kulinarische Niveau des sogenannten Pier 16 durchaus angemessen. Hier wird auch das Frühstück angeboten, sonntags sogar bis 13 Uhr. Darüber hinaus hat es von Dienstag bis Samstag ab 16.30 Uhr geöffnet. Wer auf die Idee kommt, hier an einem Sonntag oder Montag zu logieren, der erhält von den Mitarbeitern an der Rezeption lediglich eine Restaurantempfehlung im näheren Umkreis des Hauses. Die Hoffnung darauf, den Zimmerservice in Anspruch nehmen zu können, um zumindest eine Kleinigkeit zu ordern, wird dagegen enttäuscht. Eine Institution ist die Bar Deck 8, die sich zwischenzeitlich einen gewissen Kultstatus erarbeitet hat und längst auch zu einem beliebten Treffpunkt der Kieler Gesellschaft avanciert ist. Im Sommer hat die große Dachterrasse mit herrlichem Ausblick auf die Förde die Funktion einer Open Air Lounge. Mittlerweile scheint man es sich sogar leisten zu können, an den Wochenenden eine Eintrittsgebühr von 5 Euro zu erheben, was damit begründet wird, dass dies aufgrund der starken Frequentierung notwendig sei. Somit ist das Hotel Atlantic in Anbetracht seiner überwiegend positiven Aspekte mit einem modernen Zimmerprodukt, einer überdurchschnittlichen Gastronomie und einer Kultbar in jedem Fall eine Bereicherung für den hiesigen Hotelmarkt.

Bewertung:

## MARITIM HOTEL BELLEVUE

**(OT Düsternbrook)**
**Bismarckallee 2**
**24105 Kiel**
**Telefon: 04 31-38 94-0**
**Internet: www.maritim.de**
**E-Mail: info.bki@maritim.de**
**Direktor: Joachim Ostertag**
***DZ ab € 85,00***

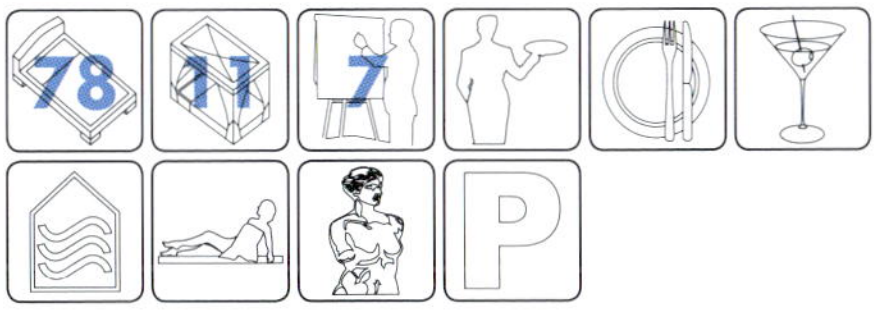


In den letzten Jahren sind in der Kieler Hotellerie moderne, progressive Häuser neu angetreten, die zum einen das Leisure-, zum anderen das Businesssegment bespielen. Das 1972 eröffnete Maritim hingegen hat sich über die Jahre hinweg leider nicht weiterentwickelt, sondern den Charme der 1970er- und 1980er-Jahre konserviert. Immerhin beruhigend, dass laut Auskunft einer Mitarbeiterin vor noch nicht allzu langer Zeit die Matratzen getauscht wurden. Natürlich fanden auch immer wieder einmal kleinere Renovierungen statt, die jedoch eher in die Rubrik Erhaltungsmaßnahmen einzuordnen sind. Eine Ausnahme bilden die Bäder, die erfreulicherweise zwischenzeitlich alle renoviert worden sind. Erstaunlich aber, dass die Badewannen, offenbar aus Kostengründen, hierbei nicht gegen ebenerdige Duschen ausgetauscht wurden. Daher müssen die Gäste nach wie vor zum Duschen in die Wanne klettern. Die Lage des Hauses ist durchaus ein Alleinstellungsmerkmal, genügt aber letztlich nicht, um sich dem zunehmenden Wettbewerb langfristig erfolgreich stellen zu können. Positiv zu bewerten ist, dass bereits die *Classic*-Zimmer, sozusagen das unterste Segment, mit circa 32 Quadratmetern reichlich Platz bieten, denn schließlich steigen die Gäste, nicht zuletzt wegen der attraktiven Lage an der Kieler Förde, hier in der Regel mehr als nur eine Nacht ab. Einige der Zimmer sind zur Förde ausgerichtet, allerdings wäre hier die Kategorie *Superior* zu buchen. Diese wurden im Übrigen auch mit einer Kapselmaschine zur Tee- und Kaffeezubereitung ausgestattet. Maritim war übrigens eine der ersten Hotelgruppen, die sich entschieden hat, die Minibar nicht mehr zu befüllen, sondern Getränke über den Rezeptionsbereich auszugeben, selbstverständlich zu den gewohnt üppigen Minibarpreisen. Im Restaurant Bellevue wird das Frühstück offeriert, das von den meisten Gästen aufgrund der guten Auswahl gelobt wird, auch wenn es in allen Maritim Hotels fast gleich anmutet, da von der Konzernzentrale festgelegt wurde, was auf dem Buffet anzubieten ist. Hier würde man sich bei Lichte besehen doch mehr Qualität als Quantität wünschen. In Zeiten des Fachkräftemangels ist es keine Selbstverständlichkeit, dass die Gäste im Restaurant Bellevue darüber hinaus täglich mittags wie abends à la carte speisen können. Und selbstverständlich wird auch ein Roomservice gewährleistet. Der Zutritt zum Schwimmbad bleibt kostenfrei, die Nutzung der Sauna wird hingegen mit 5 Euro gesondert auf der Rechnung ausgewiesen. Die Aufpreisliste unter dem Motto „Machen Sie mehr aus Ihrem Aufenthalt" bietet zahlreiche Zusatzoptionen an, etwa im Hinblick auf die Check-in- und Check-out-Zeiten. Parken auf den Außenflächen bleibt erfreulicherweise ohne Berechnung, für die Nutzung der Tiefgarage werden 10 Euro pro Tag berechnet. Hervorragend sind die Tagungsmöglichkeiten, insgesamt sieben Veranstaltungsräume zählen zum Portfolio. Der größte Saal Maritim ermöglicht beispielsweise bei Kinobestuhlung Events und Tagungen mit bis zu 450 Personen. Wir bleiben dabei, dieses Maritim an der Kieler Förde hat erhebliches ungenutztes Potenzial, immerhin bleiben die freundlichen Mitarbeiter den Gästen in bester Erinnerung.

Bewertung:

## ROMANTIK HOTEL KIELER KAUFMANN

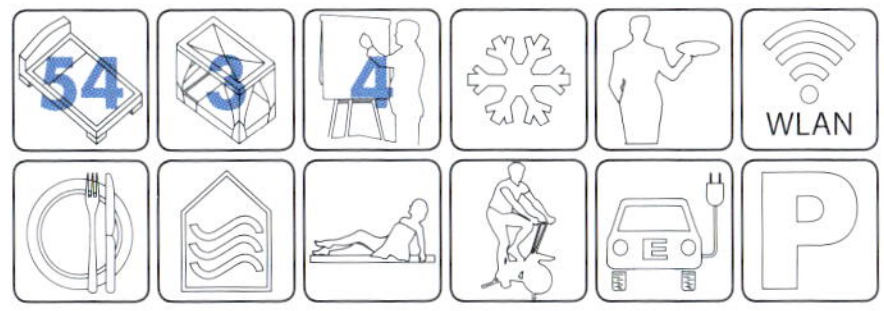


**(OT Düsternbrook)**
**Niemannsweg 102**
**24105 Kiel**
**Telefon: 04 31-88 11-0**
**Internet: www.kieler-kaufmann.de**
**E-Mail: info@kieler-kaufmann.de**
**Direktor: Carl-Heinz Lessau**
***DZ ab € 110,00***

Der Kieler Kaufmann unter der Führung Familie Lessau ist eine Institution auf dem hiesigen Hotelmarkt. Geprägt haben das Haus Carl-Heinz und Marlies Lessau, die mittlerweile von ihrem Sohn Kilian unterstützt werden. Umfangreiche Investitionen in die Hardware haben dafür gesorgt, dass dieses First-Class-Superior-Hotel stets auf der Höhe der Zeit blieb. Carl-Heinz Lessau hatte bislang immer ein gutes Gespür dafür bewiesen, kurzlebige Trends von nachhaltigen Entwicklungen zu unterscheiden, aber auch die Bereitschaft unter Beweis gestellt, bewährte Konzepte, wenn nötig, zu modifizieren oder komplett über Bord zu werfen. Diesmal hatten wir bei unseren Recherchen allerdings den Eindruck, dass der Personalmangel nunmehr auch hier seinen Tribut fordert. Als Beispiel soll eine Mitarbeiterin der Zimmerreservierung dienen, die nebenbei bemerkt ihre Informationen wie aus einem Maschinengewehr abfeuerte und dazu noch sehr gestresst wirkte. So vermochte sie es nicht, dem Anrufer das Haus angemessen vorzustellen. Bereits zu Beginn des Gespräches gab sie die Empfehlung ab, „sich doch einfach mal auf der Homepage des Hotels umzusehen". Wohl um hierfür einen guten Grund zu liefern, fügte sie noch an, die Stilrichtungen der Zimmer seien eben unterschiedlich. Immerhin konnte sie darüber informieren, dass die Zimmer auf drei Gebäude verteilt seien: die Villa sowie den Park- und den Marienflügel. Letztere wären „so halt ganz modern, und mit Holzböden". Wir können an dieser Stelle die Wissenslücken auffüllen: In der Tat kommen jene Zimmer im Marienflügel mit ihrem Interieur etwas moderner daher, während diejenigen in der Villa im feinen Landhausstil eingerichtet sind. Wer einen direkten Blick zur Förde präferiert, der sollte die Kategorie *Deluxe* oder eine Suite buchen. Auch mit Details über die kulinarische Ausrichtung des Restaurants Kaufmannsladen konnte sie nicht dienen, wusste aber sogleich Rat, nämlich dass auf der Homepage des Hotels die Speisekarte hinterlegt sei. Dann fügte sie noch an, das Sternerestaurant Ahlmanns habe augenblicklich geschlossen, der Stern sei weg, denn den habe der ehemalige Küchenchef mitgenommen – was natürlich nicht stimmt, da der Guide Michelin grundsätzlich das Restaurant und nicht den Chef de Cuisine auszeichnet. Vielmehr war es so, dass Arne Linke hier zuletzt wie schon sein Vorgänger einen Stern erkochte. Nachdem es offenbar mit ihm und der Eigentümerfamilie zu Differenzen gekommen war, verließ Linke das Restaurant, das daraufhin bis März dieses Jahres geschlossen blieb. Dass Familie Lessau ihren Anspruch nicht aufgeben wird, Gästen auch weiterhin ein Gourmetrestaurant zu bieten, lag auf der Hand.

Alsdann wurde ein adäquater Nachfolger unter der Maßgabe gesucht, dass dieser den Status quo halten müsste. Im April 2023 öffnete das Restaurant wieder, neuer Küchenchef ist nun Lasse Knickrehm. In jedem Fall ist die Erwartung an ihn hoch, dass der Guide Michelin im kommenden Jahr erneut einen Stern zuerkennt. Nach wie vor steht den Gästen das Restaurant Kaufmannsladen als Alternative zur Verfügung. Schwerpunkte des Küchenkonzepts sind Steaks in unterschiedlichen Qualitäten und Reifegraden. Der Tagungsbereich umfasst vier Räumlichkeiten, die miteinander verbunden werden können und dann etwa bei Kinobestuhlung Platz für bis zu 200 Personen bieten. Der Kieler Kaufmann ist aufgrund seiner Lage, Gastronomie sowie der Möglichkeit der standesamtlichen Trauung überdies eine äußerst beliebte Hochzeitslocation. Für die Planung und Umsetzung des „schönsten Tages im Leben" steht ein hochprofessionelles Team zur Verfügung. Die Tagungs- und Veranstaltungsmöglichkeiten sind somit in Anbetracht der Gesamtgröße des Hauses überdurchschnittlich gut. Ein Haus wie der Kieler Kaufmann weist natürlich auch einen kleinen Wellnessbereich auf. Der 400 Quadratmeter große Spa „Sanctum" umfasst einen Pool, in dem man mit Blick in den Park schwimmen kann. Hinzu kommen eine finnische Sauna, eine Biosauna, eine Ruhezone sowie eine Außenterrasse. Und auch ein kleiner, mit modernen Technogym-Trainingsgeräten ausgestatteter Fitnessraum steht den Gästen zur Verfügung. Parken ist auf dem Gelände möglich und bleibt sogar kostenfrei. Mittlerweile wurden zudem zwei Ladestationen für Elektrofahrzeuge eingerichtet. Würden wir nach der ersten Adresse der Hansestadt Kiel gefragt werden, käme uns sicherlich zuvorderst der Kieler Kaufmann in den Sinn.

Bewertung:

## KÖLN Nordrhein-Westfalen

### DORINT AM HEUMARKT

**(Altstadt-Süd)**
**Pipinstraße 1**
**50667 Köln**
**Telefon: 02 21-28 06-0**
**Internet: www.dorint.com**
**E-Mail: info.koeln-heumarkt@dorint.com**
**Direktor: Marko Markovic**
***DZ ab € 118,00***

Dass Köln eine der sowohl eigenwilligsten als auch beliebtesten deutschen Städte ist, lässt sich zu einem wesentlichen Teil auf dessen 2000-jährige, bis in die Römerzeit reichende Geschichte zurückführen. Hiermit ist durchaus ein gewisses Selbstbewusstsein verbunden, das viele Bewohner bezüglich der einzigartigen Qualitäten der Stadt an den Tag legen. Der Dom als UNESCO-Welterbe ist dabei natürlich einer der wichtigsten Punkte innerhalb der Stadt, an denen sich der dortige Lokalpatriotismus festmacht. Ein eher immaterieller Aspekt ist der Kölner Karneval, eines der bekanntesten stadtkulturellen Phänomene Deutschlands, den man deswegen keineswegs nur als Veranstaltung oder Volksfest bezeichnen sollte. Kulminationspunkt dieses Spektakels ist der Heumarkt, ein zentraler Platz, auf dem nicht nur bedeutende

Karnevalsveranstaltungen, sondern auch publikumsintensive Events wie Fan-Meilen, Konzerte, Feste und ein Weihnachtsmarkt stattfinden. Am 11.11. oder an der Weiberfastnacht treten hier die Lokalgrößen auf die Bühne und animieren die feiernden Kölner auf dem Platz zum Mitsingen der altbekannten Karnevalsklassiker. Nie ist die Lebensfreude und Eigenart der Rheinmetropole besser zu greifen. Als Ort zahlreicher traditioneller Brauhäuser und Kneipen ist der Heumarkt aber auch in der übrigen Zeit des Jahres ein Mittelpunkt für dieses Lebensgefühl. Dass das Dorint am Heumarkt trotz des Namens ein paar Querstraßen entfernt liegt, ist da vielleicht ganz hilfreich, denn das unmittelbare Geräusch feiernder Massen dringt so nicht bis in das Hotel. Dennoch ist es aber auch nahe genug gelegen, dass man sich als Gast der Stadt wie mitten im Geschehen fühlt, wenn hier Quartier bezogen wird. Dies empfiehlt sich aus touristischem Interesse ebenso wie beispielsweise bei Messebesuchen, denn das Kölner Messegelände ist jenseits des Rheins über die Deutzer Brücke nur knapp 2000 Meter entfernt und notfalls auch zu Fuß zu erreichen, was Messegästen ebenfalls sehr entgegenkommt, die das Warten auf ein Taxi zu Stoßzeiten des Messebetriebs leid sind. Wer die Kölner Altstadt besuchen und den Dom erkunden möchte, der kann auch diese Ziele innerhalb weniger Gehminuten vom Dorint aus erreichen. Köln ist dabei Standort von sogar vier Häusern der Hotelgruppe, wobei zwei davon als Essentials by Dorint dem Low-Budget-Segment zuzuordnen sind. Als zweite höherklassige Adresse neben dem Dorint am Heumarkt reiht sich das Dorint an der Messe Köln auf der östlichen Rheinseite in das lokale Portfolio ein. Das Haus am Heumarkt darf dabei mit seinen 262 Zimmern durchaus dem Luxusbusinesssegment zugeordnet werden. Auch das kulinarische Angebot mit der Harry's New York Bar und der im September 2022 endlich erfolgten Eröffnung einer Le Bistrot[99]-Dependance, die allerdings sonntags und montags geschlossen bleibt und schon aus dem Neusser Dorint-Hotel bekannt ist, trägt dazu bei. Ebenso entspricht die beschriebene Lage der eines Spitzenhauses und die fortschreitende Sanierung des Zimmerproduktes wird diesen Status gewiss noch weiter absichern. Das Fitnessangebot in Kooperation mit dem benachbarten „Holmes Place" Fitness & Health Club, welcher Hotelgästen als externem Spa Zutritt gewährt und sich dabei im gleichen Gebäudekomplex wie das Dorint befindet, ist ein typisches

Beispiel für die erfolgreichen Bemühungen, kostensenkende Synergien zu nutzen. Besonders wenn dies, zum Beispiel wie hier durch gemeinsame Planung schon vor dem Bau des Gebäudes, realisiert werden kann. Der Fitnessclub ist zudem über den sogenannten Wellness-Lift vom Hotel aus direkt zu erreichen, wodurch Gäste problemlos etwa den großen Indoor-Pool nutzen können, ohne im Bademantel durch die Lobby laufen zu müssen. Der Besuch der Fitness- und Wellnessangebote ist insgesamt allerdings kostenpflichtig und wird mit 19 Euro berechnet. Gäste, die ein Zimmer der Kategorie *Superior* gebucht haben, erhalten allerdings kostenfrei Zutritt. Im Tagungssegment hat das Dorint am Heumarkt 6 Tagungsräume sowie einen 359 Quadratmeter großen Ballsaal, insgesamt ausreichend für bis zu 380 Gäste. Neben den Suiten bietet das Haus Zimmer in drei Kategorien – *Standard, Comfort* und *Superior.* Aktuell ein Trend und auch hier festzustellen: Eine Minibar ist nicht länger Teil des Serviceangebots. Zwar ist ein Kühlschrank vorhanden, doch wird dieser nur in den Suiten weiterhin befüllt. Die Gäste, die in einem der Zimmer logieren, müssen sich hingegen über die Rezeption mit Getränken versorgen, selbstverständlich trotzdem zu den bisher gewohnten Minibarpreisen. In der Spitzenhotellerie ist dies, wie wir finden, allerdings nicht vertretbar. Kommuniziert wird jene kritisch zu bewertende Neuerung in den Hotels unterschiedlich, mal wird der Umweltschutzgedanke angeführt, mal, dass Gäste diesen Service überhaupt nicht angenommen hätten. Hier im Dorint begründet ein Mitarbeiter, es sei in der Vergangenheit einiges schiefgelaufen, was nicht hätte passieren dürfen, daher musste man umstrukturieren. Eine etwas abstrakte Erklärung. Häuser wie das Excelsior Ernst, in dem Erfrischungen aus der Minibar sogar kostenfrei zur Verfügung stehen, kommen einem da zunehmend wie der Vorhof zum Paradies vor. Dorint-CEO Jörg T. Böckeler wird dafür sorgen, dass jetzt nach dem weitgehenden Verschwinden der Pandemieauswirkungen spürbar Fahrt aufgenommen werden wird, was die Rückkehr zu alter Servicequalität sicherlich fördert. Nicht nur die lange verschobene Bistro-Eröffnung ist hierfür ein Beleg. Böckeler, der über viele Jahre für die renommierte Hotelgruppe InterContinental unter anderem in Australien tätig war, bringt die entsprechende Expertise mit, um die Neustrukturierung und -ausrichtung von Dorint merklich voranzutreiben. Das wird nicht zuletzt sichtbar am genannten Wechsel des Düsseldorfer Interconti zur Hommage-Gruppe von Dorint. Die schon erwähnte Premium-Marke mit Hotels in Bremen, Baden-Baden, Wiesbaden und jetzt Düsseldorf könnte vielleicht auch dieses Haus in Köln umfassen, wenn die angekündigten Änderungen und Renovierungen abgeschlossen sind. Mit nun erfolgter Restauranteröffnung und fortschreitender Erneuerung des Zimmerproduktes gibt es keinen Zweifel daran, dass dies in Zukunft möglich wäre.

Bewertung: ●●●

## EXCELSIOR HOTEL ERNST

**(Innenstadt)**
**Trankgasse 1–5**
**50667 Köln**
**Telefon: 02 21-270-1**
**Internet: www.excelsiorhotelernst.com**
**E-Mail: info@excelsior-hotel-ernst.de**
**Direktor: Georg Plesser**
***DZ ab € 246,00***

Das Excelsior Ernst, ein klassisches Grandhotel mit einer über 160-jährigen Geschichte, darf sich schon lange unter den besten Luxushotels Deutschlands einordnen. Es befindet sich gegenüber dem Kölner Dom unweit des Hauptbahnhofs. Wahrer Luxus ist Service, das ist offenbar das Leitmotiv, das sich dieses exklusive Traditionshaus auf die Fahnen geschrieben hat, da es sich besonders durch die hier kultivierte Servicequalität auszeichnet. Das Excelsior Ernst ist zudem ein gesellschaftlicher Treffpunkt der Domstadt, denn hier verabredet man sich mit Geschäftspartnern oder Freunden und lässt auch gerne private Feste ausrichten. Und nahezu alle Gäste schätzen vor allem den kultivierten Service und die vorbildliche Aufmerksamkeit der Mitarbeiter, die einem ab dem Moment der Anreise zuteilwird. Dabei zählen Hilfe beim Gepäck, die Begleitung zum Zimmer und ein 24-Stunden-Roomservice zu den verlässlichen Standard-Serviceleistungen. Chef-Concierge Youssef Belal und sein Team sind während des Aufenthalts darüber hinaus Ansprechpartner für alle großen und kleinen Sonderwünsche der Gäste. Wir haben an dieser Stelle mehrfach über unsere positiven Erfahrungen mit Mitarbeitern des Concierge-Service berichtet, vor allem davon, wie hervorragend diese hier in Köln vernetzt sind und manchmal fast Unmögliches möglich machen. Valet Parking weiß der Gast hier besonders in Anbetracht dessen zu schätzen, dass keine Hoteltiefgarage vorhanden ist und der Wagen im benachbarten öffentlichen Parkhaus abgestellt werden muss. Ungeachtet des Umstandes, dass die Coronapandemie nunmehr in die endemische Phase übergegangen ist, hat sich der Fachkräftemangel in der Hotellerie weiter verschärft und infolgedessen werden Serviceangebote in zahlreichen Hotels, im Übrigen auch im Luxussegment, eingeschränkt oder sogar eingestellt. Da freut es umso mehr, dass der Gast zumindest in diesem Haus während seines Aufenthalts keinerlei Abstriche hinnehmen muss. Denn aufgrund der nachhaltigen Personalpolitik sind zahlreiche Mitarbeiter hier seit vielen Jahren tätig, manche schon über mehrere Jahrzehnte, sodass sich Hoteldirektor Georg Plesser nach wie vor auf sein starkes und vor allem sehr gefestigtes Team verlassen kann. Ebenso erstklassig ist das kulinarische Angebot des Excelsior Ernst, wobei zwei Restaurants im Hause zur Auswahl stehen: zum einen das Gourmetrestaurant taku, in dem Mirko Gaul seit 2011 mit einer innovativen und kreativen ostasiatischen Küche auf absolutem Spitzenniveau begeistert, die vom Guide Michelin in steter Folge sogar mit einem Stern ausgezeichnet wird. Zum anderen überzeugt die fast schon legendäre Hanse Stube mit einer klassisch-französischen Küche. Hier wird außerdem auch das hervorragende Frühstücksbuffet geboten. Exzellentes aus der hauseigenen Patisserie genießt man im Wintergarten des Hotels. Täglich zwischen 15 und 18 Uhr wird dort ganz klassisch der Afternoon Tea mit einer vortrefflichen Auswahl an Tees, Minisandwiches und Scones, begleitet von einem Glas Champagner, zelebriert, Freitag bis Sonntag sogar mit Live-Pianomusik. An den Wochenenden ist hierfür eine Reservierung verpflichtend. Zwischenzeitlich sind alle Zimmer, bis auf die *Classic*-Kategorie, auf dem neuesten Stand, wobei auch das Designkonzept umgestaltet wurde. Klassische Eleganz, veredelt mit ausgesuchten modernen Akzenten, bestimmt die Atmosphäre des in jedem Fall bei aller Noblesse auch immer sehr wohnlichen Interieurs. Einige Zimmer bieten einen Blick auf das Kölner Wahrzeichen, den imposanten Dom direkt vor dem Hotel, so etwa die *Domblick*-Suiten, wie der Name unschwer erkennen lässt, von denen vier zuletzt komplett renoviert wurden. Sie sind mit 80 Quadratmetern die größten und komfortabelsten Suiten und verfügen über einen getrennten Wohn- und Schlafbereich sowie ein luxuriöses Bad. Grundsätzlich sind, ungeachtet der gebuchten Kategorie, Erfrischungen aus der Minibar bereits in die Zimmerrate inkludiert. In diesem Kontext erinnern wir uns an die freundliche Mitarbeiterin der Reservierungsabteilung, die angeboten hatte, die Auswahl der Getränke auf Wunsch gleichsam zu personalisieren. Ihre Anmerkung, man gehe gerne auf individuelle Wünsche und Vorlieben der Gäste ein, zeigt genau die Grundeinstellung, die dieses Haus so besonders macht. Bei selbiger Dame, mit der wir bereits mehrfach telefonischen Kontakt hatten, beeindruckte uns immer wieder, mit welchem Enthusiasmus sie das Haus vermarktet und während des Gesprächs stets Lust auf einen Aufenthalt in diesem Luxusgrandhotel weckt. Nicht unerwähnt bleiben sollte, dass den Gästen auch ein kleiner Wellnessbereich mit finnischer Sauna, Dampfbad sowie einem Trainingsraum geboten wird. Aus unserer Sicht sieht die bisherige Bilanz des geschäftsführenden Hoteldirektors Georg Plesser recht gut aus. Er hat dieses Haus wenige Monate vor Beginn der Coronapandemie, kurz vor dem ersten Lockdown, im Januar 2020 offiziell übernommen und es mit seinen klugen sowie umsichtigen Entscheidungen durch jene herausfordernde Zeit geführt. An unserer bisherigen Einschätzung hat sich auf jeden Fall nichts geändert, denn das Excelsior Ernst ist und bleibt für einen Aufenthalt in der Domstadt die erste Wahl für all jene Gäste, die im Hinblick auf Service, Komfort sowie Kulinarik keine Abstriche machen möchten und dabei die klassisch-eleganten Interieurs eines Grandhotels zu schätzen wissen.

Bewertung:

## STEIGENBERGER

**(OT Neustadt-Süd)**
**Habsburgerring 9–13**
**50674 Köln**
**Telefon: 02 21-228-0**
**Internet: www.steigenberger.com**
**E-Mail: cologne@steigenberger.com**
**Direktor: Richard Engelmayer**
***DZ ab € 109,00***

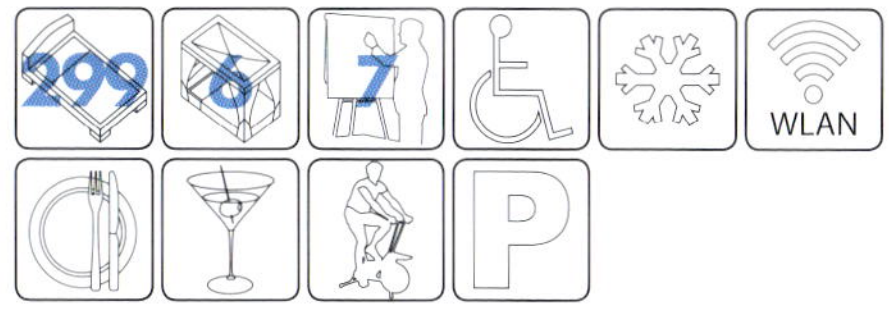


Schon als dieses Steigenberger den Kölner Hotelmarkt mit einem modernen und progressiven Produkt betrat, waren wir davon überzeugt, dass es alle vorhandenen Potenziale seines Standortes ausschöpfen würde. Die zentrale Lage am Habsburgerring und die gute Anbindung an den Personennahverkehr sind zum Beispiel nicht zu verachtende Pluspunkte. Gleiches gilt für das durchgehend moderne Zimmerprodukt des Hauses. Die insgesamt 299 Zimmer und 6 Suiten werden in 3 Kategorien, nämlich *Business*, *Superior* und *Executive* eingeordnet, und bieten eine Raumgröße zwischen 28 und 60 Quadratmetern. Bei all jenen Kategorien steht jeweils eine Kapselmaschine zur Zubereitung von Kaffee zur Verfügung, außerdem wird grundsätzlich eine Flasche Wasser bereitgestellt. Die meisten Bäder sind nur mit einer Wanne ausgestattet, in der dann auch geduscht werden muss – nicht mehr ganz zeitgemäß, wie wir finden. In der höchsten Kategorie und in den Suiten gibt es immerhin einige Bäder, bei denen sowohl eine Badewanne als auch eine separate Dusche vorhanden sind. Von den sogenannten *Superior-Plus*-Zimmern ist der Blick zum weltbekannten Wahrzeichen der Stadt, dem Kölner Dom, möglich. Dass auf einen veritablen Spa mit Schwimmbad- und Saunabereich verzichtet wurde, dürfte in einem Haus dieser Kategorie zu verschmerzen sein. Immerhin steht ein relativ gut ausgestatteter Gym zur Verfügung, und das sogar rund um die Uhr. Für die meisten Gäste ist die wichtigste Mahlzeit das Frühstück, das im Steigenberger hinsichtlich Auswahl und Qualität durchaus überzeugen kann. Eierspeisen werden nach den Wünschen der Gäste à la minute zubereitet. Und selbstverständlich können auch zusätzliche Kaffeespezialitäten geordert werden. Mit dem 19NULLZWO, Bar und Bistro des Hotels, wird die Verpflegung der Gäste zu den übrigen Tageszeiten sichergestellt, allerdings nur von Montag bis Samstag. Wer hier an einem Sonntag residiert und speisen möchte, wird einfach auf die umliegende Gastronomie verwiesen. Sich dann wenigstens eine Kleinigkeit zu essen auf sein Zimmer zu bestellen, ist leider nicht möglich, da ein Roomservice zumindest augenblicklich nicht angeboten wird. Für ein Steigenberger, in dem die meisten Gäste einen Full Service erwarten, durchaus enttäuschend. Was wir leider ebenfalls bemerken, ist der offensichtliche Schulungsbedarf einiger Mitarbeiter, etwa bei den Damen und Herren am Empfang und ebenso in der Reservierungsabteilung. Die letzte telefonische Kontaktaufnahme mit diesem Businesshotel war nämlich alles andere als erfreulich. Unser Anruf um genau 16.35 Uhr kam offenbar ungelegen. Der Mitarbeiter der Rezeption, der dringend an einem Blockseminar für Anfänger zum Thema „Professioneller Kundenkontakt" teilnehmen sollte, gab zu bedenken, dass man bereits seit fünf Minuten Feierabend gemacht hätte. Wäre doch nur alles in diesem Hause so gut „getimt" wie die Sprechzeiten dieser Abteilung, dann wäre ein großes Lob durchaus möglich. Die Art und Weise des Umgangs mit Gästen erinnerte im weiteren Gespräch zudem ein wenig an eine Behörde. Erstens hätte der Rezeptionist den Versuch unternehmen können, noch einen Ansprechpartner der Zimmerreservierung zu erreichen, und zweitens wäre vielleicht auch denkbar gewesen, selbst weiterzuhelfen. In jedem Fall ist es geboten, als Ausdruck von Höflichkeit und letztlich Professionalität einen Rückruf in Aussicht zu stellen. Erneut fällt uns in diesem Jahr auf, dass den Mitarbeitern unangenehm zu sein scheint, für das Parken pro 24 Stunden 22 Euro berechnen zu müssen. Denn grundsätzlich wird darauf hingewiesen, keinen Einfluss auf die Preisgestaltungen zu haben, da es sich um eine öffentliche Tiefgarage handle. Dabei ist dieser Betrag doch recht moderat. Ein Lob gibt es im Bereich Service dann aber doch noch auszusprechen, denn die erweiterten Frühstückszeiten bis 12 Uhr an Wochenenden und Feiertagen wirken in jedem Fall durchdacht, immerhin ist Köln bei Städtereisenden beliebt und gilt durchaus auch als Partymetropole.

Bewertung: ●●◖ ↘

## KÖNIGSTEIN Hessen

**FALKENSTEIN GRAND**
**(OT Falkenstein)**
**Debusweg 6-8**
**61462 Königstein**
**Telefon: 0 61 74-90-0**
**Internet: www.brhhh.com**
**E-Mail: falkenstein-grand@brhhh.com**
**Direktor: Dirk Schäfer**
***DZ ab € 188,00***

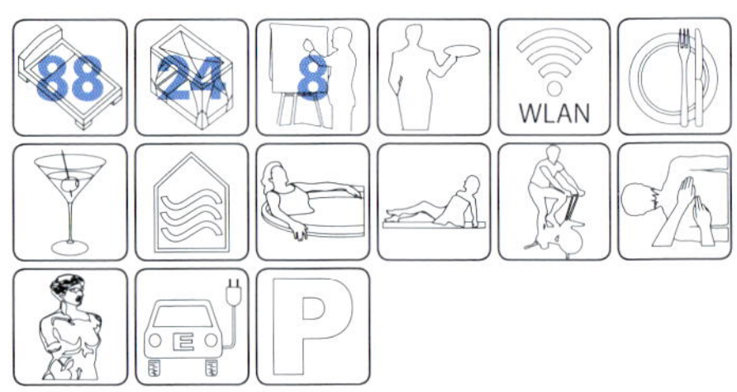


Das Fünf-Sterne-Superior-Hotel Falkenstein Grand ist ein weiteres Juwel unter den Spitzenhäusern rund um Frankfurt. Mit etwas Abstand zur Bankenmetropole bietet es all jenen einen Zufluchtsort, die zwar in greifbarer Nähe der Stadt logieren, Verkehrsdichte und Flughafengeschäftigkeit aber gerne entgehen möchten, ohne dabei auf die Annehmlichkeiten eines Hauses im Luxussegment in einem europäischen Finanzzentrum verzichten zu müssen. Ähnlich wie im nahe gelegenen Schlosshotel Kronberg als vergleichbar luxuriösem Vertreter jener Zunft logiert man hier im Ambiente eines historischen Baudenkmals. Die Anlage aus Haupthaus und sechs Nebengebäuden, 1909 als Erholungsheim für Offiziere eröffnet, hat auch heute noch das Ambiente eines prachtvollen, großzügigen Grandhotels oder Sanatoriums der vorvergangenen Jahrhundertwende. Und genau genommen hat es seine Bestimmung als Beherbergungsort für anspruchsvolle Gäste ja auch in beiden Funktionen jetzt bereits über mehr als ein Jahrhundert erfüllt. Neben der architektonischen Schönheit dieses ehemaligen Lungensanatoriums ist es vor allem auch der Park, der, vom klassischen deutschen Gartenarchitekten Franz Heinrich Siesmayer gestaltet, das Hotel und seine Anlage zu etwas ganz Besonderem macht. Das Areal wurde nach der Schließung als medizinische Einrichtung umgebaut und letztlich im Jahre 1999 als Grandhotel mit Fünf-Sterne-Superior-Status eröffnet. Über viele Jahre wurde es unter dem Dach der renommierten Marke Kempinski geführt. Im Jahr 2020 kam das Hotel, ebenso wie das kleinere und in der Nähe gelegene Schwesterhotel Villa Rothschild, zur Autograph Collection von Marriott International, die vor allem sehr individuelle Häuser unter sich vereint. Gleiches geschah im Übrigen auch mit dem Atlantic in Hamburg im Besitz desselben Eigentümers, des Gründers der Asklepios-Kliniken Bernard große Broermann. Im Falkenstein Grand änderte sich hierdurch nichts am Auftritt und Erscheinungsbild des Hauses, denn die herrschaftlichen Gebäude bleiben natürlich allein schon aufgrund des Denkmalschutzes unverändert. Das gilt ebenso für das 1,5 Kilometer lange Tunnelsystem, das Haupthaus und Nebengebäude miteinander verbindet. In anderen Luxushotels mit Spa ist ein Bademantelgang ein oft kostspielig realisiertes Feature, welches hier durch das vorhandene Tunnelsystem einfach schon da war, als es an den Umbau zu einer Hotelanlage ging. Der Wellnessbereich mit Saunen und einem ganzjährig beheizten Außenpool ist in diesem Fall durch die unterirdischen Gänge des Hotels bei jedem Wetter trockenen Fußes zu erreichen. Genauso verhält es sich mit dem Restaurant. Durch dieses System ist es überhaupt möglich, die auf alle Gebäude verteilten 112 Zimmer und Suiten funktional zu verbinden und als ein gemeinsames Hotel zu betreiben. Die Zimmer im Haupthaus sind dabei auf dem neuesten Renovierungsstand. Der erhaltene Namensteil „Grand" des Falkenstein unterstreicht weiterhin die Erwartungen, die man hier als Gast stellen darf, welche vor allem den klassischen Service eines Grandhotels wie die Hilfe beim Gepäck, einen 24-Stunden-Etagen-, einen Concierge- sowie einen Schuhputzservice umfassen und daneben allgemein ein hohes Service- und Dienstleistungsniveau beinhalten. Erfreulicherweise bleibt das Parken auf dem Gelände kostenfrei. Das ebenfalls inkludierte Laden von Elektrofahrzeugen ist aber nur für solche der Marke Tesla möglich. Eine Besonderheit des Hotels stellt die Lage an den Hängen des Taunus mit Blick auf Frankfurt dar, der sowohl beim Frühstück auf der Terrasse als auch aus den höher gelegenen *Deluxe*-Zimmern im Haupthaus genossen werden kann. Deren Balkone erlauben es sogar, hier vom eigenen Liegestuhl aus auf die Skyline zu blicken. Auch kulinarisch kann man dem klassischen Verständnis eines Grandhotels entsprechend punkten, denn es besteht sogar die Auswahl zwischen zwei Restaurants. So bietet das Restaurant Landgut Falkenstein nach eigenen Angaben eine feine Landküche und dazu kann im nahe gelegenen Schwesterhotel Villa Rothschild, wenn gewünscht via Shuttleservice, auf hohem Niveau gespeist werden. Allerdings hat sich Letzteres zwischenzeitlich als „Villa Rothschild Grill & Health" mit einem „Casual Fine Dining"-Konzept neu positioniert und die seit 2018 aberkannten zwei Michelin-Sterne sind erst einmal nicht mehr in Aussicht. Neben dem Schlosshotel Kronberg und der Villa Rothschild stellt das

Falkenstein Grand in jedem Fall weiterhin ein exklusives, frankfurtnahes und luxusorientiertes Hotelangebot dar, das Gästen mit entsprechenden Vorlieben rückhaltlos empfohlen werden kann.

Bewertung:

## KÖNIGSWINTER Nordrhein-Westfalen

### STEIGENBERGER GRANDHOTEL & SPA PETERSBERG

**Petersberg**
**53639 Königswinter**
**Telefon: 0 22 23-74-0**
**Internet: www.steigenberger.com**
**E-Mail: info@petersberg.steigenberger.de**
**Direktor: Raoul Hölzle**
***DZ ab € 232,00***

Das Steigenberger Grandhotel & Spa Petersberg, 336 Meter über dem Rhein gelegen, zählt zu den Flaggschiffen des Hotelkonzerns und wird dessen Luxusmarke Icon zugeordnet. Einst als Gästehaus der Bundesregierung ausschließlich für die Unterbringung von Staatsgästen vorgesehen, wird es seit 1990 von Steigenberger als Fünf-Sterne-Hotel betrieben. In Anbetracht der Lage und der Möglichkeit, sich, der vormaligen Verwendung als Regierungshotel entsprechend, zu Konferenzen und vertraulichen Gesprächen unter Ausschluss der Öffentlichkeit treffen zu können, finden hier nach wie vor auch politische Veranstaltungen statt. Ebenso werden andere Arten von großen Events und Festivitäten inzwischen häufig in diesem Hause ausgerichtet. Nachdem 2018 eine millionenschwere Masterrenovierung abgeschlossen wurde, gelingt es seitdem wieder, dieses Steigenberger unter den besten Luxushotels der Republik zu positionieren. Vor allem ist man mit den insgesamt 111 Zimmern in der Lage, unterschiedlichste Erwartungen einer anspruchsvollen Gästeklientel zu erfüllen. Diese werden in die Segmente *Superior*, *Deluxe* und *Grand Deluxe* eingeordnet, neben denen zusätzlich selbstverständlich auch große Luxussuiten vorhanden sind, von denen einige einen sensationellen Ausblick auf das Rheintal ermöglichen. Mehrere der Bäder der Zimmer und Suiten, die mit einer Dusche sowie einer separaten Badewanne ausgestattet sind, verfügen über Tageslicht. Und vereinzelt weisen die Suiten sogar eine eigene Terrasse auf. Auch ein exklusiver Spa steht den Gästen während des Aufenthalts zur Verfügung. Zu dessen Angebot zählen ein Schwimmbad mit Gegenstromanlage, ein Saunabereich mit finnischer Sauna, Dampfbad und Hamam sowie ein Ruheraum mit Kamin. Und natürlich können im angeschlossenen Beauty-Spa

Massage- und Kosmetikanwendungen gebucht werden. Möglich ist es zudem, den Aufenthalt mit einem Medical-Check zu verbinden, denn in der vierten Etage befindet sich das Gesundheitszentrum der Firma SKOLAMED, die sich auf die betriebliche Gesundheitsförderung vor allem von Führungskräften spezialisiert hat. Zum Leistungsspektrum gehört unter anderem ein umfangreicher Vorsorge-Check-up. Dieser beinhaltet neben einer erweiterten internistisch-kardiologischen Vorsorgeuntersuchung ein Hautkrebs-Screening sowie einen Augen-Check und die Untersuchung wichtiger Blutparameter. Wir hatten bereits thematisiert, dass Hoteldirektor Raoul Hölzle, der hier seit August 2020 die Verantwortung trägt, sich als eine gute Besetzung für die Position des Gastgebers erwiesen hat. Er führt dieses sicherlich sehr komplexe Luxushotel bislang nicht nur äußerst souverän und vorausschauend, sondern hat auch eindrucksvoll unter Beweis gestellt, dass er sich eben nicht nur auf den hervorragenden Ausgangsbedingungen in diesem Hotel ausruht, sondern den Qualitäts- und Optimierungsprozess des Hauses weiter vorantreibt. Während der Coronapandemie, in der viele seiner Kollegen gezeigt haben, dass sie „Krise eben leider nicht können" und durch ihre Entscheidungen offensichtlich wurde, dass es ihnen an Führungsstärke, Qualitätsdenken und an nötiger Sozialkompetenz fehlt, hat Hölzle seine Fähigkeiten unter Beweis gestellt. So hatte er während dieser Zeit alles darangesetzt, trotz entsprechender Vorgaben und Restriktionen durch die Landespolitik dem Anspruch des Hauses gerecht zu werden und seinen Gästen die meisten der gewohnten Standards zu bieten. Noch heute gibt es Luxushotels, die weiterhin in einer Art Notprogramm verharren, denn zwischenzeitlich hat sich der anfangs auf Corona zurückgeführte Fachkräftemangel sogar noch verstärkt. Die Pandemie zeigte überdies, dass es aufgrund des damals darniederliegenden Tagungsgeschäftes von Vorteil ist, auch das Leisure-Segment bespielen zu können. Immerhin hat die Zahl der Gäste, die hier mehr als nur eine Wochenendauszeit nehmen, in den letzten Jahren deutlich zugenommen. Schließlich sind die Ausgangsbedingungen dieses Luxushotels im Hinblick auf Wellness, Kulinarik und die darüberhinausgehenden Freizeitgestaltungsmöglichkeiten geradezu exzellent. Das Steigenberger Grandhotel & Spa ist somit wieder in Hochform und auch das Veranstaltungssegment hat sich zuletzt positiv weiterentwickelt. Mit insgesamt 15 Räumlichkeiten sind Tagungen,

Events und Festbankette mit bis zu 500 Personen möglich. Etwas Besonderes ist die 500 Quadratmeter große, rundum verglaste Rotunde, die einen exzellenten Rheintalblick ermöglicht. Das Steigenberger Grandhotel ist aufgrund der idyllischen Lage natürlich auch attraktiv für Hochzeitsgesellschaften. Durch die Außenstelle des Standesamtes Königswinter ist es möglich, hier ganz offiziell den Bund des Lebens zu schließen. Auf dem Gelände befindet sich zudem eine Kapelle für kirchliche Trauungen, sogar beider Konfessionen. Gastronomisch stehen den Gästen augenblicklich zwei Restaurants zur Verfügung. Einerseits das Bill's Restaurant & Grill mit einer internationalen Küche auf gutem Niveau. In den Sommermonaten bietet sich hier zusätzlich die große Terrasse mit sensationellem Ausblick auf das Rheintal zum Speisen an. Andererseits empfiehlt sich tagsüber das Charles Bistro & Café mit seinem zusätzlichen Angebot an Kuchen und Törtchen aus der eigenen Patisserie. In der Karte gibt es dort aber auch eine kleine Speisenauswahl. Mit einem neuen Konzept will man den Gästen mit dem Restaurant Ferdinand in naher Zukunft zudem wieder ein Gourmetrestaurant offerieren. Uns hat die positive Entwicklung des Steigenberger Grandhotel, die wir nunmehr schon über viele Jahre verfolgen, erneut begeistert. Hoteldirektor Raoul Hölzle hat das erhebliche Potenzial dieses Hauses erkannt, wird es mit kreativen Konzepten sicherlich auch weiterhin zu nutzen wissen und so die Erfolgsgeschichte des Petersbergs fortschreiben.

Bewertung:

## BILL'S RESTAURANT & GRILL

**Petersberg**
**53639 Königswinter**
**Telefon: 0 22 23-74-0**
**Internet: www.steigenberger.com**
**E-Mail: info@petersberg.steigenberger.de**
**Küchenchef: Denis Gulden**
***Hauptgerichte ab € 19,00***

Das Steigenberger Grandhotel Petersberg ist nach wie vor im Hinblick auf das gastronomische Angebot wirklich gut aufgestellt. Denn in der Regel stehen den Gästen drei kulinarische Möglichkeiten zur Auswahl. Das Bill's Restaurant & Grill hat augenblicklich die Funktion des Hauptrestaurants, das für ein Dinner ab 18 Uhr geöffnet hat. Bei sommerlichen Temperaturen speist es sich wunderbar auf der angrenzenden Terrasse bei sensationellem Ausblick auf das Rheintal. Derzeit wird eine solide internationale Küche geboten. In der Karte des Bill's finden sich neben Fisch- und Fleisch- selbstverständlich auch vegetarische Gerichte. Bis Mai letzten Jahres war Marwan Al-Hadithy, ehemaliger Souschef von Star-Koch Anthony Sarpong, hier Chef de Cuisine. Nunmehr trägt Executive Chef Denis Gulden, der ansonsten für alle gastronomischen Einrichtungen dieses Steigenberger zuständig ist, auch als Küchenchef die Verantwortung. Als Hauptgänge stehen beispielsweise Steak, Lammrücken,

Iberico-Schwein, Schwarzfederhuhn oder Barbarie-Entenbrust zur Wahl, dazu verschiedene Saucen und Gemüse als Beilagen. Selbstverständlich darf in der Karte auch ein Burger oder ein Clubsandwich nicht fehlen, ebenso wie eine kleine Auswahl an Vorspeisen, etwa eine Hummerbisque mit Black Tigergarnele oder eine Süßkartoffel-Kokos-Suppe mit grünem Curry und Zitronengras. Allerdings ist die personelle Besetzung der Küchencrew, wenn auch nicht der Servicemannschaft, weniger gut aufgestellt. Das bremst die Möglichkeit der kreativen Weiterentwicklung erheblich aus, und zwar sowohl in Bezug auf das Bill's als auch hinsichtlich des Ferdinand Wine & Dine, das momentan noch geschlossen ist, jedoch in naher Zukunft wieder zu einem Gourmetrestaurant entwickelt werden soll. Hoteldirektor Raoul Hölzle weiß um deren enormes Entwicklungspotenzial, will sich aber auf ein kulinarisches Konzept mit seinem zukünftigen Küchenchef gemeinsam festlegen. Doch auch aktuell wird der Gast mit dem Angebot und der Qualität im Bill's Restaurant & Grill sicherlich mehr als zufrieden sein, da man in einem Haus dieser Klasse schließlich immer etwas höhere Erwartungen haben darf.

Bewertung:

## KRONBERG Hessen

### SCHLOSSHOTEL KRONBERG

**Hainstraße 25**
**61476 Kronberg**
**Telefon: 0 61 73-7 01-01**
**Internet: www.schlosshotel-kronberg.de**
**E-Mail: info@schlosshotel-kronberg.de**
**Direktor: Dominik Ritz**
***DZ ab € 197,00***

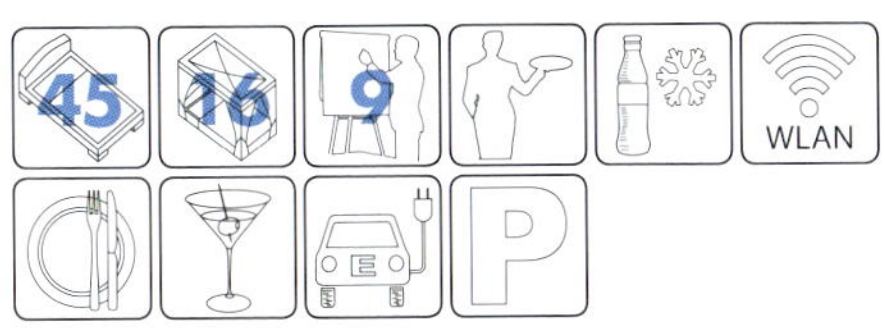


Die Coronapandemie hat sich durchaus drastisch auf die Frankfurter Hotellerie ausgewirkt. Nicht nur, dass die Rocco Forte Hotelgruppe ihr Engagement in Frankfurt beendete, auch der legendäre Hessische Hof, einst wie dieses Schlosshotel ebenfalls im Besitz der Hessischen Hausstiftung, wurde im März 2022 geschlossen und zwischenzeitlich an einen Investor verkauft. Dieser wird allerdings nach aktuellem Vernehmen dort wieder ein Hotel betreiben. Ein Großteil des Charmes jenes Grandhotels machten die klassische Ausstattung und der traditionelle Service aus, denen man die adlige Eigentümerschaft stets anzumerken meinte. Noch offensichtlicher ist das im Schlosshotel Kronberg. Bereits die Anfahrt durch das Tor und den dahinterliegenden Schlosspark bis zum Portal des Hotels ist beeindruckend. Der historische Status jenes Hauses sucht seinesgleichen, denn hier residierte einst immerhin eine ehemalige Kaiserin. So wurde das Haus in Kronberg für die Witwe des deutschen 99-Tage-Kaisers Friedrich III., gleichzeitig die Mutter des deutschen Kaisers Wilhelm II., die sich in Erinnerung an ihren Mann „Kaiserin Friedrich" nannte, als Ruhesitz errichtet. Dieser Schlossbau des späten 19. Jahrhunderts besitzt in vielen Aspekten bereits eine moderne Bauart und konnte dementsprechend leichter in ein Luxushotel umgewandelt werden als eine mittelalterliche Burg oder ein Palast noch früherer Dekaden. Zumal die damals geplante Verwendung als eher privater Wohnsitz der heutigen Nutzung als exklusives, verhältnismäßig kleines Luxusrefugium sehr entgegenkommt. Denn die Wohnlichkeit und das elegante, aber behagliche Ambiente der Ausstattung, das einer Kaiserin gefallen sollte, haben natürlich bis heute seinen Reiz. Auch wenn die Salons, die Bibliothek und die Eingangshalle des Schlosses nicht mit Großzügigkeit geizen, sind hier dennoch riesige Säle und Räumlichkeiten, die allein der Repräsentation dienen, nicht zu finden. Ein Salon, der heute ein Restaurant beherbergt, oder die Kaminhalle im Eingangsbereich des Schlosses, die als Hotelfoyer fungiert, sind Beispiele dafür, dass sich das private, doch durchaus großzügige Ambiente einer kaiserlichen Wohnung des späten 19. Jahrhunderts bestens für ein luxuriöses, aber immer noch intimes Hotel eignet. Die größtenteils original erhaltene Einrichtung passt ebenfalls bestens zu der heutigen Nutzung, sodass die Gemälde, Möbel und anderen Kunstgegenstände der Kaiserin hier vortrefflich zur Geltung kommen. Authentischer geht es in einem Schlosshotel kaum. Neben den erwähnten Restaurants in den ehemals privaten Salons, zum einen dem Gourmetrestaurant Victoria, das abends von Donnerstag bis Sonntag eine anspruchsvolle klassisch-französische Küche bietet, zum anderen dem Restaurant Enrico D'Assia mit Klassikern der italienischen und deutschen Küche, ist auch die Bibliothek als Besonderheit zu nennen. Denn hier wird ein English Afternoon Tea geboten, ganz klassisch zelebriert nach der britischen Tradition der nachmittäglichen Teestunde mit Spezialitäten wie Gurken-Sandwiches, Scones und weiterem Gebäck. Die Kaiserin als geborene Britin und erstgeborene Tochter der legendären Queen Victoria bietet natürlich einen mehr als ausreichenden Anlass, hier in Kronberg derlei Sitten aufzugreifen. Wer auf die rückwärtige Terrasse des Schlosses hinaustritt, die zur Parkseite gelegen ist, dem eröffnet sich ein herrliches Panorama, denn das Anwesen liegt inmitten des erwähnten weitläufigen Parkgeländes, welches heute unter anderem einen direkt am Schloss liegenden 18-Loch-Golfplatz umfasst. Auf dem Areal befindet sich zudem der sehenswerte Rosengarten mit seiner terrassenartigen Anlage und den flankierenden Laubengängen. Ausgedehnte Wellnessmöglichkeiten sind aufgrund des altehrwürdigen Baus natürlich kaum denkbar. Solche wurden zwar immer wieder diskutiert, es gab sogar bereits erste konkrete Ideen, allerdings sind jedoch alle Absichten bis heute im Sande verlaufen, weil natürlich auch immer denkmalschutzrechtliche Auflagen zu berücksichtigen sind. Vor den Toren der Finanzmetropole Frankfurt liegend, ist das Schlosshotel selbstverständlich ebenso ein potenzieller Tagungsort, in dem Veranstaltungen und Feste mit bis zu 350 Personen möglich sind. Dass ein solches Haus für Hochzeitsgesellschaften geradezu prädestiniert ist, erscheint naheliegend. Aber Kronberg ist genauso ein beliebter Ort für Manager und Politiker, um sich hier ungestört für eine Besprechung in einen der Salons des Hotels zurückzuziehen. Diese Klientel schätzt die besondere Diskretion im Hause. Und selbst als Drehort für Hollywoodproduktionen ist man im Geschäft, zuletzt in großem Umfang 2021 in der Rolle als „royales" Schloss Sandringham im Spielfilm „Spencer" rund um das Leben der ehemaligen Princess of Wales, Lady Diana. Die Zimmer und Suiten des Hotels bieten ebenfalls teilweise originales Mobiliar, dazu allen modernen Komfort, den man in einem Haus dieser Kategorie erwarten darf. Die sogenannten *Heritage Rooms* haben lediglich einen Ausblick auf den Parkplatz und befinden sich in der ersten Etage. Sie stellen so etwas wie die Einstiegskategorie dar und sind noch nicht grundlegend modernisiert, wobei natürlich regelmäßige Revisionen durchgeführt werden. Das Segment *Castle Room* ist mit 25 bis 30 Quadratmetern größer und umfasst die erste bis vierte Etage, ebenfalls in Richtung Parkplatz, während die Kategorie *Castle Park View Room* mit 25 bis 45 Quadratmetern und einem Ausblick auf den Schlosspark aufwartet. Als höchstes Segment offerieren die Zimmer *Castle Grand Park View* einen Ausblick auf den Schlosspark und den Golfplatz sowie die Frankfurter Skyline oder den Taunus. Darüber hinaus stehen 16 Suiten, die größte mit 150 Quadratmetern, zur Verfügung. Die Minibar ist in allen Kategorien inkludiert. Wie gut, dass dieses Ausnahmehotel des Hauses Hessen auch nach der Coronapandemie eine feste Institution in der deutschen Luxushotellerie bleibt. Damit besteht der authentische Bezug zum deutschen und europäischen Hochadel weiter, der diesen Ruhesitz einer britischen Prinzessin und späteren deutschen Kaiserin zu etwas ganz Besonderem macht.

Bewertung: ●●●●

## KÜHLUNGSBORN Mecklenburg-Vorpommern

### EUROPA HOTEL

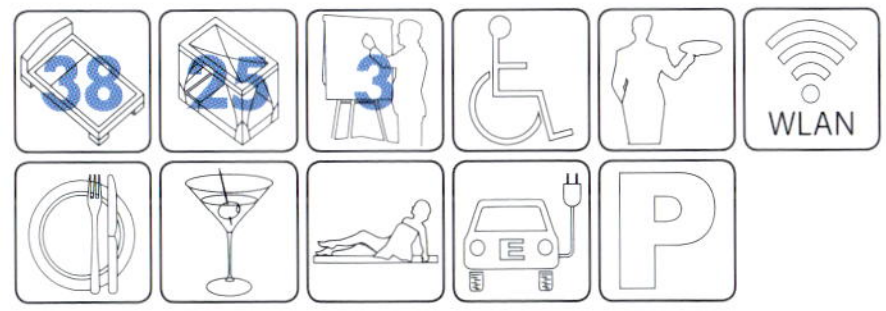


**Ostseeallee 8**
**18225 Kühlungsborn**
**Telefon: 03 82 93-88-0**
**Internet: www.europa-hotel.de**
**E-Mail: info@europa-hotel.de**
**Inhaber: Axel Matzkus**
***DZ ab € 134,00***

Das Europa Hotel in Kühlungsborn, das sich in der ersten Reihe der lokalen Topadresse, der Ostseeallee befindet, stand im vergangenen Jahr im Fokus der Öffentlichkeit. Denn unser Verlag zeichnete Inhaber Axel Matzkus zum Hotelmanager des

Jahres aus, was große mediale Aufmerksamkeit fand. So würdigte die wichtigste Zeitung der Region ihn sogar mit einem ganzseitigen Artikel. Wir haben Matzkus für seinen Mut, seine Innovationsfreude, insbesondere aber für seinen Weitblick und nicht zuletzt hinsichtlich der Weiterentwicklung seiner beiden Häuser geehrt. Vor allem nimmt er in der Hospitality-Branche unseres Erachtens eine Vorbildfunktion ein, weil er dem allgemeinen Fachkräftemangel etwas entgegenzusetzen weiß: Er entschied sich, jungen Indonesierinnen und Indonesiern die Möglichkeit zu bieten, in seinen beiden Hotels eine Ausbildung zu absolvieren. So konnte er den Grundstein dafür legen, bis zum heutigen Zeitpunkt personell gut aufgestellt zu sein. Für dieses Vorhaben gibt es zwar komplizierte bürokratische Hürden und natürlich ist es auch an enge rechtliche Vorgaben geknüpft. Zuvor mussten etwa die notwendigen Rahmenbedingungen im Unternehmen geschaffen werden. Verpflichtend ist unter anderem der Nachweis entsprechender Unterkünfte, deshalb mietete Matzkus Wohnraum an, baute diesen um und möblierte die Wohnungen. Im vergangenen Jahr haben nun bereits die ersten Indonesier ihre Ausbildung erfolgreich beendet, wovon die meisten hier nunmehr als gut ausgebildete Fachkräfte in diesem Hotel weiter tätig sind. Matzkus hat sich ohnehin als attraktiver Arbeitgeber mit guten Aufstiegschancen in der Region einen Namen gemacht, schließlich bildet er mit seinen Häusern seit vielen Jahren gemeinsam mit dem Travel Charme sowie dem Upstalsboom die Speerspitze auf dem hiesigen Hotelmarkt. Auch Matzkus' Investitionsbereitschaft ist lobenswert, denn es vergeht kein Jahr, in dem er nicht in die Hardware seiner Hotels investiert. Die Zimmer und Suiten des Europa Hotel sind beispielsweise zwischenzeitlich alle renoviert und somit auf dem neuesten Stand. Wir haben das Design des Interieurs, das an den Art-déco-Stil angelehnt ist, an dieser Stelle bereits mehrfach gelobt. Hier wurde bei der Planung des Interior-Konzepts etwa im Hinblick auf die Schlafkultur auf ein hochwertiges Bettensystem gesetzt. Über ein zentrales Panel kann zudem bequem das Licht gesteuert werden. Ein Teil der Zimmer ist zur Seeseite des Hotels ausgerichtet, allerdings bieten nur einige wenige auf den höheren Etagen einen direkten Meerblick, was vor allem dem kleinen Waldstreifen zwischen Strand und Promenade geschuldet ist, der die Sicht verstellt. Der Spa wurde vor noch nicht allzu langer Zeit neu gestaltet und umfasst neben zwei unterschiedlich temperierten Saunen einen großzügigen Ruhebereich zum Chillen. Inmitten der Corona-Zeit, während des Lockdowns, wurde überdies die Gelegenheit genutzt, auch die öffentlichen Bereiche wie Lobby und Restaurant konzeptionell zu verändern. Dabei wurden die vorhandenen Freiflächen optimal eingesetzt. Matzkus hatte nach dem ersten Lockdown ganz pragmatisch das Atrium sowie einen Tagungsraum für das

tägliche Frühstück zur Verfügung gestellt, um die Hygiene- und Abstandsregeln überhaupt einhalten zu können. Danach wurde der öffentliche Bereich am Entree des Hotels mit dem neuen Konzept im wahrsten Sinne des Wortes aufgebrochen und damit viel offener und großzügiger gestaltet. Die zuvor etwas düster erscheinende Lobby wurde dorthin verlegt, wo sich früher der Verwaltungsbereich befand. Das Ergebnis vermag zu begeistern, denn diese wirkt dadurch edler, einladender und lichtdurchfluteter. Zudem bietet der Rezeptionstresen nun ausreichend Platz, um auch mehrere Gäste gleichzeitig ein- oder auschecken zu können und darüber hinaus wurde sogar noch ein kleiner Lounge-Bereich eingerichtet. Entstanden ist dabei zudem eine Sushi-Bar, in der überdies auch Austern und Krustentiere angeboten werden. Sie ist integriert in die Brasserie Belon's mit deren Live-Cooking-Station, die schwerpunktmäßig ebenfalls Seafood bietet. Selbstverständlich gibt es hier auch Fleischgerichte sowie ein vegetarisches Angebot. Das tägliche Frühstücksbuffet wurde zuletzt nochmals deutlich aufgewertet. Eierspeisen werden selbstverständlich auf Wunsch à la minute nach den Wünschen der Gäste zubereitet. Längst eine Institution in Kühlungsborn ist das amerikanische Steakrestaurant Ribs & Bones gleich neben dem Hotel. Es bietet Steaks in unterschiedlichen Qualitäten und Reifegraden, zubereitet auf dem Show-Grill unter den Augen der Gäste. Im Sommer speist man hier auch sehr schön im Außenbereich. Es empfiehlt sich in jedem Fall zu reservieren, da dieses Restaurant sehr gut frequentiert ist. Last but not least ist das Baristas zu nennen, das tagsüber die Funktion einer Café-Bar hat und abends dann zur chilligen Cocktailbar avanciert. Somit wird im Europa Hotel eine äußerst vielfältige Gastronomie geboten. Letztlich haben alle bisherigen Bemühungen dazu geführt, dieses Haus kontinuierlich weiterzuentwickeln und das Dienstleistungsangebot deutlich anzuheben. Und auch wenn Hotelchef Axel Matzkus nunmehr behauptet, er habe jetzt alle wichtigen und notwendigen Projekte, die auf seiner Agenda standen, umgesetzt, sodass er sich deshalb künftig verstärkt mit dem Finetuning seiner Häuser beschäftigen werde, ist davon auszugehen, dass er dabei nur vom Hier und Jetzt spricht. Wir sind überzeugt, dass er uns auch im nächsten Jahr wieder von neuen Ideen berichten wird, die er in die Tat umsetzen will oder bereits umgesetzt hat. In der Vergangenheit hat er stets eindrucksvoll unter Beweis gestellt, dass zwischen einer Idee und deren Realisierung bei ihm zumeist nur eine kurze Zeitspanne liegt.

Bewertung:

## MAX AM MEER

**Dünenstraße 13**
**18225 Kühlungsborn**
**Telefon: 03 82 93-82-0**
**Internet: www.hotel-max.de**
**E-Mail: info@hotel-max.de**
**Direktorin: Sarah Zalaba**
***DZ ab € 122,00***

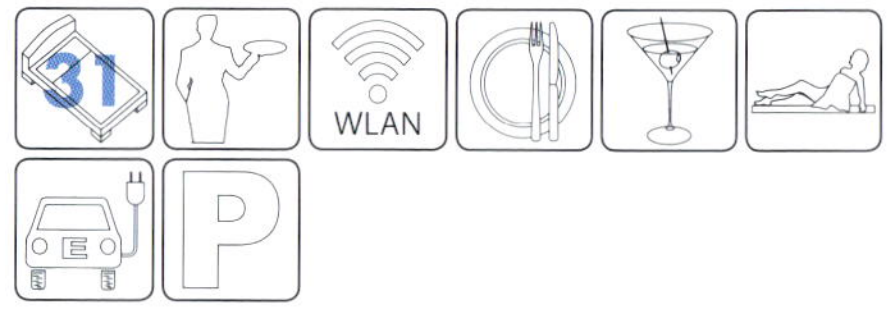


Das Max am Meer, das zweite Kühlungsborner Hotel von Axel Matzkus, zeichnet all das aus, was sich Urlauber wünschen, die etwas mehr Ruhe und Intimität suchen, als die Häuser entlang der Ostseeallee, der Seepromenade dieses Ferienortes, bieten können. Kühlungsborn hat sich für Matzkus durchaus als idealer Standort erwiesen. Denn aufgrund der oft im Geiste der traditionellen Bäderarchitektur errichteten und reno-

vierten Hotels bietet die Stadt einen anderen Charakter als beispielsweise schleswig-holsteinische Ostseebäder. Hier herrscht bis heute oft noch die Badeortatmosphäre der 1970er-Jahre, während die Hardware in Mecklenburg-Vorpommerns Küstendomizilen zwischenzeitlich durchweg moderner ist als in den Seebädern im Westen. Aufgrund des Erfolges des verkehrsgünstig und nah zu Hamburg, Schleswig-Holstein und Niedersachsen gelegenen Badeortes nach der Wiedervereinigung, als Kühlungsborn wegen seiner guten Erreichbarkeit und Nähe schnell zum Liebling auch zahlreicher westdeutscher Touristen avancierte, waren Bauplätze für neue Hotels jedoch irgendwann rar. Kühlungsborn expandierte so stark, dass die Gemeinde mittlerweile keine weiteren Hotelbetten mehr zulassen möchte und auch neuen Ferienwohnungen skeptisch gegenübersteht. Schließlich muss irgendwo bezahlbarer Wohnraum für Einheimische und ebenso für das zugezogene Personal all der Hotels und Tourismuseinrichtungen zur Verfügung gestellt werden. Als sich für Axel Matzkus die Chance bot, ein weiteres Haus übernehmen zu können, um das eigene Portfolio zu erweitern, nämlich ein ehemaliges Drei-Sterne-Hotel des Internationalen Bundes, nutzte er diese. Hieraus schuf er etwas völlig Neues. So hatte er es komplett entkernt und ein eigenes Interior-Design-Konzept entwickelt, um es aufzuwerten und dann als kleines, schickes Boutique-Hotel im First-Class-Segment etablieren zu können. Im Jahr 2015 ging es an den Start und der Erfolg des Hauses ließ nicht lange auf sich warten. Das heutige Schwesterhotel Max am Meer liegt am Dreieck des Lindenparks, der vom Zugang zu Promenade und Strand nur durch ein circa 100 Meter breites Waldstück des Kühlungsborner Stadtwaldes getrennt ist. Von dort aus ist das Europa

Hotel über einen direkten dorthin verlaufenden Fußweg durch den Wald zu erreichen, sodass die Gäste des Max am Meer auch diese Infrastruktur nutzen können. Alternativ läuft man bloß eine Querstraße weiter Richtung Ostsee und befindet sich dann auf der Strandstraße, einer direkten Route zur Kühlungsborner Seebrücke, auf die man am Ende der Straße schnurstracks zuläuft. Fast überflüssig zu erwähnen, dass sich hier eine riesige Auswahl an Restaurants, Cafés, Geschäften und Boutiquen aneinanderreiht. Das Hotelrestaurant Rotisserie Wings & Drums ist eine Bereicherung der hiesigen Gastronomiekonzepte. Hier werden Grillspezialitäten von Hähnchen und Pute sowie Premium-Steaks geboten, die auf dem Lavastein-Grill zubereitet werden. Die große Außenterrasse des Restaurants, mit Blick auf den Lindenpark, kann dank des kaum vorhandenen Verkehrs in diesem Viertel wie eine Freiluftlobby zum Entspannen genutzt werden, sobald die Temperaturen dies erlauben. Hier wird im Übrigen auch das exzellente Frühstück geboten. Sehr engagiert führt die sympathische Sarah Zalaba dieses Hotel mit gerade einmal 31 Zimmern als Direktorin. Mit herausragenden Gastgeberqualitäten sorgt sie für eine sehr persönliche Atmosphäre. Die Lage des Hauses, die Terrasse und der Park vor der Tür verleihen dem eher intimeren Charakter dann doch eine gewisse Großzügigkeit. Im Angebot sind klassische Einzelzimmer, mit 12 Quadratmetern nicht unbedingt groß, oder auch die *Park-View*-Doppelzimmer mit Balkon, die über 21 Quadratmeter verfügen und zur Südseite mit Ausblick auf den Lindenpark gelegen sind. Alle Zimmer sind in einem frischen und wohnlichen Stil gestaltet und weisen eine Nespresso-Kaffeemaschine auf. Zudem gehören Bademantel und Slipper zur Grundausstattung, denn trotz des vorgegebenen Gebäudegrundrisses konnte sogar noch eine große finnische Sauna samt Ruhezone im Gebäude integriert werden. Es bleibt also festzuhalten, dass Axel Matzkus mit diesem Haus die ideale Ergänzung zum Europa Hotel gelungen ist, das mit seinem großen Wellnessangebot und der gastronomischen Auswahl denjenigen Gästen empfohlen werden kann, die im Urlaub vor allem auf diese Features eines Hotels Wert legen. Wer etwas mehr Ruhe möchte und sich an der Intimität des kleinen Hauses nicht stört, sondern diese sogar schätzt, der findet mit dem Max am Meer nun seit schon fast acht Jahren eine Alternative, die ihre eigenen Vorzüge bietet und ebenso uneingeschränkt empfohlen werden kann.

Bewertung:

## TRAVEL CHARME OSTSEEHOTEL

**Zur Seebrücke 1**
**18225 Kühlungsborn**
**Telefon: 03 82 93-4 15-0**
**Internet: www.travelcharme.com**
**E-Mail: ostseehotel@travelcharme.com**
**Direktor: Joost Smeulders**
***DZ ab €211,00***

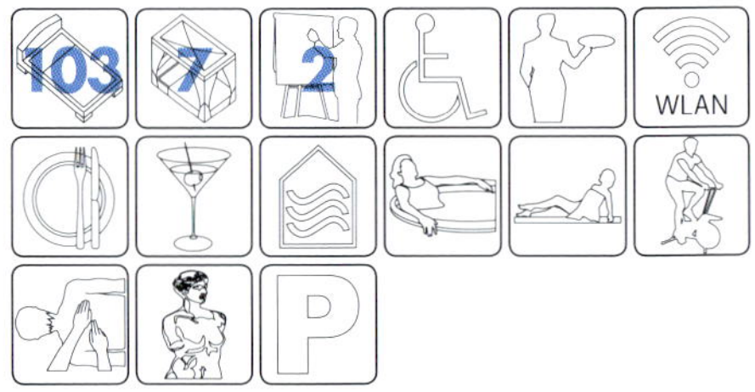


Im Jahr 2018 staunten nicht wenige, als die Hirmer Gruppe groß ins Hotelgeschäft einstieg und die Travel Charme Hotels & Resorts an der Ostsee sowie in Österreich übernahm. Insgesamt 1000 Hotelzimmer kamen damit in das Portfolio des Münchner Familienunternehmens, das bis dahin durch sein Modehaus gleichen Namens in der Münchner Innenstadt sowie die Eckerle Modehäuser bekannt war, ebenso aber schon umfangreich ins Immobiliengeschäft investierte. Zur Hotellerie gab es dagegen nur periphere Verknüpfungen, nachdem im Jahr zuvor bereits das Hotel Elephant in Weimar erworben wurde. 2019 übernahm die Hirmer Gruppe dann das einst legendäre Hotel Bachmair am See in Rottach-Egern. Insgesamt gehören sechs Premium-Hotels in den beliebtesten Seebädern entlang der Ostseeküste Mecklenburg-Vorpommerns zur Travel-Charme-Kette, die 1993 von der Schmidt-Gruppe aus Duisburg/Essen gegründet wurde, welche im Zuge der Privatisierung durch die Treuhandanstalt eine Anzahl von Urlaubshotels der DDR-Reisebüros erworben hatte. Wie bei fast allen Treuhandgeschäften tauchten Zweifel und Gerüchte auf, wessen Eigentum da eigentlich zu welchen Bedingungen veräußert worden war. Ebenso typisch und so auch bei Travel Charme waren Gerüchte, dass auf diesem Wege Stasi-Vermögen in die neue Zeit herübergerettet wurde. Letztlich verblieb all das aber im Reich der Vermutungen und Halbwahrheiten. Das Travel Charme in Kühlungsborn wurde allerdings erst 2001 eröffnet und stellte einen kompletten Neubau dar. Insgesamt bietet das Leisurehotel direkt an der Seebrücke 110 Zimmer, die entweder jeweils über einen Balkon oder eine Terrasse verfügen. Allen Häusern, so auch diesem, war die anfangs farbenfrohe Opulenz der Ausstattung gemeinsam, was aber mittlerweile dank geschmackvollerer Neugestaltungen nicht mehr der Fall ist. Denn zwischenzeitlich ist man bei den neuesten Zimmerrenovierungen und Überarbeitungen der öffentlichen Bereiche etwas dezenter geworden. Erfrischungen aus der mit Softdrinks ausgestatteten Minibar blieben bisher ohne Berechnung und auch das Frühstück wurde grundsätzlich in den Zimmerpreis inkludiert. Sieben Luxussuiten mit direktem oder zumindest seitlichem Meerblick gehören zum Angebot, wobei die Turmsuite mit 75 Quadratmetern Wohnfläche sowie getrenntem Wohn- und Schlafbereich, einem eigenen Wellnessbad mit Whirlwanne und einer Dachterrasse besonders überzeugt. Der 1000 Quadratmeter große Spa ermöglicht durch seinen beheizten, 150 Quadratmeter großen Innen- und zusätzlichen Außenpool ganzjährige Badefreuden. Saunafreunde kommen in der finnischen Sauna, dem Sanarium, der Blütengrotte und im Dampfbad auf ihre Kosten. Erlebnisduschen sowie drei Ruhe-

und Entspannungsräume runden dieses Angebot ab. Die Puria-Spa-Landschaft bietet daneben verschiedenste Beauty-Anwendungen, die von einer klassischen Massage bis hin zu einer ayurvedischen Abhyanga mit Sesamöl reichen. Natürlich zählen ebenso Kosmetik-Treatments zum Grundangebot. Für das Hauptrestaurant Kieck in, in dem sowohl gefrühstückt, geluncht als auch diniert wird, ist keine spezielle kulinarische Ausrichtung angegeben, die Verwendung regionaler Produkte wird jedoch, wie so häufig, fest versprochen. Die Ostseeterrasse lädt bei entsprechendem Wetter zur Tee- oder Kaffeestunde ein, ansonsten kann man hierfür im gemütlichen Wintergarten Platz nehmen. Dass nun die erwähnte neue Eigentümergruppe die Geschicke der Travel-Charme-Häuser lenkt, welche sich bisher augenscheinlich eher im Mode- und Immobiliengeschäft umgetan hat, bevor sie die Hotels fast genau mit dem Start der Pandemie übernahm, lässt viele Fragen offen. Wird man nicht nur in die Hardware investieren, sondern auch in die Konzeptplanung der Hotelgruppe? Und wird man die bestehenden Häuser um- und ausgestalten oder sich eher auf neue Projekte konzentrieren? Für ein erstes Urteil ist es bislang noch zu früh, aber wir hätten da so einige Ideen. Maritimes Flair und regionale Küche wollen viele Mitbewerber an der Ostsee bieten. Warum aber sollte man nicht die bajuwarische Herkunft der neuen Eigentümer und die drei österreichischen Häuser der Kette zum Anlass nehmen, hier im hohen Norden auch ein österreichisch-bayerisches kulinarisches Angebot zu schaffen? Wir warten ab und beobachten auf jeden Fall, wie sich dieses Haus, das bisher allein durch die Ferienstimmung verbreitende Architektur und das gute Wellnessangebot viele Fans hatte, unter den neuen Eigentümern weiterentwickeln wird.

Bewertung:

## UPSTALSBOOM

**Ostseeallee 21**
**18225 Kühlungsborn**
**Telefon: 03 82 93-42 99-0**
**Internet: www.upstalsboom.de**
**E-Mail: hotelresidenz@upstalsboom.de**
**Direktorin: Maria Kuhl**
***DZ ab € 189,00***

Eigentlich bietet dieses Upstalsboom beste Voraussetzungen, um hier im Ostseebad Kühlungsborn gemeinsam mit dem Travel Charme Hotel die Spitze anzuführen. Auch wenn die Lage des genannten Mitbewerbers an der Seebrücke natürlich unschlagbar ist, logiert der Gast hier ebenfalls in Reihe eins, denn das Haus befindet sich direkt an der Ostseeallee; die Strandpromenade verläuft sozusagen vor der Tür und der Strand ist nach nur wenigen Schritten erreicht. Ebenso kann das nach wie vor zeitgemäße Zimmerprodukt augenblicklich noch überzeugen, auch wenn in absehbarer Zeit ein Makeover anstehen dürfte, denn teilweise sind Nutzungsspuren unübersehbar. So weit, so gut, wäre da nicht die schwache Führung des Hauses durch Maria Kuhl, die uns als Gastgeberin in den letzten Jahren nicht so recht zu überzeugen vermochte. Es drängt sich der Eindruck auf, dass Kuhl sich einzig und allein hier auf die optimalen Rahmenbedingungen verlässt, statt die Service- und Dienstleistungsqualität in ihrem Haus stärker zu gewichten. Mit „Banalitäten" wie Gästeanliegen, so scheint es zumindest, beschäftigt sich Frau General Managerin nur ungern, sei es die Guest Relation oder das Beschwerdemanagement. Darum kümmert sich offenbar ihr Ehemann. Sie selbst ist eher der nüchterne Zahlenmensch, der seinen Erfolg an der Belegung und der erzielten Jahresdurchschnittsrate abliest. Aber kommen wir zur Hardware des Hotels selbst: Einen direkten Meerblick ermöglichen nur einige wenige Zimmer in den oberen Etagen, dies ist dem Baumstreifen entlang der Promenade geschuldet. Die Kategorien *Elegance*, *Deluxe* und *Executive* wurden erfreulicherweise zumindest vor noch nicht allzu langer Zeit einer Revision unterzogen. Mit dem gastronomischen Angebot, das zwei Restaurants, ein Café und eine Fast-Food-Location umfasst, ist man recht gut aufgestellt. Im Fulgen als Hauptrestaurant – hier wird gefrühstückt, geluncht und diniert – steht entweder ein Menü oder ein Buffet zur Auswahl, in den Sommermonaten lädt die angrenzende Terrasse zum Speisen ein. Ganz entspannt kann hier der Tag mit dem Frühstück begonnen werden, und das sogar bis 13 Uhr. Eigentlich vorbildlich, schließlich ist ein großer Teil der Gäste hier im Urlaub und der ein oder andere möchte vielleicht endlich einmal ausschlafen. In den meisten Hotels enden die Frühstückszeiten in der Regel spätestens um 11 Uhr. Auch das Angebot und die Qualität werden von den Gästen sehr gelobt. Selbstverständlich können Eierspeisen à la minute geordert werden. Und da wäre außerdem noch das Wiener Café Arendsee, auch hier gibt es neben Kaffee und Kuchen eine kleine Auswahl an Gerichten. Im Restaurant Brunshaupten wird eine Mischung aus einer regionalen und internationalen Küche geboten. Umschrieben wird das bisherige Konzept mit „frisch, regional und wenn möglich bio". Von Mittwoch bis Samstag ist es sozusagen die Alternative zum Restaurant Fulgen mit dem Schwerpunkt Fischspezialitäten. Ein wenig gewöhnungsbedürftig ist die „fietzenbude" eine Holzbude mit Biergartengarnitur gleich rechts neben der Hotelzufahrt, wo man Backkartoffeln in unterschiedlichen Variationen, etwa mit Lachs, Pulled-Pork oder klassisch mit Quark, essen kann. Zum Angebot zählt auch ein Pulled-Pork-Burger mit Pommes. Und auf der Homepage weist man explizit auf die gebotene Take-away-Möglichkeit hin. Mit solch einem Konzept möchte man offenbar insbesondere Touristen ansprechen, die nur eine Kleinigkeit essen möchten und das zu recht günstigen Preisen. Der 1300 Quadratmeter große Wellnessbereich bietet neben einer Saunalandschaft mit finnischer Sauna, Dampfbad, Lichttepidarium, Eisbrunnen, Wellnessdusche und Ruhebereich auch einen Pool. Das Dampfbad blieb allerdings zuletzt geschlossen, als Begründung wurde angeführt, dass diese Entscheidung „aufgrund der geringen Nachfrage in den Sommermonaten und der aktuellen Energiekrise getroffen wurde". Im Außenbereich befinden sich eine Frischluftterrasse sowie ein Kneipp-Tretbecken. Der Beauty-Spa ist recht gut aufgestellt, angeboten wird neben den klassischen Massagen ein großes Spektrum an Wohlfühlmassagen, hinzu kommen Beauty-Treatments. Ganz ungestört können die Anwendungen im Privat-Spa genossen werden, der stundenweise, aber auch halb- oder tagesweise zu buchen ist. Wir sind nach wie vor der Auffassung, dass dieses Leisurehotel erhebliches ungenutztes Potenzial hat, darüber hinaus wäre es wünschenswert, dass Maria Kuhl, wie bereits erwähnt, endlich auch die weichen Faktoren, sprich den Service stärker gewichtet. Positiv zu bewerten sind das Zimmerprodukt, das Wellnessangebot, die Lage und natürlich die Gastronomie des Hauses. Somit gibt es hier viel Licht, aber durchaus auch Schatten.

Bewertung:

## LEIPZIG Sachsen

### BEST WESTERN CITY CENTER

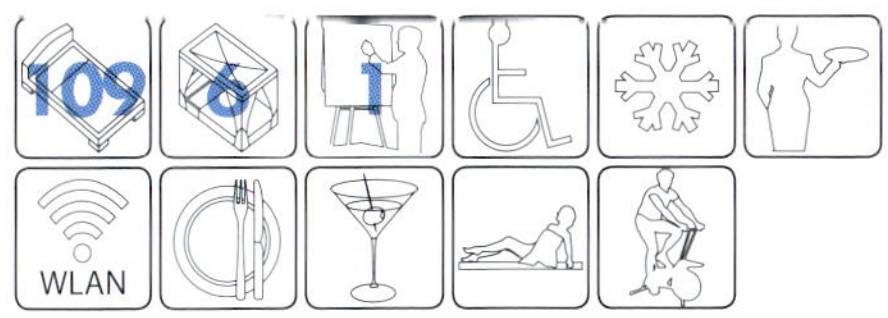


**(Zentrum-Nord)**
**Kurt-Schumacher-Straße 3**
**04105 Leipzig**
**Telefon: 03 41- 12 51-0**
**Internet: www.bestwestern-leipzig.de**
**E-Mail: info@bestwestern-leipzig.de**
**Direktor: Stefan von Heine**
***DZ ab € 75,00***

Gerade die Coronapandemie hat von vielen Hoteliers eine Menge abverlangt – Kreativität, Flexibilität und Improvisationstalent waren Eigenschaften, die da durchaus von Vorteil waren, um durch die Krise zu kommen. Während des Lockdowns, als nur Geschäftsreisende quartiert werden durften, hatte sich Hoteldirektor Stefan von Heine entschieden, Flagge zu zeigen. Dabei war es ihm wichtig, das Team zusammenzuhalten, was letztlich auch größtenteils gelungen ist. Da verwundert es nicht, dass er seitdem für die Mitarbeiter der Spätschicht persönlich kocht, um das Wir-Gefühl im Hause zu stärken. Ein branchenübergreifendes Problem ist der allgemeine Fachkräftemangel, der nicht nur direkte Auswirkungen auf die operativen Abläufe hat, sondern auch Einfluss auf die Lieferanten und Dienstleister der Hotellerie zeigt. Eine gute Entscheidung des Hoteldirektors war es daher, in der Housekeeping-Abteilung wieder eigene Mitarbeiter zu beschäftigen, statt mit Personal eines externen Dienstleisters zusammenzuarbeiten. Denn diese fühlen sich als Teil des Teams und identifizieren sich dementsprechend mit dem Hotel. Das wiederum hat

Auswirkungen auf die Motivation sowie die Leistungsbereitschaft und sorgt letztlich für eine Qualitätssteigerung. Der eher bescheidene Freizeitbereich, der sich auf eine finnische Sauna samt Ruhezone und einem kleinen Gym beschränkt, ist augenblicklich vorübergehend geschlossen, da er nach einem Wasserschaden komplett renoviert werden muss und deshalb voraussichtlich erst Ende des Jahres wieder zur Verfügung steht. Im Sommer können die Gäste zum Chillen zumindest die gemütliche Gartenlounge aufsuchen. Obwohl Stefan von Heine ja auch Küchenmeister ist und seine Kreativität bereits in einem Fünf-Sterne-Hotel in Sellin auf der Insel Rügen in der hoteleigenen Gastronomie eindrucksvoll unter Beweis gestellt hatte, gibt es in diesem Best Western kein Restaurantangebot, von einem kleinen Snack, etwa einer Suppe oder Käseplatte an der Bar einmal abgesehen. Ein solches vermissen die meisten Gäste hier allerdings auch nicht allzu sehr, da sich diesen unweit des Hotels zahlreiche Alternativen eröffnen – von gutbürgerlich bis hin zu Fine Dining, etwa das mit zwei Michelin-Sternen prämierte Falco im Hotel The Westin. Auf das Frühstück legt man dagegen einen besonderen Fokus. Eierspeisen wie ein Spiegelei oder Omelette à la minute können zusätzlich geordert werden. Alle Zimmer wurden 2017 renoviert, dabei sind auch die Bäder komplett saniert worden. Eine Minibar ist seitdem nicht mehr vorhanden, Getränke können nun im Rezeptionsbereich erworben werden. Über eine eigene Tiefgarage verfügt das Hotel bekanntermaßen nicht, im schräg gegenüberliegenden öffentlichen Parkhaus kann das Fahrzeug jedoch preiswert eingestellt werden. Wer mit den öffentlichen Verkehrsmitteln reist, muss quasi nur den Hauptbahnhof verlassen und die Straße überqueren, so zentral liegt das Haus. Zudem befindet sich vor der Tür eine Haltestelle der Straßenbahn, mit der beispielsweise nach wenigen Stationen das Völkerschlachtdenkmal als wohl bekanntestes Monument der Stadt erreicht werden kann. Die Altstadt ist im Übrigen fußläufig zu erreichen. Somit ist dieses Best Western Hotel auch für eine Städtereise eines der empfehlenswertesten Hotels im Mittelklassesegment, zumal hier das Preis-Leistungs-Verhältnis in jedem Fall stimmig ist.

Bewertung: ●●◖

## STEIGENBERGER GRANDHOTEL HANDELSHOF

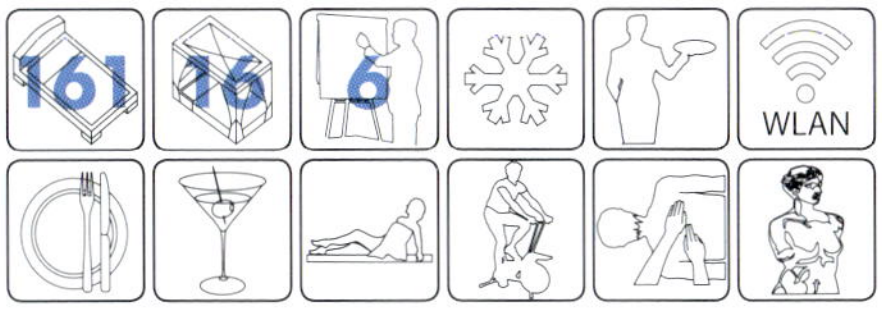


**(Zentrum Mitte)**
**Salzgäßchen 6**
**04109 Leipzig**
**Telefon: 03 41-35 05 81-0**
**Internet: www.steigenberger.com**
**E-Mail: leipzig@steigenberger.de**
**Direktor: Friedrich von Schönfeldt** ***(ab 03/23)***
***DZ ab € 195,00***

Das Steigenberger Grandhotel Handelshof befindet sich im Zentrum Leipzigs direkt in einer Fußgängerzone und unweit der Mädler Passage sowie des Alten Rathauses der Stadt. Zwischenzeitlich wurde es der Marke „Icons" zugeordnet, unter deren Dach sich derzeit sechs exponierte Spitzenhotels des Konzerns vereinen, nach eigenem Bekunden „nur die wirklich legendären Steigenberger Hotels". Auch wenn der Handelshof zurzeit nicht klassifiziert ist, darf das Haus zweifelsohne im Luxussegment verortet werden. Zu den verbrieften Serviceleistungen zählen Unterstützung beim Gepäck, Begleitung zum Zimmer sowie ein 24-Stunden-Roomservice. In Anbetracht der nicht vorhandenen Tiefgarage schätzt der Gast es sehr, dass Valet Parking hier ebenso verlässlich erbracht wird. Alsdann wird das Fahrzeug in einem benachbarten öffentlichen Parkhaus eingestellt, wofür pro Tag 35 Euro berechnet werden. Auch ein 350 Quadratmeter großer Spa, der sich über zwei Ebenen erstreckt, zählt zum Gesamtangebot dieser Leipziger Spitzenadresse. Er umfasst neben einem Saunabereich mit finnischer Sauna, Dampfbad und Eisbrunnen sowie einem Ruheraum auch einen gut ausgestatteten Gym, der sogar rund um die Uhr zugänglich ist. Ebenso sind Massage- und Beautytreatments buchbar. Seit Juli 2019 führte Guntram Weipert dieses Leipziger Spitzenhotel. Leider blieb sein Wirken weitestgehend unbemerkt, was sicherlich vor allem der Coronapandemie geschuldet war, die seinen Handlungsspielraum erheblich einschränkte. Denn uns ist bekannt, dass Weipert grundsätzlich alle Service- und Dienstleistungsabläufe regelmäßig hinterfragt, wenn nötig modifiziert und von seinen Mitarbeitern erwartet, dass die definierten Standards und seine Vorgaben auch eins zu eins umgesetzt werden. Die Verantwortlichen in der Konzernzentrale waren mit Weiperts Performance hier im Handelshof jedoch offenbar mehr als zufrieden und haben ihn mit der Führung des Düsseldorfer Flaggschiffs der Steigenberger-Hotels an der Königsallee beauftragt. Sein Nachfolger in Leipzig ist Friedrich von Schönfeldt, der zuvor im Frankfurter Hof in der Mainmetropole als Hotelmanager tätig war und nach dem Ausscheiden des dortigen General Managers sogar interimsweise die Gesamtverantwortung für das Haus innehatte. Er sieht seine vorrangige Aufgabe nun darin, den bisher erarbeiteten Status quo zu halten und als Gastgeber in diesem Hotel

verstärkt Präsenz zu zeigen, vorhandene Potenziale auszuschöpfen und die recht hohe Servicekultur in jedem Fall weiterhin zu gewährleisten. Dabei weiß er nur zu genau, dass er dazu auch ein Team benötigt, dass hinter ihm und dem Haus steht, denn diese Ziele lassen sich nicht im Alleingang erreichen. Ferner ist ihm daran gelegen, dass der Steigenberger Handelshof vor allem wieder zu einem Treffpunkt und dabei sozusagen zum „Wohnzimmer" der Leipziger Gesellschaft wird. In diesem Kontext erinnern wir uns an einen Hinweis auf einer Schautafel am Eingang des Hotels, wo sogar explizit darauf hingewiesen wird: „Willkommen in unserem Wohnzimmer", ergänzt durch „Auch für Nichthotelgäste". Bei unseren Recherchen fallen uns hier ganz besonders die Mitarbeiter der Reservierungsabteilung auf, die den potenziellen Gast wirklich hervorragend beraten und erschöpfend Auskunft geben können. Dies ist in Anbetracht der Tatsache, dass der Anteil an anspruchsvollen Individualreisenden recht hoch ist, nicht unwichtig, denn vor allem für Kulturinteressierte hat Leipzig eine Menge zu bieten. Beispielgebend wären das Gustav-Mahler-Festival sowie das Bachfest, zu denen sogar zahlreiche Gäste aus dem europäischen Ausland anreisen und dann auch gerne in diesem Steigenberger logieren. Für ein Haus solcher Klasse ist ein anspruchsvolles Spitzenrestaurant natürlich unverzichtbar, zumal der Handelshof, nachdem der traditionsreiche Fürstenhof geschlossen wurde, mittlerweile eine besonders exponierte Stellung in der hiesigen Hotellandschaft eingenommen hat. Da ist es umso erfreulicher, dass die Brasserie LA GRAND seit Mai wieder an vier Tagen in der Woche abends geöffnet ist, nachdem sie aufgrund der Corona-Krise vorübergehend geschlossen werden musste. Geboten wird eine ambitionierte französisch-mediterrane Küche auf einem überdurchschnittlich guten Niveau. Und die neue Karte ist wirklich vielversprechend: Etwa als Vorspeise die Wildente im gedämpften Kartoffelmantel an Beurre blanc mit Morcheln, Steckrüben und Lauch. Zum Hauptgang ein Klassiker: Portwein-Lamm – eine marinierte Lammhüfte, dazu Chorizo-Polenta und knuspriger Ziegenkäse samt Tomatengelato. Somit ist das LA GRAND in jedem Fall eine Empfehlung wert. Einen hohen Standard bieten hier ebenso die Zimmer, denn auch nach mehr als zwölf Jahren sind diese noch immer in einem hervorragenden Pflegezustand und können nach wie vor den Erwartungen an ein Luxus-Businesshotel entsprechen. Sie werden in die Kategorien

*Superior*, *Deluxe* und *Grand Deluxe* unterteilt, verfügen alle über ein luxuriöses Marmorbadezimmer mit Dusche und größtenteils sogar über eine separate Badewanne. Wir sprechen eine besondere Empfehlung für die *Grand-Deluxe*-Zimmer aus, die sich alle in der dritten Etage befinden und mit einer Größe von 38 bis 42 Quadratmetern reichlich Platz bieten. Die Tagungsmöglichkeiten sind hier ebenfalls hervorragend, denn immerhin sechs Räumlichkeiten stehen zur Auswahl und im größten Saal sind Veranstaltungen mit bis zu 260 Personen bei Kinobestuhlung möglich. Unser Fazit: Dieses Luxus-Businesshotel kann mit seinem Zimmerprodukt, der Lage und vor allem der Service- und Dienstleistungsqualität überzeugen. Ungeachtet dessen hat der Handelshof noch erhebliches ungenutztes Potenzial. Es liegt nunmehr an Friedrich von Schönfeldt, dieses Steigenberger mit guten Ideen und progressiven Konzepten noch besser am Leipziger Hotelmarkt zu positionieren.

Bewertung: ●●●

## THE WESTIN LEIPZIG

**(Zentrum-Nord)**
**Gerberstraße 15**
**04105 Leipzig**
**Telefon: 03 41-9 88-0**
**Internet: www.marriott.com**
**E-Mail: info@westin-leipzig.com**
**Direktor: Andreas Hachmeister**
***DZ ab € 114,00***

Nach der Causa Gil Ofarim im Oktober 2021 und der damit verbundenen Antisemitismusdebatte, die für ein gewaltiges Medienecho sorgte, ist endlich ein wenig Ruhe eingekehrt, wobei nach weitreichenden Ermittlungen durch die Staatsanwaltschaft das Verfahren eröffnet wurde. Wir hatten in der letzten Ausgabe ausführlich über diesen Vorfall berichtet und warten ab, wie das Gericht in letzter Instanz entscheiden wird. Für Hoteldirektor Andreas Hachmeister war dies sicherlich eine sehr schwierige Zeit. Unserem Erachten nach war die Presse- und Öffentlichkeitsarbeit ein wenig unglücklich und stellenweise unprofessionell, da man sich von den Medienvertretern und deren Berichterstattung ganz offensichtlich in die Enge hat treiben lassen. Und wie es für solch unschöne Skandale typisch ist, bleibt letztlich am Ende doch auch immer etwas hängen. Viele Branchenkenner haben sich ohnehin nicht vorstellen können, dass Mitarbeiter in einem renommierten Businesshotel eines großen Konzerns, die im Umgang mit einer interkulturell geprägten Gästeklientel geübt sind, angeblich derart unprofessionell agieren würden. Schließlich ist kaum eine Branche so weltoffen wie die Hotellerie. Ungeachtet dessen gibt es im The Westin Leipzig jedoch ein strukturelles Problem, das sich durch den aktuellen Fachkräftemangel offenbar noch verschärft hat. Bereits vor der Corona-Krise hatten wir nämlich den Eindruck, dass Hoteldirektor Andreas Hachmeister hier ein rücksichtsloses Kostenmanagement fährt.

Personelle Unterbesetzung zulasten der Mitarbeiter, die auf uns teilweise einen sehr gestressten Eindruck machen, haben natürlich auch unmittelbare Auswirkungen auf die Servicequalität. Allein die Kontaktaufnahme mit diesem Hotel gestaltet sich mitunter sehr schwierig, denn nicht selten muss man mehrfach hintereinander anrufen, bevor endlich jemand das Gespräch entgegennimmt. Die Weitergabe des Telefonats an die Reservierungsabteilung erinnert an eine Gewinnspielhotline, bei der es dann in der Regel heißt: „Schade, heute hatten Sie leider kein Glück!" Hier geht es zwar nicht um Fortunas Gunst, sondern darum, mit einem Mitarbeiter sprechen zu können, aber auch das bleibt einem verwehrt. Stattdessen ist zu hören: „Aktuell erreichen uns sehr viele Anrufer, schreiben Sie uns bitte eine E-Mail." Das angesprochene Kostenmanagement hat in diesem Leipziger The Westin überdies zur Folge, dass bereits vor einigen Jahren Service- und Dienstleistungsangebote reduziert oder eingestellt wurden. Beispielsweise war man eines der ersten Häuser, das für den Besuch des Spa-Bereichs eine Gebühr aufrief. Die Nutzung desselben wird augenblicklich mit 10 Euro pro Person berechnet. Zum Fitnessraum, der für die Größe des Hauses doch sehr übersichtlich ausgefallen ist, erhalten die Hotelgäste immerhin kostenfrei Zutritt. Außerdem folgt man einem weiteren allgemeinen Trend und befüllt die Minibar nicht mehr. Mit kleinen Knabbereien und Getränken kann sich der Gast aber zumindest an der Rezeption versorgen. Auch eine Einschränkung des gastronomischen Angebots zählt zu den, hier vermutlich auf den Personalmangel zurückzuführenden, Sparmaßnahmen, indem das À-la-carte-Restaurant GUSTO aufgegeben wurde. Augenblickliches Hauptrestaurant ist das SHINTO Bar & Lounge – hier wird immerhin eine recht ordentliche Karte geboten, wobei die erwartbaren Klassiker wie Caesar Salad, Burger oder Schnitzel im Vordergrund stehen. Aber es findet sich auch durchaus kulinarisch Interessanteres, wie ein Lamm oder wunderbare Ochsenbäckchen und zum Dessert eine „dekonstruierte Zitronentarte". Außerdem kann man nach wie vor in diesem Haus ein gastronomisches und kulinarisches Alleinstellungsmerkmal für sich reklamieren, nämlich das FALCO, ein mit zwei Michelin-Sternen prämiertes Gourmetrestaurant. Es befindet sich in der 27. Etage des Hotelhochhauses, bietet einen sensationellen Ausblick über die Stadt und hat von Dienstag bis Samstag geöffnet. Dort zelebriert Peter Maria Schnurr eine herausragende Haute Cuisine. Ein wirklich interessantes Konzept ist „Der! Tisch", hier nimmt der Gast an einer großen Tafel, die sich zwischen Bar und Restaurant befindet, für bis zu zwölf Personen Platz und kann ein Vier-Gänge-Menü inklusive Wasser für 99 Euro genießen. Schon allein die Tatsache, dass sich ein lupenreines Businesshotel wie dieses ein solches Prestigeprojekt eines veritablen Sternerestaurants leistet, ist besonders bemerkenswert. Auch in Anbetracht dessen, dass ein Haus solcher Größe mit immerhin 436 Zimmern und Suiten sowie beachtlichen 51 Tagungsräumen natürlich hinsichtlich des Veranstaltungs- und Messegeschäfts noch nicht wieder das Vor-Corona-Niveau erreichen konnte, wären wir nicht verwundert gewesen, wenn das Restaurant aus Gründen der Kosteneffizienz erst einmal hätte schließen müssen. Glücklicherweise war das jedoch nicht der Fall. Die Zimmersegmente *Klassisch*, *Deluxe* und *Grand Deluxe* sind mittlerweile alle auf der Höhe der Zeit, wenn auch einige zuletzt lediglich ein Facelift statt einer Renovierung erhielten. Hier wie in vielen Hotels in etagenreichen Gebäuden gilt als

Faustregel: je höher die Kategorie, desto höher die Lage und desto besser der Ausblick. Zweifelsohne ist das The Westin als Luxus-Businesshotel im Hinblick auf die vorhandenen Veranstaltungsmöglichkeiten in Verbindung mit den entsprechenden Zimmerkapazitäten in Leipzig ein absolutes Schwergewicht. Allerdings fehlt diesem Haus insgesamt eine Seele, denn es wirkt kühl und unpersönlich.

Bewertung:

## LÜBECK Schleswig-Holstein

### A-ROSA TRAVEMÜNDE

**(OT Travemünde)**
**Außenallee 10**
**23570 Lübeck**
**Telefon: 0 45 02-30 70-0**
**Internet: www.a-rosa.de**
**E-Mail: info.travemuende@a-rosa.de**
**Direktor: Thomas Arndt**
***DZ ab € 193,00***

Für Hansestädte wie Lübeck und Rostock gilt gleichermaßen, dass sie nicht an vorderster Front an der Ostsee liegen, sondern jeweils über einen kurzen Flusslauf mit dem offenen Meer verbunden sind. Damit verfügen diese Städte über so etwas wie einen Brückenkopf an der See, durch den sie, geschützt im Hinterland, nicht direkt erreichbar waren. Während dieser Umstand in früheren Jahrhunderten noch vor allem einen strategischen Vorteil zum Schutz vor Angreifern darstellte, gewannen diese Vorposten mit dem Aufkommen des Tourismus und des Badeurlaubs am Meer im 19. Jahrhundert eine ganz andere Bedeutung. Sie waren, da direkt von den Städten aus erreichbar, besser erschlossen als andere Orte an der Ostsee, sodass sie von Badegästen leichter erreicht werden konnten. Zusätzlich lockten sie die lokalen Stadtbewohner als Tagesreisende an. Travemünde an der Trave bei Lübeck wuchs daher genauso wie Warnemünde an der Warnow bei Rostock im 19. Jahrhundert zu einem bekannten Ferienort heran und wurde schon bald für Investoren interessant. Eine Eingemeindung nach Lübeck erfolgte zwar erst 1913, doch längst war man auch unter Gästen aus dem nahen Hamburg als attraktives Ziel für einen Sommertag am Meer bekannt. Ebenfalls 1913 entstand der städtische Kursaal, das spätere Spielcasino. Und das alte Kurhaus aus dem Jahre 1820 wurde zeitgleich in ein prächtiges Kurhaushotel umgebaut, in dem bald Prominente wie Thomas Mann, Fjodor Michailowitsch Dostojewski und Franz Kafka residierten. Selbiges behielt diesen Status als erste Adresse lange Jahrzehnte bei und auch nach dem Zweiten Weltkrieg war man weiterhin beliebt. Doch in den 1980er-Jahren setzte Stillstand ein und ein Jahrzehnt später schließlich auch der Verfall. Ab 2005 eröffnete das Haus nach einem grundlegenden Neustart mit umfangreicher Renovierung sowie einem modernen Anbau als A-ROSA Travemünde und besitzt nun auch einen Wellnesstrakt, eine vielfach ausgezeichnete Küche und 191 Zimmer. Als Zeichen des wahrhaft zurückgekehrten Luxusstatus verfügte man über viele Jahre sogar über ein Gourmetrestaurant, das Buddenbrooks, mit dem es gelungen war, sozusagen zur kulinarischen Bundesliga aufzusteigen, da es der Guide Michelin zeitweise mit zwei Sternen, zuletzt immerhin noch mit einem Stern adelte. Doch wurde es Februar 2020, zeitgleich mit Beginn der Pandemie, geschlossen. Eine Entscheidung, die hoffentlich wieder revidiert wird. Immerhin steht den Gästen nach wie vor das Carls by Thomas Martin mit einer Crossover-Küche zur Verfügung. Martin, ein Spitzenkoch, der zwischenzeitlich vielen aus dem Fernsehformat „Die Küchenschlacht" bekannt ist, kocht hier allerdings nicht höchstselbst, sondern ist eher Namensgeber und nimmt Einfluss auf das kulinarische Konzept. In jedem Fall unverändert bleibt jedoch die hervorragende Hardware des Hotels, allem voran der über 4500 Quadratmeter große, über zwei Ebenen reichende Spa. Wellnessliebhaber kommen hier unter anderem mit verschiedenen Meerwasserpools, darunter auch einem beheizten Außenbecken inklusive großer Liegewiese, auf ihre Kosten. Darüber hinaus werden beispielsweise allein sieben Thalasso-Wannen im Hotel mit Meerwasser gespeist, wodurch den Gästen ermöglicht wird, die viel beschworene heilsame Wirkung dieser bis auf das Jahr 1750 zurückgehenden Therapieform zu genießen, wenn gewünscht auch unter ärztlicher Aufsicht. Daneben sind von klassischen Rückenmassagen über Lomi-Lomi-, Hot-Stone- bis hin zu Ayurveda-Massagen verschiedenste Anwendungen im Angebot. Die zur Verfügung stehende Saunalandschaft mit elf unterschiedlich temperierten Trocken- und Dampfsaunen, Erlebnisduschen und Eisbrunnen ist neben der Beauty- und Massageabteilung mit insgesamt 26 Räumlichkeiten für unterschiedlichste Anwendungen ein weiterer Beweis dafür, dass Wellness und Erholung hier nicht nur eine Nebenleistung, sondern ein zentrales Feature des Hotels darstellen. Wer selbiges in privatem Rahmen genießen will, kann sogar eine exklusive Spa-Suite buchen. Eine Fitnesszone mit modernen Cardio- und Krafttrainingsgeräten ist ebenfalls vorhanden. Die Zimmer im A-ROSA befinden sich sowohl im historischen Hauptgebäude – hier mit hohen, stuckverzierten Decken – als auch im modernen Anbau und besitzen in der Kategorie *Deluxe* einen Balkon oder eine Terrasse. Ansonsten bieten bodentiefe französische Fenster mit Geländer eine Art Freisitz, da sie sich immerhin ganz öffnen lassen. Im sogenannten Neubau wurden die ersten drei Etagen zwischenzeitlich komplett renoviert. Auch das Tagungssegment hat im A-ROSA eine größere Bedeutung, denn es verspricht selbst in der Nebensaison einiges an Belegung zu generieren. Unter den neun Veranstaltungsräumen unterschiedlichster Größe ist der denkmalgeschützte Salon „Weißer Saal" mit seinen stuckverzierten Decken, der noch auf das erste Kurhaus aus dem Jahre 1820 zurückgeht, sicherlich das Highlight. Trotz Wegfall der Michelin-Sterne-Gastronomie bietet das A-ROSA mit seinem riesigen Spa und der Melange aus historischem Ambiente sowie modernster Ausstattung damit weiterhin ein für Travemünde unschlagbar attraktives Angebot der Luxus-Ferienhotellerie.

Bewertung:

## ATLANTIC GRAND HOTEL TRAVEMÜNDE

**(OT Travemünde)**
**Kaiserallee 2**
**23570 Lübeck**
**Telefon: 0 45 02-30 8-0**
**Internet: www.atlantic-hotels.de**
**E-Mail: travemuende@atlantic-hotels.de**
**Direktor: Kay Plesse**
***DZ ab € 193,00***

Die Lage des Atlantic Grand Hotel in Travemünde ist schon in einer Beziehung unschlagbar. Denn hier logiert der Gast sozusagen in Reihe eins, da die Strandpromenade direkt vor der Tür verläuft. Anders als das A-ROSA hat dieses Haus aufgrund seiner geringeren Größe einen weitaus intimeren Charakter. Auf allen der insgesamt 73 Zimmer und Suiten, die durch ihre dunklen Hölzer warm und behaglich wirken, wurden die Teppichböden im Rahmen einer erweiterten Softrenovierung vor ein paar Jahren gegen edles Parkett getauscht. Während viele Hotels ihre Minibar nicht mehr bestücken, sodass sich Gäste an der Rezeption mit Getränken versorgen müssen, und das selbstverständlich trotzdem zu Minibarpreisen, ist die Nutzung hier bereits in die Zimmerrate inkludiert. Zusätzlich sind die Zimmer und Suiten mit einer Tee- und Kaffeestation ausgestattet. Einige können mit einem direkten, andere mit einem seitlichen Meerblick punkten. Im Restaurant Holstein's wird eine Mischung aus einer regionalen und internationalen Küche geboten. Samstags und sonntags ist es möglich dort zu lunchen, ansonsten ist es täglich abends ab 18 Uhr geöffnet. Zudem wird hier das hervorragende Frühstück offeriert, welches die Gäste im Sommer auf der zugehörigen Terrasse mit einem sensationellen Meerblick ausgiebig genießen können. Hinzu kommt die Seven C's Bar, in der mittags wie abends ebenfalls gespeist werden kann. Nachmittags gibt es sowohl hier als auch im Holstein's Kaffee und Kuchen, unter anderem im Format eines mit Lokalkolorit gestalteten Afternoon Tea's mit typisch hanseatischem Gebäck – der sogenannten ATLANTIC Tea Time. In den Sommermonaten wird das gastronomische Angebot zudem durch ein hoteleigenes Eiscafé bereichert, das, außer montags, täglich von 12 Uhr bis 18 Uhr offensteht. In Anbetracht der Größe des Hauses kann man immerhin einen 600 Quadratmeter großen Spa ausweisen. Er umfasst neben einem 20-Meter-Pool zusätzlich einen Saunabereich mit finnischer Sauna, Dampfbad, Aromadampfbad, Sanarium und einem Ruheraum. Der Gym beschränkt sich auf ein übliches Basisangebot mit zeitgemäßen Cardio-Trainingsgeräten. Auch Kosmetik- und Massagetreatments können gebucht werden. Eine tragende Säule des Hauses sind Veranstaltungen und Incentives, wofür immerhin insgesamt sechs Räumlichkeiten zur Verfügung stehen. Der große historische Ballsaal mit seiner imposanten Kuppel ist hierbei ein wirkliches Highlight und bietet immerhin Platz für bis zu 350 Personen. In Anbetracht solcher Kapazitäten und aufgrund der exponierten Lage ist das Haus natürlich auch eine beliebte Hochzeitslocation. Nachdem die Atlantic-Hotelgruppe dieses Leisure-Hotel Ende 2015 übernommen hatte, das gastronomische Angebot sozusagen ein Downgrade erfuhr und nachdem darüber hinaus offenbar die Servicequalität nicht mehr so stark gewichtet wird, wie es in der Colombia-Hotelgruppe einst üblich war, rangiert es zwischenzeitlich mit deutlichem Abstand hinter dem A-ROSA auf dem zweiten Platz der lokalen Spitzenhotellerie.

Bewertung: ●●●

## MAGDEBURG Sachsen-Anhalt

### MARITIM

**(Innenstadt)**
**Otto-von-Guericke-Straße 87**
**39104 Magdeburg**
**Telefon: 03 91-59 49-0**
**Internet: www.maritim.de**
**E-Mail: info.mag@maritim.de**
**Direktorin: Andrea Imwalle**
***DZ ab € 80,00***

Sachsen-Anhalt und seine Landeshauptstadt Magdeburg standen lange Zeit etwas im Schatten der anderen neuen Bundesländer, welche nach dem Ende der DDR als neue föderalstaatliche Gebiete entstanden waren. Dabei orientierte man sich, zumindest grob, durchaus auch an historischen Grenzen, was allerdings am bunten Flickenteppich deutscher Kleinstaaten, der bis zum Entstehen des Kaiserreiches 1871 auf deutschem Territorium vorherrschte, nur eine ungefähre Richtlinie sein konnte. Mit der Wiedervereinigung 1990 entstand das Land Sachsen-Anhalt neu, aber ein regionales Selbstbewusstsein wie in Thüringen, Sachsen oder Mecklenburg-Vorpommern war hier nur wenig vorhanden. In ganz Deutschland bekannt wurde die vor diesem Hintergrund gestartete Imagekampagne unter dem Motto „Land der Frühaufsteher", durch die das Bundesland ab 2005 mit entsprechenden Werbetafeln an den Autobahnen um Aufmerksamkeit buhlte. Mit den beiden Großstädten Magdeburg und Halle bieten sich zwei urbane und wirtschaftliche Schwerpunkte an den gegenüberliegenden Enden des Landes im Norden und Süden. Mit den jüngsten Nachrichten über die Ansiedlung des Chip-Riesen Intel zeichnet sich in Magdeburg allerdings eine große Wende ab und das effektive Arbeiten des Landes am eigenen Image trägt damit wohl reiche Früchte. So ist davon auszugehen, eine weitere Klientel für eine höherklassige Hotellerie anzuziehen, als dies allein durch den Status als Landeshauptstadt der Fall ist. Dass die westdeutsche Hotelkette Maritim hier gleich nach der Wiedervereinigung aktiv wurde und ein großes Haus im Business- und Tagungssegment mit einem der für den Konzern typischen Atrien errichtete, erwies sich als langfristig kluge Investition. In prominenter Lage und in Nähe zur Staatskanzlei bietet das Hotel 514 Zimmer sowie 18 Veranstaltungsräume und damit beachtliche Kapazitäten. Allein schon der Ballsaal, der für bis zu 1550 Personen geeignet ist, kann in Stadt und Region als einmalig gelten. Das erwähnte Atrium unterstreicht das großzügig gestaltete Ambiente, mit dem sich das Haus unter anderem seinen Gästen aus Politik, Wirtschaft und Kultur empfiehlt. Die Professionalität und Freundlichkeit der Mitarbeiter, immer eine Stärke bei Maritim, ist hier natürlich ebenso festzustellen wie die bei jenem Konzern immer mehr als solide Gastronomie. Die proaktive und dynamische Einstellung der Menschen in diesem Bundesland lässt sich am Beispiel der meisten Maritim-Mitarbeiter in Magdeburg durchaus feststellen. So wird dem Gast in der Regel mit sympathischem Selbstbewusstsein und freundlicher Zugewandtheit begegnet, was unserer Erfahrung nach typisch für diese Region ist. Leider gilt es aber auch hier zu beklagen, dass das Investitionsverhalten von Maritim bezüglich seiner Hotelausstattung fast schon eine Art Markenzeichen darstellt: Nachdem anfangs die bewährte, vor allem unter dem Gesichtspunkt der bewiesenen Strapazierfähigkeit ausgewählte Hardware mit hohem Budget angeschafft wurde, geschah dann jahrzehntelang zumindest nichts Wesentliches mehr hinsichtlich der Aktualisierung von Zimmern und öffentlichen Bereichen. Bekannt wurde die Anekdote, dass ein Gast in einem Maritim-Haus als Möbelexperte einst Design-Klassiker der 1970er-Jahre unter den Cocktailsesseln in der Hotelbar entdeckte. Trotz des stattlichen Preises, den er der Konzernchefin Dr. Monika Gomolla geboten haben soll, lehnte diese den Deal ab. Denn solange das Mobiliar noch nicht auseinanderfällt, so schien es, war sie grundsätzlich nicht zu einem Austausch bereit. Mittlerweile beklagen sich einzelne Gäste auch in Magdeburg daher über das merkliche Alter der Ausstattung, selbst wenn betont wird, dass trotz der Abnutzungserscheinungen ein recht guter Pflegezustand zu attestieren ist. Die Zimmer werden in die Kategorien *Classic*, *Comfort* und *Superior* unterteilt, die alle eine Größe von 28 Quadratmetern haben. Die übrigen Einheiten sind in Studios und Suiten eingeordnet. Wichtig ist die Lage zu Atrium und Straße mit der Tram vor dem Hause, denn beide Ausrichtungen können dazu führen, dass man spät in der Nacht beziehungsweise früh am Morgen durch Geräuschkulissen geweckt wird. Nicht zu begrüßen ist die Tatsache, dass der Gast in der Badewanne duschen muss und dass zudem Glastrennwände hier bislang noch nicht Einzug gehalten haben, sodass nasse Duschvorhänge, die an der Haut kleben, in Kauf genommen werden müssen. Standard eines lupenreinen Maritim ist ein Schwimmbad- und ein akzeptabler Saunabereich, der aber ebenso wenig auf Erneuerungsmaßnahmen hoffen darf wie die Zimmer. Der Fitnessraum bietet ein Basisangebot. Vielleicht bedeutet ja die europaweit einmalig große Ansiedlung von Intel in Magdeburg nun, dass doch einmal Geld für eine Erneuerung der Hardware in die Hand genommen wird und dieses Haus über kurz oder lang mit einem modernen Interior Design überraschen kann.

Bewertung:

# MAINZ Rheinland-Pfalz

## HILTON

**(Altstadt)**
**Rheinstraße 68**
**55116 Mainz**
**Telefon: 0 61 31-2 45-0**
**Internet: www.hiltonhotels.de**
**E-Mail: info.mainz@hilton.com**
**Direktor: Roland Rössler**
***DZ ab € 143,00***

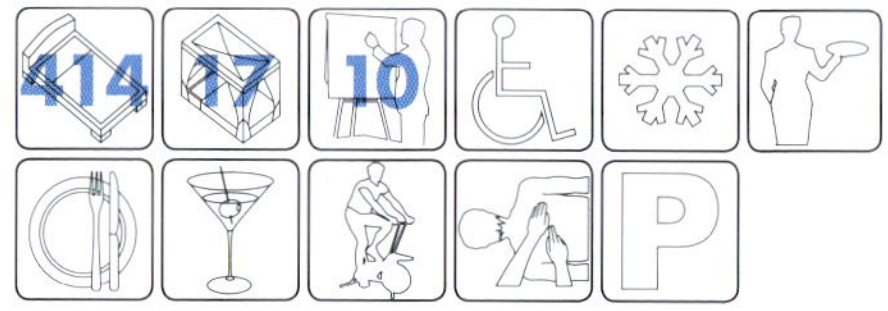


Die Bischofsstadt Mainz beherbergt bekanntlich ein großes Spektrum an Hotels, vor allem im First-Class-Segment. Dieses Hilton durfte noch bis Ende der 1990er-Jahre als das erste Haus am Platz gelten, bis dann das Hyatt mit einem modernen progressiven Hotelprodukt am Markt angetreten ist. Wir haben es an dieser Stelle mehrfach erwähnt, dass man über viele Jahre in kulinarischer Hinsicht mit einem veritablen Gourmetrestaurant ebenso zu überzeugen vermochte, das nicht nur sehr gerne von Hotelgästen frequentiert wurde, sondern auch für Mainzer attraktiv war. Aber wir wollen nicht zu sehr in längst vergangenen Zeiten schwelgen. Zwischenzeitlich hat sich die Küchenleistung des Restaurants „Weinstube", die eine Mischung aus regionaler und internationaler Küche bietet, auf einem gepflegten Mittelmaß eingependelt. Die Karte offeriert ausschließlich Bekanntes und Bewährtes. Aufgrund der zentralen Lage eröffnen sich für den Gast außerdem zahlreiche kulinarische Alternativen zu diesem Hotelrestaurant, denn im direkten Umfeld befindet sich ein breit gefächertes gastronomisches Angebot von gutbürgerlicher Küche bis hin zu Fine Dining. Und hier in Mainz gibt es immerhin sogar mit zwei Michelin-Sternen prämierte Restaurants. Die Zimmer, die bereits im untersten Segment eine Größe von 26 Quadratmetern haben und somit ausreichend Platz bieten, sind alle in einem zeitgemäßen Zustand, auch wenn die letzte Renovierung zwischenzeitlich schon mehr als ein Jahrzehnt zurückliegt. Überdies besteht grundsätzlich die Möglichkeit der Kaffee- und Teezubereitung, was ab der Kategorie *Studio* mit einer Kapselmaschine ermöglicht wird. Selbstverständlich zählen zu den Zimmersegmenten auch geräumige Suiten, darunter etwa eine 120 Quadratmeter große Präsidentensuite mit getrenntem Wohn- und Schlafbereich. Zum Hilton-Standard gehört eigentlich, dass bei Buchung eines sogenannten *Executive*-Zimmers automatisch Zugang zur Lounge des Hauses gewährt wird. Damit sind dann weitere Annehmlichkeiten verbunden, etwa das tägliche Frühstück in diesem Bereich sowie tagsüber Getränke und Knabbereien, abends außerdem ein kleiner Snack. Auf der Homepage war dieser Benefit für Gäste, die in höherklassigen Zimmern logieren, auch so angegeben. Auf Nachfrage erklärte uns eine Mitarbeiterin allerdings, dass die Lounge seit einiger Zeit nur noch Mitgliedern des Loyalitätsprogramms vorbehalten ist, die zudem entweder einen Gold- oder Diamond-Status erreicht haben müssen. Ein veritabler Wellnessbereich ist in diesem Hilton bedauerlicherweise nicht vorhanden, wohl aber ein relativ gut ausgestatteter, rund um die Uhr zugänglicher Fitnessraum. Die Lage direkt am Rheinufer ist exponiert, die Innenstadt oder etwa der Mainzer Dom befinden sich unweit des Hotels, der Hauptbahnhof als ICE-Haltepunkt liegt fußläufig nur gut fünf Minuten entfernt. Mit dem Pkw ist der Frankfurter Flughafen, eine entspannte Verkehrslage natürlich vorausgesetzt, in gut 25 Minuten erreichbar. Dieses Hilton ist im Übrigen zweifelsohne ein Schwergewicht im Convention-Segment, denn hierfür stehen zehn Räumlichkeiten bereit, darunter auch ein großer Ballsaal. Tagungen und Kongresse sowie Events sind mit bis zu 400 Personen möglich. In Anbetracht der direkten Anbindungen an das Mainzer Congress Centrum Rheingoldhalle sind die Kapazitäten nochmals deutlich erweiterbar, denn auf 9000 Quadratmetern befinden sich dort weitere 20 Veranstaltungsräume, wobei der weitläufigste Saal sogar für bis zu 1200 Personen Platz bietet. In Anbetracht der insgesamt 431 Zimmer und Suiten kann ein Gutteil der Gäste bei großen Events in diesem Hotel untergebracht werden. Abschließend noch der Hinweis, dass Parken in der öffentlichen Tiefgarage kein preiswertes Vergnügen ist, denn pro Tag werden 34 Euro berechnet. Ein wenig rückständig ist, dass hier keine Elektroladestation eingerichtet wurde. Diesbezüglich besteht wirklicher Handlungsbedarf.

Bewertung: ●●●

## HYATT REGENCY

**(Altstadt)**
**Templerstraße 6**
**55116 Mainz**
**Telefon: 0 61 31-73 12 34**
**Internet: www.hyatt.com**
**E-Mail: mainz.regency@hyatt.com**
**Direktor: Malte Budde**
***DZ ab € 149,00***

Die alte Römerstadt am Rhein schlägt derzeit alle Rekorde. Dies geht auf das Gewerbesteueraufkommen in Mainz zurück, das dank des global gegen die Coronapandemie eingesetzten Impfstoffes, der hier in einer direkt aus der wissenschaftlichen Arbeit an der hiesigen Universität hervorgegangenen Firma entwickelt wurde, deutlich in die Höhe schoss. Gemeint ist das Unternehmen Biontech des Wissenschaftlerehepaars Özlem Türeci und Ugur Sahin, die beide im Zuge ihrer Arbeit an der Universität bereits 2008 an die Entwicklung und Produktion mRNA-basierter Immuntherapeutika gingen. Zwölf Jahre später verfügten sie bei Ausbruch der Coronapandemie daher über die entscheidende Basis, um einen weltweit verfügbaren Impfstoff zu entwickeln, der sich als der bisher wirksamste erwies. Biontechs eigentliches Ziel der Entwicklung von Immuntherapien gegen verschiedenste Krebsarten liegt in ebenso greifbarer Nähe, sodass die Stadt Mainz, was die Gewerbesteuereinnahmen betrifft, hier auf ein ähnliches Szenario wie durch die Coronapandemie hoffen darf. So kann man in der rheinland-pfälzischen Landeshauptstadt heute in eine rosige Zukunft blicken. Als diese zwischen 1843 und 1873 als Festung ausgebaut wurde, lagen die lokalen Investitionsabsichten noch ganz anders, wie das bis heute erhaltene Fort Malakoff direkt am Rhein dokumentiert. Diese Wehranlage ist Herz und Zentrum des Hyatt Regency, das in den 1990er-Jahren entstand. Die Integration des neuen Hotels mit seiner modernen, von viel Stahl und Glas geprägten Fassade in das historische Fort ist ein Beispiel für die in der moderneren Architektur gern vollzogene Verpaarung von baulichen Erben beziehungsweise Relikten und modernen Funktionsbauten, wodurch ein reizvoller Kontrast zwischen Alt und Neu entsteht. Die historischen Teile solcher Konstruktionen bringen dabei fast immer ihr Ambiente und ihre Authentizität als willkommene Ergänzung zur Funktionalität und eher kühlen Eleganz der Neubauten ein. Im Falle des Hyatt Regency mit den gewölbeartigen Räumen des Forts ist es insbesondere der Veranstaltungsbereich für Events von Familienfeiern bis hin zu Firmenmeetings, der davon profitiert. Die im Erdgeschoss befindliche M-Lounge & Bar etwa ist in einer Weise integriert, dass das Mauerwerk hier direkt in den öffentlichen Bereichen des Hotels einen dekorativen historischen Hintergrund bietet. Ähnlich verhält es sich mit dem darunterliegenden Kellergewölbe, das einen Weinkeller beherbergt, der als stimmungsvolle Eventlocation nutzbar ist. Hinzu kommt das „Le Petit Chef" im Palatorium, das als Veranstaltungsbereich zur Verfügung steht. Auf derselben Etage befindet sich praktischerweise ein Trauzimmer, um den Bund fürs Leben zu schließen und daraufhin im „Le Petit Chef" feiern zu können. Zudem kann man im Innenhof des Forts zwischen historischem Bauwerk und Hotelgebäude sogar etwas Freiluftatmosphäre, etwa bei sommerlichen Grillevents, genießen. Das Hauptrestaurant Bellpepper mit seiner Auswahl sowohl regionaler Speisen als auch internationaler Standardgerichte bedient genau den Anspruch typischer Businessgäste, die zwar hier und da authentische deutsche Gerichte probieren möchten, vor allem wenn sie aus dem Ausland stammen, aber ebenso Klassiker wie Burger und Clubsandwich erwarten. Auch anhand der 268 Zimmer und Suiten, die dem hohen Status der Marke folgen, wird der Standard eines hochklassigen bis luxuriösen Businesshotels deutlich. Dass hier die Service- und Dienstleistungskultur dieser Kategorie natürlich weniger auf Leisure-Gäste als auf Businesskunden und Individualreisende ausgerichtet ist, versteht sich schon allein anhand der Lage fast von selbst, schließlich ist Mainz Landeshauptstadt und politisches wie wirtschaftliches Zentrum, aber sicherlich kein Erholungsort. Daher sind in jenem Hause vor allem verlässliche Leistungen wie ein 24-Stunden-, ein Etagen- und ein Concierge-Service sowie Valet Parking zusätzlich zu Professionalität und Internationalität des Service wichtig. Darüber hinaus ist eine Business- beziehungsweise Clubetage mit Inklusivleistungen wie dem Zutritt zur Club Lounge mit dem bevorzugten Check-in und Check-out sowie einem separaten Frühstück vorhanden und damit ein typisches Merkmal von hochklassigen Businesshotels. Als Gegenpol zum geschäftigen Treiben der hier fokussierten Klientel bietet der hoteleigene Club Olympus Spa & Fitness mit fünf Behandlungsräumen für Massage-, Beauty- und Wellnessanwendungen sowie einem Schwimmbad, einem Whirlpool, einem Dampfbad und einer finnischen Sauna umfangreiche Möglichkeiten der Entspannung. Dieses Hyatt Regency wird dem Markenkern der Premiummarke damit mehr als gerecht und verdient infolgedessen ohne Zweifel eine Empfehlung, wie wir sie seit Jahren für dieses Haus aussprechen.

Bewertung: ●●●

## MANNHEIM Baden-Württemberg

### DORINT KONGRESSHOTEL

**(Innenstadt)**
**Friedrichsring 6**
**68161 Mannheim**
**Telefon: 06 21-12 51-0**
**Internet: www.dorint.com**
**E-Mail: info.mannheim@dorint.com**
**Direktor: Jörg Krauß**
***DZ ab € 95,00***

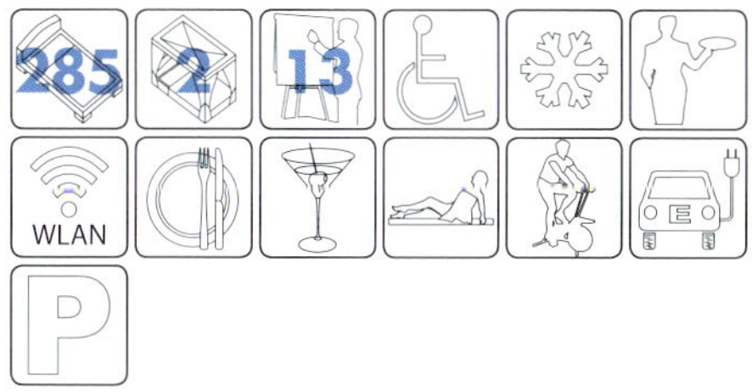

Ohne uns der Übertreibung schuldig zu machen, sind wir davon überzeugt, dass dieses Businesshotel der Dorint-Gruppe aufgrund seiner Lage, seiner Tagungskapazitäten und des zeitgemäßen Zimmerproduktes auf dem hiesigen Markt heraussticht. Die drei Kategorien *Standard*, *Komfort* und *Superior* haben alle eine Raumgröße von 26 Quadratmetern und bieten ein modernes Design. Sie unterscheiden sich vor allem durch ihre Lage, wobei sie entweder zum ruhigen Innenhof oder zu den Straßenseiten gerichtet sind. Zudem wurden die Segmente aufsteigend zu den Etagen angeordnet. Im sechsten Obergeschoss befinden sich die *Superior*-Zimmer, die zusätzlich eine Nespresso-Kapselmaschine bieten. Darüber hinaus bleiben Erfrischungen aus der Minibar in jener Kategorie ohne Berechnung. Diese Zusatzleistungen sind auch enthalten, wenn eine Juniorsuite oder Komfortsuite gebucht wurde. In den beiden anderen Segmenten wird die Minibar nicht mehr aufgefüllt, Gäste können sich in diesem Fall über den Mini-Market im Rezeptionsbereich mit Getränken und kleinen Snacks versorgen. 2017 wurden auch die letzten der 287 Zimmer renoviert. Um zu entspannen, steht allen Hotelgästen ein 350 Quadratmeter großer Freizeitbereich mit finnischer Sauna, einem Sanarium, einer Chill-out-Lounge, zwei Infrarot-Sesseln sowie einem recht gut ausgestatteten Fitnessraum zur Verfügung. Aufgrund der direkten Anbindung an das Congress Center Rosengarten, das mit einer Gesamtfläche von 22.000 Quadratmetern beste Rahmenbedingungen für große Tagungen, Veranstaltungen, Kongresse und kleinere Messen bietet, ist dieses Dorint im Convention-Bereich hervorragend aufgestellt. Selbst verfügt es über weitere 13 Räumlichkeiten mit Kapazitäten für bis zu 600 Personen, etwa bei Kinobestuhlung im Beethoven-Saal. Das gastronomische Angebot umfasst einerseits „Die Bar", andererseits das Hauptrestaurant Symphonie. In Letzterem wird auch das reichhaltige Frühstücksbuffet offeriert. Bei sommerlichen Temperaturen lädt die Kastanienterrasse dazu ein, dort den Tag zu beginnen, denn hier sitzt es sich wirklich sehr schön. Allerdings werden die Gäste seit Beginn der Coronapandemie über die Bar versorgt und nur bei guter Auslastung wird auch das Restaurant geöffnet. Denn selbst wenn seit April dieses Jahres die pandemiebedingten Einschränkungen wieder aufgehoben wurden, hat sich der Fachkräftemangel nochmals verschärft, das kommuniziert man hier mitunter ganz offen. Doch immerhin ist die Bar täglich zwischen 18 Uhr und Mitternacht geöffnet, auf die Küche trifft das allerdings nur bis 22 Uhr zu. Das Angebot selbst beschränkt sich auf die üblichen Klassiker, die Dorint in allen Häusern offeriert, nämlich Burger, Salat, Steak, Pasta und Lachs. Übrigens, wir sind der Überzeugung, dass Hoteldirektor Jörg Krauß sein Haus offenbar im Griff zu haben scheint, denn die Beschwerdequote der Gäste ist unterdurchschnittlich. Dieses Lob hat noch einmal ein anderes Gewicht, weil das mitunter selbstgefällige Auftreten von Herrn General Direktor gewöhnungsbedürftig ist, wie von uns schon mehrfach thematisiert. Zu guter Letzt noch ein Blick in die Zukunft: Da das Maritim, das sich auf der gegenüberliegenden Seite des Friedrichsplatzes befindet, seine Schließung bekannt gegeben hat, ist zu erwarten, dass dieses Dorint in den kommenden Jahren seine Marktposition ausbauen kann.

Bewertung: ●●●

## RADISSON BLU

**(Innenstadt)**
**Q7, 27**
**68161 Mannheim**
**Telefon: 06 21-33 65-00**
**Internet: www.radissonhotels.com**
**E-Mail: info.mannheim@radissonblu.com**
**Direktor: Florian Schindler**
***DZ ab € 126,00***

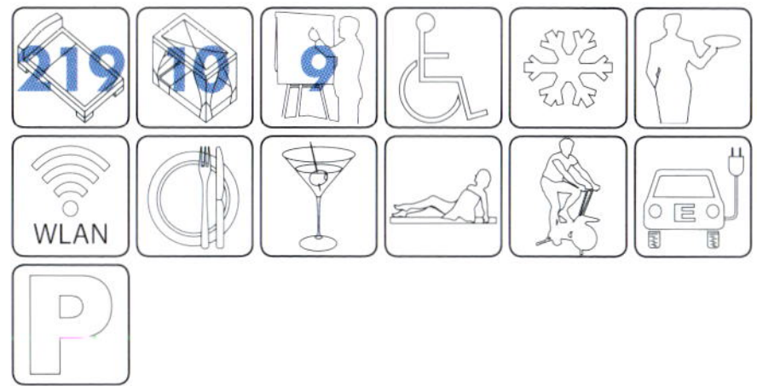


Der Friedrichsplatz in Mannheim ist eine prächtige Anlage des Jugendstils und in ihrer Art die größte in Deutschland aus dieser Epoche. Das ist vor allem dem Wasserturm als Wahrzeichen der Stadt, der Parkanlage mit Wasserspielen und dem flankierenden Congress Center Rosengarten, wofür die Bezeichnung Kongresspalast aufgrund der historischen Architektur zutreffender wäre, zu verdanken. So ist dieser Platz auch eine der beiden Sehenswürdigkeiten, für die Mannheim deutschlandweit bekannt ist. Das zweite Charakteristikum ist ganz allgemein die Struktur und Benennung der historischen Straßenanordnung des Mannheimer Stadtzentrums aus dem 17. Jahrhundert, das mit einem regelmäßigen Raster aus rechtwinkligen Straßenblöcken, meist sogar quadratischen, darauf hinweist, dass es sorgsam konzipiert und in einem Guss errichtet wurde. Denn auch wenn die ursprünglichen Gebäude im Zweiten Weltkrieg verloren gegangen sein mögen, allein schon dieses Schema weist das Mannheimer Zentrum als Planstadt des Barocks aus, welche folgerichtig auch den Beinamen „Quadratestadt“ pflegt. Zudem ist es stark durch Gebäude der Nachkriegszeit geprägt, weil hier im Kriege über 150 Luftangriffe zu überstehen waren und man damit als die am meisten angegriffene Stadt im Territorium des heutigen Baden-Württemberg gilt. Rund um den Wasserturm und das um einen modernen Anbau ergänzte Congress Center Rosengarten konnten so eine Reihe von Businesshotels der gehobenen Kategorie wie das Dorint und das Radisson Blu entstehen, ohne historische Bausubstanz für die groß dimensionierten Hotelgebäude opfern zu müssen. Anders als das Dorint liegt das Radisson Blu etwas mehr als hundert Meter vom Rosengarten und dem Friedrichsplatz entfernt und ist damit im historischen Mannheimer Stadtzentrum mit dem charakteristischen Straßenraster beheimatet. Dies bedeutet auch, und das ist ebenso interessant wie irritierend, dass das Haus die Adresse Q27,7 besitzt. Wer nun meint, hier die Koordinaten wie bei einem Schachbrett lesen zu können und die Hotelanschrift so verorten möchte, der liegt falsch. Denn leider hat man sich im 17. Jahrhundert ein zwar rationales, aber schwer zu verstehendes und vor allem zu merkendes System überlegt, das in dieser Benennung resultiert. So entschied man sich, die einzelnen Seiten eines Quadranten jeweils mit einer Buchstaben- und Zahlenkombination zu versehen, um mit der zweiten Nummer dann das Gebäude innerhalb dieser Seite des Quadranten zu bezeichnen. Obwohl sie also nach einer Schachbrettkoordinate aussieht, gibt die Adresse nur einen Straßenabschnitt und eine Hausnummer in ebendiesem preis. Das ist durchaus verwirrend, und so sollte man bei der Anreise die Zielfindung einfach seinem Navigationssystem beziehungsweise einem Taxifahrer überlassen. Die komplexere Anfahrt zum Radisson Blu lohnt sich jedoch, denn es hat einiges zu bieten. Da wären die Zimmer und Suiten zu nennen, die progressiv und in zeitgemäßer Fortsetzung einer klassischen Modernität des Designs des ersten Radisson SAS-Hotels in Kopenhagen gestaltet sind. Alle Zimmer verfügen über eine individuell steuerbare Klimaanlage, haben die Möglichkeit einer Kaffee- und Teezubereitung und bei Anreise steht kostenloses Wasser zur Erfrischung bereit. Der Late Check-out hingegen, den nach unserer Erfahrung zahlreiche Radisson-Hotels auf Nachfrage gewähren, ist hier nur gegen Aufpreis möglich. Die Zimmerkategorien unterscheiden sich im Wesentlichen hinsichtlich ihrer Größe und der Ausstattung mit weiteren Annehmlichkeiten wie einer Nespresso-Kapselmaschine. Im Businessbereich der Segmente besteht unter anderem die Möglichkeit, ein Zimmer mit sogenanntem Fensterkubus zu buchen – einer gemütlichen Sitzfläche über der Straße direkt im Fenster, von der aus man das städtische Treiben beobachten kann. Auch das Frühstücks- und À-la-carte-Restaurant Square in der sechsten Etage bietet eine wunderbare Aussicht auf die Stadt. Zudem wartet das Hotel mit einer Rooftop-Bar auf. Der Tagungsbereich verfügt über neun Veranstaltungsräume mit Kapazitäten für bis zu 210 Personen inklusive modernster Tagungstechnik und Klimatisierung. Ein kostenfreier Zutritt zum Sauna- und Fitnessbereich mit finnischer und Bio-Sauna, Ruhezone und gut ausgestattetem Fitnessraum ist für alle Gäste inkludiert, was heute keine Selbstverständlichkeit mehr ist. Das Radisson ist damit eine attraktive und mit ihrem progressiven Designkonzept durchaus gleichwertige Alternative zu den anderen großen Businesshotels rund um den Wasserturm.

Bewertung:

## MEISSEN Sachsen

### DORINT PARKHOTEL MEISSEN

**(Innenstadt)**
**Hafenstraße 27-31**
**01662 Meißen**
**Telefon: 0 35 21-72 2-50**
**Internet: www.dorint.com**
**E-Mail: info.meissen@dorint.com**
**Direktor: Mark Anton**
***DZ ab € 79,00***

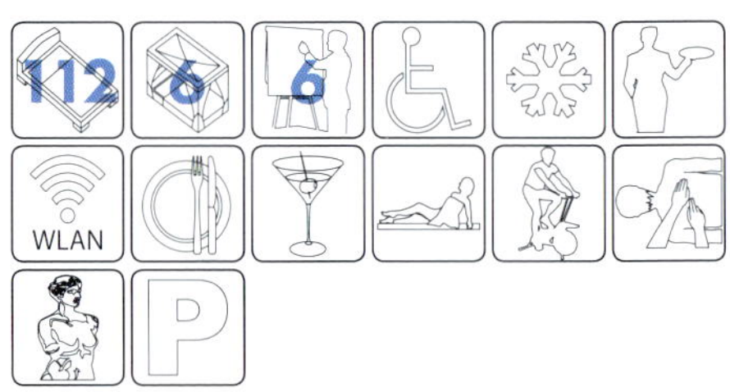


Meißen an sich ist bereits einen Besuch wert. Die meisten verbinden mit dieser Stadt zuallererst die berühmte Staatliche Porzellan-Manufaktur, allerdings gibt es auch zahlreiche Kulturinteressierte, die sich die Lage der Stadt zunutze machen, da sie nicht inmitten des Touristentrubels in Dresden wohnen möchten und lieber von hier aus die Landeshauptstadt und seine Region erkunden. Das Dorint Parkhotel ist für diese Individualreisenden mit seinem Angebot in jedem Fall eine attraktive Adresse. Die Porzellan-Manufaktur kann von hier aus in nur fünf Minuten mit dem Pkw erreicht werden. Da wäre aber auch noch die Albrechtsburg, ein spätgotisches Architekturdenkmal und vermutlich ältestes Schloss Deutschlands. Mittelpunkt und Hauptgebäude dieses Dorint ist die Villa Ohm mit ihren unverkennbaren Türmchen sowie ihren grünen Kacheln – eine Jugendstilvilla von 1870, in welcher der Rezeptionsbereich wie auch das Restaurant integriert sind. Ebenso wurden hier einige der 112 Zimmer untergebracht, die sich ansonsten in den Residenzen befinden und unter anderem in die Kategorien *Standard-*, *Komfort* oder *Superior* eingeordnet werden. Diese Segmente wirken ein wenig gediegen, wurden sie doch bislang lediglich einem Facelift unterzogen. Auf einem weitaus neueren Stand sind jene der Kategorie *Deluxe*, für die wir überdies eine Empfehlung aussprechen möchten. Sie haben eine Raumgröße von circa 25 Quadratmetern und sind bezüglich ihres Interior Designs, das ohne Stilmöbel auskommt, weitaus eleganter und moderner ausgestattet. Zusätzlich zählen noch sechs Juniorsuiten und Suiten zum Gesamtangebot. Klasse hat der Wellnessbereich, der zwar keinen Pool aufweist, dafür aber mit seiner Panoramasauna mit Blick auf die Elbe und zur Albrechtsburg, dem Wahrzeichen der Stadt, durchaus etwas Besonderes ist. Des Weiteren stehen ein Dampfbad sowie eine Ruhezone zur Verfügung. Der Freizeitbereich umfasst zudem einen kleinen Gym mit einer Basisausstattung an Cardio-Trainingsgeräten. Das Parkhotel ist mit seinen sechs modern ausgestatteten Veranstaltungsräumen jedoch genauso in der Lage, das Convention-Segment zu bespielen. Der Meistersaal, der sogar mit einem Fahrzeug befahrbar ist, hat eine Größe von fast 280 Quadratmetern und ist in drei Räume unterteilbar. Durch das angrenzende Foyer ist die Gesamtfläche noch deutlich erweiterbar. Bei entsprechender Anordnung, etwa bei Kinobestuhlung, bietet er Platz für bis zu 200 Personen. Die Karte des Restaurant Ohm, geöffnet von Dienstag bis Samstag ab 18 Uhr, ist ausgewogen. Schwerpunkt ist eine Mischung aus einer sächsischen und internationalen Küche. Es finden sich Fleisch, Fisch und gelegentlich Wildgerichte, unter anderem aber auch beliebte Klassiker, etwa ein Caesar Salad, Cordon Bleu und natürlich Nudelgerichte. Es gab Zeiten, da war die Küche ambitionierter, ungeachtet dessen dürften die meisten Gäste mit dem gebotenen Niveau durchaus zufrieden sein. Bei unseren Besuchen trafen wir überdies fast durchgängig auf freundliche und zuvorkommende Mitarbeiter. Insgesamt ist die Service- und Dienstleistungsqualität ebenfalls überdurchschnittlich. Man könnte den Eindruck gewinnen, die bisherige Performance von Hoteldirektor Mark Anton hat offenbar seine Vorgesetzten so begeistert, dass man ihm deshalb auch das Potsdamer Schwesterhotel in der Position

als Cluster Manager mitübertragen hat. Wir sehen das allerdings etwas nüchterner, denn diese sicherlich pragmatische Entscheidung wurde vermutlich vor allem aufgrund finanzieller Aspekte getroffen. Vorübergehend war er zudem noch für das Dresdner Haus verantwortlich. Beides übrigens zwei doch sehr komplexe Businesshotels, die eigentlich vor Ort eine starke Führungspersönlichkeit mit überdurchschnittlichen Gastgeberqualitäten bräuchten, die ihm allerdings bisher nicht zu attestieren sind. Dennoch können wir für dieses Hotel in Anbetracht der positiven Aspekte in jedem Fall weiterhin eine Empfehlung aussprechen.

Bewertung: ●●●

## MÜNCHEN Bayern

### BAYERISCHER HOF

**(Innenstadt)**
**Promenadeplatz 2–6**
**80333 München**
**Telefon: 0 89-21 20-0**
**Internet: www.bayerischerhof.de**
**E-Mail: info@bayerischerhof.de**
**Inhaberin: Innegrit Volkhardt**
***DZ ab € 400,00***

Der am Promenadeplatz gelegene Bayerische Hof, der mittlerweile auf eine über 180-jährige Geschichte verweisen kann, ist ein Luxus-Businesshotel wie aus dem Bilderbuch. Er zeichnet sich zuallererst durch eine herausragende Service- und Dienstleistungskultur aus. Schon mehrfach haben wir thematisiert, dass dieses besondere Haus sozusagen das Wohnzimmer der Münchner Gesellschaft ist, denn hier trifft man sich nicht nur gerne mit Freunden oder Geschäftspartnern etwa auf der Empore, im Atrium oder im edlen Salon mit seiner schönen Glaskuppel auf einen Kaffee oder ein Glas Champagner. Sondern man genießt vielleicht auch einen kleinen Snack während eines Einkaufsbummels durch die Münchner Innenstadt oder lässt den Abend nach dem Besuch des Boulevardtheaters Komödie, das sich ebenfalls im Gebäudekomplex des Hotels befindet, in der legendären Falk's Bar ausklingen. Daneben gibt es weitere zahlreiche Anlässe, in die Welt dieses Traditionshotels einzutauchen. So stehen den Gästen insgesamt fünf Restaurants und sechs Bars zur Auswahl. Ein Highlight ist sicherlich das hochdekorierte Restaurant Atelier, das auch in diesem Jahr vom Guide Michelin mit zwei Sternen ausgezeichnet wurde. Anton Gschwendtner, zuvor Chef de Cuisine im OLIVO im Stuttgarter Steigenberger Hotel Graf Zeppelin, hat hier im August 2021 erfreulicherweise die kulinarische Verantwortung übernommen und konnte die in ihn gesetzten Erwartungen erfüllen. Äußerst beliebt ist der Palais Keller, in dem regionale Klassiker auf hervorragendem Niveau geboten werden. Nach wie vor größter Beliebtheit erfreut sich auch das Trader Vic's mit seiner polynesischen Küche. Überhaupt ist die Gastronomie im Bayerischen Hof stets auf einem Topniveau, was sich sowohl bezogen auf die kulinarische Qualität als auch den Service sagen lässt. Hervorragend ist das Champagner-Frühstücksbuffet im Restaurant Dachgarten in der sechsten Etage mit seiner angrenzenden Terrasse, auf der bei sommerlichen Temperaturen mit Blick über die Dächer Münchens gefrühstückt werden kann. Hier vermögen die Auswahl, etwa durch regionale Spezialitäten, sowie die Qualität der Produkte zu begeistern. In den aktuellen Zeiten gewinnt ein Haus wie der Bayerische Hof mit seinem Selbstverständnis und Qualitätsanspruch noch einmal an besonderer Bedeutung. Denn das hier kultivierte Serviceniveau, das selbst im Luxussegment immer mehr die Ausnahme als die Regel darstellt, ist eine Messlatte für alle Mitbewerber. Um selbiges kontinuierlich bieten zu können, sind bei Besetzung aller Positionen über 700 Mitarbeiter zu Diensten. Doch auch hier im Bayerischen Hof sind zahlreiche Stellen vakant. Immerhin ist der allgemeine Fachkräftemangel augenblicklich wohl die größte Herausforderung, vor der auch Hotellerie und Gastronomie stehen. Hotelchefin Innegrit Volkhardt weiß deshalb, dass das Personal ihr wertvollstes Kapital ist. Entsprechend hat sie hier die Rahmenbedingungen geschaffen, um attraktive Arbeitsplätze zu bieten: Bereits vor mehr als fünf Jahren hat Volkhardt sich entschieden, die Vier-Tage-Woche, vorausgesetzt in der entsprechenden Position umsetzbar, einzuführen, denn in der Hotellerie und Gastronomie sind die Arbeitszeiten mitunter lang, unregelmäßig und dadurch nicht selten auch körperlich anstrengend. Deshalb hat die gesamte Branche ein Imageproblem, vor allem bei jungen Leuten. Erschwerend hinzu kommt der überhitzte Wohnungsmarkt im Allgemeinen und in München im Besonderen mit seinen exorbitanten Mieten, die für so manche Angestellten nicht erschwinglich sind. Volkhardt verfügt erfreulicherweise über vier Wohnhäuser mit mehr als 100 Zimmern im Zentrum Münchens, die sie an ihre Beschäftigten vermietet. Im Ergebnis genießt der Bayerische Hof den Ruf, einer der besten Arbeitgeber der Branche zu sein. So gibt es nicht wenige langjährige Mitarbeiter und Mitarbeiterinnen, auf die sich Volkhardt verlassen kann und die letztlich zum Erfolg des Hauses beitragen, weil sie mit ihrer Performance für den besagten exzellenten Service sorgen, der den Ruf des Hauses festigt. Dadurch konnte auch der sogenannte Restart nach dem letzten Lockdown während der Pandemie problemlos gelingen, wobei dieses Hotel im Gegensatz zu vielen anderen nie geschlossen war, da man sich entschieden hatte, weiterhin Präsenz zu zeigen. Heutzutage, und das betrifft durchaus ebenso die Luxushotellerie, ist es vor einer Reservierung grundsätzlich angeraten, sich genau zu erkundigen, ob die Gastronomie, der Wellnessbereich oder die Bar zum Zeitpunkt des geplanten Aufenthaltes geöffnet

hat. Unnötig jedoch bei diesem Haus, denn hier war bereits im Sommer 2021 fast schon wieder Regelbetrieb. Im vergangenen Jahr fand dann auch erneut die internationale Sicherheitskonferenz im Bayerischen Hof statt. Schließlich ist das Convention-Segment mit insgesamt 40 Räumlichkeiten, darunter etwa auch Festsäle, und Gesamtkapazitäten von bis zu 2500 Personen eine tragende Säule dieses Luxushotels. Um eine derart bedeutungsvolle Veranstaltung umsetzen zu können, bedarf es grundsätzlich einer großen Logistik, eines hohen personellen Aufwands und Improvisations- sowie Organisationstalent, was nur mit einem erfahrenen, hochprofessionellen Team möglich ist. Dabei arbeitet man an diesen Tagen nicht nur in voller Personalstärke, sondern wird auch von zahlreichen ehemaligen Mitarbeitern unterstützt. Denn neben der Hauptkonferenz finden über 200 sogenannte „Side Events" und zusätzlich über 2000 bilaterale Gespräche statt. Dafür müssen die Zimmer und Suiten von der ersten bis zur dritten Etage komplett umarrangiert werden, um sie als Besprechungsräume nutzen zu können. Mit einer solchen Veranstaltung stellt man natürlich die eigene Expertise und Kernkompetenz, aber vor allem auch die eigene Leistungsfähigkeit eindrucksvoll unter Beweis, große, sehr komplexe Events und Kongresse ebenfalls professionell, strukturiert und passgenau ausrichten zu können. Auch mit dem breit gefächerten Zimmerprodukt ist es möglich, unterschiedlichsten Erwartungen und Komfortansprüchen der Gäste gerecht zu werden. Das Interior Design des Hotels sowie seiner Zimmer und Suiten ist durchaus vielseitig, es reicht von einem klassisch-gediegenen und edlen Landhausstil bis hin zu einem sachlich-elegant modernen Ambiente. Für die Gestaltung der neueren Zimmer wurden überdies namhafte Innenarchitekten verpflichtet, etwa Axel Vervoordt, der unter anderem das Designkonzept des Restaurants Garden entwickelte. Ebenso vielfältig ist das Spektrum der Kategorien vom klassischen Einzelzimmer bis hin zu großen Luxussuiten, darunter im Übrigen die 350 Quadratmeter große *Penthouse Garden* Suite, die einen Blick über die Dächer Münchens bietet. Sie verfügt über Platz für bis zu vier Personen und ist ausgestattet mit einem großen Wohn- und Essbereich inklusive eines Kamins, zwei Schlafzimmern mit jeweils angrenzendem Bad, Kitchenette, einer riesigen Terrasse und einem eigenen Private Spa mit finnischer Sauna, Dampfbad sowie Massage- und Loungebereich für Anwendungen. Damit erfüllt sie höchste Ansprüche an einen luxuriösen Aufenthalt. Auf Wunsch steht ein Butler zu Diensten und eine Limousine ist rund um die Uhr abfahrbereit. Natürlich hat so viel Luxus seinen Preis, der sich je nach Zeitfenster im fünfstelligen Bereich befindet, selbstredend pro Tag. Allen Gästen steht ungeachtet der gebuchten Kategorie der Zugang zum 1300 Quadratmeter großen Blu Spa offen, der sich über vier Ebenen erstreckt und auch für externe Gäste zugänglich ist, denn es können nicht nur Tageskarten, sondern auch exklusive Pool-

mitgliedschaften erworben werden. Außergewöhnlich ist der 6,5 x 14,5 Meter große Pool, dessen Glasdach sich öffnen lässt, wodurch der Gast unter freiem Himmel schwimmen kann. Im Winter flackert hier der offene Kamin neben dem Pool und sorgt für eine besonders behagliche Atmosphäre. Die Saunalandschaft in der fünften Etage wurde mit einer finnischen Sauna, einem Dampfbad, einer Biosauna, mehreren Ruhebereichen sowie einem Tauchbecken zur Abkühlung ausgestattet. Außerdem bietet die Blu Spa Bar auch die Möglichkeit, eine Kleinigkeit zu essen sowie einen Drink zu genießen. Exzellent ist zudem das Angebot im Beauty-Spa mit seinen zahlreich gebotenen Kosmetik- und Massagetreatments. Es gibt also viele Attribute, die dafürsprechen, bei einem Aufenthalt in München den Bayerischen Hof als Logis zu wählen: das große Spektrum an unterschiedlich gestalteten Zimmern und Suiten, die breitgefächerte Kulinarik und natürlich der perfekte Service durch die Mitarbeiter, auf den sich der Gast ab dem Betreten des Hauses rückhaltlos verlassen kann.

Bewertung:

## GARDEN

**(Innenstadt)**
**Promenadeplatz 2–6**
**80333 München**
**Telefon: 0 89-21 20993**
**Internet: www.bayerischerhof.de**
**E-Mail: info@bayerischerhof.de**
**Küchenchef: Philipp Pfisterer**
***Hauptgerichte ab € 29,50***

Für die Gestaltung des Wintergartens des Restaurants Garden wurde einst der belgische Innenarchitekt Axel Vervoordt beauftragt. Ihm ist es gelungen, mit einer Art Industrial Style eine edle, aber dennoch unkomplizierte Atmosphäre zu schaffen. Hotelchefin Innegrit Volkhardt hat für die zahlreichen Projekte im Haus, sei es für die Gestaltung des Spa, der Zimmer oder eben für die Gastronomie immer schon namhafte Star-Innenarchitekten beauftragt, hier denken wir beispielsweise an die legendäre Andrée Putman, die das Interior Design des Blu Spa gestaltete. Im Hinblick auf die Kulinarik im Garden erwartet die Gäste eine Mischung aus bewährten Klassikern und einer zeitgenössisch inspirierten Küche. Chef de Cuisine Phillip Pfisterer begeistert uns nicht zuletzt mit seinen hochklassigen, eine breite Klientel ansprechenden Kreationen und seinem Mut zum Würzen. Zu den festen Bestandteilen der Karte zählt beispielsweise die ganze Seezunge in Butter gebraten mit Blattspinat und geschwenkten Kartoffeln. Sie wird stilecht am Tisch vor den Gästen tranchiert, filetiert und vorgelegt. Geboten werden neben dem „Garden Menü" ebenso Tagesempfehlungen. Hervorragend zusammengestellt ist zudem die Weinkarte, die unter anderem auch Spitzenjahrgänge renommierter Weingüter offeriert, sodass die Speisen wunderbar begleitet werden können. Das Team rund um Restaurantleiter Gernot Pichler sorgt überdies für einen hervorragenden Service. Es sind vor allem Mitarbeiter wie beispielsweise Seyfettin Pehlevan, der seit fast vierzig Jahren im Hotel Bayerischer Hof tätig ist und hier mit einer unglaublichen Aufmerksamkeit und Professionalität am Werk ist, die den Gästen das Gefühl geben, Freunde des Hauses zu sein. Was wir sehr schätzen, ist die Tatsache, dass auch auf besondere Wünsche eingegangen wird, etwa indem man einen Hauptgang, der besonders interessant klingt und neugierig macht, als Vorspeise bestellen kann. Hier zeigt das Küchenteam Flexibilität und wird dem Anspruch gerecht, dem Gast, wenn möglich, auch seine Sonderwünsche zu erfüllen. Den zu empfehlenden krönenden Abschluss eines Menüs setzen die wirklich fantastischen Sorbets. Ein beliebter Klassiker ist aber auch das Kultdessert Crêpes Suzette mit Vanilleeis. Schade nur, dass es zumindest augenblicklich nicht mehr direkt vor den Augen der Gäste zubereitet wird, was für sich allein schon ein kleines nostalgisches Highlight wäre, denn bis vor wenigen Jahren – oder sind es doch schon Jahrzehnte? – war dies ein Erkennungszeichen für ein hochklassiges Restaurant, weshalb es dem Bayerischen Hof sicherlich gut zu Gesicht stünde, jene Tradition hier aufzugreifen. Unser Fazit: Für das Restaurant Garden, das wir bereits mehrfach in Folge besucht haben, können wir eine uneingeschränkte Empfehlung aussprechen, und das sowohl zur Mittagszeit als auch zum Dinner. Im Sommer speist es sich zudem wunderbar auf der angrenzenden Terrasse.

Bewertung:

## KEMPINSKI HOTEL VIER JAHRESZEITEN

**(Innenstadt)**
**Maximilianstraße 17**
**80539 München**
**Telefon: 0 89-21 25-0**
**Internet: www.kempinski.com**
**E-Mail: reservations.vierjahreszeiten@kempinski.com**
**Direktor: Holger Schroth**
***DZ ab € 391,00***

Das Kempinski Hotel Vier Jahreszeiten an der Maximilianstraße ist eines der renommiertesten Luxushotels Deutschlands und neben dem Bayerischen Hof ein weiterer Treffpunkt der Münchner Gesellschaft. Das liegt zum einen an der zentralen Lage und direkten Nähe zu vielen Institutionen und Sehenswürdigkeiten der Stadt und der damit verbundenen guten Erreichbarkeit. Zum anderen ist es die 165-jährige Tradition des Hauses, das bereits im Rahmen der einheitlichen Planung der Maximilianstraße als Prachtstraße Mitte des 19. Jahrhunderts errichtet wurde. Die immer gut gefüllte Hotelhalle, nebst den ebenso beliebten Restaurants im Erdgeschoss, eignet sich dabei besonders zum Sehen und Gesehenwerden. Als Traditionshaus, das seit den 1970er-Jahren zur Hotelgruppe Kempinski gehört, hat man jedoch auch Übung darin, prominenten Gästen, wenn gewünscht, dabei behilflich zu sein, gänzlich ungesehen zu logieren und ihnen gleichzeitig alle verfügbaren Serviceleistungen zuteilwerden zu lassen. Doch nicht nur für diese Klientel werden die Formalien an der Rezeption durch gute Vorbereitung auf ein Minimum reduziert, denn nach einer anstrengenden Reise will hier niemand über Gebühr aufgehalten werden. Selbstverständlich begleitet ein Mitarbeiter den Gast zu seinem Zimmer. Weitere Annehmlichkeiten sind hier ein 24-Stunden-Etagen-, ein Schuhputz- und darüber hinaus ein exzellenter Concierge-Service. Als derart lange Zeit bestehendes Haus hat man natürlich auch mit den klassischen Problemen solcher Flaggschiffe der Hotellerie zu kämpfen. Die betagte Tiefgarage ist schon für große Limousinen ein Albtraum, ganz zu schweigen von den heute üblich gewordenen SUVs. Wie gut, dass bei Anreise umgehend der Wagenmeister zur Stelle ist, der sich um das Fahrzeug und das Gepäck kümmert. Andere Alterserscheinungen sind hingegen willkommene Patina für ein derartiges Traditionshotel und sind entsprechend oft lieb gewordene Eigenheiten. Dies gilt etwa für die gediegene, zentrale Lobby mit ihrer imposanten Glaskuppel, die die Blüten aller vier Jahreszeiten zeigt. Die Bereiche des Schwarzreiter Restaurants, der Schwarzreiter Tagesbar sowie der Jahreszeiten Bar waren 2019 hingegen renoviert und auf den neuesten Stand gebracht worden, bevor dann 2020 die Pandemie ausbrach. Dem Restaurant Schwarzreiter, das über Jahre mit einem Michelin-Stern ausgezeichnet war, wurde selbiger in diesem Jahr übrigens aberkannt, was mit dem Wechsel des Küchenchefs erklärbar wäre. Die Schwarzreiter Tagesbar bietet eine gastronomische Alternative, zum Beispiel für einen Lunch, und ebenso kann in der Lobby ein kleiner Snack genossen werden. In einem solchen Haus finden natürlich immer auch Erneuerungs- und Veränderungsprozesse statt, die beispielsweise einhergehen mit einer Renovierung der Zimmer und Suiten. 2018 erhielten etwa die *Maximilian* Suite und die *Theresien* Suite einen neuen Look. Damit verfügt das Haus nun über drei aktuelle Präsidentensuiten. Denn hinzu kommt noch die *Ludwig* Suite, die mit 190 Quadratmetern die größte des Hauses und, laut eigenen Angaben, die teuerste der Stadt ist. Was in Anbetracht der hohen Dichte an Luxushotels der Spitzenklasse, die ebenfalls komfortable Suiten im Portfolio haben, allerdings je nach Saison bezweifelt werden darf. Sie bietet für bis zu fünf Personen Platz und kann neben einem Schlafzimmer sowie einem Wohn-, Ess- und Arbeitsbereich auch ein Wellnessbadezimmer mit Sauna und Whirlpool vorweisen. In einer Suite dieser Klasse steht auf Wunsch zudem rund um die Uhr ein Butler zu Diensten. Das Zimmerprodukt entspricht in diesem Haus insgesamt den Erwartungen an ein klassisches Grandhotel. Selbst die sogenannten *Standard*-Zimmer weisen alle erwartbaren Komfortmerkmale auf, verfügen über 25 Quadratmeter und bieten somit ausreichend Platz. Hier zu logieren bedeutet aber eben nicht, überall die neueste Hardware erwarten zu dürfen und in allen Räumen die aktuellsten Designkonzepte präsentiert zu bekommen. Im Vordergrund steht vielmehr der Sinn für Historisches, weil dieses Haus bereits Teil der Epoche im mittleren 19. Jahrhundert war. In jener Zeit wurde München auf königliches Geheiß hin als prachtvolle Residenzstadt ausgebaut und der königliche Hof, nur einen Steinwurf entfernt in der Münchner Residenz regierend, machte das Haus zu so etwas wie einem Regierungshotel mit weltweitem Ruf. Den Charme dieser Zeit strahlen die Räumlichkeiten des Vier Jahreszeiten überwiegend noch heute aus. Für Tagungen und Festbankette stehen nicht etwa nüchterne Veranstaltungsräume, sondern edle Salons zur Verfügung, die somit einen entsprechenden Rahmen geben. So ist man auch in diesem Segment bestens aufgestellt. Im Spa erreicht man mit Pool, Sauna und Dampfbad dagegen nur eine durchschnittliche Note, doch immerhin folgt man auch nicht dem Selbstverständnis eines Wellnesshotels. Das Vier Jahreszeiten ist in jedem Fall zu Recht einer der beiden Stars am Münchner Hotelfirmament und eine der ersten Empfehlungen für all jene Gäste, die hier ein absolutes Prachtexemplar eines Grandhotels erleben möchten.

Bewertung:

## MANDARIN ORIENTAL

**(Innenstadt)**
**Neuturmstraße 1**
**80331 München**
**Telefon: 0 89-2 90 98-0**
**Internet: www.mandarinoriental.com**
**E-Mail: momuc-reservations@mohg.com**
**Direktor: Dominik G. Reiner**
***DZ ab € 650,00***

Nach wie vor ist dieses Münchner Luxushotel seit dem Jahr 2000 die einzige deutsche Dependance der legendären Hotelkette Mandarin Oriental, die 1974 aus der in Hongkong ansässigen Mandarin Hotelgruppe und dem renommierten Hotel Oriental in Bangkok entstand. Weltweit werden nur 28 Häuser unter dem legendären Namen Mandarin Oriental geführt. Bekannt ist diese Marke vor allem für ihre sagenhafte und mehrfach preisgekrönte Servicequalität. Ein erstklassiges Interieur und ebensolche Architektur sind daneben weitere Charakteristika. Hier in München bezog man damals keinen Neubau, sondern erwarb mit dem zuvor schon seit 1990 betriebenen Hotel Rafael das Gebäude eines historischen Ballhauses, das als Eckbau zwischen 1875 und 1880 im Stil der Neorenaissance erbaut wurde. Es befindet sich im gleichen Gebäudekomplex wie das weltbekannte Hofbräuhaus, womit es zentral und gleichzeitig nicht an einer lauten Hauptverkehrsstraße gelegen ist. Da das Hofbräuhaus seinen Haupteingang aber auf der anderen Seite des Straßenblocks hat, muss man keine Unruhe durch Touristenströme befürchten. Zudem gibt der für ein großes Luxushotel eher kleine Rahmen dem Mandarin Oriental einen eher intimen Charakter. Im Jahr 2020 wurde eine große Tiefgarage am nahen Thomas-Wimmer-Ring fertiggestellt, welche Vorbedingung für den Abriss des Parkhauses gegenüber dem Mandarin Oriental an der Neuturmstraße war. In den folgenden Jahren sollte dort dann ein großer Erweiterungsbau für das Hotel entstehen, in dem weitere Zimmer und Suiten ebenso geplant waren wie ein Spa mit Fitnesscenter und ein neues Restaurant mit Bar. Anfang 2022 kam dann die Nachricht vom Ausstieg des Mandarin Oriental aus dem Projekt. Infolgedessen bleibt etwa das Restaurant im Mezzanin-Geschoss gleichzeitig das Frühstücksrestaurant. Für ein Dinner befindet sich hier seit mehreren Jahren das Matsuhisa Munich des renommierten japanischen Starkochs und Gastronomen Nobuyuki Matsuhisa, der sein Konzept einer japanisch-peruanischen Küche lizensiert hat und regelmäßig aus Übersee in seiner Dependance vorbeischaut. Auf diesem Spitzenniveau speisen kann man bei geeignetem Wetter dabei auch auf der Dachterrasse des Mandarin Oriental im Mahjong Roof Garden, wo ein Blick über die Dächer Münchens bis zu den Alpen bei entsprechendem Wetter garantiert ist. Zudem scheint das Hotel ebenso in Bezug auf seine Kapazitäten keine Erweiterungsabsichten mehr zu verfolgen, auch wenn nur 48 Zimmer und 25 Suiten vorhanden sind, was für ein internationales Luxushotel etwas unterdimensioniert wirkt. Ein solch intimer Charakter, eine dennoch recht hohe Anzahl an Mitarbeitern, die einen herausragenden Service gewährleisten, ein exzellentes kulinarisches Angebot sowie ein guter Spa-Bereich müssen sich letztlich in einer entsprechenden Zimmerrate widerspiegeln. So ist das Mandarin Oriental mit seinen drei Kategorien *Superior*, *Deluxe* und *Mandarin* mit einer Raumgröße zwischen 33 und 41 Quadratmetern augenblicklich das wohl teuerste Luxushotel der Stadt. Bei all unseren angefragten Terminen wäre das Segment *Superior* nicht unter 1.200 Euro buchbar gewesen. Wir kennen kein Hotel, das die veröffentlichte Rack Rate, also den Standardzimmerpreis, nicht nur ganzjährig erzielen, sondern ihn den größten Teil des Jahres sogar um 100 Prozent übertreffen kann. Wer nun glaubt, dass der Zimmerpreis zusätzliche Mehrleistungen beinhaltet, von der inkludierten Minibar einmal abgesehen, der wird enttäuscht. Obwohl man den Gästen bei der geringen Größe des Hauses einen sehr individuellen Service bieten kann, werden für nahezu alle Serviceleistungen exorbitante Aufschläge erhoben, etwa beim Frühstück auf dem eigenen Zimmer. Hier erlaubt man sich, auch bei einer Rate inklusive Frühstück nochmals einen Aufschlag von 50 Euro zu berechnen. Was dieses Luxushotel besonders auszeichnet, ist die Tatsache, dass es mehr als andere Münchner Häuser jenes Segments als eine Enklave für die Reichen, Superreichen und Celebritys gelten kann, die hier nicht befürchten müssen, am Morgen etwa ihren Gärtner im Frühstückssalon zu treffen, weil dieser auf einem Homeshopping-Kanal einen Aufenthalt zum Schnäppchenpreis ergattert hat. Man bleibt einfach unverrückbar hochpreisig. Service- und Dienstleistungsqualität auf höchstem Niveau werden in diesem Haus sicherlich weiterhin garantiert, auch wenn man sich mit dem Ausstieg aus dem benachbarten Neubauprojekt einiger Optionen für die Zukunft beraubt hat.

Bewertung: 

## SOFITEL BAYERPOST

**(Innenstadt)**
**Bayerstraße 12**
**80335 München**
**Telefon: 0 89-5 99 48-0**
**Internet: www.sofitel-munich.com**
**E-Mail: h5413@sofitel.com**
**Direktor: Emiel van Dijk**
***DZ ab € 264,00***

Das unmittelbare Umfeld von Bahnhöfen galt lange Jahrzehnte als ungeeignet für die Spitzenhotellerie. So verhielt es sich auch in München, dessen Hauptbahnhof sich derzeit in einer Neugestaltungsphase befindet, denn die Landeshauptstadt Bayerns kann dahingehend leider nicht mit einer attraktiven historischen Anlage wie beispielsweise in Leipzig, Frankfurt oder Hamburg aufwarten. Dennoch hatte Dorint der zunehmenden Bedeutung des ICE-Verkehrs auch für Geschäftsreisende vor Jahren schon Rechnung getragen, als es bis 2004 neben dem Hauptbahnhof das historische Neorenaissancegebäude der Bayerpost in ein modernes Luxus-Businesshotel umgestaltete. Durch die Beteiligung des Accor-Konzerns eröffnete man als Dorint-Sofitel, nach der späteren Übernahme durch Accor wurde man dann zum lupenreinen Sofitel. Der seitdem wachsende Ruf nach klimafreundlichem Reisen mit der Bahn, gerade auch im Businessbereich zur Vermeidung der bislang üblichen Inlandsflüge, machte das Projekt vom Tag der Eröffnung an zu einer Erfolgsgeschichte. Das heutige Sofitel in der Bayerpost bleibt somit eine Keimzelle einer Entwicklung im Bahnhofsbereich, die nun mit der Neugestaltung des Hauptbahnhofs und seines Umfeldes weitergeführt wird. Mit nur wenigen Schritten nach Verlassen des Zuges in München erreicht man die Rezeption des Sofitel, wo die beeindruckende Lobby bereits auf das ungewöhnliche Designkonzept des Hauses einstimmt. Der höhere Neubauteil der Bayerpost ermöglicht aus den dort in den oberen Etagen liegenden Maisonette-Suiten mit ihren über jeweils zwei Ebenen reichenden Wohn- und Schlafbereichen durch riesige Panoramafenster spektakuläre Ausblicke in Richtung der nahen Alpen. Solche Segmente machen es verständlicher, warum die Bayerpost eher als Luxus-Businesshotel zu kategorisieren ist, auch wenn sie mit Sofitel als konventionelle Luxusmarke des Accor-Konzerns vermarktet wird. Denn diese Suiten übersteigen deutlich selbst das Niveau eines gehobenen Businesshotels. Die sehr guten Tagungsmöglichkeiten, vor allem der zentrale Saal in der ehemaligen Schalterhalle des Postgebäudes, unterstreichen hingegen den Businesscharakter. Das gesamte Interieur des Hauses überzeugt durch ein modernes, explizit dunkles Design, das sowohl mithilfe dezenter als auch markanter Lichteffekte illuminiert wird. Mystik und Geheimnis sind die Stichworte des innenarchitektonischen Konzeptes, nach dem dieses außergewöhnliche Hotel einst geplant und gestaltet wurde. Ein heute noch als avantgardistisch zu bezeichnender Stil, denn in dieser Exklusivität und Konsequenz hat das Konzept bis heute keinen Vergleich zu scheuen. Vor einigen Jahren fanden jedoch auch Renovierungen der Zimmer und Suiten mit einhergehendem neuem Design statt, wobei zwar immer noch auf kühle Nuancen, aber ebenso auf helle Farbakzente durch das geschickte Spiel von einzelnen Möbeln und Accessoires gesetzt wird. Der hoteleigene Spa ist jedoch nach wie vor ein besonderes Beispiel für die dunkel-geheimnisvolle Gestaltungsleitlinie, denn statt wie üblich einen Poolbereich mit einer möglichst großen Schwimmhalle und hellen Fliesen zu bieten, findet man hier einen Pool mit schwarzen Bisazza-Mosaiksteinchen an den Wänden, in den man wie in ein Höhlensystem hineinschwimmt. Die Bezeichnung als Spa-Lagune klingt da sehr beschönigend, wenn man hier in einen Raum gleitet, der rundum nur Wände und keine Aufstiegsmöglichkeit aus dem Wasser bietet. Durch den daneben vorhandenen, schneckenförmig verlaufenden Schwimmkanal folgt man einem dunkel gekachelten Tunnel bis an das Ende jener Spirale. Ob man das resultierende Raumgefühl dieser Poolanlage unter dem Begriff Mystik verbuchen möchte oder eher die Kategorie Thrill als angemessen sieht, dürfte umstritten sein. Hinzu kommt der ebenfalls dunkel-mystisch designte Saunabereich mit einem Standardangebot eines gehobenen Businesshotels: finnische Sauna, Dampfbad, Eisbrunnen und Ruhezone. Klassisch aufgestellt ist man im gastronomischen Bereich: Das Hotelrestaurant Délice unter Küchenchef Tom Tschierschke bietet eine französische Küche auf gehobenem Brasserie-Niveau. Mit dem Schwarz & Weiz steht überdies ein eigenes Frühstücksrestaurant zur Verfügung und in der ISArBAR gibt es nicht nur Drinks und Cocktails, sondern auch eine kleine Auswahl an Gerichten. Zu den gewohnten Leistungen im Sofitel gehören Valet Parking, Hilfe beim Gepäck sowie ein 24-Stunden-Etagen- und Concierge-Service. Die Bayerpost ist für uns nach wie vor ein einmaliges Haus im Spitzensegment der Münchner Hotellerie, welches in den über 19 Jahren seines Bestehens nichts von seiner Anziehungskraft verloren hat.

Bewertung:

## STEIGENBERGER

**(OT Schwabing)**
**Berliner Straße 85**
**80805 München**
**Telefon: 0 89-15 90 61-0**
**Internet: www.steigenberger.com**
**E-Mail: muenchen@steigenberger.com**
**Direktor: Oliver W. Schäfer**
***DZ ab € 147,00***

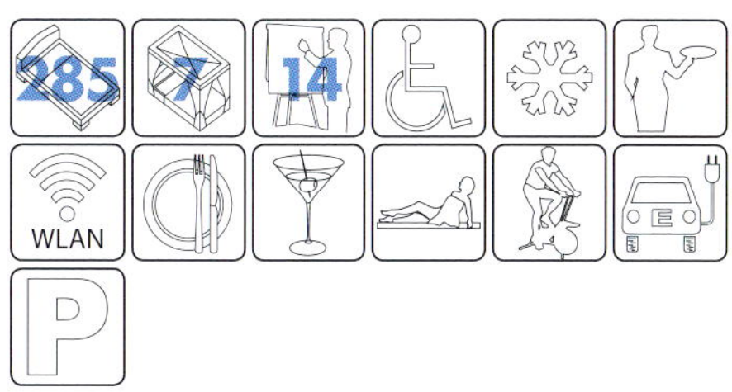


Für den Steigenberger-Konzern ist dieses Haus in Bayerns Landeshauptstadt im Ortsteil Schwabing, das seit Dezember 2017 hier das First-Class-Segment bespielt, ein strategisch wichtiger Standort. Schließlich sind alle renommierten Hotelgruppen in München vertreten und der hiesige Hotelmarkt erlaubt es zudem, Zimmerraten aufzurufen, die weit über dem bundesweiten Durchschnitt liegen. Dennoch gibt es in diesem Steigenberger nach wie vor in allen Bereichen des Hauses Luft nach oben.

Die beiden bislang bestellten Hoteldirektoren haben zumindest in unseren Augen enttäuscht. Thomas Fischer, der zuvor immerhin bedeutende Häuser der Kempinski-Gruppe, etwa in Moskau, führte, brachte unbestritten reichlich Erfahrung aus der Spitzenhotellerie mit. Er eröffnete dieses Steigenberger, glänzte allerdings nicht mit seiner Performance. War er vorher noch konstruktiver Kritik gegenüber aufgeschlossen, fiel sie zuletzt bei ihm nicht mehr auf fruchtbaren Boden, und das obwohl zahlreiche Mitarbeiter am Empfang und im Service, im Übrigen bis zum heutigen Tag, offensichtlichen Schulungsbedarf aufwiesen. Ebenso hatte die Gastronomie schon zu jener Zeit Luft nach oben, was sich nach wie vor nicht geändert hat. Seit April 2019 gibt nun Oliver W. Schäfer hier den General Manager, der ebenfalls ein wenig die Bodenhaftung verloren hat. Schäfer, der seit September letzten Jahres weitere Häuser in der Funktion eines Regional Managers betreut, meidet, so zumindest unser Eindruck, wenn möglich den Gastkontakt und schickt in der Regel seine Stellvertreterin vor. Dies ist bedauerlich, schließlich steht Steigenberger eigentlich für eine exzellente Service- und Dienstleistungsqualität. Vor allem im Restaurant Valentinum Bar & Terrace enttäuscht der Service nicht nur gelegentlich. Der eine oder andere Mitarbeiter lässt erkennen, dass er dringend entsprechende Trainingseinheiten benötigt. Immerhin hat sich die Küchenqualität des Restaurants im guten Mittelfeld eingependelt. Geboten wird eine Mischung aus einer modern interpretierten regionalen und internationalen Küche. Eine Vielzahl der Gäste dürfte es enttäuschen, dass der Anteil an regionalen Speisen doch sehr gering ist. Die bayerische Küche hat nämlich mehr zu bieten als ein Brotzeitbrett oder etwa das Fleischpflanzerl. Anhaltender Trend sind dagegen die Bowls, die ebenso in der Karte zu finden sind wie ein Burger und das Clubsandwich. Im Frühstücksrestaurant Lumen wird ein reichhaltiges Buffet präsentiert, hier gibt es auch einen kleinen Anteil an typisch-bayerischen Schmankerln wie beispielsweise Weißwurst und Brezn. Eierspeisen werden à la minute nach den Wünschen der Gäste zubereitet. Weitere Pluspunkte dieses Steigenberger sind nicht von der Hand zu weisen. Etwa die Zimmer und Suiten, die kaum Anlass zur Klage geben und in denen das Interior Design zu überzeugen vermag. Positiv auch, dass auf ein hochwertiges Bettensystem gesetzt wurde, was einem erholsamen Schlaf immer zuträglich ist. Als Besonderheit kann sicherlich gelten, dass einige der Zimmer sogar über Tageslichtbäder verfügen, was der Tatsache geschuldet ist, dass dieses Gebäude nicht als Hotel, sondern als Bürogebäude geplant und gebaut wurde. Teilweise sind sie mit einer Dusche und einige sogar mit einer separaten Badewanne ausgestattet. Sie werden in die Kategorien *Superior*, *Superior Plus* und *Deluxe* eingeordnet und haben eine Größe zwischen 24 und 35 Quadratmetern. Alle sind mit bodentiefen Fenstern versehen, wodurch sie freundlich, hell und lichtdurchflutet wirken. Besondere, nennenswerte Ausblicke haben sie jedoch nicht zu bieten und in erster Linie unterscheiden sie sich durch ihre Lage im Haus. Buchbar sind selbstverständlich auch Suiten. Man fand zudem noch Platz für einen kleinen, schicken Freizeitbereich mit finnischer Sauna, Dampfbad und Ruhezone, ebenfalls für einen Gym, der mit modernen Cardio- und Krafttrainingsgeräten eingerichtet wurde. Zudem ist dieses Steigenberger trotz fehlender 1A-Lage alles andere als dezentral gelegen, denn die Zufahrt zur Autobahn A 9 befindet sich nicht allzu weit vom Hotel entfernt. Ein Vorteil ist daher, dass der Gast sich bei An- oder Weiterreise nicht durch die Innenstadt quälen muss. Und die U-Bahn-Station Nordfriedhof befindet sich nur circa 600 Meter entfernt. Auf diesem Wege kann der Hauptbahnhof nach einmaligem Umsteigen in nur 15 Minuten erreicht werden. Fassen wir zusammen: Wir bleiben bei unserer Einschätzung, dieses First-Class-Hotel hat in allen Abteilungen Luft nach oben, hier sollte Hoteldirektor Oliver Schäfer unbedingt die Service- und Dienstleistungsqualität deutlich anheben und sich verstärkt um das Beschwerdemanagement kümmern. Denn an konstruktiver Kritik könnte man durchaus wachsen.

Bewertung: ●●●

## MÜNSTER Nordrhein-Westfalen

### ATLANTIC

**(Innenstadt)**
**Engelstraße 39**
**48143 Münster**
**Telefon: 02 51-20 80 00**
**Internet: www.atlantic-hotels.de**
**E-Mail: muenster@atlantic-hotels.de**
**Direktor: Sascha von Zabern**
***DZ ab € 146,00***

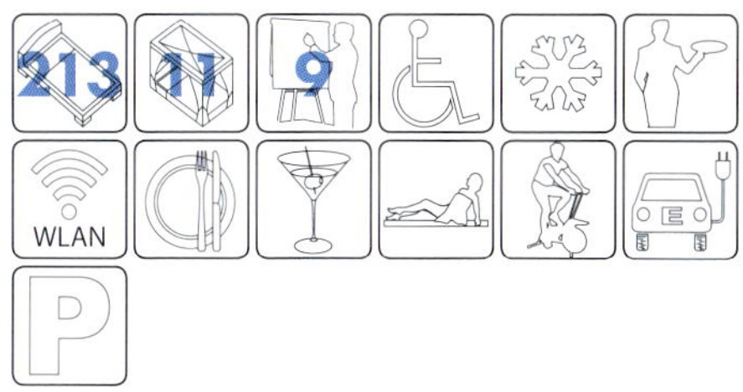


Die Eröffnung dieses Atlantic Hotels im Jahr 2021, das unweit des Hauptbahnhofs gelegen ist, hat erfreulicherweise für eine gewisse Dynamik auf dem hiesigen Hotelmarkt gesorgt. Denn die Mitbewerber hatten während dessen Planungs- und Entwicklungsphase Zeit, die eigenen Konzepte noch einmal grundlegend zu überdenken und sich vielleicht neu aufzustellen. Der Mauritzhof beispielsweise wurde einem kompletten Relaunch, inklusive der Architektur, unterzogen und das eigene Haus nicht nur renoviert, sondern mit einem neuen Interior Design sowie einer Erweiterung um eine Etage deutlich aufgewertet, womit zumindest augenblicklich alle vorhandenen Entwicklungspotenziale ausgeschöpft sind. Nicht zuletzt dadurch wurden die Karten auf dem Münsteraner Hotelmarkt komplett neu gemischt und das Traditionshotel Kaiserhof, das bislang für sich reklamierte, erstes Haus am Platz zu sein, ist nun nicht mehr die unangefochtene Nummer Eins. Vor allem auch deshalb, da es mit dem Gourmetrestaurant, das immerhin mit einem Michelin-Stern ausgezeichnet worden war, keinen Unique Selling Point mehr präsentieren kann, denn selbiges wurde bereits vor einigen Jahren geschlossen. Mit der Eröffnung des Atlantic bespielt nun ein First-Class-Hotel den hiesigen Hotelmarkt ganz neu, welches nicht nur mit einem progressiven Zimmerprodukt, sondern auch mit guten Tagungsmöglichkeiten sowie einer überdurchschnittlichen Gastronomie überzeugen kann. Der Veranstaltungsbereich umfasst 9 Tagungsräume, allein schon der Raum Engelsaal mit einem angrenzenden Balkon in der sechsten Etage bietet Platz für 360 Personen und begeistert mit einem weiten Ausblick über die Stadt. Hier befindet sich im Übrigen auch die Sky Bar Münster, die unter der Woche ab 18 Uhr und am Wochenende bereits ab 16 Uhr geöffnet ist. Wir sind gespannt, ob es früher oder später gelingen kann, dass sie sich zu einem beliebten Treffpunkt sowohl der Hotelgäste als auch der Münsteraner Gesellschaft entwickelt und den Kultstatus erlangt, den sich viele von einem solchen Ort erwarten. Bestes Beispiel und sicherlich ein Vorbild ist die Bar Deck 8 im Kieler Schwesterhotel, die dort mittlerweile eine Institution darstellt. Hin und wieder ist die Sky Bar allerdings nicht zugänglich, da sie offenbar auch exklusiv vermarktet wird. Besonders ärgerlich ist es allerdings, wenn dann der Lärm der Partygesellschaft in die angrenzenden Zimmer dringt und Gäste dort um den Schlaf gebracht werden. Das betrifft in erster Linie die Kategorie *Executive*, die in der darunter liegenden fünften Etage zu finden ist, über einen eigenen Balkon verfügt, einen herrlichen Ausblick über die Stadt bietet, eine Größe von 35 Quadratmetern ausweisen kann und, wie alle Zimmer, durch ihre bodentiefen Fenster sehr hell wirkt. Die weiteren Segmente werden in *Comfort* und *Deluxe* unterteilt. In erster Linie unterscheiden sich die Kategorien durch die Zimmergröße und die individuelle Lage im Gebäude. Zusätzlich sind auch Studios buchbar, die mit Suiten gleichzusetzen sind. Tee- und Kaffeestationen sowie bei Anreise eine Flasche Wasser zur Erfrischung sind hier selbstverständlicher Service. Die *Prinzipal* Suite ganz oben in der sechsten Etage bietet das größte Raumangebot und verfügt über einen getrennten Wohn-, Arbeits- und Schlafbereich sowie einen 34 Quadratmeter großen Balkon. Sie kann durch zwei angrenzende Zimmer noch deutlich erweitert werden. Ungeachtet der gebuchten Kategorie erhalten alle Gäste Zutritt zum schön gestalteten Spa, der eine finnische Sauna, ein Dampfbad, Erlebnisduschen sowie einen Ruheraum umfasst. Der Gym verfügt über eine Grundausstattung an Cardio-Trainingsgeräten. Positiv ist zu bewerten, dass dieser Bereich auch außerhalb der Öffnungszeiten nach Voranmeldung an der Rezeption zugänglich ist. Das Frühstück hat hingegen noch Luft nach oben, etwa im Hinblick auf die Auswahl des Gebotenen. Wünschenswert wäre, dass hier die Mitarbeiter aufmerksamer agieren und auch auf dem Buffet entsprechend nachlegen, das bei guter Auslastung schon einmal wie abgegrast wirken kann. Empfehlenswert ist auf jeden Fall das Restaurant Atlantic Grillroom. Hier werden Fleisch- und Fischspezialitäten auf einem Lavastein in der offenen Showküche vor den Augen der Gäste zubereitet. In der tagsüber geöffneten Deli Lounge gibt es im Übrigen ein kleines À-la-carte-Angebot, das von einem Frühstück bis hin zu einem kleinen Snack reicht. Auch wenn das Hotel über eine eigene Tiefgarage verfügt, so sind die 29 vorhandenen Stellplätze dort schnell belegt. Eine E-Ladestation ist aktuell nicht vorhanden, soll aber zeitnah nachgerüstet werden. Wie gut, dass auf ein benachbartes öffentliches Parkhaus verwiesen werden kann. Kritik gibt es hingegen für das Beschwerdemanagement, das umso mehr enttäuscht, weil hier Sascha von Zabern als Hoteldirektor die Gesamtverantwortung trägt. Zuvor war er in Münster im Mauritzhof tätig. Der direkte Gastkontakt dürfte ihm aus dieser Zeit nicht fremd sein, denn hier wurde Guest Relation großgeschrieben, was schon allein der intimen Größe des Hauses mit nur 50 Zimmern geschuldet war. Augenblicklich könnte durchaus der Eindruck entstehen, dass das Atlantic mit insgesamt 213 Zimmern und 11 Suiten für von Zabern vielleicht doch eine Nummer zu groß ist. Würde er sich in seinem Hause regelmäßig umschauen, dann bliebe ihm nicht verborgen, dass der ein oder andere Mitarbeiter offenbar noch einige Trainingseinheiten benötigt. Und es gibt auch darüber hinaus noch eine Menge zu tun, denn alle Bereiche dieses sehr komplexen Businesshotels haben nach wie vor deutliches Optimierungspotenzial.

Bewertung:

## KAISERHOF

**(Mitte)**
**Bahnhofstraße 14**
**48143 Münster**
**Telefon: 02 51-41 78-0**
**Internet: www.kaiserhof-muenster.de**
**E-Mail: hotel@kaiserhof-muenster.de**
**Inhaber: Anja & Kay Fenneberg**
***DZ ab € 112,00***

Über viele Jahre war der Kaiserhof, ein Traditionshotel mit Geschichte, der Branchenprimus in Münster. Der Zenit dieses Erfolges war allerdings unter der Führung des Ehepaars Cremer erreicht. Nach dessen Ausscheiden wurde das Hotel an Anja und Kay Fenneberg verpachtet und infolgedessen hat sich vieles verändert. Der neue Führungsstil, aber auch die Ausrichtung des Hauses folgen zwar aktuellen Trends und Entwicklungen einer zeitgemäßen Hotellerie, leider nur greift dieser Geist noch nicht beim Zimmerprodukt. Ebenso ausbaufähig ist das Beschwerdemanagement, denn das scheint das Ehepaar offenbar nicht so stark zu gewichten. Konstruktive Kritik aufzunehmen, zu analysieren und gegebenenfalls daraus Konsequenzen zu ziehen, könnte vielleicht dazu beitragen, die Servicequalität im Kaiserhof wieder auf das einst so geschätzte Niveau anzuheben und das Dienstleistungsangebot im Hause zu optimieren. Hier würde man beispielsweise die Schwächen der Housekeeping-Abteilung erkennen und dem entgegenwirken können. Ebenfalls verloren gegangen ist der Status als „Wohnzimmer" der Münsteraner Gesellschaft. Gerne traf man sich im Hause auch mit Freunden zum Essen, nicht zuletzt, weil man mit dem Restaurant Gourmet 1895 hier eine kulinarische Institution der Stadt vorzuweisen hatte. Mehrfach in Folge war es dem damaligen Küchenchef André Skupin gelungen, dem Restaurant einen Michelin-Stern zu erkochen. Dann entschied das Ehepaar Fenneberg, das gastronomische Konzept zu verändern und sich neu auszurichten, infolgedessen das Gourmetrestaurant dann schließen musste. Auch wenn das bereits mehrere Jahre zurückliegt, hatte dies Folgen, die bis heute nachwirken. Für sich betrachtet ist eine solche gastronomische Einrichtung in den seltensten Fällen eine Cashcow. Allerdings ist ein Michelin-Stern dem Image des ganzen Hotels zuträglich. Immerhin steht den Gästen nach wie vor das Gabriel's als Hauptrestaurant zur Verfügung. Seit 2019 trägt hier Küchenchef Dimitri Adrian die Verantwortung, der dort bereits seit 2018 als Souschef tätig war. Die kulinarische Ausrichtung wird mit einer Mischung aus regionaler und internationaler Küche beschrieben und in der Tat ist das Angebot vielfältig. Hier trifft die Bouillabaisse auf die kalte Kartoffellauchsuppe, der Coq au vin auf die Scholle Finkenwerder Art mit Nordseekrabben. Seit Jahren wird eine grundsolide Leistung abgeliefert, weshalb sich der Besuch des Restaurants während eines Aufenthaltes im Hotel durchaus anbietet. In Anbetracht der zehn Salons des Kaiserhof sind die Tagungs- und Veranstaltungsmöglichkeiten recht gut, der Kaisersaal als größter Raum bietet bei Theaterbestuhlung immerhin Platz für bis zu 140 Personen. Seit August 2021 hat man mit dem Atlantic, das sich in direkter Nachbarschaft befindet, einen ernstzunehmenden Mitbewerber. Im Vergleich zu ebendiesem wirken die Zimmer und Suiten des Kaiserhof recht bieder und teilweise sogar ein wenig altbacken. Immerhin wurden sie alle vor noch nicht allzu langer Zeit entweder einer leichten Überarbeitung, einem erweiterten Softlifting oder vereinzelt sogar einer Komplettrenovierung unterzogen. Je nach Lage im Haus sind sie zum Parkplatz, den Seitenstraßen oder zum Hauptbahnhof ausgerichtet. Leider, auch das darf nicht unerwähnt bleiben, gibt es immer wieder Beschwerden von Gästen über den Geräuschpegel, selbst wenn die Mitarbeiter diesbezüglich versuchen zu beschwichtigen und auf die vierfach verglasten Fenster verweisen. Zum 400 Quadratmeter großen Spa, dessen Ausstattung eine finnische Sauna, ein Dampfbad, einen Eisbrunnen, Erlebnisduschen, eine Lounge sowie eine Ruhezone umfasst, erhalten alle Gäste ungeachtet der gebuchten Kategorie einen kostenfreien Zugang. Zusätzlich steht hier eine Whirlwanne zur Verfügung, deren Nutzung allerdings gebührenpflichtig ist. In diesem Fall heißt es „Kleingeld nicht vergessen!". Der Beauty-Spa, der nicht vom Hotel selbst betrieben wird, bietet umfangreiche Kosmetik- und Massagetreatments. Dabei ist der komplette Sauna- und Fitnessbereich auch externen Gästen zugänglich, die eine Tageskarte erwerben können. Sehr übersichtlich ist der Gym ausgefallen, denn er wurde lediglich mit zwei Cardio-Trainingsgeräten sowie einer Kinesis-Wand ausgestattet. Die zentrale Lage gegenüber dem Hauptbahnhof spricht natürlich für den Kaiserhof, die Innenstadt kann überdies bequem zu Fuß erreicht werden. Unserer Einschätzung nach hat das Haus über die Jahre ein wenig an Glanz verloren. Das liegt offenbar vor allem daran, dass die Familie Fenneberg bisher entsprechende Gastgeberqualitäten vermissen lässt und sich auf dem einstigen Renommee, das unter der Eigentümerfamilie Cremer erarbeitet wurde, bis auf Weiteres ausruht.

Bewertung: ●●●

## MAURITZHOF

**(Mitte)**
**Eisenbahnstraße 17**
**48143 Münster**
**Telefon: 02 51-41 72-0**
**Internet: www.mauritzhof.de**
**E-Mail: info@mauritzhof.de**
**Direktorin: Constanze Schrader**
***DZ ab € 133,00***

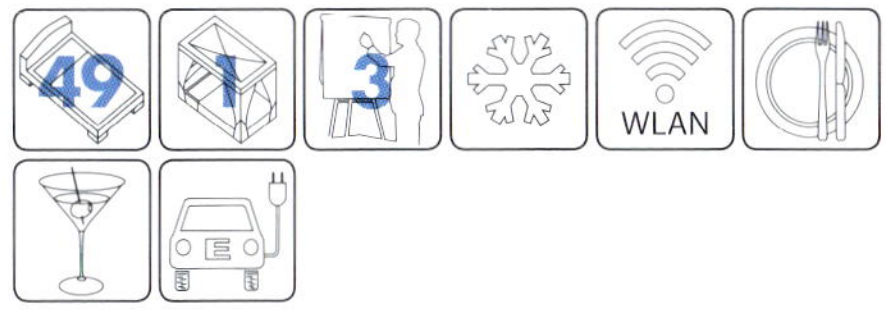


Der Mauritzhof mit seinen insgesamt 50 Zimmern und einer gemütlichen Lobby, die hier die Funktion einer Chill-out-Lounge hat, wurde vor wenigen Jahren in einem progressiven Interior Design neu eingerichtet und nimmt im First-Class-Segment sicherlich eine Sonderstellung ein. Hier logiert der Gast abseits standardisierter Hotels, deren Zimmer und Suiten meist unter Zuhilfenahme gängiger Hotelausstatter-Kataloge eingerichtet wurden. Stattdessen haben die Innenarchitekten bei der Auswahl der Stoffe, Möbel, Tapeten und Bodenbeläge individuelle Lösungen gefunden und dabei untrügliche Geschmackssicherheit bewiesen. Durch die gedeckten Farben der oft verwendeten Erdtöne wirkt das Interieur durchgängig warm und behaglich. Bereits vor der Masterrenovierung war der Mauritzhof ein Designhotel, das sich vom Gros der Häuser hier in Münster abhob, auch wenn es zwischenzeitlich ein wenig in die Jahre gekommen war. Nunmehr, nach Aufstockung, totaler architektonischer Neugestaltung und dem Makeover des Interieurs ist der Mauritzhof ein veritables Boutique-Hotel, das in der Lage ist, auch eine junge, hippe Klientel anzusprechen. Somit gelingt es, sich im Hinblick auf den Gästemix breiter aufzustellen. Vom DEHOGA lässt man sich als Vier-Sterne-Superior-Hotel klassifizieren, wobei ein so individuelles, kleines Hideaway vielleicht besser beraten gewesen wäre, grundsätzlich auf eine solche Einordnung zu verzichten und es den Gästen zu überlassen, wie sie dieses Haus wahrnehmen. Insgesamt stehen sechs Zimmerkategorien zur Verfügung, die in ihrem Raumangebot variieren. Sie unterscheiden sich aber beispielsweise auch durch ihre Lage im Gebäude, denn ein Teil ist zur Altstadt und Promenade ausgerichtet, andere wiederum zur belebten Eisenbahnstraße. Einige Zimmer verfügen über einen Balkon, und das selbst in der kleinsten Kategorie, den Einzelzimmern, die mit circa 15 Quadratmetern doch recht beengt sind. Das Thema Schlafkultur wurde bei der Neugestaltung des Hotels stark gewichtet, weshalb sich der Eigentümer für ein hochwertiges Bettensystem entschieden hat. Ungeachtet der gebuchten Kategorie steht für die Zubereitung von Tee- und Kaffeespezialitäten eine Kapselmaschine zur Verfügung und eine Minibar ist ebenfalls vorhanden. Mit der *Panoramasuite* in der obersten Etage, die einen Ausblick über die Promenade auf die Altstadt ermöglicht und bei einer Größe von 52 Quadratmetern durch eine Verbindungstür zu einem zusätzlichen Zimmer noch erweiterbar ist, kann man nunmehr auch Gäste mit hohen Komfortansprüchen quartieren. Immerhin logierten auf einer Deutschlandreise hier sogar schon der König von Jordanien und seine Frau Rania. Ausgestattet ist die Suite mit einem separaten Wohn-, Schlaf- und Essbereich sowie einem luxuriösen Badezimmer mit Dusch-Dampfsauna. Der Wohnbereich wurde zudem mit einem Gaskamin ausgestattet, der nochmals für eine besonders gemütliche Atmosphäre sorgt. Über viele Jahre war der Mauritzhof bei Licht besehen nur ein Hotel garni, denn ein Restaurant im klassischen Sinne war nicht vorhanden. In der Bar wurden, der Convenience-Industrie sei Dank, zumindest ein paar kleine Snacks angeboten. Mit dem Reckos Restaurant & Bar wird nunmehr eine vollwertige Gastronomie vorgehalten. Küchenchef René Sygusch bietet hier eine ambitionierte internationale Küche mit regionalen Einflüssen. Ein Gewinn für dieses Haus, das somit auch mit seinem kulinarischen Angebot überzeugen kann. Hingegen ist es ein kleiner Malus, dass eine Tiefgarage nicht vorhanden ist und lediglich eine Haltefläche zur An- oder Abreise vor dem Haus besteht. Zum Parken muss auf eine benachbarte öffentliche Parkplatzfläche verwiesen werden. Was wir hier aber wirklich vermissen, ist ein veritabler Gastgeber, der in einem solchen Ausnahmehotel unverzichtbar ist. In der Person von Stefan Stahl, der das Haus viele Jahre prägte und es hervorragend vertrat, gab es eine solche Persönlichkeit in der Vergangenheit schon einmal. Constanze Schrader, die seit Ende 2018 die General Managerin gibt, vermittelt dagegen, dass sie hier eigentlich unter ihren Möglichkeiten bleibt. Dieser Eindruck verfestigt sich auch deshalb, weil sie im persönlichen Gespräch immer wieder einstreut, für welche Hotelgruppen sie bereits tätig war. Allerdings, das gehört ebenfalls zur Wahrheit, bekleidete sie, bevor sie dieses Haus übernahm, noch nie die Position einer Hoteldirektorin. Darüber hinaus bleibt sie im Gespräch unverbindlich und neutral und scheint nur wenige Gastgeberqualitäten verinnerlicht zu haben. Schade bei einem solch individuellen und schönen Haus, wie wir finden.

Bewertung:

## NEU-ISENBURG Hessen

### KEMPINSKI GRAVENBRUCH

**(OT Gravenbruch)**
**Graf-zu-Ysenburg-und-Büdingen-Platz 1**
**63263 Neu-Isenburg**
**Telefon: 0 6102- 505-0**
**Internet: www.kempinski.com**
**E-Mail: reservations.gravenbruch@kempinski.com**
**Direktor: Kai Behrens**
***DZ ab € 200,00***

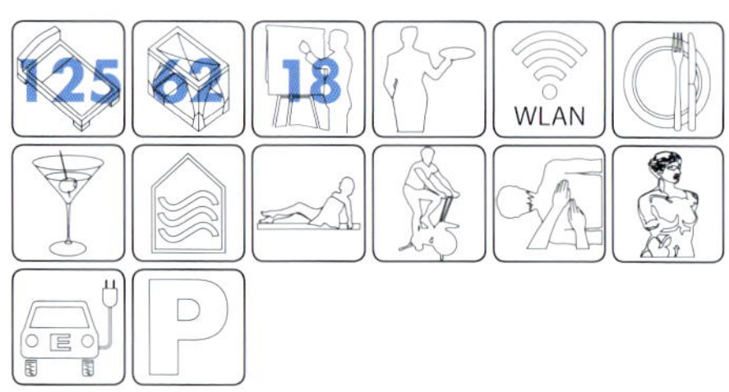


Als Luxushotel direkt vor den Toren Frankfurts bietet dieses Kempinski schon immer vor allem das, was Konkurrenten direkt in der Stadt nicht vorzuweisen haben. Zum einen ist dies die äußerst verkehrsgünstige Lage zum Frankfurter Flughafen, mit dem es in direkter Linie in kurzer Distanz über die Autobahn A3 verbunden ist. Zum anderen stellen die Weitläufigkeit und Großzügigkeit der Hotelanlage ein Alleinstellungsmerkmal dar. Das beginnt schon mit der Parksituation, denn hier wird man nicht in eine Tiefgarage geschickt, sondern kann sein Fahrzeug auf einem von zwei Parkplätzen im grünen, überwiegend parkähnlichen Umfeld des Hotels abstellen beziehungsweise abstellen lassen. Dabei bietet die großzügige Vorfahrt mit dem imposanten Vordach eine gute Möglichkeit, vor Wind, Wetter und Sonne geschützt vom Fahrzeug in die Vorhalle des Hotels zu gelangen. Dort befindet sich zunächst lediglich die Rezeption, allerdings sind es nur wenige Schritte bis in die Kempinski-Lounge, einem großzügigen Lobbybereich nebst Bar zwischen Vorhalle und Zimmertrakt mit Ausblick auf den hoteleigenen See und mit einer davorliegenden Seeterrasse. Die gesamte Hotelanlage ist ein ausgedehntes Konglomerat verschiedener Flügel mit Hotelzimmern und Suiten, Restaurants und Veranstaltungsräumen, Spa und Funktionsbereichen, welches sich im Stile eines Country Clubs halb um den erwähnten See erstreckt. Für viele internationale Gäste bietet sich hierin eine attraktive Möglichkeit, nach der Landung am Flughafen und einer kurzen Taxifahrt in die Country-Club-Atmosphäre einzutauchen und eine immer mit Unbequemlichkeiten verbundene Flugreise dadurch sofort mit einem entspannten Spa-Hotelaufenthalt zu kompensieren. Darüber hinaus bedeutet die ländliche Lage auch eine gewisse Intimität. Der vor über elf Jahren durchgeführte Eigentümerwechsel war mit einem radikalen Umbau verbunden, der nicht nur die Erneuerung des Wellnessbereichs mit sich brachte, sondern auch ein komplett neues Interieur und eine gänzlich umgestaltete Außenfassade an der straßenseitigen Gebäudefront. Ergebnis ist die nun hier zu genießende Club-Atmosphäre, welche den zuvor herrschenden antiquierten Landhausstil ablöste. Grünanlagen und ein Wasserspiel stimmen die Gäste hierauf bereits bei der Vorfahrt ein, wo einst nur weitere Parkplätze bestanden. Das insgesamt 15 Hektar umfassende Gelände, die zweigeschossige Eingangshalle mit dem Rezeptionsbereich hinter dem beeindruckenden Portikus über der Vorfahrt und die Lobby entsprechen seitdem wieder vollends den Ansprüchen an ein Luxushotel. In der Größe des Komplexes ist auch der einzige Wermutstropfen beim allgemein sehr positiven Eindruck auszumachen, den dieses Kempinski-Haus hinterlässt, denn es sind teilweise lange Fußwege zwischen den unterschiedlichen Bereichen des Hotels zurückzulegen. Die Großzügigkeit geht nämlich mit einer Ausdehnung der Anlage in die Fläche einher, da die Zimmer und Suiten in Gebäudeflügeln liegen, die nicht höher als drei Stockwerke sind. Somit erstrecken sie sich in die Horizontale, statt die Baumasse wie bei einem Innenstadthotel in der Höhe unterzubringen. Doch die dadurch bedingten längeren Wege nehmen viele gerne in Kauf, die aufgrund der beschriebenen Vorzüge hier allemal lieber logieren als im geschäftigen Zentrum der Mainmetropole. Neben zwei Juniorsuiten- sowie drei Suiten-Kategorien inklusive einer Präsidentensuite gibt es vier Zimmersegmente mit einer Größe von jeweils 33 Quadratmetern, unterschieden nur nach Richtung des Ausblicks und Vorhandensein einer eigenen Terrasse. Der Stil ist durchgehend eher gemäßigt-modern als designorientiert. Das gastronomische Angebot beschränkt sich bisher nur auf das EssTisch mit dem kulinarischen Standardprogramm eines wenn auch gehobenen Hotelrestaurants. Das levantinisch-arabische Restaurant Levante mit einer noch feineren Küche wird bislang mit „coming soon" angekündigt. Der über

2000 Quadratmeter große Spa mit Ausblick auf den zentralen See verfügt über einen Außen- und Innenpool, sieben Saunen, eine Außenterrasse zum See sowie diverse Ruhe- und Anwendungsräume mit einem breiten Angebot an Wellness-, Beauty- und Massageanwendungen. Hierfür stehen sowohl Pool-Mitgliedschaften auf Jahres- oder Monatsbasis als auch ein Tages-Package von Montag bis Donnerstag zur Verfügung, welches für derzeit 75 Euro Zugang zu allen Spa-Einrichtungen, einen Abschluss-Cocktail und 20 Prozent Rabatt auf alle Anwendungen umfasst. Gut, dass man dieses Tagesangebot auf die weniger frequentierten Wochentage beschränkt hat. Von allen Direktoren und Direktorinnen, die wir hier in den vergangenen 20 Jahren kennenlernen durften, war die jüngst nach Berlin gewechselte Karin Ansos sicherlich die farbloseste. Eloquenz konnte man ihr wahrlich nicht bescheinigen. Ganz im Gegenteil, auf uns wirkte sie spröde, zurückhaltend und stellenweise arrogant. Aber offenbar waren die Verantwortlichen in der Konzernzentrale mit ihrer Leistung mehr als zufrieden, denn man traut ihr nun sogar zu, das Kempinski-Flaggschiff Hotel Adlon in Berlin zu führen. Wir sind gespannt, was für eine Performance ihr Nachfolger Kai Behrens an den Tag legen wird.

Bewertung: ●●●◖

## NÜRNBERG Bayern

### BEST WESTERN HOTEL AM HAUPTBAHNHOF

**(Südstadt)**
**Allersberger Straße 34**
**90461 Nürnberg**
**Telefon: 09 11-94 44-0**
**Internet: www.hotel-nuernberg.bestwestern.de**
**E-Mail: info@hotel-nuernberg.bestwestern.de**
**Inhaberin: Sabine Unckell**
***DZ ab € 93,00***

Es ist noch nicht allzu lange her, dass dieses Best Western Hotel nahe dem Nürnberger Hauptbahnhof mit seiner Ausstattung ein wenig bieder wirkte. Selbstredend war der Pflegezustand konstant auf einem guten Niveau, nur war das Design des Hotelinterieurs nicht mehr auf der Höhe der Zeit. Hotelchefin Sabine Unckell gestaltete daraufhin hier in den letzten Jahren sukzessive die insgesamt 59 Zimmer konzeptionell neu und ließ sie renovieren, wodurch sich das Hotel zu einem sehr persönlich anmutenden, individuellen kleinen Schmuckstück entwickelte. Auch im letzten Jahr hat sie keine Zeit verstreichen lassen und neun Zimmer einer Rundumerneuerung unterzogen. Somit sind jetzt alle Räumlichkeiten wieder State of the Art. Wir haben Unckells kreative Talente an dieser Stelle bereits mehrfach gelobt. Auch wenn sie die Ausstattung der Zimmer erneut gemeinsam mit ihrer Innendesignerin geplant und

umgesetzt hatte, wäre sie durchaus auch ohne Unterstützung dazu in der Lage gewesen. Bei der Auswahl der Tapeten, Stoffe und Möbel hat sie wie immer Geschmack und Liebe zum Detail bewiesen. Die vorhandenen Flächen der Zimmer wurden dabei fast schon gezwungenermaßen optimal genutzt, denn hier haben die *Standard*-Einzelzimmer eine Größe von bloß 10 Quadratmetern, während die *Komfort*-Doppelzimmer mit 16 Quadratmetern nur unwesentlich geräumiger sind. Zu den Inklusivleistungen zählen bundesweite Telefonate ins deutsche Festnetz und jeweils ein Bier und ein Wasser zur Erfrischung aus der Minibar. In erster Linie gelingt es Unckell, sich mit einer guten Service- und Dienstleistungsqualität vom Gros der Mitbewerber abzuheben. Aus diesem Grund ist der Anteil an Stammgästen, die vorwiegend Geschäftsreisende sind, auch überdurchschnittlich hoch. Einige von ihnen logieren hier teilweise mehrere Arbeitswochen hintereinander und reisen nur über das Wochenende wieder nach Hause. Diese Klientel weiß es besonders zu schätzen, dass das Drei-Sterne-Superior-Hotel sehr individuell und persönlich geführt wird und Sonderwünsche, wann immer möglich, auch gerne erfüllt werden. Etwa wenn bei der Abreise Anzüge oder Hemden an der Rezeption zur Reinigung abgegeben werden können und dann bei Anreise wieder auf dem Zimmer vorzufinden sind. Zuletzt wurde in der Hotellobby eine Chill-out-Zone integriert, sehr einladend mit schönen, gemütlichen Sitzgelegenheiten. Hotelchefin Sabine Unckell wollte damit vor allem

einen Ort der Begegnung und Kommunikation schaffen. Gäste können sich hier mit Getränken aus dem Kühlschrank selbst versorgen. Die Entnahme wird auf Vertrauensbasis ganz unkompliziert notiert, was die erwähnte sehr persönliche Atmosphäre unterstreicht. Zwischenzeitlich wurde auch eine Kaffee- und Teestation eingerichtet, die sogar kostenfrei genutzt werden darf. In Anbetracht der zentralen Lage und des Umstandes, dass sich im unmittelbaren Umfeld des Hotels zahlreiche Restaurants befinden, fällt es nicht sonderlich ins Gewicht, dass den Gästen nur ein Frühstücksrestaurant geboten wird, bei dem man sich jedoch besonders viel Mühe gibt. Denn die Auswahl überzeugt und, obwohl in dieser Kategorie nicht Standard, werden Eierspeisen auf Wunsch auch à la minute zubereitet. Für einen Lunch oder ein Dinner sprechen Hoteldirektorin Ramona Kellermann und ihr Team gerne eine Empfehlung aus und reservieren auf Wunsch auch einen Tisch. Zu guter Letzt noch der Hinweis, dass zum Parken lediglich acht Pkw-Stellplätze hinter dem Haus zur Verfügung stehen, weitere zehn befinden sich in einer benachbarten Tiefgarage, die darüber hinaus eine Lademöglichkeit für E-Autos bietet. Daher gut zu wissen, dass der Hauptbahnhof fußläufig erreicht werden kann, was auch für die Nürnberger Altstadt gilt. Die Anbindung an den Nah- und Fernverkehr ist somit optimal, was sich zugegeben schon aus dem Namen des Hotels ableiten lässt. Auch das Messezentrum Nürnberg ist im Übrigen bequem mit der U-Bahn zu erreichen. Und in Anbetracht dieser zentralen Lage ist das Hotel natürlich ebenso bei Städtetouristen beliebt.

Bewertung:

## SCHINDLERHOF

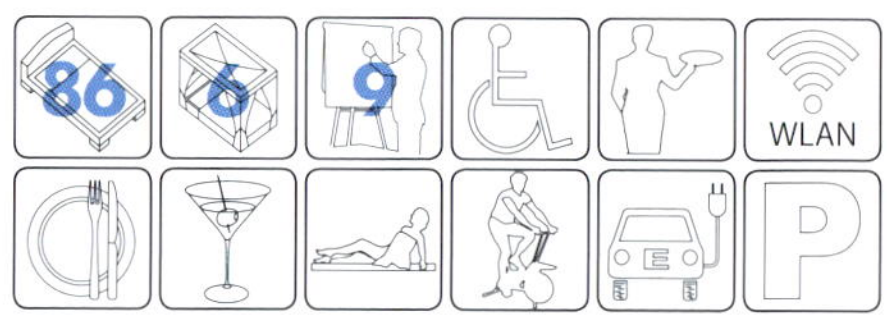


**(OT Boxdorf)**
**Steinacher Straße 6-10**
**90427 Nürnberg**
**Telefon: 09 11-93 02-0**
**Internet: www.schindlerhof.de**
**E-Mail: hotel@schindlerhof.de**
**Inhaber: Nicole & Klaus Kobjoll**
***DZ ab € 126,00***

Insbesondere in Krisenzeiten wie der Coronapandemie oder angesichts des augenblicklichen Fachkräftemangels war und ist der Schindlerhof für viele Kollegen in der Hospitality-Branche ein Gradmesser für neue Ideen, Innovationsfreude und insbesondere für Mitarbeiterführung. Man blickt deshalb allzu gerne auf dieses renommierte und mehrfach preisgekrönte Tagungshotel, weil man davon ausgeht, dass Familie Kobjoll auf solche drängenden Fragen dieser Zeit am ehesten bereits Antworten gefunden hat und sich erneut als Impulsgeber erweisen könnte. Verdient haben sie sich diese Vorbildfunktion mit ihren seit Jahren praktizierten, progressiven und zukunftsweisenden Konzepten allemal, denn so wurden sie immer wieder zu Trendsettern der Branche. Familie Kobjoll weiß zudem nur zu genau, dass Stagnation letztlich Rückschritt zur Folge hat, und man ist davon überzeugt, dass der Wandel die ein-

zige Konstante ist. Das erfordert den Mut, auch bewährte Konzepte über Bord zu werfen oder zumindest zu modifizieren, wenn sie nicht oder in der bisherigen Form nicht mehr zukunftsfähig erscheinen. So ging es gerade jetzt auch dem sogenannten „MAX"-Konzept, das einst Klaus Kobjoll für sein Unternehmen entwickelt und seitdem weitergetragen hatte. Der MAX-Mitarbeiterindex ist ein innovatives Messinstrument zur fairen Mitarbeiterbeurteilung und -förderung, das jedem Einzelnen aufzeigt, was seine Stärken und Schwächen im Unternehmen sind. Er wurde nun von Nicole Kobjoll modifiziert und zum sogenannten „Human Star Index" weiterentwickelt, der ebenfalls als ein Instrument zur Selbstreflexion für Mitarbeiter konzipiert wurde. Nicht mehr zeitgemäße Bestandteile des MAX wurden dabei ersetzt. Darüber hinaus hat der Schindlerhof als mehrfach prämiertes Tagungshotel über die letzten zwanzig Jahre nicht nur alle wichtigen Branchenauszeichnungen abgeräumt, sondern beispielsweise auch den Ludwig-Erhard-Preis oder die Auszeichnung „Great Place to Work" als bester Arbeitgeber erhalten. Diese vielen Ehrungen sind ein Spiegel des Erfolges. Sie helfen den Kobjolls dabei, sich rückzuversichern, nach wie vor den richtigen Weg zu gehen. Manchmal werden sie für ihren Innovationsgeist missgünstig belächelt, meistens jedoch bewundert. Während viele Hoteliers in einem Jammermodus verharren, verstehen Nicole und Klaus Kobjoll Krisen grundsätzlich auch als Chancen. So wurde die Zeit der Pandemie für bauliche Maßnahmen genutzt, die im laufenden Betrieb schwerer umzusetzen gewesen wären. Im Zuge dessen verlegte man den Rezeptionsbereich in das Tagungszentrum. Die freiwerdende Fläche wurde für eine neue Lounge genutzt, in die man sich zurückziehen kann, zu Gesprächen oder um vor oder nach dem Essen einen Drink zu nehmen. Es ist auch noch nicht allzu lange her, dass man in der auf dem Grundstück befindlichen Scheune eine Bogenschießanlage einrichtete, beispielsweise als zusätzliches Angebot für Tagungsgruppen. Außerdem ist eine Open-Air-Lounge entstanden, die zum Chillen, vielleicht während einer Tagungspause, ideal ist. Und auch ein eigenes Fernsehstudio zum Experimentieren, etwa für Produktionen von Beiträgen für die Homepage oder Social-Media-Kanäle des Schindlerhof wurde eingerichtet. Natürlich kann das Equipment auch von Gästen und Tagungsgruppen genutzt werden. Somit ist man nun technisch auf dem aktuellsten Stand, da der Veranstaltungsbereich insgesamt optimiert wurde, um beispielsweise auch Hybridtagungen ermöglichen zu können. Im Tagungszentrum denkART befinden sich insgesamt fünf Veranstaltungsräume, im Kreativzentrum weitere vier. Der sogenannte DenkRaum bietet Platz für bis zu 180 Personen bei Kinobestuhlung. Allerdings ist der Schindlerhof nicht nur ein Tagungs- und Konferenzhotel sowie eine Eventlocation für Unternehmen und NGOs, sondern er eignet sich mit seinen herrlichen Freianlagen wie auch der Mischung aus historischer und moderner Architektur darüber hinaus ebenso für private Feiern, beispielsweise Hochzeiten. Der Schindlerhof, der über die Jahre gewachsen ist und sich weiterentwickelt hat, zeigt dies auch durch sein Zimmerprodukt, denn nichts ist hier einfach nur aus einem Guss gestaltet. Die insgesamt 92 Zimmer sind über mehrere Gebäude verteilt und ihr Spektrum ist breit gefächert – vom zeitgemäßen Landhausstil bis hin zu Themenzimmern unter der Überschrift „Auto" oder „Wein". Zu den beliebtesten zählen nach wie vor jene 24 Zimmer und Penthouses im sogenannten Ryokan. Sie sind im gleichnamigen japanischen Stil eingerichtet, denn das Wort geht auf seit dem 10. Jahrhundert in Japan übliche Herbergen zurück. Die Zimmer bieten hier teilweise einen Blick auf den Japan-Garten des Hauses mit seinem Koi-Karpfenteich. Caroline Deeg, die 2016 in den Schindlerhof zurückkehrte, hatte nach sechs Jahren erneut Lust auf einen Perspektivwechsel. Die Hotelleitung wurde an Tina Brunner übertragen, selbstverständlich ein „Eigengewächs" dieses Hauses. Mit ihrer ungekünstelten und herzlichen Art ist sie eine adäquate Nachfolgerin für Deeg, die nicht nur wegen ihrer direkten und sehr durchsetzungsstarken Persönlichkeit von uns wie auch von zahlreichen Gästen sehr geschätzt wurde. Erfreulich zu hören, dass Klaus Kobjoll, einer der bekanntesten deutschen Managementtrainer, 2023 auch wieder offene Seminare im Schindlerhof anbietet. Sein prägnanter Begriff, mit dem er versucht zu verdeutlichen, wer nicht zu seinem Unternehmenskonzept und der hier gelebten Kultur passt, lässt uns immer wieder schmunzeln: „Freizeitorientierte Mitarbeiter in Schonhaltung", so Kobjoll, sind auch in Zeiten des Fachkräftemangels und in Anbetracht der geänderten Ansprüche der Generationen Y und Z weiterhin keine Kandidaten, die hier glücklich werden. Zuverlässige, hochmotivierte und vor allem teamfähige Mitarbeiter, die das von Kobjoll in seinen Seminaren verdeutlichte Konzept „Wa(h)re Herzlichkeit" verinnerlicht haben, werden hier dagegen einen erfüllenden Job finden. Das beweisen sowohl die erwähnten Auszeichnungen als auch die zahlreichen gut gelaunten Mitglieder des Teams im Schindlerhof. Eine Herausforderung bleibt diese Haltung dennoch, denn augenblicklich besteht ja ein Arbeitnehmermarkt, auf dem die Mitarbeiter mitunter versuchen, die Rahmenbedingungen für eine Beschäftigung abzustecken. Ein Vorteil ist, dass die Privathotellerie schneller agieren und auf Entwicklungen Einfluss nehmen kann, weil sie eben nicht in einem engen Korsett eines Hotelkonzerns gefangen ist, in dem zu viele mitentscheiden wollen und somit gute, innovative Konzepte ausgebremst werden, anstatt sie zeitnah umzusetzen. Familie Kobjoll nutzt diesen Vorteil in vorbildlicher Weise und daher wird der Schindlerhof auch zukünftig eines der erfolgreichsten Tagungshotels in Deutschland bleiben.

Bewertung:

## UNVERGESSLICH

**(OT Boxdorf)**
**Steinacher Straße 6–10**
**90427 Nürnberg**
**Telefon: 09 11-93 02-0**
**Internet: www.schindlerhof.de**
**E-Mail: hotel@schindlerhof.de**
**Küchenchef: Michael Behr**
***Hauptgerichte ab € 24,00***

Das Restaurant unvergESSlich im Schindlerhof, welches sich aus drei Gasträumen – der Dorfschänke, der Tränke sowie der Tenne – zusammensetzt, hat uns bislang noch nie enttäuscht. Seit Mai 2019 trägt hier Michael Behr als Küchenchef die kulinarische Verantwortung, der, wann immer es möglich ist, auf eine jahreszeitengemäße Küche unter Verwendung von Produkten regionaler Erzeuger setzt. Er umschreibt das Konzept seiner Küche selbst mit „Franken geht fremd". Dabei hat er die Qualitätsstandards dem Selbstverständnis des Hauses entsprechend hoch angesetzt, etwa bei der Auswahl von Produkten wie dem Wild, das nur von heimischen Jägern bezogen wird. Ein weiterer dieser Lieferanten ist Nachbarbauer Kuno, der das Restaurant mit Obst und Gemüse sowie Kräutern beliefert. Was aber wäre eine hervorragende Küche ohne einen aufmerksamen und vor allem fachlich kompetenten Service? Dahingehend begeistert das hochmotivierte und ambitionierte Team rund um Restaurantleiter Bozidar Jug, das seine Gäste wie persönliche Freunde des Hauses umsorgt. Dies mag vielleicht ein subjektiver Eindruck sein, doch jeder, der einmal im Schindlerhof war, wird bestätigen können, dass das Kobjoll'sche Motto „Wa(h)re Herzlichkeit" auch im unvergESSlich gelebter Teil der Unternehmenskultur ist. Die Gastronomie ist dadurch eine tragende Säule dieses Hotels. Schließlich erwarten Tagungsgäste und Veranstalter in einem solch hochklassigen Haus auch ein anspruchsvolles Restaurant. Zudem finden hier zahlreiche private Veranstaltungen wie etwa Familienfeste, Taufen, Konfirmationen und natürlich Hochzeiten statt. Es ist überdies immer ein wunderbares Erlebnis, im geschützten und begrünten Innenhof mit dem schönen großen Lindenbaum zu lunchen oder zu dinieren. Auf der regelmäßig wechselnden Karte findet sich grundsätzlich ein ansprechendes Vier-Gänge-Menü, beispielsweise mit einem rosa gebratenen Rehrücken samt sensationeller Jus und saisonalem Gemüse als Hauptgang. Hinzu kommen neben vegetarischen und veganen Gerichten Steaks in unterschiedlichen Reifegraden und Qualitäten, wozu nach Wunsch Gemüse, Soßen und Brot angeboten werden. Immer wählbar sind die beliebten Klassiker, etwa das Büffeltartar mit Wachtelei, der „Schindlerhof-Burger", die Freilandente mit Blaukraut und Knödeln und natürlich das Wiener Schnitzel. Ein weiterer Hochgenuss sind die selbst hergestellten Sorbets als Dessert. Und der acht Meter lange, begehbare Wein-Klima-Schrank beherbergt so manchen edlen Tropfen. Hier darf man auf die Expertise von Sommelier Walter Springer vertrauen, der sicherlich nach den Präferenzen des Gastes den richtigen Wein aussucht und nicht selten auch Raritäten sowie Neuentdeckungen bereithält. Nach der Coronapandemie und bei dem sich zunehmend verschärfenden Fachkräftemangel ist es übrigens längst nicht mehr selbstverständlich, dass ein Hotelrestaurant täglich öffnet, und dies schon gar nicht zur Mittagszeit – vom heruntergefahrenen Service- und Dienstleistungsangebot ganz abgesehen. Gäste, die viel reisen und dabei auch in Hotels übernachten, müssten sich im Vergleich dazu im Schindlerhof zuweilen wie in einem Paradies vorkommen. Denn solche Abstriche müssen hier nicht gemacht werden. Auf besondere Wünsche wird selbstredend eingegangen. Sollte der Gast lieber in aller Ruhe und ganz entspannt auf seinem Zimmer speisen wollen, vielleicht weil er im Ryokan-Gebäude ein schönes Penthouse gebucht hat und sein Menü lieber auf seiner eigenen Terrasse genießen möchte, ist das selbstverständlich möglich.

Bewertung:

## SHERATON CARLTON HOTEL

**(Innenstadt)**
**Eilgutstraße 15**
**90443 Nürnberg**
**Telefon: 09 11-2 00 30**
**Internet: www.carlton-nuernberg.de**
**E-Mail: info@carlton-nuernberg.de**
**Inhaber: Werner Rübsamen**
***DZ ab € 134,00***

Das Sheraton Carlton Hotel in der Nähe des Nürnberger Hauptbahnhofs ist immer für eine Enttäuschung gut. Schließlich protzt man hier mit einem der klangvollsten Namen der Luxusbusinesshotellerie, ohne zu halten, was dieser verspricht. Das ursprüngliche Carlton war eines der ersten großen Luxushotels im London des späten 19. Jahrhunderts und zahlreiche Häuser unter selbigem Namen stehen bis heute für Noblesse und Grandezza in dieser Branche. Die banale und auf Kosteneffizienz reduzierte Bauweise des Sheraton Carlton tut das ihre, bei unvoreingenommenen Gästen ebenjene Enttäuschung auszulösen, wenn sie auf den großen Namen vertrauend hier einchecken. Auch die Ausstattung hat nirgendwo den Glanz oder die Exklusivität, die man von einem Fünf-Sterne-Haus erwarten würde, sondern sieht aus wie bei einem Businesshotel der späten 1990er-Jahre. Die Zimmerkategorien *Classic* mit 23 Quadratmetern, *Superior* mit 32 Quadratmetern und *Executive* mit

39 Quadratmetern werden teilweise noch einmal nach den dort aufgestellten Betten differenziert. Daneben werden fünf Arten an Suiten geboten. Die natürlich immer volatilen Preise bewegen sich beispielsweise bei kurzfristiger Buchung im Juni zwischen etwa 160 Euro für das *Classic*- und 280 Euro für das *Executive*-Zimmer. Suiten können auch schon einmal um die 800 Euro kosten. Mit insgesamt sieben Veranstaltungsräumen und den Möglichkeiten, mit bis zu 300 Personen zu tagen, ist man zumindest in diesem Segment recht gut aufgestellt. Zugegeben, auch Sauna, Dampfbad, Sanarium, Schwimmbad und Whirlpool sind vorhanden. Immerhin kann im Wellnessbereich ein Ausblick über die Dächer der Stadt genossen werden. Jedoch ist die Banalität der Hardware nicht zu beschönigen. Unglaublich langweiliges Mobiliar wie vom einfachsten Hotelausstatter, vollkommen antiquierte und zum Interieur unpassende Raffgardinen im ansonsten nüchtern-banalen Ambiente von Restaurant und Bar, Auslegeware aus den Neunzigern und Stuhlmobiliar im Design noch weiter zurückliegender Jahrzehnte in Tagungsräumen lassen nur einen Schluss zu: Hier scheint ein Privathotelier Hand angelegt zu haben, der alles besser weiß, sich von niemandem beraten lässt und nur angeschafft hat, was sich nach seiner Erfahrung bewährt hat – Aussehen und Stil egal. Nirgends ist ein Bemühen um Luxus, Individualität oder Schönheit zu erkennen. Eigentümer ist eine alteingesessene Nürnberger Hoteliersfamilie, der Eleganz, Stilbewusstsein oder ein echtes Luxusambiente nach unserem Eindruck vollkommen gleich sein muss. Offenbar zählen nur eine Fünf-Sterne-Klassifizierung, eine namhafte Hotelkooperation und eine verkehrsgünstige zentrale Lage. So verwundert es auch keineswegs, dass sich in den Meinungsforen internationaler Hotelbewertungsseiten im Internet nachvollziehen lässt, wie sehr die mangelnde Qualität des Hauses zur Enttäuschung bei den oft überraschten Gästen führt.

Bewertung:

## OBERURSEL Hessen

### DORINT

**Königsteinerstraße 29**
**61440 Oberursel**
**Telefon: 0 61 71-27 69-0**
**Internet: www.dorint.com**
**E-Mail: info.oberursel@dorint.com**
**Direktorin: Sören Mölter**
***DZ ab € 119,00***

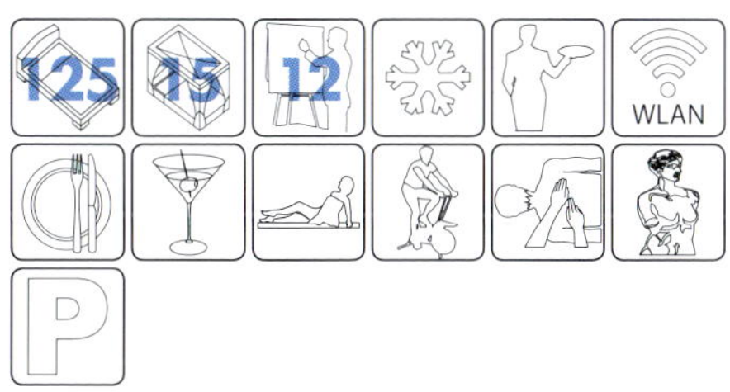


Rund um die deutsche Bankenmetropole Frankfurt, die mit ihrem in der Mitte Deutschlands gelegenen Flughafen zum wichtigsten deutschen Drehkreuz der Luftfahrt avancierte, gruppieren sich verschiedene Hotels im First-Class- und Luxussegment. In diesem Dorint in Oberursel logieren anspruchsvolle Gäste, welche die Distanz zum

Trubel und Verkehrsaufkommen der City suchen und mit einer gewissen „splendid Isolation" von der Metropole die größere Ruhe und Intimität der Hotelangebote im Umland schätzen. Seit nun schon über sieben Jahren, durch die zwischenzeitliche Pandemie aber gefühlt wesentlich kürzer, ist zum Angebot der vorwiegend als Luxushotels operierenden Häuser hier in der Region mit diesem Dorint ein weiteres Spitzenhotel hinzugekommen, das im historischen Ambiente einer Villa des späten 19. Jahrhunderts eröffnet wurde. Hier explizit nur vom Ambiente zu sprechen hat durchaus seinen Grund, da es sich bei diesem Haus um eine komplette Neukonstruktion der historischen Villa Gans handelt, die sich lediglich in Teilen an dem altehrwürdigen Bau orientiert, der hier einst stand. Denn die Größe der Villa reichte hinsichtlich der nötigen Kapazitäten für ein Business- und Tagungshotel nicht ganz aus und bis zu dessen Eröffnung war ohnehin ungewiss, inwieweit die Villa erhalten werden könnte. Sehr zum Vorteil des heutigen Ergebnisses war es möglich, das historische Gebäude weitgehend abzureißen, fast gänzlich neu aufzubauen und dabei den Anforderungen der neuen Nutzung gut anzupassen. Die Villa als Kern des Komplexes wird daher nun durch einen architektonisch modern gestalteten Neubautrakt ergänzt, der zahlreiche Zimmer, Funktionsräume und den Tagungs- sowie den Wellnessbereich aufnehmen konnte. Beim Abbiegen von der Königsteiner Straße fährt man ganz wie beim nicht weit entfernten Schlosshotel Kronberg durch ein herrschaftlich wirkendes Tor auf das parkartige Hotelgelände, um hinauf zur Villa zu gelangen. Das Dorint liegt in bewaldeter Umgebung, in der auch ein großer Parkplatz und ein Parkhaus nahezu versteckt wurden, sodass die für den Betrieb eines Tagungshotels mit 140 Zimmern und Suiten notwendigen Stellflächen zur Verfügung stehen. Auch das Volumen des Komplexes wurde architektonisch geschickt verborgen, denn eine gemeinsame Unterbauung der Gartenterrasse, des Neubaus und der Villa mit einem durchgehenden Tiefgeschoss samt großen, bodentiefen Fenstern zum angrenzenden Park nimmt einen Gutteil der Baumasse dieses Dorint auf. So sind etwa zwölf Tagungsräume mit viel Tageslicht umgesetzt worden, worunter sich sogar ein 530 Quadratmeter großer Bankettsaal befindet. Und die Chancen stehen bestens, dass das nun nach der Pandemie wiedererstarkende Tagungsgeschäft hier florieren wird. Der Wellnessbereich verfügt, wie im Business-Segment nicht unüblich, über keinen Pool, bietet aber auf 360 Quadratmetern eine finnische Sauna, ein Dampfbad, einen Ruhebereich und einen Fitnessraum. Das Villengebäude beheimatet die vier *Deluxe*-Suiten des Hauses und den Empfangsbereich sowie die Ludwig-Wilhelm-Bar mit Zugang zur Parkterrasse und historisch inspiriertem Ambiente. Im angeschlossenen mehrgeschossigen Neubau befinden sich die *Juniorsuiten* sowie die übrigen Zimmer in den Kategorien

*Standard* und *Komfort*, die recht großzügig gestaltet sind. Wirklich hervorragend ist das hier offerierte Frühstücksangebot. Das Haus in Oberursel stellt somit eine Bereicherung der Hotellandschaft in der Region dar. Das natürlich herausragend edle und, wie bei Dorint typisch, geschmackvoll-moderne Interieur dürfte sogar viele Gäste ansprechen, denen ein klassisches Grandhotel in der Nachbarschaft dieser Lage als zu formell und altehrwürdig erscheint. Direktor Sören Mölter erweist sich als eloquenter und mit Empathie für Gäste und Mitarbeiter agierender Hotelmanager, von dem wir in naher Zukunft sicher noch eine Menge hören werden, denn er vertritt das Haus souverän nach außen. Wer moderne Großstadthotellerie schätzt und gleichzeitig die grüne Lage etwas abseits der Metropole, aber immer noch in ihrer unmittelbaren Nähe logieren möchte, der wird hier glücklich. Zwischenzeitlich ist dieses Dorint in Oberursel sicherlich das erste Haus am Platz.

Bewertung:

## POTSDAM Brandenburg

### DORINT SANSSOUCI

**Jägerallee 20**
**14469 Potsdam**
**Telefon: 03 31-2 74-0**
**Internet: www.dorint.com**
**E-Mail: info.berlin-potsdam@dorint.com**
**Direktor: Marc Anton**
***DZ ab € 98,00***

Das Dorint-Hotel inmitten Potsdams hat einen idealen Standort zum Entdecken dieser kleinen Schwester Berlins. Vielen ist nicht bewusst, dass ein Besuch Potsdams untrennbar zu einer Berlinreise gehören sollte, schließlich ist die ehemalige Residenzstadt der Könige von Preußen heute in weiten Teilen UNESCO-Welterbe. Denn auch wenn Berlin ursprünglich einziger Herrschaftsstandort der Preußen war, hatte sich der Große Kurfürst Friedrich Wilhelm ab Mitte des 17. Jahrhunderts darangemacht, Potsdam zu seinem Zweitsitz neben Berlin auszubauen. Wie in Frankreich im Falle von Versailles, benötigten die Herrscher mit dem aufkommenden Absolutismus Platz zur Prachtentfaltung abseits ihrer Stammschlösser in den mittelalterlich geprägten Hauptstädten und wichen auf das unmittelbare Umland aus. Dort entstanden prächtige Schlossanlagen sowie zugehörige Parks und Gärten, die das Herrscherbild von einem allein von Gott eingesetzten absolutistischen Fürsten widerspiegelten. Friedrich der Große schließlich sorgte in der zweiten Hälfte des 18. Jahrhunderts endgültig für den Aufstieg Potsdams zur Residenz eines modernen Preußen, indem er dort weitere Schlösser und Gärten bauen ließ. Mit Napoleons Besatzung der Stadt wurden modernisierende Reformen des preußischen Staatswesens, wie vielfach in Deutschland zu dieser Zeit, vorangetrieben. Potsdam blieb danach weiter Residenz und Verwaltungszentrum, und als 1848 auf den Straßen Berlins die Märzrevolution tobte, war der preußische König nur zu froh, hier buchstäblich weitab vom Schuss zu logieren. Die Stadt ist trotz einiger Zerstörungen des Zweiten Weltkrieges immer noch reich an baulichen Zeugnissen, Parks und Gärten des 17., 18. und 19. Jahrhunderts, sodass man sich heute als eine malerische Barockstadt vor den Toren Berlins präsentiert, in der man sich am besten ein Fahrrad mietet, um das UNESCO-Welterbe Potsdam direkt erleben zu können. Eine gute Adresse, um diese Historie bei einem Kurzurlaub kennenzulernen, ist das Dorint Sanssouci an der Jägerallee, unweit des gleichnamigen Parks und Schlosses sowie des Potsdamer Zentrums gelegen. Von hier aus hat man nach circa 500 Metern bereits das Jägertor und damit die Innenstadt erreicht, in der sich seit der Wiedervereinigung ein buntes Einkaufs- und Bummelparadies mit zahlreichen Restaurants und Cafés entwickelt hat. Schon im Februar 1998 eröffnete dieses moderne Vier-Sterne-Business- und Tagungshotel, das unter anderem einen 800 Quadratmeter großen Spa mit Pool, Saunen, Massage- und Beautyangeboten sowie Fitnessmöglichkeiten bietet. Allerdings fragen wir uns, wer wohl auf die Idee gekommen ist, den Gästen für den Besuch des Wellnessbereichs 2,50 Euro pro Person und Tag oder 5 Euro pro Aufenthalt sowie darüber hinaus 3 Euro pro Bademantel in Rechnung stellen zu können. Auf uns wirkt das doch sehr kleinlich. Insgesamt wartet dieses Dorint mit über 300 Zimmern und Suiten auf. *Standard-*, *Komfort-* und *Superior*-Zimmer sind mit 26 Quadratmetern gleich groß und unterscheiden sich durch die unterschiedlich ruhige Lage – in Richtung Straße liegen etwa die *Standardzimmer* – sowie kleinere Annehmlichkeiten wie eine Nespresso-Maschine ab der *Superior*-Kategorie. Studios bieten 53 Quadratmeter und ein zusätzliches Sofabett sowie eine Kitchenette im vom Schlafzimmer getrennten Wohnbereich. Ebenso groß sind die Juniorsuiten ohne Kitchenette. Die *Komfort*-Suiten mit 80 Quadratmetern haben dann sogar einen eigenen Whirlpool, einen getrennten Essbereich und ein Gäste-WC. Auch die Gastronomie im Hause bietet ein ausreichendes Angebot für ein First-Class-Businesshotel: das

Restaurant „Le Bistro" mit mediterraner und saisonaler Küche in Form eines Buffets oder eines Drei-Gang-Menüs nach Wahl des Küchenchefs im Rahmen eines gebuchten Arrangements, die „Jimmy's LA Bar" mit klassischem Cocktailangebot sowie die Kneipe „Fritze" mit dem Störtebeker-Bierkonzept und regionalen Gerichten. Letztere ist nach aktuellem Stand jedoch vorübergehend geschlossen. Um Gruppendynamik und Gemeinschaftssinn etwa bei Tagungen zu steigern, kann man im Hause einige Fahrräder anmieten und sich zum Beispiel auf den Weg über den benachbarten Pfingstberg mit dem beeindruckenden Belvedere, einem herrlichen Aussichtspunkt über die Parklandschaft Potsdams, zu dem sich anschließenden Neuen Garten mit weiteren Schlössern und Sehenswürdigkeiten machen. Lage und Ausstattung des Hauses überzeugen seit seiner Eröffnung und gefallen bis heute. Das Hotel bleibt daher unbedingt eine Empfehlung für die brandenburgische Landeshauptstadt und auch als Alternative für einen Aufenthalt in Berlin, dessen Zentrum in etwas mehr als einer halben Stunde mit dem Auto oder der S-Bahn für Tagesausflüge zu erreichen ist, um dann abends im ruhigeren Potsdam zu entspannen.

Bewertung:

## ROSTOCK Mecklenburg-Vorpommern

### NEPTUN

**(OT Warnemünde)**
**Seestraße 19**
**18119 Rostock**
**Telefon: 03 81-7 77-0**
**Internet: www.hotel-neptun.de**
**E-Mail: info@hotel-neptun.de**
**Direktor: Guido Zöllick**
***DZ ab € 149,00***

Das Hotel Neptun ist allein schon baulich betrachtet ein Ausnahmehotel. Als Solitär steht das Hochhaus mit der durch zahlreiche Balkone strukturierten Fassade direkt an der Strandpromenade. Mit einer Höhe von 68 Metern eröffnete 1971 dieses Vorzeigehotel der DDR, wobei nicht nur verdiente Bürger als Belohnung für besondere Leistungen nach langer Wartezeit auf einen Aufenthalt hoffen durften, sondern auch eine Devisenquelle eröffnet wurde, indem internationale Besucher hier in diesem traditionsreichen Badeort logieren konnten. Dass das Neptun Schauplatz aller möglichen inoffiziellen Gespräche zwischen Vertretern westlicher Politik und Industrie sowie der DDR und ihrer Organisationen war, liegt in der Natur eines solchen zu den damaligen Zeiten herausragenden Hauses. Für heutige Gäste bedeutet dies lediglich, dass man sich hier vielleicht ein bisschen Agentenflair und James-Bond-Atmosphäre herbeifantasieren kann, wenn man in dem in seiner Architektur äußerlich fast unveränderten Gebäude quartiert ist. Im Inneren hat sich natürlich eine Menge getan, denn das Haus ist heute ein vom DEHOGA klassifiziertes Fünf-Sterne-Hotel mit vollständig veränderter Ausstattung. Unverändert blieb jedoch die beeindruckende Bandbreite der Gastronomie im Neptun, die heute durch vier Restaurants, nämlich das Hauptrestaurant Dünenfein, das Fisch & Seafood-Restaurant Genusshafen, die Grillstube Broiler sowie das Restaurant Weineck mit Mecklenburger Küche für das kulinarische Wohl der Gäste sorgt. Hinzu kommt die Sky-Bar in der 19. Etage, die morgens und nachmittags als Panorama-Café dient, während sie abends ebenso wie die Lobby-Bar und die Diskothek Dacapo einen Anlaufpunkt bietet. Tagsüber lädt außerdem die Strandbar Düne 13 zum Verweilen ein. Dass dieses Angebot schon früher ähnlich reichhaltig war, scheint der Tatsache geschuldet zu sein, dass man sich offensichtlich für die Verköstigung der devisenbringenden Gäste kaum auf andere Betriebe und Restaurants vor Ort verlassen konnte, denn die Versorgungslage gab ein beständiges gastronomisches Angebot außerhalb des Hotel Neptun nicht her. Auch im Wellnessbereich war mit dem Meerwasserwellenbad und Saunen ein damals nahezu unerhörtes Freizeitangebot vorhanden, durch welches das Hotel bis heute unabhängig von Jahreszeiten und Wetter ganzjährig zum Schwimmen einlädt und Erholung bieten kann. Der dazugehörige üppige Beauty- und Anwendungsbereich widmet sich ganz dem Thema Thalasso, also der Behandlung mit kaltem oder erwärmtem Meerwasser, Meeresluft, Sonne, Algen, Schlick und Sand. Mit diesen medizinisch anerkannten Anwendungen hat das Neptun zusätzlich als Wellnesshotel an Profil gewonnen. Darüber hinaus bietet eine große Saunalandschaft mit finnischer Sauna samt Panoramafenstern zur Strandpromenade, Sanarium, Dampfbad, separater Damensauna, Erlebnisduschen, Eisbrunnen und Ruheräumen ebenso Erholung wie das Meerwasserschwimmbad. Auspowern kann man sich ganz hervorragend im recht gut ausgestatteten Fitnessraum mit Cardio- und Kraftgeräten. Die 338 Zimmer und Suiten des Hotels verfügen durch die bereits erwähnten Balkone alle über einen Meerblick, da diese so angewinkelt wurden, dass sie sich trotz der Position an den seitlichen Fassaden des Gebäudes in Richtung Meer orientieren. Benachbarte Balkone können nicht eingesehen werden. Die Zimmer werden schlicht in *Einzel-*, *Doppel-* und *Eckzimmer* eingeteilt. Hinzu kommen Juniorsuiten, Zweiraumappartements und die große *Neptunsuite*. Letztere ist für bis zu sechs Personen geeignet, bietet ein Wellnessbadezimmer mit Infrarotsauna und Erlebnisdusche, umfasst die Fläche zweier Appartement-Einheiten und reicht somit auf einer Etage über die ganze Strandfront des Gebäudes. Ein Bademantel- und Handtuchservice sowie eine Nespresso-Kaffeemaschine gehören in allen Kategorien zum Standard, ebenso das inkludierte Frühstück und der Spa-Zugang. Die farbliche Gestaltung der Zimmer ist von maritimem Blau, Weiß und sandfarbenem Beige bestimmt, wobei sich der Fünf-Sterne-Status zumindest auf den ersten Blick nicht unbedingt erkennen lässt. Tagungen und Veranstaltungen bedient das Neptun in beeindruckendem Maße, denn in den insgesamt acht Räumlichkeiten können bis zu 500 Personen konferieren. Viele Gäste, die schon als Kinder hierherkamen, werden dem Haus auch weiterhin die Treue halten, wobei die Älteren unter ihnen sich oft daran erfreuen, hier in einem Hotel ihren Urlaub zu verbringen, das einstmals nur wenigen Privilegierten vorbehalten war. Im Laufe der vergangenen

Jahre wurde unter anderem durch die Allgemeine Hotel- und Gastronomie-Zeitung bekannt, dass ein russischer Oligarch das Neptun bereits 2015 erworben hat. Der Hotelbetrieb ist davon nicht betroffen, schließlich sind solch große Häuser nicht selten Objekt der Begierde für internationale Anleger.

Bewertung:

## PARK-HOTEL HÜBNER

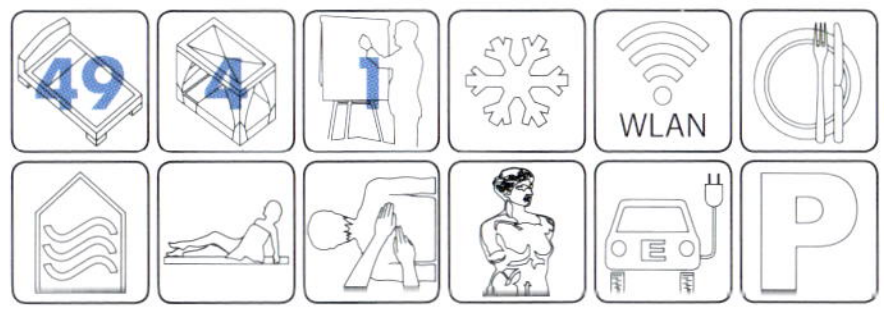


**(OT Warnemünde)**
**Heinrich-Heine-Straße 31**
**18119 Rostock**
**Telefon: 03 81-54 34-0**
**Internet: www.parkhotelhuebner.de**
**E-Mail: info@hotel-huebner.de**
**Direktor: Dietmar Karl**
***DZ ab € 184,00***

Wenn die Rostocker Häfen, unter anderem Ziel- und Abfahrtsort deutscher, aber auch internationaler Kreuzfahrtreedereien sowie mehrerer Skandinavien-Fähren, angesteuert werden, können die Passagiere aus aller Welt so manchen Landgang unternehmen. Neben Ausflügen nach Berlin und zu anderen interessanten Orten im Nordosten Deutschlands ist das nächste Ziel hierbei Warnemünde, denn dieses Ostseebad mit seinem teilweise noch historischen Ortsbild, von alten Kapitänshäusern und dem Alten Strom, dem ursprünglichen Hafen Warnemündes, geprägt, bietet jede Menge maritimes Flair und Strandleben am breiten weißen Sandstrand des Seebades. Eine große Zahl an Restaurants, Cafés und Souvenirläden sowie farbenfroh geflaggte Kutter, kleinere Schiffe und Boote auf dem Alten Strom sorgen bei gutem Wetter hier für echte Urlaubsatmosphäre. Aber auch die dahinter liegenden Gassen und Sträßchen haben etwas zu bieten. Das Strand-Hotel Hübner an der Warnemünder Promenade ist seit der Kaiserzeit eine feste Größe in der Szenerie dieses Seebades. Nach der deutschen Wiedervereinigung wurde das heruntergekommene Gebäude als Neubau wiedererrichtet und florierte umgehend so erfolgreich, dass man schon recht bald darüber nachdenken musste, wie man der stetig wachsenden Nachfrage gerecht werden könnte. Hoteldirektor Dietmar Karl erkannte, dass die Gäste den gelungenen Mix aller Angebote im Strand-Hotel Hübner liebten: das Restaurant, nicht zuletzt mit seinem Frühstück, an der Strandpromenade sowie der Wellnessbereich auf dem Dach des Hotels, bald schon sogar um ein Schwimmbad erweitert, das mit einem Panoramafenster zur Ostsee auch im Winter Baden mit Meeresfeeling bietet. Das Haus selbst war zu diesem Zeitpunkt zu einer glücklichen Mischung aus Strand- und Wellnesshotel herangewachsen, dessen Kapazitäten aber deutlich ausgelastet waren und das daher vielen Anfragen nicht nachkommen konnte. Da traf es sich gut, dass in der Seitenstraße, die von der Promenade zum Kurpark des Seebades führt, neben dem mittlerweile schon 28 Jahre bestehenden Strand-Hotel fast auf gleicher Höhe ein Standort für einen Neubau möglich wurde. Taktisch geschickt war dabei das Konzept, sich hier nicht mit einem gleichartigen Produkt selbst Konkurrenz zu machen, sondern ein Hotel mit ganz eigenem Charakter zu planen. In der durch die schönen, alten Bäume der zum Kurpark führenden Parkstraße geprägten Umgebung lag der Name des neuen Schwesterhotels auf der Hand. Eindeutig als ein Hübner-Hotel zu erkennen, errichtete man das Park-Hotel mit einem Klinkersockel im Erdgeschoss und abgerundeten Balkonen in den Etagen darüber. Mächtige Eichenbäume entlang der Straße sowie direkt neben dem Hotel unterstreichen die Nähe zum locker bewaldeten Kurpark gleich nebenan – ein gewollter Kontrast zur maritimen Umgebung und dem Flair des etablierten Strand-Hotels an der Promenade, das architektonisch entfernt an ein Kreuzfahrtschiff erinnern kann. Das Park-Hotel wirkt dagegen eleganter und distinguierter, die Lobby des Hauses strahlt Ruhe aus, während an dieser Stelle im Strand-Hotel das bunte Urlaubsleben tobt. Auch gastronomisch bilden die beiden Häuser einen Kontrast zueinander, indem das Park-Hotel mit dem Restaurant „Gutmannsdörfer" ein Konzept bietet, das entfernt an das der „Weinwirtschaften" der Rostocker Hotelgruppe Arcona erinnert und auf explizit maritime Themen verzichtet. Das kulinarische Niveau hat uns bislang noch nie enttäuscht, darüber hinaus fühlt man sich durch den aufmerksamen und herzlichen Service besonders umsorgt. Mit einer Außenterrasse unter Eichenbäumen kann man hier eine ganz andere Atmosphäre genießen als im Strand-Hotel direkt an der Promenade. Der kleine Weinkeller, der für besondere Events gebucht werden kann oder auch vom Restaurant bei weinbezogenen Anlässen bespielt wird, ist ein zusätzliches Angebot. Das Interior Design im Park-Hotel Hübner ist geprägt von hellen Hölzern und ebensolchen Farben bei Wänden und Böden sowie warmroten Stoffen und Möbeln. Die insgesamt 53 Zimmer inklusive 4 Juniorsuiten haben allesamt Balkone oder Zugang zu Dachterrassen. Nicht auf dem Dach mit Meerblick wie im Strand-Hotel, sondern im Tiefgeschoss mit breiter Panoramafront zum Garten befindet sich der Wellnessbereich mit großem Innenpool, finnischer Sauna, Bio-Sauna und Dampfbad, der insgesamt 500 Quadratmeter einnimmt. Durch die Absenkung des Gartens vor dem Panoramafenster gelangt reichlich Tageslicht in den Bereich, wobei dieser gleichzeitig vor direkten Einblicken von außen geschützt ist. Der integrierte Beauty-Spa bietet eine recht breite Palette an Treatments, von klassischen Massagen über Hot-Stone bis hin zu ayurvedischen Anwendungen. So lässt sich konstatieren, dass die beiden Hübner Hotels in jedem Fall schon allein wegen ihrer individuellen Qualitäten eine allererste Empfehlung für einen Aufenthalt in diesem traditionsreichen Seebad sind.

Bewertung: ●●●

## STRAND-HOTEL HÜBNER

**(OT Warnemünde)**
**Seestraße 12**
**18119 Rostock**
**Telefon: 03 81-54 34-0**
**Internet: www.strandhotelhuebner.de**
**E-Mail: info@hotel-huebner.de**
**Direktor: Dietmar Karl**
***DZ ab € 214,00***

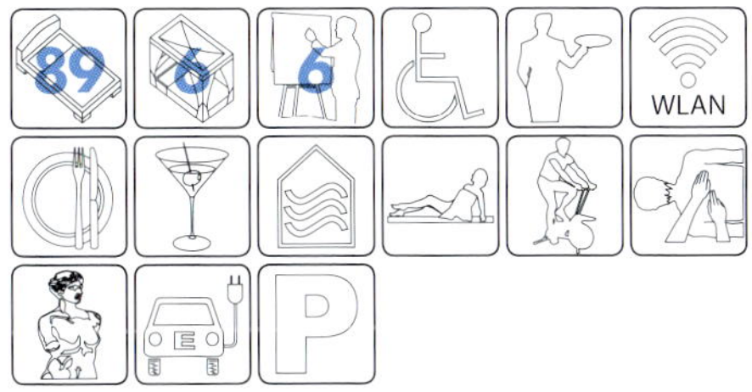

Das Strand-Hotel Hübner ist zweifelsohne das erfolgreichste Leisurehotel im First-Class-Superior-Segment in Warnemünde. Geführt wird es von Dietmar Karl, den wir 2015 als Hotelmanager des Jahres ausgezeichnet haben. Er prägte dieses Haus und trug maßgeblich zu dessen Erfolgsgeschichte bei, dessen bisherige Bilanz beachtlich ist. Karls souveräner Führungsstil und seine hohe Sozialkompetenz haben dafür gesorgt, dass er mit seinen beiden Häusern zu den beliebten und attraktiven Arbeitgebern der Region zählt. Das bezeugen auch die zahlreichen Mitarbeiter, die seit vielen Jahren im Strand-Hotel beschäftigt und mit diesem eng verbunden sind. Und dass sich deren Zufriedenheit regelmäßig auch positiv auf die Service- und Dienstleistungskultur auswirkt, kann hier vor Ort direkt überprüft werden. Denn es ist das freundliche und vor allem sehr aufmerksame Serviceteam hier im Strand-Hotel Hübner, das den Gästen letztlich in Erinnerung bleibt, indem es sich gutgelaunt und zugewandt regelmäßig rückversichert, ob man zufrieden ist oder noch etwas benötigt. Solche Qualitäten haben gerade in einem Leisurehotel noch einmal einen ganz anderen Stellenwert als in der Businesshotellerie, schließlich verbringen einige Gäste hier sogar ihren Jahresurlaub und wollen sich nicht über unfreundliche, lethargische oder unaufmerksame Mitarbeiter ärgern. Daneben hat Karl wichtige Prozesse vorangetrieben und nicht selten auch persönlich initiiert, die über viele Jahre der ständigen Weiterentwicklung seiner beiden Häuser dienten. Beispiele sind die Erweiterung des Spa-Bereichs um einen Pool, der einst mit einem riesigen Aufwand nachträglich geplant und auf dem Dach des bestehenden Hotels integriert werden musste, oder die Erweiterung um das Park-Hotel. Da Karl ein hohes Ansehen bei der Eigentümergesellschaft genießt, kann er seine Expertise aus dem operativen Tagesgeschäft mit in die Planungs- und Entwicklungsprozesse einbringen. Das erwähnte zweite Hotel auf einem Grundstück schräg gegenüber diesem Haus, das Park-Hotel Hübner, war bisher das größte Projekt, das er begleitete. Auch hier dürften die Eigentümer darüber erfreut sein, dass sich die „kleine Schwester" des Strand-Hotels schnell größter Beliebtheit erfreute und

bis zum heutigen Tag eine hohe Auslastung vorzuweisen hat. Das Strand-Hotel mit seinen insgesamt 95 Zimmern und Suiten, von denen einige einen direkten, andere einen seitlichen Meerblick bieten, hat nach wie vor ein zeitgemäßes Zimmerprodukt. Auch, da diese regelmäßig einer Revision unterzogen werden. Ihr Design ist in Sandfarben und Blautönen gehalten, kombiniert mit hellen Holzelementen und rotem Teppich als Kontrast. Neben Einzel- und Doppelzimmern, unterschieden nach Meerblick, seitlichem Meerblick oder stadtseitigem Ausblick, sind auch Juniorsuiten buchbar. Zum 500 Quadratmeter großen Spa, der sich über zwei Ebenen erstreckt, erhalten alle Gäste des Hauses kostenfreien Zutritt. Er umfasst neben einem Pool mit Meerblick einen Saunabereich sowie eine Beauty-Abteilung. Nach dem Schwimmen oder Saunieren bietet sich die sogenannte „Wellnesskuppel" zum Relaxen an, die rundum verglast ist und einen wunderbaren Meerblick ermöglicht. Zusätzlich steht auch noch ein Ruheraum zur Verfügung. Komplettiert wird das Angebot durch einen recht gut ausgestatteten Fitnessraum, in dem man bei einem sensationellen Ausblick auf die Ostsee trainieren kann. Als das Restaurant vor ein paar Jahren umgebaut und sogar erweitert wurde, weil freiwerdende Ladenflächen miteinbezogen werden konnten, nutzte man die Chance, direkt am Eingangsbereich eine Kaffeerösterei zu integrieren und eine eigene Hausröstung zu kreieren. Wahre Kaffeeliebhaber wissen, dass der Röstvorgang Einfluss auf den Geschmack hat. So werden die Bohnen bei Industrieröstungen einem nur wenige Minuten dauernden, hoch temperierten Heißluftverfahren unterzogen, wodurch manchmal ein etwas bitterer Geschmack entsteht. Im Hübner nimmt sich der Röstmeister dagegen viel mehr Zeit, sodass dessen äußerst schonendes Röstverfahren eine unmittelbare positive Auswirkung auf das Aroma hat. Hier beginnt somit jeder Morgen mit einem hervorragenden Kaffee. Doch nicht nur das, auch das Frühstücksbuffet im Restaurant Strand 12 ist mit seiner Auswahl und vor allem der Qualität der Produkte wirklich erstklassig. Eierspeisen werden hier an der Live-Cooking-Station vor den Augen der Gäste deren Gusto entsprechend zubereitet. Küchenchef Dirk Heiland bietet im Strand 12 eine Mischung aus regionaler und internationaler Küche auf einem wirklich guten Niveau. Ab 12 Uhr kann man hier speisen und natürlich jederzeit auch einen Kaffee oder Kuchen genießen. Sehr beliebt ist der fangfrische Fisch, etwa die ganze Scholle nach Finkenwerder Art. Auch wenn das Strand-Hotel Hübner ein lupenreines Leisurehotel ist, können überdies sechs Veranstaltungsräume geboten werden, die jeweils noch einmal unterteilbar sind. Der größte Raum bietet bei Kinobestuhlung immerhin Platz für bis zu 130 Personen. Und da man immer mit der Zeit geht, wurden in der Tiefgarage längst auch Stellplätze mit Elektroladestationen eingerichtet.

Bewertung: ●●●◐

## WARNEMÜNDER HOF

**(OT Diedrichshagen)**
**Stolteraer Weg 8**
**18119 Rostock**
**Telefon: 03 81-54 30-0**
**Internet: www.warnemuender-hof.de**
**E-Mail: info@warnemuender-hof.de**
**Direktor: Frank Martens**
***DZ ab € 86,00***

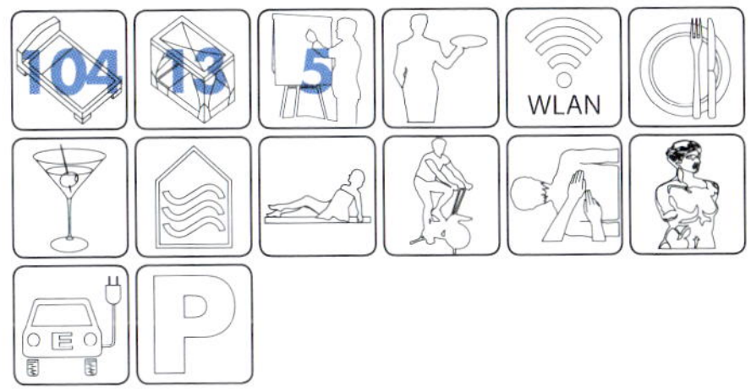

Die positive Weiterentwicklung des Warnemünder Hofes, eines in einem ruhigen Wohngebiet gelegenen First-Class-Hotels, ist durchaus beachtlich. So wurde vor ein paar Jahren auf dem Areal mit dem sogenannten Torhaus ein weiteres Gebäude mit insgesamt zwanzig Zimmern, die in vier Kategorien eingeordnet werden, realisiert. Diese haben eine Größe zwischen 25 und 32 Quadratmetern und verfügen alle über einen Balkon sowie eine Klimaanlage. Dadurch hat man seither insgesamt 117 Zimmer und Suiten zu bieten. Zuletzt wurde der Spa, der sich über drei Ebenen erstreckt, erweitert und darüber hinaus deutlich aufgewertet – eine sinnvolle Investition in Anbetracht der positiven Entwicklung des Leisure-Segments, schließlich zeichnet sich seit einigen Jahren ab, dass mehr und mehr Deutsche ihren Urlaub im eigenen Land verbringen. Im 10,5 x 6 Meter großen Pool mit Gegenstromanlage sind eine Whirlpool-Zone, eine Sprudelbank sowie eine Schwalldusche integriert. Die Saunalandschaft umfasst eine finnische Sauna, eine Salzsauna, ein Dampfbad, einen Eisbrunnen, Wärmebänke, eine Frischluftterrasse sowie einen Gradierwerk-Ruheraum zur Entspannung. Selbstverständlich wurde auch ein kleiner Fitnessraum mit Cardio-Trainingsgeräten eingerichtet. Der Beauty-Spa bietet ein breites Spektrum an Kosmetik- und Massageanwendungen. Zuletzt wurde außerdem das Thema Health & Beauty stärker gewichtet. Positiv hat sich die Kooperation mit Dr. Christine Teichert entwickelt, die hier eine Privatpraxis für Allgemeinmedizin betreibt. Für Gäste bedeutet das ein weiteres attraktives Angebot bei einem Urlaub im Warnemünder Hof, denn der Aufenthalt kann so mit einem Medical Check verbunden werden, der sowohl eine weitreichende Ultraschalldiagnostik als auch Blutuntersuchungen umfasst. Das breite Spektrum reicht dabei von einer solchen Vorsorgeuntersuchung bis hin zu sogenannten minimalinvasiven Anti-Aging-Behandlungen. Ebenso wird eine Medical-Wellness-Kur inklusive Ernährungs- und Gesundheitsberatung von Frau Dr. Teichert angeboten. Um den eigenen Gesundheitszustand überdies aktiv zu verbessern, ist Bewegung an frischer Seeluft eine hervorragende Methode, etwa bei einer Runde Golf. Die Golfplätze Warnemünde und Wittenbeck befinden sich in unmittelbarer Nähe zum Hotel und in den Hauptferienzeiten kann auf Anfrage auch ein Shuttleservice organisiert werden. Glücklicherweise wird dieses Hotel seit vielen Jahren mit Frank Martens von einem erfahrenen Hotelmanager geleitet, der den Warnemünder Hof mit seiner ruhigen und sehr besonnenen Persönlichkeit durch diese jüngst nicht ganz einfachen Zeiten geführt hat. Schon vor Beginn der Coronapandemie klagte die Branche über einen Fachkräftemangel, der sich zwischenzeitlich noch einmal verschärft hat. Immer mal wieder kommt es zu hohen Krankenständen und dadurch begründeten Personalengpässen. Im vierten Quartal letzten Jahres musste aufgrund krankheitsbedingter Ausfälle das À-la-carte-Angebot im Restaurant „Uns Hüsung" deutlich reduziert werden. Dafür erwartete die Gäste als Abendessen jedoch täglich ein Buffet. Das Angebot der Karte ist zwischenzeitlich wieder sehr gut. Auch das kulinarische Niveau kann überzeugen. Offeriert wird eine Mischung aus regionaler und internationaler Küche, denn Gäste schätzen zwar kleine Ausflüge in die lokale Kulinarik, doch lieben sie daneben auch in jedem Fall die Möglichkeit, Bekanntes und Bewährtes wählen zu können. Erfreulich ist die verstärkte Zusammenarbeit mit Erzeugern aus der Region, die grundsätzlich in diese Küche einfließt. Bezüglich der Service- und Dienstleistungsqualität im Hotel ist Martens in der komfortablen Lage, ein etabliertes Team hinter sich zu wissen. Während der Coronapandemie blieb man geöffnet. Monetär gesehen machte das natürlich wenig Sinn. Martens war es aber wichtig zu signalisieren, ein verlässlicher Arbeitgeber zu sein, und das eben auch in schwierigen Zeiten, weil es das Wirgefühl unter seinen Mitarbeitern stärkte. In dieser Zeit konnten alle operativen Bereiche im Hotel nebst ihren Abläufen zudem gemeinsam reflektiert und überprüft werden, und es konnte eben all das erledigt werden, was an Checks und Maßnahmen im Regelbetrieb nicht oder nicht in diesem Umfang möglich ist. Als wir diesem Haus im Mai 2023 nochmals einen Besuch abstatteten, haben wir so manches vertraute Gesicht wiedergesehen. Es sind solche Mitarbeiter, die alles daransetzen, einen guten Service zu bieten, und genau das macht den Aufenthalt hier nun wieder so besonders.

Bewertung: 

## YACHTHAFENRESIDENZ HOHE DÜNE

**(OT HOHE DÜNE)**
**Am Yachthafen 1**
**18119 Rostock**
**Telefon: 03 81-50 40-0**
**Internet: www.hohe-duene.de**
**E-Mail: info@yhd.de**
**Direktorin: Silke Glomm**
***DZ ab € 126,00***

Rostock hat auch aus touristischer Sicht einiges zu bieten, obwohl die Zerstörungen des Zweiten Weltkrieges in der alten Hansestadt erheblich waren. Jedoch kann man hier zum Beispiel durchaus begutachten, wie der DDR-Städtebau es unter den gegebenen Umständen originell und mit beachtlichem Ergebnis schaffte, die daraus erwachsende Aufgabe des Wiederaufbaus zu bewältigen. Die Rostocker Lange Straße ist ein gutes Exempel für die mit damals begrenzten Mitteln durchgeführte Stadtreparatur, wobei sich gleich nebenan die mehrere Hundert Meter lange Kröpeliner Straße erstreckt, die mit zahlreichen historischen Fassaden einen guten Eindruck vom alten Rostock konserviert hat. Wer historisches und maritimes Flair genießen möchte, der ist auch in den Ortsteilen Seebad Warnemünde und Hohe Düne an der richtigen Adresse. Rund um den dortigen alten Hafen, den sogenannten Alten Strom, finden sich zahlreiche ehemalige Kapitänshäuser, aber auch Pensionen, Fischer- und Bürgerhäuser aus den vergangenen Jahrhunderten. Zudem hat Rostock hier eine moderne Seite, die ganz dem Segelsport und dem hochklassigen Tourismus verbunden ist. Um diese kennenzulernen, muss man den Alten Strom und vor allem den parallel verlaufenden Fluss Warnow, der die Hafeneinfahrt zu den Rostocker Häfen darstellt, per Fähre überqueren. Dann gelangt man zum erwähnten Seebad Hohe Düne, einer Halbinsel, welche die Ostsee von der hier sich aufweitenden Warnow trennt. Auf dieser Landzunge, die zu DDR-Zeiten militärisches Sperrgebiet war, findet man seit 2005, als hier im Zusammenhang mit der geplanten Olympia-Bewerbung Leipzigs ein Austragungsort für olympische Segelsportwettbewerbe geschaffen wurde, einen Yachthafen für 750 Liegeplätze und eine zugehörige Hotelanlage. Skandinavien-Fähren und Kreuzfahrtschiffe laufen vorbei an dieser Anlage in den Rostocker Hafen ein, sodass dort, in der sogenannten Yachthafenresidenz, die nahezu perfekte maritime Umgebung für ein wahres Seglerparadies entstanden ist. Unabhängig vom nicht stattgefundenen Zuschlag für die Olympischen Spiele war schon damals klar, dass hier ein Prestigeobjekt errichtet wurde, dessen wirtschaftliche Tragfähigkeit Staatsgelder und europäische Fördergelder voraussetzte. Denn die Konkurrenz für das Luxushotel und die mit ihm geschaffenen Erholungs-, Sport- und Freizeitgestaltungsmöglichkeiten entlang der Ostseeküste ist groß. Dennoch entstand hier eine besonders beeindruckende Anlage, die Gästen heute einiges zu bieten hat. Maritime Sportarten wie Segeln, Tauchen oder Surfen sind nur ein Teil der Offerten, zu denen auch eine eigene Yacht gehört, die bei einem Aufenthalt gechartert werden kann.

Selbst im Winter muss auf wenig verzichtet werden, denn im 4200 Quadratmeter großen Wellnessbereich der Anlage gibt es einige ganzjährig nutzbare Angebote zur Indoor-Erholung, wie zum Beispiel einen 22 x 10 Meter großen Pool mit offenem Kamin. Die Saunalandschaft umfasst eine Bio-Sauna, eine finnische Sauna, Kelo- und Erdsauna, ein Caldarium und Laconium sowie ein Sole- und ein Aromadampfbad. Daneben gibt es Regenduschen, Kneippbecken und mehrere Ruhebereiche sowie einen zusätzlichen Pool für den Sommer im Außenbereich. Ein Fitnessraum mit einer aktuellen Ausstattung an Cardio- und Trainingsgeräten ist natürlich ebenso vorhanden. Die Zimmer und Suiten befinden sich im Haupthaus und in mehreren sogenannten Residenzen, wobei sie bereits in der Standardkategorie eine Raumgröße von 27 Quadratmetern haben und mit luxuriösen Marmorbädern inklusive Regenschauerdusche ausgestattet sind. Überdies bieten alle Segmente auch Zimmer mit Meerblick. Tagungen und Veranstaltungen zählen zum Kerngeschäft und sind in Anbetracht einer so großen Hotelanlage, die ganzjährig bespielt werden will, unverzichtbar. Aus diesem Grunde wurde ein 3200 Quadratmeter großes Kongresszentrum mit 21 Tagungsräumen errichtet, das vom Boardingroom bis zum Ballsaal verschiedenste Raumgrößen aufweist und damit Veranstaltungen für bis zu 750 Personen möglich macht. Die Größe der Yachthafenresidenz bedingt auch die stattliche Anzahl von sechs Restaurants, die allerdings nicht immer alle geöffnet haben. Highlight ist das Gourmetrestaurant „Der Butt", das unter der Verantwortung von André Münch mit einem Michelin-Stern prämiert wurde. Die Yachthafenresidenz Hohe Düne hat, wenn auch sicherlich in ihrer Entstehung erheblich subventioniert, ihr Publikum gefunden und konnte somit überleben, was oft bezweifelt wurde. Sowohl die Qualität dieser exklusiven Hotelanlage als auch ihre bevorzugte Lage und Erreichbarkeit am Rande der Hansestadt Rostock sprechen dafür, dass dies weiterhin so bleiben wird.

Bewertung:

## ROTTACH-EGERN Bayern

### ALTHOFF SEEHOTEL ÜBERFAHRT

**Überfahrtstraße 10**
**83700 Rottach-Egern**
**Telefon: 0 80 22-6 69-0**
**Internet: www.seehotel-ueberfahrt.com**
**E-Mail: info@seehotel-ueberfahrt.com**
**Direktor: Vincent Ludwig**
***DZ ab € 320,00***

Dieses „Leading Hotel of the World" der Althoff-Gruppe zählt zu den Häusern, die verlässlich mit allen Annehmlichkeiten eines lupenreinen Luxushotels aufwarten. Da wäre ein edles Zimmerprodukt, das einen hohen Aufenthaltskomfort bietet, eine bislang herausragende Kulinarik und ein Spa-Bereich der Extraklasse. Hinzu kommt selbstredend, und das ist an dieser Stelle besonders zu gewichten, auch eine überdurchschnittlich gute Service- und Dienstleistungsqualität. Um diese gewährleisten zu können, ist eine entsprechende Personalstärke vorauszusetzen, welche hier offenbar gegeben ist. Denn trotz des aktuellen Fachkräftemangels muss der Gast während seines Aufenthaltes keine Abstriche hinnehmen, was mittlerweile alles andere als selbstverständlich ist. Alle Restaurants sind daher im Großen und Ganzen zumindest zur High Season an Wochenenden und in den Hauptferienzeiten geöffnet. Bis Mai dieses Jahres hielt Christian Jürgens, einer der besten Köche der Republik, sozusagen der ungekrönte König des Tegernsees im Restaurant „Überfahrt" Hof. Im Glanz seines Rufes sonnte man sich in den vergangenen Jahren nur allzu gerne, weil er diesem Haus im Allgemeinen und der Althoff-Hotelgruppe im Besonderen bislang sehr viel positive Publicity bescherte. Nunmehr stehen Vorwürfe wie Machtmissbrauch, Schikane bis hin zu sexuellen Übergriffen bei Mitarbeitenden im Raum. Die Konzernspitze reagierte umgehend und entband Jürgens von seinen Aufgaben. Es ist ein offenes Geheimnis, dass in Hotelküchen mitunter ein rauer Ton herrscht. Ja, es gibt sie schon lange, die Geschichten von cholerischen Star-Köchen, die Mitarbeitern eine heiße Bratpfanne hinterhergeworfen haben sollen. Das ist aber kein Phänomen der Spitzengastronomie, sondern findet immer wieder dort seinen Platz, wo äußerer Druck, Perfektionsstreben und nicht selten Egozentrik sich vereinen, sodass es passieren kann, dass Vorgesetzte mitunter ihre gute Kinderstube vergessen. Vorausgesetzt, sie hatten eine. So gibt es auch die Geschichten von Star-Chirurgen, die durch den Operationssaal Skalpelle feuerten, weil die Assistenten den Haken falsch hielten oder das OP-Feld nicht richtig ausgeleuchtet hatten. Wenn die entsprechende Sozialkompetenz fehlt, der Ton nicht nur rau, sondern herabwürdigend ist und es dann auch noch zu sexuellen Übergriffen oder zumindest Anspielungen kommt, dann ist das aber nicht hinnehmbar und muss natürlich Konsequenzen haben. Doch auch das gehört zur Wahrheit: Bis kurz vor Drucklegung dieses Hotel Guide gab es zwar zahlreiche Wortmeldungen ehemaliger Mitarbeiter, die sich in unterschiedlichen Medien über ein präpotentes Auftreten von Christian Jürgens äußerten, bislang hat aber niemand gegen ihn Strafanzeige gestellt. Aktuell läuft ein Vorermittlungsverfahren. Dass Jürgens zweifelsohne eine riesige Fangemeinde hinter sich versammelt, steht auf einem anderen Blatt, könnte ihm jedoch helfen, wieder beruflich Fuß zu fassen, wenn sich die Behauptungen als überzogen oder sogar als unwahr herausstellen sollten, etwa weil es sich nur um Racheakte einzelner Mitarbeiter handelte. Denkbar wäre, dass er sich dann etwa mit einem eigenen Restaurant selbstständig machen könnte. Das Restaurant „Überfahrt" wurde auf jeden Fall umgehend geschlossen und innerhalb kürzester Zeit hat man sich für ein neues Konzept entschieden. Nun arbeitet man mit dem renommierten Berliner Koch The Duc Ngo zusammen und bietet den Gästen ab der dritten Juniwoche dieses Jahres mit „Le Duc Tegernsee" ein neues Restaurant mit einer japanischen Crossover-Küche. Überhaupt ist mit insgesamt vier Gastronomien das kulinarische Gesamtangebot des Seehotel Überfahrt beachtlich und verspricht in jedem Fall Abwechslung. Das

„Il Barcaiolo" begeistert beispielsweise mit einer anspruchsvollen und kreativen italienischen Cucina, während die „Egerner Bucht" nach eigenen Angaben eine modern interpretierte alpine Küche verspricht. Eine Empfehlung unsererseits an dieser Stelle ist die „Bayernstube", die regionale Schmankerl wie einen Wurstsalat mit Bergkäse, die Semmel-Petersilien-Käseknödel oder eine Bauernente, traditionell mit Blaukraut und Knödeln, kredenzt. Von Vincent Ludwig, seines Zeichens General Manager dieses Luxusresorts, würden wir uns wünschen, dass er hier Gastgeberqualitäten entfaltet, wirkt er doch auf uns bisher ein wenig blass und vielmehr wie ein Verwalter dieser Nobelherberge. Immerhin, die Servicebereitschaft der Mitarbeiterinnen und Mitarbeiter vermag größtenteils zu überzeugen. In den Zimmern und Suiten, die in der Farbgebung in warmen Erdtönen gehalten sind, herrscht eine hochwertige und behagliche Atmosphäre. So etwa in den *Elegant-Nature*-Zimmern, die bei einer Größe von 35 Quadratmetern entweder auf die Berge ausgerichtet sind oder einen seitlichen Seeblick bieten, während die ähnlichen, 42 Quadratmeter großen *Elegant-Nature-Deluxe*-Zimmer teilweise sogar einen direkten Seeblick haben. Die Bäder sind mit einer Badewanne mit Swarowski-Sternenhimmel und einer separaten Dusche ausgestattet. Außerdem steht eine Leysieffer-Kapselmaschine zur Zubereitung von Kaffeespezialitäten zur Verfügung. Um den Erwartungen einer verwöhnten und anspruchsvollen Gästeklientel entsprechen zu können, zählen große Luxussuiten, etwa die *Tegernsee* Suite mit einer Größe von 90 Quadratmetern, separatem Wohn-, Schlaf- und Arbeitsbereich, einem Luxusbad, drei Balkonen und uneingeschränktem Seeblick, ebenso zum Portfolio. Wahrlich herausragend ist der 3000 Quadratmeter große „4 elements spa" mit weitläufigem Innen- und Außenbereich. Die Saunalandschaft, und hier ist diese Bezeichnung wirklich mehr als angemessen, wartet mit einem vielfältigen Angebot auf. Neben einer finnischen Sauna, einer Salzsauna, einem Laconium, einem Sanarium, einer Bergkristallsauna sowie einem Hamam für orientalische Anwendungen werden mehrere Bereiche zum Relaxen geboten. Etwa der großzügige Ruheraum mit Kamin oder die Bibliothek mit ihrer guten Auswahl an Büchern, die hier bereitsteht. Der 28 Meter große Indoor-Pool erlaubt echtes Bahnenschwimmen und von Mai bis Oktober ist neben einem Whirlpool auch ein Außenpool mit Alpenblick und einem separaten Kinderbecken zugänglich. Gäste haben zudem Zugang zum privaten Badestrand am Tegernsee mit hoteleigenem Badesteg. Zu den verlässlichen Servicestandards zählen das Valet Parking, Hilfe beim Gepäck und ein 24-Stunden-Zimmerservice. Und selbstverständlich kann ein Haus dieser Güte auch einen exzellenten Concierge-Service bieten, bei dem sich das Team um die individuellen Anliegen und Wünsche der Gäste kümmert. Die Möglichkeiten der aktiven Freizeitgestaltung sind in der Region natürlich ebenfalls hervorragend, sei es beim Wassersport oder Wandern, beim Mountainbiken und natürlich in den Wintermonaten beim Skifahren und Rodeln. Somit beste Ausgangsbedingungen auch für einen längeren Urlaub in diesem Ausnahmehotel.

Bewertung: ●●●●

# RÜGEN/BINZ Mecklenburg-Vorpommern

## KURHAUS BINZ

**Strandpromenade 27**
**18609 Binz/Rügen**
**Telefon: 03 83 93-6 65-0**
**Internet: www.travelcharme.com**
**E-Mail: kurhaus-binz@travelcharme.com**
**Direktor: Oliver Gut**
***DZ ab € 132,00***

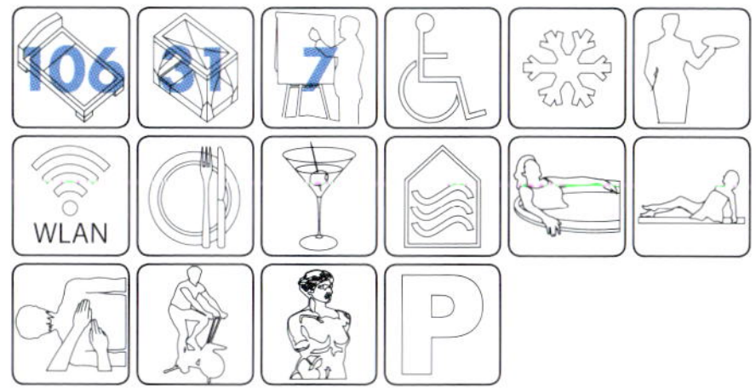


Das Kurhaus Binz stellt nahezu eine Ikone für den Ostseetourismus in Mecklenburg-Vorpommern dar. Das schlossartige Gebäude direkt vor der 300 Meter langen Seebrücke ist ein beeindruckendes Bauwerk und ein Höhepunkt an der an architektonischen Reizen nicht gerade armen Küste dieses Bundeslandes. Die Bäderarchitektur der Kaiserzeit ist hier noch in weit größerem Umfang anzutreffen als im Westen der Republik, denn vieles blieb, wenn auch im nachher ruinösen Zustand, über den Zeitraum des Bestehens der DDR erhalten. Investitionen in neue Gebäude und Infrastruktur, verbunden mit dem Abriss alter Bauten, war zu damaliger Zeit eben nur in kleinerem Umfang möglich, was der gesamten Küste Mecklenburg-Vorpommerns nach der Wiedervereinigung letztlich zugutekam. Denn die mittlerweile gewachsene Wertschätzung für historische Bäderarchitektur und der generell sensiblere Umgang mit alter Bausubstanz im Gegensatz zu den modernisierungswütigen 1950er- bis 1970er-Jahren führte dazu, dass nach der Wende nahezu alle erhaltenen Altbauten saniert wurden und darüber hinaus auch Neubauten in einem angepassten Stil entstanden – natürlich gefördert durch nationale und auch europäische Mittel für den Aufbau Ost. Das Kurhaus Binz ist hierfür ein frühes Beispiel, wobei man im Eifer des Gefechtes zunächst etwas über das Ziel hinausschoss, zumindest im Hinblick auf das Interieur nach der Sanierung des als Hotel umgebauten Kurhauses. Knallbunte Opulenz mit gerafften, schweren Vorhängen, königsblauen Teppichen und insgesamt einer Optik und Ästhetik wie bei einem Kreuzfahrtschiff des Disneykonzerns begeisterten zwar durch die positive Urlaubsstimmung, die sich dadurch einstellte, aber man hatte von Anfang an das Gefühl, dass dem wunderbaren Gebäude dabei irgendwie Unrecht getan wurde. Schließlich handelt es sich um ein großartiges Beispiel der repräsentativen Bäderarchitektur der vorvergangenen Jahrhundertwende. Die knallbunte Ausstattung aber ließ das eigentlich ja authentische Gebäude eher wie eine Kulisse erscheinen. Was für eine Erleichterung, dass man nach und nach nun diese Fehler korrigiert und ein sehr elegantes, modernes Zimmerdesign mit hellen, gedeckten Farben und hochwertigen Materialien etabliert hat. Auch die öffentlichen Bereiche wurden entsprechend und im gleichen Geiste umgestaltet. Endlich hat man nun zu einem Interieur gefunden, das dem Exterieur des eleganten und repräsentativen Kurhauses entspricht. Dass einzelne Bereiche wie die sogenannten Residenzen noch im altmodischen Look verblieben sind und der Kurhaussaal als größter Veranstaltungsraum für bis zu 500 Personen in einem theaterähnlichen Anbau hinter dem Hauptgebäude immer noch wie eine Szenerie aus Disneys „Die Schöne und das Biest" erscheint, ist dabei nicht schlimm. Denn diese Reminiszenzen an die ursprüngliche Gestaltung des Hauses fallen nun nicht mehr so stark ins Gewicht und sind eher interessante Ausnahmen vom ansonsten in sich stimmigen neuen Konzept für das Hoteldesign. Der Neubau ist ebenfalls an die Bäderarchitektur der deutschen Ostseeküste angelehnt. Er wurde neben dem Kurhaus errichtet und ist mit diesem über ein Atrium mit weitgespanntem Glasdach verbunden. Die Zimmer und Suiten sind in verschiedensten Konstellationen buchbar, etwa mit und ohne Balkon oder Seeblick im Neubau, eine Suite im Altbau, ebenso in dessen Türmen. Das erwähnte Atrium dient als Hotellobby, über die man auch den 1500 Quadratmeter großen Spa im Neubau mit einem Innen- und einem beheizten Außenpool, einer finnischen Sauna und einem Dampfbad sowie Räumen für Beautyanwendungen und Massagen in allen denkbaren Varianten erreicht. Dass die einstige Fünf-Sterne-Klassifizierung abgegeben wurde, obwohl die Voraussetzungen für diese Einstufung immer noch vorliegen sollten, hat sicherlich den nicht selten anzutreffenden Grund, auch als Tagungshotel attraktiver zu werden, da die Klassifizierung als Haus im Luxussegment für viele Veranstalter ein wenig zu viel des Guten ist. Hier spricht man vom sogenannten Pharmakodex. Denn es kam vor nun schon einigen Jahren zu einer freiwilligen Selbsterklärung von Pharmaunternehmen, Veranstaltungen mit Ärzten nicht mehr in Fünf-Sterne-Hotels durchzuführen, um die bekannten Vorwürfe der Beeinflussung von Medizinern jenseits der fachlichen, pharmazeutischen Argumente nicht zu sehr zu befeuern. Fassen wir zusammen: Das Kurhaus Binz muss sich keinesfalls mehr als Villa Kunterbunt unter den Luxushotels der mecklenburg-vorpommerschen Küste belächeln lassen, sondern ist nun schon seit einigen Jahren durch das neue Interior Design der Zimmer und Suiten sowie öffentlichen Bereiche in unseren Augen als erste Adresse dieses Rügener Seebades rehabilitiert.

Bewertung: ●●●◐

## RÜGEN/SELLIN Mecklenburg-Vorpommern

### CLIFF HOTEL

**Cliff am Meer 1**
**18586 Sellin/Rügen**
**Telefon: 03 83 03-80**
**Internet: www.cliff-hotel.de**
**E-Mail: info@cliff-hotel.de**
**Direktor: Peter Schwarz**
***DZ ab € 126,00***

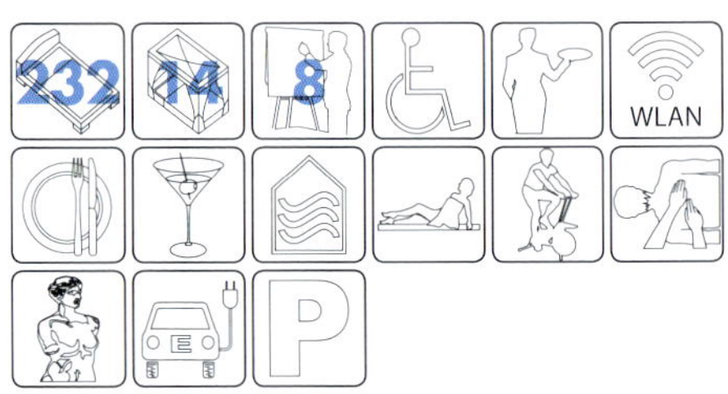


Kaum hätten wir es noch für möglich gehalten, dass hier in naher Zukunft die Bereitschaft seitens der Verantwortlichen der Dr. Lohbeck-Hotelgruppe besteht, weitreichende Erneuerungsmaßnahmen zu genehmigen. Aber bekanntlich stirbt die

Hoffnung ja zuletzt und so wurde ein Teil der Zimmer zwischenzeitlich tatsächlich vollständig renoviert, und das in allen Kategorien bis auf die Suiten, die lediglich ein Fresh Up erhalten haben. Bei der Farbgestaltung des neuen Interieurs hat man sich für warme Braun- und Beigetöne entschieden. Für Gäste, die hier mehr als nur eine Übernachtung einplanen, würden wir eine Empfehlung für die Kategorie Doppelzimmer *Deluxe* allein schon deshalb aussprechen, weil sie mit 38 Quadratmetern reichlich Platz bietet. Mithilfe einer durchdachten Raumtrennung werden Schlaf- und Wohnbereich geschickt separiert. Diese Zimmer sind im Übrigen mit und ohne Meerblick buchbar. Erfreulicherweise wurden alle mit einem Boxspringbett ausgestattet und nach der Kernsanierung der Bäder verfügen diese nun über eine Wanne sowie eine separate Dusche. Gegen eine Gebühr von 19 Euro kann ein renoviertes Zimmer fixiert werden, ansonsten ist es nur möglich, dies als Wunsch bei der Buchung zu hinterlegen. Auch wenn es sich bei diesem Haus zweifelsohne um ein lupenreines Leisurehotel handelt, sind hier die Veranstaltungsmöglichkeiten durchaus beachtlich. Meetings, Kongresse und Tagungen sind in einer solchen Umgebung ein adäquates Angebot, denn die moderne und sachliche Architektur des schon zu DDR-Zeiten für die damals Privilegierten des Staates errichteten Hotels ist weniger als reines Urlaubsdomizil zu erkennen als bei vielen anderen Häusern auf Rügen. Die Nutzung des 2000 Quadratmeter großen RÜLAX Beauty & Spa ist bereits in die Zimmerrate inkludiert. Er wird auf Ozonbasis betrieben und umfasst einen großen Badebereich mit einem 25 Meter langen Pool sowie eine kleine Saunalandschaft mit finnischer Sauna, Dampfbad und Kräuterbad, dazu eine Ruhezone. Selbst ordnet man sich ja gerne als Luxushotel ein und ist davon überzeugt, dass man mit dem Angebot aus Wellness, Kulinarik und dem Zimmerprodukt das Fünf-Sterne-Segment ohne Weiteres bespielt. Die Realität sieht zumindest augenblicklich noch etwas anders aus. Ein wenig umständlich ist die Anreise mit dem Zug, der am Bahnhof Binz hält. Man kann sich mit einem hauseigenen Shuttle abholen lassen, dieser Service wird jedoch mit 35 Euro pro Fahrt berechnet. Über viele Jahre blieb das Parken auf den Außenflächen grundsätzlich ohne Berechnung; nunmehr werden von den Gästen, die nicht über das Hotel oder die Homepage reserviert haben, pro Tag 15 Euro verlangt. Auf den aktuellen Zug, den Gästen einen Energiekostenaufschlag zu berechnen, wurde ebenfalls aufgesprungen, er beläuft sich auf 3,50 Euro pro Zimmer und Nacht. Da würde es uns nicht verwundern, wenn in naher Zukunft auch der Besuch des Spa mit einer Gebühr belegt würde. Kein gutes Signal wie wir finden, vor allem auch deshalb, weil den Gästen in den augenblicklichen Zeiten doch eine Menge abverlangt wird, etwa eingeschränkte Öffnungszeiten der Restaurants und zudem das Ärgernis einer schwankenden Service- und Dienstleistungsqualität, was zwar zu einem Teil Personalengpässen geschuldet ist, doch in einigen Fällen ebenso auf unzureichende Schulungsmaßnahmen der Mitarbeiter zurückgeführt werden kann. Wobei wir hier auch vereinzelt auf jene treffen, die sich wirklich mit Engagement um das Wohl der Gäste kümmern. Ein Mysterium ist das Personal der Reservierungsabteilung, denn das ist, wann immer wir anrufen, entweder im Gespräch oder in einer internen Besprechung und dann überpünktlich gegen 17 Uhr im Feierabend. Hilfe vom Rezeptionsteam ist nicht zu erwarten, denn bedauerlicherweise wurde vergessen, den Damen und

Herren das Einmaleins der guten Gästekommunikation zu vermitteln. Im Idealfall vielleicht nachzufragen, ob sie versuchen dürfen, bereits schon einmal im Vorfeld zu helfen, leider Fehlanzeige, was den konstatierten Schulungsbedarf unterstreicht. Abschließend würden wir noch ein SOS an Hoteldirektor Peter Schwarz senden, sind uns aber nicht sicher, ob er dieses überhaupt empfangen würde. Denn ihn führen wir nämlich unter der Rubrik: Was macht eigentlich…?

Bewertung: ●●●

## SCHWANGAU Bayern

### AMERON ALPSEE RESORT & SPA

**Alpseestraße 21**
**87645 Hohenschwangau**
**Telefon: 08362-7030-0**
**Internet: www.ameroncollection.com**
**E-Mail: info@ameron-neuschwanstein.de**

**Direktor: Alexander Grüner** ***(ab 02/23)***
***DZ ab € 157,00***

Das im Innenausbau unvollendete Märchenschloss Neuschwanstein des tragischen bayerischen Königs Ludwig II. ist eine der bekanntesten Touristenattraktionen Deutschlands, ja sogar Europas. Während Deutsche das erst Mitte des 19. Jahrhunderts in pittoresker Lage errichtete Gebäude lange Zeit nicht unbedingt als architektonischen Höhepunkt schätzten, da es mehr als ein Fantasieprodukt des vor der Vollendung gestorbenen und verschuldeten Königs denn als architektonisch bedeutsames Bauwerk betrachtet wurde, liebten internationale Besucher das Schloss seit jeher. Der Vorwurf, diese Architektur sei lediglich teurer Kitsch, galt bei diesen noch nie und seit dem Siegeszug von Internet und sozialen Medien sind Bilder von und mit dem ja bereits wie ein Bühnenbild geplanten Bauwerk ein Muss für jeden Europareisenden. So sollte man sich eine Besichtigung des Schlossinneren nicht entgehen lassen, denn die fertiggestellten Räume sind spektakulär. Vor allem aber der Ausblick von der schmalen Loggia an der Westseite des Bauwerks über die Voralpen mit Seen, Hügeln sowie das Schloss Hohenschwangau im Vordergrund und oft schneebedeckten

Alpengipfeln im Hintergrund ist märchenhaft. Die internationale Popularität bescherte der Hotellerie in Füssen, an dessen unmittelbarem Stadtrand sich das Schloss befindet, über viele Jahrzehnte riesige Profite. Die Qualität spielte dabei keine Rolle. Familienhotels mit einer in die Jahre gekommenen Hardware und zweifelhafter Qualität waren für Gäste oft nicht einmal ein Ärgernis, denn in der Regel bleibt man nur eine Nacht, um das Schloss Neuschwanstein zu besuchen. Natürlich, die unperfekte Familienhotellerie hat auch ihren Charme und man tut sicherlich sein Bestes. Es bleibt aber die Tatsache, dass diese Klasse der Hotellerie dem Ansturm oft nicht gewachsen ist. Dabei wurden Raten aufgerufen, die mit einem vernünftigen Preis-Leistungs-Verhältnis nichts zu tun haben. In dieser Situation trat vor wenigen Jahren das AMERON Neuschwanstein Alpsee Resort & Spa an, all jenen Angeboten endlich eine hochklassige Alternative entgegenzusetzen. Hier kann man wirklich ankommen, entspannen, gut essen und die einmalige Naturlandschaft genießen. Das Luxushotel mit seiner Lage direkt am Startpunkt des Aufstiegs zum Schloss könnte nicht besser positioniert sein und eignet sich über das Sightseeing hinaus ebenso für eine längere Auszeit oder sogar einen kompletten Urlaub in der Region, denn die entsprechende Infrastruktur ist neu – die Eröffnung war erst 2019 – und absolut auf Leisure-Gäste ausgelegt, die hier umfassende Erholung suchen. Drei Saunen, zwei Ruhebereiche, eine Außenanlage mit Liegewiese und die Lage am Alpsee sprechen ebenso für die in Füssen außergewöhnliche und neue Qualität dieses Hauses wie seine architektonische Gestaltung. Früh am Morgen oder spät am Abend hat man hier die Möglichkeit, die beiden bayerischen Königsschlösser Hohenschwangau und Neuschwanstein sowie ihre Umgebung vor beziehungsweise am Abend nach dem Ansturm der Touristen ganz für sich zu erkunden. Kein Wunder, dass sich das AMERON Alpsee Resort sofort an die Spitze der Hotellerie in Füssen und Umgebung setzte. Sein hervorragendes Zimmerprodukt und der veritable Spa-Bereich sowie die sehr gute Gastronomie haben hier in der Region in der Ferienhotellerie neue Standards gesetzt. Das zur renommierten Althoff-Gruppe gehörende AMERON in Hohenschwangau hat dabei natürlich zahlungskräftigere Gäste im Blick. Durch die Nähe zu den heute streng geschützten Baudenkmälern, die durch den hiermit verknüpften denkmalpflegerischen Umgebungsschutz sogar noch weitreichender in ihr Umfeld hineinwirken, ist erklärbar, dass es sich bei diesem Resort nicht um einen Neubau handelt, sondern um ein Ensemble aus fünf Gebäuden – drei davon historisch – die durch zwei Neubauten ergänzt wurden. 136 Zimmer werden hier in die Kategorien *Standard, Comfort* und *Deluxe* sowie in Juniorsuiten unterteilt. Alle sind farblich in Natur- und Erdtönen gehalten und sind dabei zeitlos-elegant gestaltet.

Von den *Deluxe*-Zimmern und Juniorsuiten aus kann man einen Ausblick auf den Alpsee genießen, während man von den Zimmern der Einstiegskategorie *Komfort* aus nur auf den Wald am Berghang blickt. In anderen Fällen hat man sogar einen direkten Blick auf Neuschwanstein. Im Haus Alpenrose der Anlage befinden sich unter anderem das Café und das Restaurant sowie drei Tagungsräume. In den drei historischen Gebäuden der Hotelanlage konnte keine Klimaanlage integriert werden, da Denkmalauflagen dies verhinderten. In den beiden Neubauten Seehaus und Galeria kann man hingegen eine Klimatisierung genießen. Herzstück des Hauses ist der 850 Quadratmeter große „4 elements spa", der neben einem großen Pool mit integriertem Wasserfall einen Saunabereich mit finnischer Sauna, Dampfbad, Eisbrunnen sowie eine Terrasse nebst Ruheraum umfasst. Die Fitnesszone ist mit Cardio-Trainingsgeräten von Technogym ausgestattet. Anfang des Jahres gab es noch eine positive Nachricht, nämlich im Hinblick auf die Neubesetzung der Position des Hoteldirektors: Seit Februar ist Alexander Grüner für dieses Leisurehotel verantwortlich. Kein Unbekannter in der Branche, war er doch zuvor für den F & B Bereich des Steigenberger Hotel Petersberg in Königswinter verantwortlich, seines Zeichens ein Haus mit einem sehr komplexen Aufgabenspektrum sowie einem interessanten Gästemix, da man dort unterschiedliche Marktsegmente bespielt. Auch wenn Grüner bislang noch in keinem Hotel die alleinige Verantwortung hatte, bringt er dennoch reichlich Erfahrung aus der Luxushotellerie mit, weil er über viele Jahre in Leitungsverantwortung war und in den jeweiligen Häusern spannende Projekte begleitete. Zuletzt führte er für Steigenberger bereits interimsweise Hotels. Wir sind uns sicher, dass er hier, vorausgesetzt man gibt ihm den entsprechenden Handlungs- und Entscheidungsspielraum, sicherlich auch ein veritabler Gastgeber sein wird. Denn einen solchen vermissen wir hier nämlich bereits seit der Eröffnung.

Bewertung:

## STUTTGART Baden-Württemberg

### MARITIM

**Seidenstraße 34**
**70174 Stuttgart**
**Telefon: 07 11-9 42-0**
**Internet: www.maritim.de**
**E-Mail: info.stu@maritim.de**
**Direktor: Alexander Buck**
***DZ ab € 112,00***

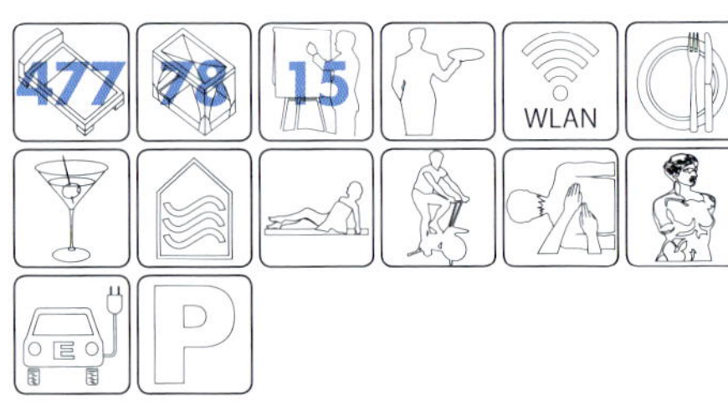


Wie gut für die Hotellerie, dass Präsenztagungen und Events wieder vermehrt stattfinden, auch wenn große Messen ihre gewohnte Form und ihren üblichen Umfang wie vor der Coronapandemie noch nicht zurückerlangt haben. Da selbiges Geschäft der Markenkern dieses Maritim Hotels ist und immerhin 555 Zimmer und Suiten sowie ein Convention-Bereich mit 15 Räumlichkeiten für Veranstaltungen mit bis zu 750 Personen auch entsprechend ausgelastet werden müssen, steht Hoteldirektor Alexander Buck damit unverändert vor großen Herausforderungen. Die Gesamttagungskapazitäten sind durch die direkte Anbindung an die deutschlandweit bekannte Stuttgarter Liederhalle sogar noch einmal deutlich erweiterbar. Eine besondere Tagungslocation ist sicherlich auch die „Alte Stuttgarter Reithalle" von 1885, die in den Hotelkomplex integriert wurde und eine interessante historische Kulisse für vielerlei Veranstaltungen bietet. Während im Münchner Schwesterhotel eine Grundsanierung der Zimmer und Suiten durchgeführt wurde, erhielt das Stuttgarter Haus 2016 nur ein erweitertes Softlifting. Die Maßnahmen umfassten hier lediglich den Austausch von Teppichböden, Tapeten und Stoffen, den Neubezug von Sitzmöbeln und im wahrsten Sinne des Wortes eine Aufpolierung von so manch anderem Mobiliar. Während man die Bäder der sogenannten *Superior* Kategorie mit begehbaren Regenschauerduschen ausstattete, wird den Gästen in allen anderen Segmenten weiterhin zugemutet, zum Duschen die Badewanne zu besteigen. Für Maritim-Verhältnisse gelten die Zimmer nun wieder als „so gut wie neu". Neben dem erwähnten Superior-Segment kann *Classic* und *Comfort* gebucht werden. Hinzu kommen Suiten. Alle Zimmer befinden sich entweder im Park- oder Businessflügel und unterscheiden sich letztlich nur durch ihre Lage innerhalb des Hotels. Ansonsten haben sie, von den Suiten abgesehen, eine einheitliche Größe von 28 Quadratmetern. Seit Neuestem bleibt der Besuch des Spa wieder kostenfrei, aber in der Vergangenheit wurde für die Nutzung des Saunabereichs ein kleiner Obolus in Höhe von 5 Euro auf der Rechnung ausgewiesen, was durchaus kleinlich wirkte. Ungeachtet dessen ist bei dieser Hotelgruppe zu bemerken, dass seit einigen Jahren zahlreiche Serviceleistungen entweder gar nicht mehr angeboten werden oder nun gebührenpflichtig sind. Früher war es eine nette Geste, zumindest gegenüber treuen Stammgästen, bei Anreise vor der offiziellen Check-in-Zeit auf das Zimmer gehen zu können oder am Abreisetag einen Late-Check-out nach Verfügbarkeit anzubieten, dann aber wurden mehrere gebührenpflichtige Zeitslots eingerichtet, wenn man solcherart Bevorzugung wünschte. Nunmehr wurde dieser Service genauer definiert, sodass im Zeitraum zwischen 12 und 18 Uhr pro Stunde 10 Euro für einen Late-Check-out berechnet werden. Was in fast allen Maritim-Häusern gelingt, ist das Angebot eines überdurchschnittlichen gastronomischen Niveaus. Dieses wurde hier zuletzt jedoch ebenfalls heruntergefahren, sodass das Hauptrestaurant, das Bistro Reuchlin, welches eine Mischung aus regionaler und internationaler Küche verspricht, augenblicklich nur abends zur Verfügung steht. Tagsüber bietet sich nur das Café Espresso an, das täglich ab 8 Uhr geöffnet hat. Neben Kaffee und Kuchen gibt es dort auch ein recht gutes Angebot an Snacks. Lob gibt es für das Frühstück, das von den Gästen in der Regel für seine Vielfalt sehr geschätzt wird und mit 19 Euro pro Person fair kalkuliert wurde. Somit bleibt dem Maritim der Status einer der ersten Adressen in der Stuttgarter Tagungs- und Kongresshotellerie erhalten, was sowohl im Hinblick auf die Durchführbarkeit von großen und komplexen Veranstaltungen als auch auf die Zimmerkapazitäten gerechtfertigt ist.

Bewertung:

## STEIGENBERGER GRAF ZEPPELIN

**(Innenstadt)**
**Arnulf-Klett-Platz 7**
**70173 Stuttgart**
**Telefon: 07 11-20 48-0**
**Internet: www.stuttgart.steigenberger.de**
**E-Mail: stuttgart@steigenberger.de**
**Direktor: Holger Flory**
***DZ ab € 179,00***

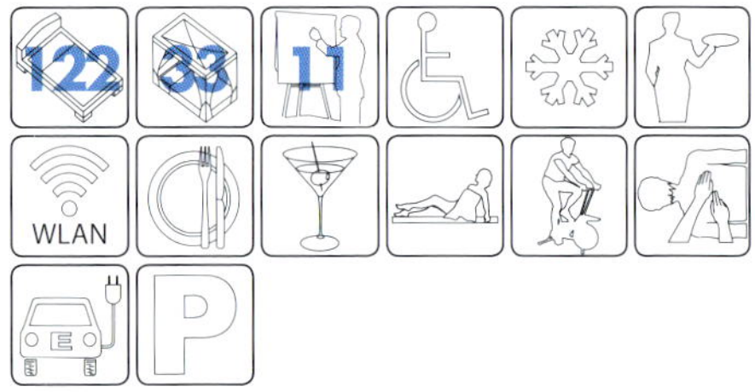

Auf dem Stuttgarter Hotelmarkt ist das Steigenberger Graf Zeppelin eine Institution. Für ein lupenreines Businesshotel sicherlich eine Besonderheit ist das hier bislang gebotene kulinarische Niveau. Bis zu Beginn der Coronapandemie konnte man mit dem OLIVO sogar ein Michelin-Sterne prämiertes Gourmetrestaurant ausweisen. Doch auch nachdem es keine coronabedingten Auflagen mehr gegeben hatte, blieb es seither geschlossen. Das hat allerdings vielschichtige Gründe, denn das Haus steht vor einer grundlegenden Sanierung sowohl der Zimmer und Suiten als auch der öffentlichen Bereiche. Im Mai 2023 wurde bereits die Erneuerung der Außenfassade abgeschlossen. Als nächster Schritt folgt die Renovierung des Altbaus, in dem sich auch die Restaurants befinden. Holger Flory, seit April 2021 Hoteldirektor dieses Luxusbusinesshotels, steht nunmehr vor großen Herausforderungen, denn das Haus wird weiterhin bei laufendem Betrieb saniert. Auch wenn man sich augenblicklich noch in der Planungsphase befindet, ist avisiert, diese Maßnahme bis 2024 abzuschließen. Danach werden die Zimmer im sogenannten Neubau renoviert. So wundert es nicht, dass die Wiedereröffnung des Gourmetrestaurants in weite Ferne gerückt ist und es darf durchaus bezweifelt werden, ob man mit einem solchen Prestigeobjekt, zumindest in der bisherigen Form, auch nach der Grundsanierung wieder am Hotelmarkt antreten wird. Die Schließung des Gourmetrestaurants im Frankfurter Hof zeigt etwa, dass sich die Konzernverantwortlichen großer Ketten solche kostspieligen Aushängeschilder oft nicht mehr leisten wollen. Ungeachtet der Ambitionen für ein Gourmetrestaurant auf Sterne-Niveau ist aber davon auszugehen, dass hier in jedem Fall ein anspruchsvolles kulinarisches Konzept neu etabliert wird. Hoteldirektor Holger Flory ist da zuversichtlich. Überdies stehen den Gästen nach wie vor zwei Restaurants zur Verfügung. Zum einen das urgemütliche Zeppelin-Stüble, zum anderen das Zeppelinos, hier wird eine Mischung aus internationaler und regionaler Küche geboten, die Gäste in einem großen Businesshotel als Standard erwarten. Eine Besonderheit ist der Southbend-Infrarotgrill des Zeppelinos, mit dem bei einer Temperatur von 800°C Grillspezialitäten zubereitet werden. Hoteldirektor Holger Flory freut sich nach eigenem Bekunden auf die neuen Aufgaben durch die Möglichkeit, hier den Renovierungsprozess begleiten zu können. Aber darüber hinaus muss er auch für andere drängende Probleme der Branche, etwa den aktuellen Fachkräftemangel und die sich verändernden Bedingungen am Arbeitsmarkt, Lösungen finden, um seinen Gästen auch weiterhin den gewohnten Service- und Dienstleistungsstandard bieten zu können. Flory verfügt über eine hohe Sozialkompetenz und sorgt mit seiner ruhigen, besonnenen und ausgesprochen höflichen Art für ein gutes Betriebsklima, was ja letztlich immer einen positiven Einfluss auf die Service- und Dienstleistungsqualität zur Folge hat. Die Zimmer werden in die Kategorien *Superior* und *Deluxe* eingeordnet. Letztere haben eine Größe von 36 Quadratmetern und bieten als zusätzliche Annehmlichkeit eine Kapselmaschine zur Zubereitung von Kaffeespezialitäten. Die Bäder sind entweder mit einer Dusche oder Wanne ausgestattet. Alle Zimmer verfügen über eine Klimaanlage. Sie sind zwar erfreulicherweise in einem guten Pflegezustand, aber zwischenzeitlich natürlich nicht mehr State of the Art und weil das letzte Fresh Up bereits gut zehn Jahre zurückliegt, kommt die nun anstehende Masterrenovierung gerade recht. Des Weiteren zählt ein schön gestalteter Spa mit Saunabereich, Ruhezone und Fitnessraum zum Gesamtangebot des Hauses und zu diesem erhalten alle Gäste ungeachtet der gebuchten Kategorie kostenfreien Zugang. Unschlagbar ist und bleibt natürlich die Lage dieses Steigenberger-Hotels direkt gegenüber dem Hauptbahnhof „Stuttgart 21". Mal sehen, ob dieser zeitgleich mit dem Abschluss der Renovierungsmaßnahmen eröffnen wird. Im Moment sieht es jedoch eher so aus, als würde der futuristische Bahnhof in Kürze endlich in Betrieb gehen und auch dem Graf Zeppelin noch vor dem Ende der Grundsanierungen interessierte Bahn- und vor allem Architekturenthusiasten aus aller Welt als Gäste bescheren.

Bewertung: ●●●

***HINWEIS:***
*Die Recherche wurde nach bestem Wissen und Gewissen durchgeführt. Es besteht trotzdem die Möglichkeit, dass Daten falsch oder überholt sind. Eine Haftung kann auf keinen Fall übernommen werden. Wir weisen darauf hin, dass es sich bei den geschilderten Eindrücken oder Erlebnissen um Momentaufnahmen handelt, die nur eine subjektive Beurteilung darstellen können.*

## SÖL'RING HOF

**Am Sandwall 1**
**25980 Rantum/Sylt**
**Telefon: 0 46 51-8 36 20-0**
**Internet: www.soelringhof.de**
**E-Mail: info.soelringhof@dorint.com**
**Direktor: Jan-Philipp Berner**
***DZ ab € 550,00***

Jeder, der weiß, welchen Preis die Spitzengastronomie und -hotellerie von ihren Akteuren fordert, der wird nur zu gut verstehen, dass sich Hotelchef Johannes King 2021 in etwas „ruhigeres Fahrwasser" begeben hat. Gemeint ist hier die Notwendigkeit einer Hingabe jenseits jedes üblichen Nine-to-five-Jobs und eine herausragende Arbeitsleistung zu Tageszeiten, zu denen die übrige Bevölkerung entspannt einen ruhigen Abend genießt, was durchaus viel abverlangt. King war nichtsdestotrotz von 2000 bis 2021 Hoteldirektor und Küchenchef in Personalunion im Sylter Spitzenhaus Söl'ring Hof, davon seit 2004 mit zwei Michelin-Sternen ausgezeichnet. Nun hat er im vergangenen Jahr endgültig Jan-Philipp Berner die Leitung von Hotel und Restaurant übergeben. Dennoch kann und will er wohl nicht ganz von seiner Leidenschaft für die Kulinarik lassen und so eröffnete King im Oktober 2022 den ehemaligen Alten Bahnhof in Keitum als eine exklusive kulinarische Adresse für feinste Manufakturwaren, in dem Tastings und Schulungen rund um die Themen Feinkost, Weine, Spirituosen sowie Genuss- und Tischkultur in eleganter Atmosphäre stattfinden. Ihm sei dieser neue berufliche Schritt gegönnt, schließlich hat er seinem Nachfolger ein hervorragend bestelltes Ausnahmehotel und ein ebensolches Spitzenrestaurant übergeben. Denn der Söl'ring Hof im Dünengürtel über dem kilometerlangen Sylter Strand in Rantum ist sowohl ein Sinnbild friesischer Behaglichkeit als auch exquisiter Kulinarik auf einem jahrelang gehaltenen Zwei-Michelin-Sterne-Niveau. Letzteres hat der Guide Michelin in diesem Jahr erneut bestätigt. Die Ansicht des reetgedeckten Friesenhauses mit seinem dick gepolsterten Dach, unter dem sich das Gebäude scheinbar vor Wind und Sturm wegduckt, ist nahezu ikonisch und ein Sinnbild für Gemütlichkeit und Wohlgefühl im geschützten Heim inmitten der Elemente. Das Haus hat demzufolge eine lange Tradition als Musterbeispiel der Hotelkategorie der Luxus-Hideaways, denn schon allein dieses beschriebene

Bild erweckt ja die Vorstellung ebenjenes Versteckens vor den Unbilden der Welt in der kleinen, geschützten und luxuriösen Sphäre eines solchen Hotels. Nur 15 Zimmer, Suiten und Maisonettes befinden sich im Hause mit einer exklusiven und handverlesenen Ausstattung. Sie stehen den öffentlichen Bereichen in puncto Behaglichkeit und luxuriöser Hardware in nichts nach, sodass das gesamte Interieur des

Hotels Söl'ring Hof bei aller Individualität der Zimmer wie aus einem Guss wirkt. Der Service in einem solch kleinen Hotel ist natürlich ebenso individuell und an den Wünschen der Gäste orientiert. Hier leistet man sich keinerlei Schwächen, denn neben der Kulinarik sind die besonders umfassenden und reibungslos verlaufenden Dienstleistungen sicherlich die Haupteigenschaften, welche anspruchsvolle Gäste hier suchen und finden. Zum Portfolio gehört zudem ein kleiner Spa mit Dampfbad, finnischer Sauna und Fitnessangebot nebst Ruhebereichen. Eine solche Art Gesamtpaket hat natürlich seinen stolzen Preis, dessen Berechtigung jedoch niemand infrage stellt, der hier einmal logierte. Dafür sorgt schon allein das erwähnte Gourmetrestaurant mit zwei Michelin-Sternen, dessen Qualitätsniveau sich auch auf das Frühstück à la carte mit seiner ausgesuchten Qualität und Vielfalt übertragen hat. Ebenso reihen sich Angebote wie die friesische Teestunde im Kaminzimmer des Hauses in diese Kulinarik ein. Bestimmt mögen einige kritische Zeitgenossen bei all diesen Beschreibungen mit den Augen rollen, denn ein solches Haus entspricht natürlich nur zu genau dem Image der Insel Sylt als Ort der Reichen und Schönen, die sich hier zum Sehen und Gesehen werden treffen. Gerade dafür ist der Söl'ring Hof aber wirklich nicht geeignet, denn dort gilt es, eher im sehr kleinen und intimen Rahmen zu genießen, sodass vor allem solche Gäste üblich sind, die sich einen Urlaub im Söl'ring Hof bewusst gönnen und ihn auskosten, als solche, die ein Luxushotel als Bühne für ihre Eitelkeiten nutzen möchten. Dafür wäre hier auch einfach ein zu kleines Publikum gegeben. Dass Jan-Philipp Berner nichts am Grundkonzept dieses Hauses und des Restaurants zu ändern gedenkt, kann als sicher gelten. Schließlich hat er es im Rahmen eines lange währenden Übergabeprozesses unter der Ägide von Johannes King übernommen. So wird er nach all den gut durchdachten Anpassungen, die dieses Kleinod zum Erfolg geführt haben, das Rad bestimmt nicht neu erfinden wollen. Eine gute Nachricht für eine bewährte traditionelle Adresse der Luxushotellerie wie diese.

Bewertung: ●●●● ◐ ↗

## DORINT STRANDHOTEL & SPA

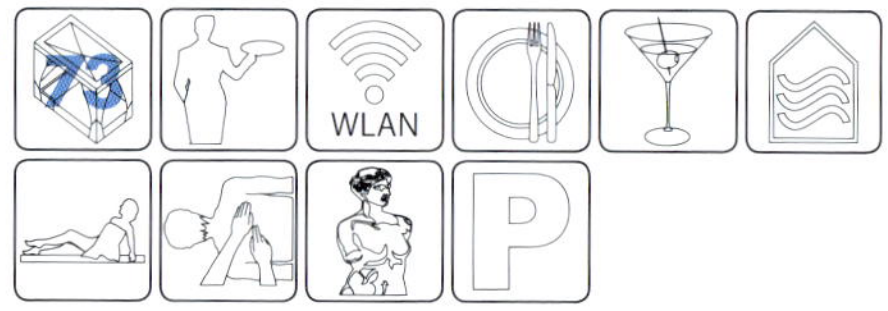


**Schützenstraße 20-24**
**25980 Sylt/Westerland**
**Telefon: 0 46 51-8 50-0**
**Internet: www.dorint.com**
**E-Mail: info.sylt@dorint.com**
**Direktorin: Barbara Richter**
***DZ ab € 170,00***

Sylt machte im vergangenen Jahr einmal mehr Schlagzeilen, als Finanzminister Lindner hier heiratete und CDU-Chef Merz sich als Privatpilot outete, indem er mit dem Kleinflugzeug anreiste, welches er höchstselbst steuerte. Gleichzeitig nutzten Hunderte Punks aus ganz Deutschland für eine Reise nach Sylt das damals von der noch neuen Ampel-Bundesregierung aufgelegte 9-Euro-Ticket, um sich bewusst dort einzufinden, wo sich vermeintlich Deutschlands Besserverdienende seit Jahrzehnten zum Strandurlaub im eigenen Land aufhalten. Die angereisten Punks mussten ihrerseits feststellen, dass die Insel auf jeden Fall viel zu groß ist, als dass ihre Anwesenheit irgendjemanden ernsthaft gestört hätte. Die Provokation verpuffte, und die angerückten Freaks machten lieber das, was alle Gäste Sylts hier tun: sich entspannen. Dass man hier zu jeder Jahreszeit relaxen kann, auch wenn im Winter Wind und Wellen, von der offenen Nordsee her auf den Strand treffend, ein ganz besonderes Naturerlebnis bieten, ist augenscheinlich kein Geheimnis mehr, zumal der gesundheitliche Benefit durch die Seeluft in den kalten Monaten besonders groß ausfällt. Wenn man sich dabei dann für ein Hotel im Dünenstreifen der Insel entscheidet, kann man nach Strandspaziergängen die Gemütlichkeit und Wärme des eigenen Hotels bei einem Ausblick auf das bewegte Meer besonders genießen. Im Sommer sind es nicht zuletzt die malerischen Sonnenuntergänge, die hier dank der Westausrichtung des Inselstrandes nahezu jeden Abend direkt vom Hotel aus genossen werden können. Das Dorint Strandresort & Spa Sylt in den Dünen der Sylter Westküste ist ein Haus, das genau diese Vorzüge zu bieten hat und dabei gleichzeitig die verlässlichen Standards dieser deutschen Premiummarke für sich verbuchen kann. Dorint profitiert letztlich auch heute wieder von ebenjenen hohen Standards, die man sich schon in den 1990er-Jahren gesetzt hatte, als der Konzern eine Investitions- und Erneuerungsoffensive startete und mit seinem Hoteldesign Maßstäbe setzte. Vielfach wurde damals so nachhaltig in Hotelgebäude und Ausstattung investiert, dass man bis heute davon profitieren kann. Hier im Dünengürtel und gleichzeitig hoch über dem Strand bietet auch dieses Dorint eine herausragende Architektur und Hardware, die überzeugt. Das Haus im Vier-Sterne-Superior-Segment mit seinen 73 behaglichen Suiten, Maisonettes und Familien-Appartements, von denen viele mit einem Balkon oder einer Terrasse ausgestattet sind, fügt sich mit der Architektur

der Hotelanlage, die an die traditionellen Friesenhäuser angelehnt ist, bestens in seine Umgebung ein. Durch die an alte Friesenhöfe erinnernden steilen Dächer hat man jeweils drei Obergeschosse in jedem der Einzelgebäude des Hotels integriert, sodass dieses Bauvolumen kaum auffällt. In der benachbarten Strandvilla und dem klassizistischen Schützenhaus aus dem Jahr 1892 wurden sieben weitere, exklusive Ferienwohnungen untergebracht, die 40 bis 90 Quadratmeter groß sind und ebenfalls vom Hotel verwaltet werden. Die einzelnen Gebäudeteile dieses Resort-Hotels der Vier-Sterne-Superior-Kategorie sind im Übrigen untereinander durch verglaste Gänge verbunden. Auf über 800 Quadratmetern wird den Gästen im Spa mit Pool, vier Saunen und Dampfbädern Wellness und Badevergnügen zu jeder Jahreszeit ermöglicht. Mit der 2019 neu ausgestatteten Saunalandschaft sowie verschiedenen Beauty- und Massageanwendungen bietet man Möglichkeiten der Entspannung und Erholung im Hause selbst. Und für den Fall, dass man mit Kindern anreist, kann der Nachwuchs im Confetti Kinderclub von Dorint im Hause toben und spielen, während sich die Eltern beispielsweise in den Wellnessbereich begeben. Im Sommer ist natürlich auch der Strand vor der Tür ein Thema, zumal man nur zwei Minuten vom Hotelstandort entfernt die auf der Insel berühmte sogenannte Himmelsleiter von Westerland vorfindet. Diese ist eine hölzerne Treppenanlage, die 26 Meter tief bis zum Strand hinunterführt und so zu einem markanten und beliebten Treffpunkt wurde. Das Hotelrestaurant Ebbe & Food, in dem unter der Leitung von Küchenchef Oliver Bergerhausen fangfrischer Fisch und andere regionale Produkte zu kulinarischen Höhepunkten für einen Hotelaufenthalt in diesem Dorint verwandelt werden, stehen Qualität, Natürlichkeit und Saisonalität ganz vorne auf der Liste der Grundsätze, nach denen hier gekocht wird. Etwas zu poetisch vielleicht wird hier eine Küche beworben, die so klar wie Luft und Landschaft auf der Insel sein soll – in jedem Fall aber eine Kulinarik, die in diese Umgebung passt. So ist das Haus seit Jahren eine der Top-Empfehlungen für die legendäre Nordseeinsel Sylt, bei der man dank Dorint als Betreiber auf die professionelle Service- und Dienstleistungsqualität einer Spitzenkette der deutschen Hotellandschaft zählen kann.

Bewertung: ●●●

## AHLBECKER HOF

**Dünenstraße 47**
**17419 Ahlbeck**
**Telefon: 03 83 78-62-0**
**Internet: www.seetel.de**
**E-Mail: ahlbecker-hof@seetel.de**
**Direktor: Marco Fien**
***DZ ab € 164,00***

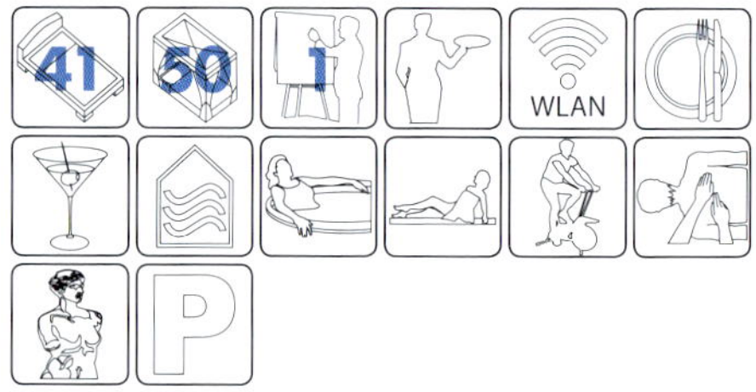


Endlich soll sich im unmittelbaren Umfeld des Ahlbecker Hof in diesem Jahr etwas tun, denn die benachbarte Ruine am Vorplatz der Seebrücke wird sich in die „Strandterrasse" mit 66 Ferienwohnungen verwandeln. Die Bauarbeiten sind schon im Gang. Diese Ruine passte ebenso wenig zum Umfeld eines Luxushotels wie das ehemalige „Haus der Erholung" aus DDR-Zeiten, das wenige Grundstücke weiter südlich an der Dünenstraße, der Seepromenade steht. Diese beiden Sündenfälle in so naher Umgebung des Ahlbecker Hof und an derart zentralen Orten waren schon ein Malus. Denn in jedem Fall handelt es sich hierbei um ein Haus, dem eine aufgewertete Umgebung gut zu Gesicht steht. Immerhin sollte dieses traditionsreiche kleine Grandhotel all dem Glamour und Prunk aus Kaisers Zeiten, den man hier in der Außendarstellung vermarktet, auch in seinem Umfeld gerecht werden. Am Exterieur gibt es wirklich wenig auszusetzen, wenngleich die großen blauen Schilder im historischen Look, auf denen mit ehemaligen Gästen des Hauses geworben wird, vielleicht etwas dick aufgetragen sind. Das Interieur spiegelt den Ehrgeiz und den festen Willen der Eigentümer zur Wiederbelebung der Tradition des Luxushotels wider. Nach dem Ende der DDR vor 30 Jahren wurde aus dem ehemaligen Ferienheim des ostdeutschen Gewerkschaftsbundes ein Fünf-Sterne-Haus modernen Zuschnitts. Bei der Ausstattung der 41 Zimmer und rund 50 Suiten, der Restaurants, öffentlichen Bereiche wie auch des Spa wurde damals an nichts gespart, wobei man sich offensichtlich in den Katalogen der Hotelausstatter vor allem in den Abschnitten „Klassische Eleganz" und „Gediegener Schick" umsah. Im Ergebnis hat man aber ein Hotelkonzept realisiert, das zumindest den heutigen zahlreichen Stammgästen zu gefallen scheint. Zudem sind alle Zimmer und Suiten erst 2018 aufgefrischt und mit neuen Details versehen worden. Die beiden *Doppelzimmer*-Kategorien bieten Raumgrößen von 18 und 28 Quadratmetern, wobei die kleineren Zimmer ungewöhnlicherweise über einen direkten Meerblick verfügen, während die größeren diesen vermissen lassen. Der 1000 Quadratmeter große, asiatisch inspirierte Wellnessbereich Kinnaree Spa & Beauty mit Saunen, klassischen Dampf- und Schwitzbädern, einer Erlebnisdusche sowie Blüten- und Kräutergrotte besitzt einen 14 x 7 Meter großen Pool mit Gegenstromanlage. Und als gastronomischer Hotspot mit kulinarischen Besonderheiten kann der Ahlbecker Hof ohnehin gelten, denn vier Restaurants werden ausgewiesen, darunter das Restaurant „Blauer Salon" sogar mit klassisch-französischer Küche auf Gourmet-Niveau. Im thailändischen Suan Thai Restaurant kann man sich an einem eindrucksvollen hölzernen Pagodendach im

Zentrum des Gastraumes erfreuen, während es die offene Wok-Küche erlaubt, bei der Zubereitung der Speisen zuzuschauen. Das „Kaiserblick" offeriert daneben regionale und saisonale Gerichte und im Restaurant „La Brasserie" wird in der Showküche unter den Augen der Gäste fangfrischer Fisch, aber ebenso Fleisch zubereitet. Was die Führung dieses Hauses angeht, scheint sich das Direktorenkarussell vermutlich auch durch den Stillstand während der Pandemie ausnahmsweise aktuell etwas langsamer gedreht zu haben, denn Falck von Hahn hatte es hier immerhin von September 2019 bis Januar 2022 als Hoteldirektor ausgehalten. Geschäftsführer Rolf Seelige-Steinhoff war bekanntermaßen immer ein Faktor, der viele bisherige Direktoren zum vorzeitigen Abschied motivierte, da dessen ständige Kontrolle und direkter Einfluss auf operative Abläufe im Hotel oft Ursachen dafür waren, dass ein Direktor nicht dauerhaft einen Modus Operandi fand, seine Arbeit zu tun, ohne mit diesem omnipräsenten Eigentümer in Konflikt zu geraten. Dass nun mit Marco Fien ein Direktor engagiert wurde, der 35 Jahre im Ausland tätig war, kann bedeuten, dass sein Engagement für den Ahlbecker Hof nur einen Schritt zurück in die alte Heimat darstellt. Von daher würden wir uns auch diesmal nicht auf eine Wette einlassen, dass Fien den allgemeinen Schnitt der Verweildauer eines Hoteldirektors in diesem Haus signifikant anheben wird. Eine solche Konstante wäre bei so einem großen Anteil an Stammgästen aber durchaus von Vorteil. Man wird sehen, was die Zukunft bringt. In jedem Fall muss man bei aller konservativer, manche würden sagen altmodischer Eleganz des Interieurs zugeben, dass das kulinarische Angebot und der Wellnessbereich den Ahlbecker Hof auf jeden Fall zu einem Haus machen, das seinen beworbenen Qualitäten weitgehend gerecht wird. Die Verbesserung des Umfeldes mit den neuen „Seeterrassen" in der Nachbarschaft und die dadurch aufgewertete Lage rund um die bekannte Seebrücke Ahlbecks lassen hier zudem einen deutlichen Aufwärtstrend für diesen Abschnitt der Dünenstraße erkennen.

Bewertung:

## USEDOM/HERINGSDORF Mecklenburg-Vorpommern

### STEIGENBERGER GRANDHOTEL & SPA

**Liehrstraße 11**
**17424 Heringsdorf**
**Telefon: 03 83 78-4 95-0**
**Internet: www.steigenberger.com**
**E-Mail: heringsdorf@steigenberger.de**
**Direktor: Carsten Willenbockel**
***DZ ab € 174,00***

Das Steigenberger Grandhotel & Spa in Heringsdorf beeindruckt schon allein durch die Größe der Hotelanlage, die sich zwischen der hainartig baumbestandenen Strandpromenade und der rückwärtigen Delbrückstraße über sieben Gebäude nebst Außenterrasse, Pool und Gartenanlagen erstreckt. Insgesamt 169 Zimmer, Suiten, Studios und Penthäuser unterschiedlicher Größe sind hier verfügbar. Teilweise sind die Gebäude unterirdisch mit dem Haupthaus verbunden, sodass der Spa-Bereich auch bei Wind und Wetter im Bademantel erreicht werden kann. Dieser umfasst ein breit gefächertes Angebot mit Innenpool und Vital-Hydropool inklusive Unterwassersprudelliegen, 20 Meter langem beheiztem Außenpool sowie Dampfbad, finnischer Sauna, Biosauna und separater Damensauna. Hinzu kommen außerdem 14 Anwendungsräume für Beauty- und Massagebehandlungen. Die 39 Zimmer der Kategorie *Deluxe Studio* und *Executive Studio* sind mit zwei Schlafzimmern, einem Gaskamin, eigener finnischer Sauna im Bad sowie einem großzügigen Balkon ausgestattet. Damit hat hier eine ganze Familie genügend Platz und findet sogar exklusive Wellness vor. Diese Segmente sind im Palais Bismarck und Wilhelm zwischen Hauptgebäude und Strandpromenade integriert, der etwas separiert vom geschäftigen Hotelbetrieb gelegen ist. Wer allerdings die Bäume der Strandpromenade überblicken und eine Aussicht auf das Meer genießen möchte, der muss darauf achten, hier ein Zimmer erst ab der vierten Etage zu buchen, um dafür hoch genug positioniert zu sein. Im Hauptgebäude ist das ab der *Executive*-Kategorie der Fall. Die darunterliegende *Superior*-Kategorie ist hingegen zur Land- oder Südseite des Hotels ausgerichtet, die dann folgende *Deluxe*-Kategorie in der zweiten bis fünften Etage kann auch Ausblicke zum Hotelpark zwischen den Gebäuden bieten. Wer beispielsweise eher Ruhe als eine weite Aussicht genießen und auf keinen Fall etwas von Poolbetrieb und Außenterrasse mitbekommen möchte, sollte die Lage der Segmente also berücksichtigen, denn alle Zimmer sind mit 36 Quadratmetern gleich groß. Erst Juniorsuiten und Studios bieten mehr Platz, wobei die Penthäuser im Wilhelm- und Bismarckpalais die höchste Suiten-Kategorie darstellen. Das wirklich herausragende Frühstück des Steigenberger loben die meisten Gäste, uns bleibt hier vor allem das sensationelle Omelett in Erinnerung, das für uns an der Live-Cooking-Station zubereitet wurde. Ein Highlight ist das thailändische Restaurant Seaside Thai Cuisine, das dienstags bis sonntags eine authentische, traditionelle thailändische Küche auf einem hervorragenden Niveau offeriert. Hier trägt seit 2018 das Ehepaar Sunisa und Jörg Eisenschmidt die kulinarische Verantwortung, das zufrieden auf die durchweg begeisterten Gäste verweisen kann. Deshalb ist angeraten, bei einem mehrtägigen Aufenthalt auch einen Besuch einzuplanen und unbedingt zuvor zu reservieren. Im weiteren Restaurant Lilienthal wird gefrühstückt und im Rahmen der Halbpension abends ein Vier-Gänge-Menü geboten. Das Bistro & Bar Waterfront steht den Gästen tagsüber mit einer breit gefächerten Bistroküche inklu-

sive verschiedener Fischgerichte zur Verfügung, ebenso gibt es Gebäck zum Kaffee oder Tee aus der hauseigenen Patisserie und im Sommer werden des Öfteren Barbecues mit ausgesuchten Grillspezialitäten veranstaltet. Erfreulich von Hoteldirektor Carsten Willenbockel zu hören, dass der allgemeine Fachkräftemangel in seinem Haus kein allzu großes Thema ist. Willenbockel beschäftigt sich aber auch schon seit geraumer Zeit mit dem Thema und hat seine Personalsituation entsprechend im Griff. Überhaupt gibt er hier in diesem Leisurehotel einen hervorragenden Gastgeber ab. Er vertritt das Haus nach innen wie außen vorbildlich und wirkt nicht zu Unrecht wie ein Direktor aus dem Bilderbuch. Vor allem ruht er sich nicht auf den bisherigen Erfolgen, der exponierten Lage und dem bisher erarbeiteten Renommee aus, sondern ist ständig damit beschäftigt, Abläufe zu perfektionieren sowie neue Konzepte zu entwickeln und umzusetzen. So möchte er etwa das Thema Health & Beauty im Spa-Bereich zukünftig stärker fokussieren. Bereits seit zwei Jahren findet dreimal im Jahr eine Thai-Chi-Woche in den Monaten Juni, August und Oktober statt. Hausgäste können daran kostenfrei teilnehmen, was auch für die angebotenen Sportkurse im Hause gilt. Schließlich haben Sportmediziner erkannt: Sitzen ist das neue Rauchen und Bewegung gilt mehr und mehr als Schlüssel zu besserer Gesundheit. Mit seiner sehr guten Infrastruktur im Hinblick auf ein exklusives Zimmerprodukt, dem Wellnessangebot, seiner Lage, der hervorragenden Gastronomie und letztlich natürlich auch der möglichen Strandaktivitäten ist das Steigenberger Grandhotel & Spa seit dem Tage seiner Eröffnung zu einem Vorzeigehaus für Usedom im Allgemeinen und Heringsdorf im Besonderen geworden.

Bewertung: ●●●●

**_HINWEIS:_**
*Die Recherche wurde nach bestem Wissen und Gewissen durchgeführt. Es besteht trotzdem die Möglichkeit, dass Daten falsch oder überholt sind. Eine Haftung kann auf keinen Fall übernommen werden. Wir weisen darauf hin, dass es sich bei den geschilderten Eindrücken oder Erlebnissen um Momentaufnahmen handelt, die nur eine subjektive Beurteilung darstellen können.*

## DORINT AM GOETHEPARK

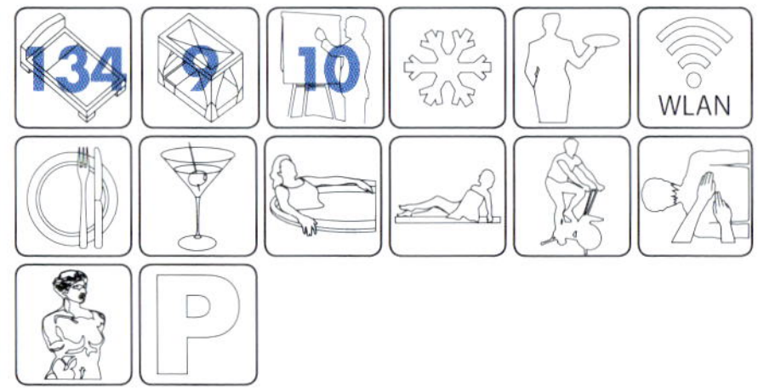


**(Innenstadt)**
**Beethovenplatz 1-2**
**99423 Weimar**
**Telefon: 0 36 43-8 72-0**
**Internet: www.dorint.com**
**E-Mail: info.weimar@dorint.com**
**Direktor: Stefan Seiler**
***DZ ab € 148,00***

Neben dem Hotel Elephant und dem Grandhotel Russischer Hof befindet sich als drittes Spitzenhotel der Klassikerstadt Weimar das Dorint am Goethepark. Es nimmt dabei eine Sonderstellung ein, da es, anders als die beiden Mitbewerber, kein historisches Hotel ist, auch wenn zwei klassizistische Villen in den Gebäudekomplex integriert wurden. Dafür hat man nach dem Ende der DDR die Gelegenheit genutzt, hier durch die bauliche Verbindung beider Häuser mithilfe eines hochklassigen Neubaus ein Bauvolumen in unmittelbarer Nähe zu Goethes historischem Wohnhaus, also mitten in der Stadt, unterzubringen, welches es erlaubt, das Haus mit über 140 Zimmern und Suiten auch als Business- und Tagungshotel zu vermarkten. Dabei plante und realisierte man es in der Phase einer außergewöhnlichen Wachstums-, Erneuerungs- und gleichzeitig Qualitätsoffensive der deutschen Hotelgruppe Dorint vom Ende der 1990er- bis Anfang der 2000er-Jahre. Diese Epoche in der Dorint-Firmengeschichte endete zwar in der Zerschlagung der alten Dorint-Gruppe, allerdings kann dies durchaus als Nachweis beurteilt werden, dass man damals sehr großzügig investierte und dabei großen Wert auf Qualität und Hochwertigkeit in allen Aspekten der Häuser legte, die zu jener Zeit gebaut und erneuert wurden. Auch wenn die erhoffte Wirtschaftlichkeit dieser Initiative sich am Ende nicht einstellte, ist doch zu merken, dass die Dorint-Häuser allesamt bis heute von den damals realisierten Qualitätsstandards profitierten. Hier in Weimar wird dies besonders durch die Architektur deutlich, denn der damalige Neubau integriert sich architektonisch perfekt in den Bebauungszusammenhang rund um den kleinen Goethepark. Die an die italienische Protorenaissance in Pisa oder Florenz erinnernde gestreifte Fassade spielt dabei mit der Erinnerung an die Italien-Liebe des Dichterfürsten. Bei der Sanierung der beiden den Neubau flankierenden Villen hat man ebenfalls nicht gegeizt. Und auch das Interieur mit hochwertigen Granitböden in der Lobby, viel edlem Holz und einem zeitlosen, an Bauhaus-Schlichtheit angelehnten Design überzeugt bis heute. Die Eröffnung im Jahre 1998 würde man anhand dieser klassischen Eleganz und des perfekten Erhaltungszustandes kaum vermuten. Zimmer und Suiten haben mittlerweile natürlich regelmäßige Auffrischungen erhalten, wobei Elemente wie Hartböden statt Teppichböden und begehbare Duschen leider nicht zum durchgängigen Standard in diesem Hotel geworden sind, was einige Gäste hier vermissen. Doch insgesamt ist der Erhaltungszustand sehr gut und das Zimmerdesign keinesfalls überholt. Die *Standard*-Kategorie befindet sich im Haupthaus, wo ein zusätzlicher Parkblick das Segment Komfort definiert. In der *Superior*-Kategorie logiert man in den beiden Villen und die Nutzung der Minibar ist inklusive. Weil man durch den Neubau Platz für ein modernes Businesshotel mit allen Einrichtungen wie dem Spa, dem Tagungsbereich sowie zwei Restaurants und einer Bar schaffen konnte, hat man bis heute ein Portfolio an Hotelleistungen zu bieten, welches in einer solchen innerstädtischen Lage nicht unbedingt zu vermuten ist. Das liegt auch daran, dass zusätzlich zur hochwertigen Ausstattung des Hauses regelmäßig investiert wurde. So erfuhr der Wellnessbereich „Gingko-Spa" 2016 unter Aufwendung von 1,5 Millionen Euro eine Erneuerung und deutliche Aufwertung. Er bietet nun eine finnische Sauna, ein Sanarium, ein Dampfbad, eine Infrarotkabine, einen Eisbrunnen und einen Ruhebereich. Massagen und Beauty-Anwendungen können ebenfalls genossen werden, hier kooperiert das Hotel jedoch mit einem externen Anbieter. Neu entstanden ist zudem ein Gym mit aktuellen Fitnessgeräten. Fest etabliert ist das Restaurant Bettina von Arnim, das eine Mischung aus einer internationalen und regionalen Küche offeriert und täglich von 17.30 Uhr bis 21 Uhr geöffnet hat. Mit diesem Gesamtangebot kann man sich als attraktives Hotel für Weimar-Touristen in jedem Fall empfehlen – als exklusiver Standort dieser Stadt mit großem Tourismus- und Freizeitangebot rund um die Geschichte der deutschen Klassik und des Bauhauses sowie der hier gegründeten ersten deutschen Republik. Somit zählt das Dorint am Goethepark für uns neben dem historischen Hotel Elephant zu den bevorzugten Adressen unter den Weimarer Spitzenhotels.

Bewertung: ●●●

## ELEPHANT WEIMAR

**Markt 19**
**99423 Weimar**
**Telefon: 0 36 43-8 02-0**
**www.marriott.de**
**info@hotelelephantweimar.de**
**Direktor: Stefan Schwind**
***DZ ab € 167,00***

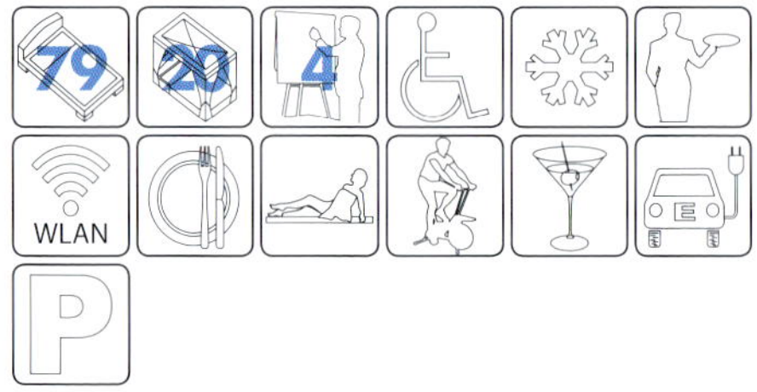


Die Klassikerstadt Weimar bietet mit dem Hotel Elephant in jedem Fall ein Traditionshotel auf Spitzenniveau. Allerdings gilt für dieses Haus, ähnlich wie für die Stadt Weimar selbst, dass es durch die Erinnerungen an die Nazizeit belastet ist. Weimars direkte Nähe zum Konzentrationslager Buchenwald überschattet die ansonsten glorreiche Historie der Stadt, in der im 18. und 19. Jahrhundert deutsche Geistesgeschichte geschrieben wurde. Auch dass Adolf Hitler das Hotel Elephant zu seiner bevorzugten Logieradresse in Weimar gemacht hatte, sind ungute Erinnerungen. Über Jahrhunderte ein Gasthaus am Weimarer Marktplatz, hatte es allerdings schon weit davor im Laufe der Dekaden zahlreiche historische Persönlichkeiten zu Gast. Daneben wurde es auch durch Thomas Manns Goethe-Roman „Lotte in Weimar" bekannt, in dem das Haus als Schauplatz auftaucht. Ab 1938 wurde das alte Gasthaus abgerissen und ganz im Stil eines nationalsozialistisch geprägten Neoklassizismus neu aufgebaut. Einzig die für Hitler geplante Suite hat einen für seinen Auftritt vorgesehenen Balkon, und auf diesem sowie in Weimar insgesamt zeigte er sich gerne, um sich bejubeln zu lassen und seine Bewegung in eine Reihe mit historischen Geistesgrößen zu stellen, die in dieser Stadt gewirkt und gelebt hatten. Dass das Elephant in jüngerer Vergangenheit auch aufgrund seiner nicht zu leugnenden Architektursprache des Nationalsozialismus unter dieser Zeit leidet, ist für das Hotel nicht fair, aber leider wahr. 1955 wurde es dann wiedereröffnet und nach der Wende grundlegend erneuert. Ab dem Jahr 2000 als Teil der „Luxury Collection" der Starwood Hotels & Resorts Worldwide am Hotelmarkt wird es heute von Arcona Hotels & Resorts betrieben. Dabei bemüht man sich, mit der Vergangenheit des Elephant angemessen umzugehen, zum Beispiel indem Zimmer und Suiten nach bedeutenden Künstlern und Persönlichkeiten benannt wurden, sodass die ehemalige sogenannte „Führer-Suite" heute ganz unauffällig in der Reihe der Segmente untergeht. So ist das Elephant heute als ein Spitzenhotel in zentraler Lage und mit hochklassigem Design weiterhin eine feste Größe Weimars und zweifelsohne das erste Haus am Platz. Die Zimmer und Suiten des Hauses zeigen ein zeitgemäßes Ambiente, was sich durch einige Reminiszenzen an die in Weimar gegründete Bauhaus-Schule auszeichnet, auch wenn noch einiges vom Art-déco-Stil erhalten blieb, der im Zuge der 2000er-Eröffnung etabliert worden ist. Die *Classic*-Zimmer bieten 20 Quadratmeter, hingegen die Einzelzimmer nur 16 Quadratmeter. Sie sind, genau wie die Kategorie *Deluxe* mit 25 Quadratmetern, zum Innenhof gelegen und dafür sehr ruhig. Für den Ausblick auf die Markt- oder die Gartenseite ist die Kategorie *Grand Deluxe* mit 30 Quadratmetern zu buchen. Die Minibar ist nur ab dem Segment Juniorsuiten bestückt, auf besonderen Wunsch aber auch in den anderen Kategorien. Zudem ist dank der neu installierten Klimaanlagen in den Zimmern in jedem Fall eine merkliche Komfortsteigerung zu verzeichnen. So sind alle Zimmer gleichermaßen attraktiv erneuert worden und entsprechen damit auch dem modernen Stil der öffentlichen Bereiche. Nach der Renovierung und Neueröffnung im Oktober 2018 zeichnet sich das Haus nun nicht zuletzt durch das neu gestaltete Herz des Hotels, den Lichtsaal, ehemals Richard-Wagner-Saal, aus. Der ursprünglich eher banal wirkende, neoklassizistische Raum wurde mit einem wohnlichen Ambiente und Themeninseln zu verschiedenen Bereichen von Kunst, Design und Architektur versehen, was wirklich eine besondere Qualität für das ganze Haus geschaffen hat. Mobile Regalwände zur lockeren Unterteilung, die wesentlich zur Wohnlichkeit beitragen, lassen sich leicht aus dem Saal bewegen, sodass dieser dann statt als Lobby mit Living-Room-Ambiente für Veranstaltungen dienen kann. Drei weitere Tagungsräume stehen hierfür ebenfalls zur Verfügung. Das Haus hat von der Übernahme durch Arcona Hotels & Resorts merklich profitiert, denn sowohl das Zimmerprodukt als auch die öffentlichen Bereiche wirken heute wieder zeitgemäß und dabei wesentlich eleganter und moderner als zuvor.

Bewertung:

## GRAND HOTEL RUSSISCHER HOF

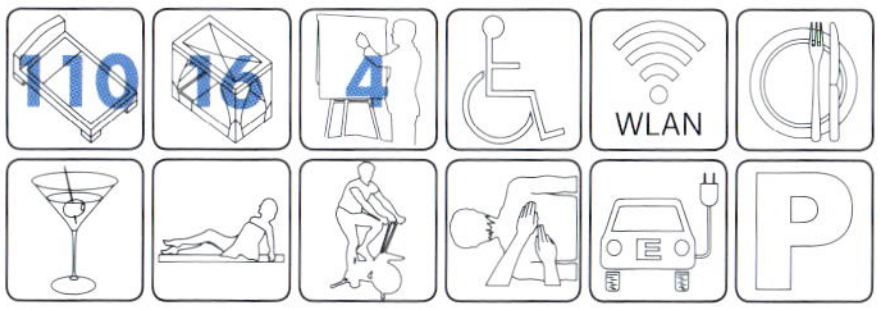


**(Innenstadt)**
**Goetheplatz 2**
**99423 Weimar**
**Telefon: 0 36 43-7 74-0**
**Internet: www.russischerhof.bestwestern.de**
**E-Mail: info@russischerhof.bestwestern.de**
**Direktor: Albert Voigts**
***DZ ab € 136,00***

Wir berichten nunmehr seit zwei Jahrzehnten über das Grand Hotel Russischer Hof. Es gab hier Zeiten, da waren wir voll des Lobes und fest davon überzeugt, dass dieses Traditionshaus eine wirkliche Alternative zur ersten Adresse Weimars, dem Hotel Elephant, sei. Allerdings müssen wir seit Jahren bedauerlicherweise feststellen, dass das Haus stagniert. Es verfestigt sich immer mehr der Eindruck, dass die Service- und Dienstleistungsbereitschaft der dort tätigen Mitarbeiter extrem tagesformabhängig ist. Eine solche Inkonsistenz der Servicequalität ist für ein Spitzenhotel aber untragbar. Nicht zu übersehen sind die entsprechenden Schulungsdefizite. Wie bereits in den Jahren zuvor, war die telefonische Kontaktaufnahme mit diesem Hotel äußerst ernüchternd. Die Mitarbeiterin der Rezeption redete sich regelrecht um Kopf und Kragen. Die Bitte, mit der Reservierungsabteilung verbunden zu werden, wurde mit einem „Die sind in einem Termin" abgewehrt. Worauf wir die Dame fragten, ob denn wenigstens sie uns helfen könne. Ihre Reaktion: „Kann gut möglich sein." Gleich die erste Frage, ob es denn schon neu renovierte Zimmer gäbe, brachte sie so richtig auf, weshalb sie nicht mehr an sich halten konnte: „Es gibt regelmäßige Grundreinigungen! Die Zimmer hat man nach persönlichem Geschmack eben im historischen Stil eingerichtet. Deshalb muss hier auch nicht richtig renoviert werden." Hier meinte sie vermutlich die Eigentümer. Und dann schob sie noch hinterher, man werde im Haus keine modernen Hochglanzmöbel finden, sondern viel dunkles Kirschholz. Sehr schön auch der Hinweis, welcher bezüglich der Frage kam, ob das Restaurant zum angefragten Buchungstermin geöffnet habe. Sonntags und montags sei es geschlossen, einen Zimmerservice gebe es augenblicklich nicht. Aber, so die Mitarbeiterin: „Vor unserem Hotel liegt die komplette Innenstadt, mit den ganzen Restaurants!" Man gäbe da auch gerne Tipps. Was macht eigentlich Albert Voigts als Direktor so den lieben langen Tag, fragen wir uns bei einer solchen Mitarbeiterperformance. Er ist zweifelsohne ein erfahrener Hotelier, der durchaus über die notwendigen Attribute eines formvollendeten Gastgebers verfügt. Nur seit Jahren haben wir den Eindruck, dass er sich mehr mit dem Kulturprogramm der Stadt Weimar beschäftigt als mit seinem Hotel. Was uns bei all dem wirklich ärgert, ist der Umstand, dass nicht nur diese Mitarbeiterin im Umgang mit dem Gast ihr Herz auf der Zunge trug, recht flapsig auftrat und so erheblichen Schulungsbedarf bewies, sondern dass dieser Mangel an Service- und Kommunikationsqualität vieler Mitglieder seines Teams dem Herrn General Manager Voigts bislang noch an keiner Stelle aufgefallen zu sein scheint. Hinzufügen möchten wir, dass der Zustand der Ausstattung des Hauses einen unumgänglichen weitreichenden Renovierungsbedarf erkennen lässt, was nicht mehr allzu lang ignoriert werden sollte. Interessant ist vor diesem Hintergrund die Selbstwahrnehmung des Hotels, denn die Zimmer werden als edel eingerichtet und bestens ausgestattet beworben. Man profiliert sich als Traditionshaus mit dem Komfort eines modernen Grandhotels. Das wiederum würden wir allenfalls für die Suiten im Hauptgebäude bestätigen wollen. Bei Lichte betrachtet sind die übrigen Zimmer jedoch wie aus dem Standardkatalog eines Hotelausstatters der 1990er-Jahre eingerichtet, bei dem man sich in der Abteilung „Klassik" mit günstigen Stilmöbeln versorgt hat. Die Bäder sind dabei recht klein. Was das Haus mit einem Grandhotel zu tun haben mag, erschließt sich zumindest uns vor dem Hintergrund dieses Zimmerproduktes nicht. Dessen Größe hat schon einmal nichts damit zu tun und auch die Gesamtkapazitäten des Hotels sind alles andere als „Grand". Die meisten der Einzel- und Doppelzimmer befinden sich im angebauten Neubauteil. Wir können zumindest eine Empfehlung für die sogenannten *historischen Zimmer* im Hauptgebäude aussprechen, denn diese haben eine Größe zwischen 30 und 35 Quadratmetern und bieten durch ihre Deckenhöhe ein angenehmes Raumgefühl. Sie sind teilweise mit hochwertigeren Stilmöbeln, Antiquitäten, Kronleuchtern, Seidentapeten und Stuckdecken ausstaffiert und verfügen über einen Ausblick auf den Goetheplatz sowie die Altstadt direkt vor dem Russischen Hof. Hier im Gebäude befinden sich auch die beiden großen Suiten. Die *Zarensuite* hat eine Größe von 80 Quadratmetern und wurde sogar mit einem Marmorbadezimmer inklusive Whirlpool ausgestattet. Die *Lisztsuite* ist doppelt so groß und eignet sich auch als Tagungssuite. Es gab durchaus Zeiten, da konnte ein Restaurant mit einer ambitionierten internationalen Küche ausgewiesen werden. Nunmehr wird mit dem „Franz" immerhin eine österreichische Küche auf einem soliden Niveau geboten. Sicherlich auch, weil man mit dieser Küchenlinie eine breitere Gästeklientel ansprechen kann als mit dem einst hier angetretenen Gourmetrestaurant. Schnitzel, Tafelspitz, Tatar oder Backhendl gehen eben immer. Der Freizeitbereich mit finnischer Sauna, Dampfbad, kleinem Ruheraum sowie dem sehr übersichtlich gestalteten Trainingsbereich lässt Wohlfühlstimmung irgendwie nicht so recht aufkommen, wirkt er doch ein wenig zu nüchtern für ein, zumindest dem Namen nach, ambitioniertes Grandhotel. Ganz offensichtlich dient er nur zur Komplettierung des Gesamtangebotes. Für Tagungen stehen zumindest vier edle Salons zur Verfügung und Veranstaltungen mit bis zu 100 Personen sind etwa im größten Saal bei parlamentarischer Anordnung möglich. Ein Pluspunkt ist in jedem Fall die zentrale Lage des Hauses, denn von hier aus können bequem fußläufig alle wichtigen touristischen Hotspots Weimars erreicht werden, etwa Goethes Wohnhaus, die Herzogin Anna Amalia Bibliothek oder das Schiller-Museum. Ob das ausreicht, um wieder als Traditionshotel erfolgreich sein zu können, bleibt dahingestellt.

Bewertung: ●●●

## WIESBADEN Hessen

### DORINT PALLAS

**(Innenstadt)**
**Auguste-Viktoria-Straße 15**
**65185 Wiesbaden**
**Telefon: 06 11-33 06-0**
**Internet: www.dorint.com**
**E-Mail: info.wiesbaden@dorint.com**
**Direktor: Kirsten H.-H. Stolle**
***DZ ab € 94,00***

Die Lage, die Lage und die Lage, so lautet, wie oft kolportiert, der „Dreiklang", der die Herzen von Immobilienexperten höherschlagen lässt. Und auch bei diesem großen, aber eleganten First-Class-Businesshotel ist es der Standort, der eine der wesentlichen Qualitäten des Hauses ausmacht. In der unmittelbaren Umgebung des Dorint Pallas befinden sich zahlreiche Regierungsgebäude der hessischen Landesregierung, ebenso sind das Stadtzentrum und der Bahnhof in der Nähe, sodass man von hier aus alle hiesigen Sehenswürdigkeiten leicht zu Fuß erreicht. Zudem ist das Dorint Pallas in puncto Tagungs- und Veranstaltungsmöglichkeiten mit 13 Veranstaltungsräumen unterschiedlicher Größe sowie mit den entsprechenden Möglichkeiten für Kongresse, Bankette und Tagungen die Topadresse in Wiesbadens Mitte und damit ein Haus, wie es auch eine Landesregierung in ihrem direkten Umfeld gut gebrauchen kann. Und dennoch kann man hier im Sommer auf der herrlichen Außenterrasse des Dorint vor der Kulisse der alten Baumreihen entlang der Friedrich-Ebert-Allee und mit einem kleinen Park, der Herbert-Anlage, im Hintergrund herrlich im Grünen sitzen und entspannen, ohne sich im Geringsten wie in einem 297-Zimmer-Businesshotel im Zentrum einer Großstadt zu fühlen. Schließlich ist Wiesbaden

Landeshauptstadt Hessens und damit kein verschlafener Kurort, auch wenn man mit 15 Thermal- und Mineralquellen unbestritten zu den ältesten Kurbädern Europas gehört. Die zusätzlich gegebene Nähe zum RheinMain CongressCenter ist natürlich ein weiterer Umstand, der dafürspricht, dass hier ein Businesshotel dieser Kategorie und Größe etabliert wurde, aber angesichts der beschriebenen Zentralität ist das Haus ebenso für Gäste mit touristischem Interesse an Wiesbaden eine Empfehlung. Zu seinem Angebot zählt auch ein kleiner, sehr schön gestalteter Freizeitbereich mit Sauna- und Beauty-Abteilung, der zwar nicht zu einem Wellnesswochenende verleitet, aber dennoch in dieser Innenstadtlage ein ebenso willkommenes, ergänzendes Feature ist wie die herrliche Terrasse. Im Restaurant Le Bistrot[99] wird ab mittags eine breite Auswahl an Gerichten, teilweise mit saisonalem und auch regionalem Bezug, teilweise an eine klassische Bistroküche angelehnt geboten. Das Grande Basilico dient mit seinen größeren Kapazitäten vorwiegend als Frühstücksrestaurant und die Garden View Bar zwischen Hotellobby und Terrasse ist der geeignete Ort für einen Aperitif oder nur einen kleinen Snack. Im Übrigen bietet dieses First-Class-Businesshotel eine Ausstattung, die sich durch Modernität und schlichtes Understatement in Architektur und Ambiente auszeichnet und damit bestens zur Eleganz Wiesbadens passt. Bei den Hotelzimmern unterscheiden sich die mit 25 Quadratmetern gleich großen *Standard*- und *Komfort*-Zimmer durch die Minibar in der letztgenannten Kategorie, die zudem in den höheren Etagen liegt. Die *Superior*-Zimmer verfügen über 30 Quadratmeter und eine komfortablere Bettengeneration. Alle weisen einen Kaffee- und Teekocher auf. Die Bäder sind grundsätzlich mit einer Wanne ausgestattet, aber dadurch leider nicht mit einer begehbaren Dusche. Das Interieur der Zimmer ist zwar noch in den 1990er-Jahren verhaftet, wurde aber ja schon damals bei Dorint schlicht und zeitlos gestaltet und befindet sich in einem guten Pflegezustand. Bereits unter Kirsten H.-H. Stolles Vorgänger Carsten Dressler hat das Pallas erneut an Verlässlichkeit und Qualität im Service- und Dienstleistungsbereich hinzugewonnen und alle Schwierigkeiten, die mit den zuvor häufig wechselnden Direktoren einhergingen, sind fast schon ein wenig in Vergessenheit geraten. Hier zu logieren ist nun wieder eine Freude, wobei Corona einiges dazu beigetragen haben dürfte, dass Mitarbeiter erneut schätzen gelernt haben, für eine dankbare, aber auch nicht anspruchslose Gästeschaft tätig sein zu dürfen. Denn nur die täglich zu bewältigende, kleine Herausforderung im Job lässt einen doch, zumindest bei einer Vielzahl von Berufen, am Abend zufrieden nach Hause gehen. Diejenigen Mitarbeiter in den Dienstleistungsbranchen, für die das nicht gilt, haben sich während der Pandemie nicht selten andere Jobs gesucht. Die anderen, welche die Herausforderung in ihrem Metier schätzen, zeigen nun ein augenscheinlich umso motivierteres Durchstarten nach der pandemiebedingten Pause. Ein Bereinigungseffekt, der zunächst zwar offene Stellen und Fachkräftemangel in der Hotellerie bedeutet, der aber auch, so viel kann man heute schon sagen, teilweise zu einer Qualitäts- und Motivationssteigerung in dienstleistungsorientierten Branchen geführt hat, die hoffentlich noch lange anhält. Das Team des Dorint Pallas in Wiesbaden scheint hierfür in jedem Fall ein gutes Beispiel zu sein.

Bewertung:

## NASSAUER HOF

**Kaiser-Friedrich-Platz 3-4**
**65183 Wiesbaden**
**Telefon: 06 11-1 33-0**
**Internet: www.nassauer-hof.de**
**E-Mail: info@nassauer-hof.de**
**Direktor: Jakob Stöhrer**
***DZ ab € 229,00***

Erneut wurde im November 2021 für dieses Traditionshotel mit Jakob Stöhrer ein Direktor verpflichtet, der von seiner Vita her betrachtet zumindest vielversprechend wirkt. Die bisherigen Besetzungen dieser Position waren alles andere als glücklich und keiner dieser Statthalter blieb hier nachhaltig in Erinnerung. Nach deren Abgang war dann die jeweilige Bilanz eher ernüchternd. Die unmittelbare Vorgängerin von Stöhrer war sogar Teil eines Skandals, mit dem man für bundesweite Schlagzeilen sorgte und der sicherlich in die Annalen des Hauses eingehen wird. Es sind ja die Geschichten rund um ein Hotel, die meist deutlich interessanter sind als die Frage der nüchternen Hardwarefakten, vor allem solche, in denen „es menschelt" und die einen ungewohnten Einblick in diesen Mikrokosmos geben. Was war also passiert? Wenn ein Gast eincheckt, ist es gängige Praxis der Hotels, sich über eine Kreditkarte einen Betrag als Deposit bei dem Kartenunternehmen zu reservieren, um so die Kosten für den Aufenthalt abzusichern. Dass es einem Gast gelingen kann, sich über mehr als zwei Jahre in einem Hotel einzumieten, ohne zu bezahlen, erscheint vor diesem Hintergrund fast ausgeschlossen. Doch in der Tat hatte sich ein Ehepaar hier über einen unfassbar langen Zeitraum von mehr als zwei Jahren einquartiert, ohne am Ende die Rechnung zu begleichen. Dass Frau General Managerin damit leider eindrucksvoll gezeigt hat, dass sie nur über wenig Führungsstärke verfügt und in Gänze versagt hat, muss da kaum noch betont werden. Solche Geschichten kennt man von Mietnomaden, die eine Wohnung oder ein Haus anmieten und dann recht schnell ihre Zahlung einstellen. Derartige Betrüger verfügen in der Regel über ein entsprechendes Auftreten und meist über Charme, Eloquenz und eine beachtliche Überzeugungskraft. Anfänglich soll das Ehepaar auch einen kleinen Betrag bezahlt, sich dann aber recht schnell über angebliche Missstände im Haus beschwert haben. Die vorgetragenen Defizite waren eher Petitessen als ernstzunehmende Mängel und nach einer sachlichen Kritik klangen die Beschwerden erst recht nicht. Als die Forderungen immer weiter stiegen und sich die kostenfreie Logis selbst mit angeblichen weiteren Mängeln nicht mehr rechtfertigen ließ, wurden die Gäste rührselig, indem die Geschichte einer schweren Krebserkrankung aufgetischt wurde. Die soll die Hoteldirektorin emotional so sehr berührt haben, dass sie angeblich ihre Mitarbeiter aufforderte, das Ehepaar mit so etwas wie einer Rechnung erst einmal nicht zu behelligen. So viel Mitgefühl in allen Ehren, aber am Ende des Tages steht eine Managerin in der Verantwortung, da sie ja vor allem die Interessen des Unternehmens vertritt. Immerhin kann sich ein Hotel anders als ein Vermieter sehr schnell solcher Gäste entledigen, notfalls mit Unterstützung der Polizei. Auch wenn derartige Berichte von Zechprellern nicht unbekannt sind, so ist diese Geschichte in einer solchen Form und in ihrem Ausmaß beispiellos. Jakob Stöhrer hat, nachdem ihm die Verantwortung übertragen wurde, richtigerweise umgehend durchgegriffen und machte Schluss mit dem Luxus- und Lotterleben der Einmietbetrüger auf Kosten des Hotels. Ungeachtet seiner persönlichen Führungsqualitäten, nicht zuletzt in solchen Ausnahmesituationen, benötigt ein Luxus- und Grandhotel wie der Nassauer Hof zudem in erster Linie eine Gastgeberpersönlichkeit. Das schließt auch die Gewährleistung einer hohen Service- und Dienstleistungsqualität in jedem Fall mit ein. Immerhin ist man ein gesellschaftlicher Treffpunkt der Politik und Wirtschaft sowie die erste Adresse der Stadt, sodass der Anteil an Stammgästen hoch ist, die hier den klassischen Service eines Luxushotels schätzen. Zu den verlässlichen Standards zählen Valet Parking, die Hilfe beim Gepäck, die Begleitung des Gastes zu seinem Zimmer und nicht zuletzt ein 24-Stunden-Roomservice. Lob haben wir außerdem für den sehr umsichtigen und gut organisierten Concierge-Service. Zudem steht der Nassauer Hof aber auch für eine erstklassige Kulinarik. Eine Institution der hiesigen Spitzengastronomie ist das Restaurant Ente, dessen guter Ruf einst von Hans-Peter Wodarz begründet wurde. Bereits seit 1980 erhält das Restaurant einen Michelin-Stern. Seit 2006 ist hier Michael Kammeier Chef de Cuisine, der von Donnerstag bis Samstag ab 18.30 Uhr mit seiner saisonalen, klassisch-französischen Küche ein konstant hohes Niveau garantiert. Die Bar bietet sich sowohl für den Aperitif vor dem Restaurantbesuch als auch für den Digestif danach an oder schlicht, um den Abend hier ausklingen zu lassen. In der Orangerie, in der überdies das tägliche Frühstück angeboten wird, offeriert man in der übrigen Tageszeit eine internationale Küche auf gutem Niveau. In der fünften Eta-

ge befindet sich der 1500 Quadratmeter große Spa „Nassauer Hot Therme", der mit seinem großen Rooftop-Pool begeistert, welcher mit Thermalwasser gespeist wird und von dessen Beckenrand der Gast einen wunderbaren Ausblick über die Dächer der Stadt genießen kann. Zur Ausstattung zählt auch der Artemis Beauty Spa mit einem guten Angebot an Kosmetik- und Massagetreatments. Allerdings sind wir ein wenig verwundert, dass man den Gästen für die Nutzung der Sauna 15 Euro berechnet. Als Begründung wird angeführt, man wolle den Bereich exklusiv halten. Recht passabel ist der Trainingsraum ausgestattet. Das Zimmerprodukt wird in die Segmente *Superior*, in der es auch klassische Einzelzimmer gibt, und *Deluxe* unterteilt. Darüber hinaus sind natürlich ebenso Juniorsuiten und Suiten buchbar. Sie bieten einen Ausblick entweder auf das Kurhaus, auf den Kaiser-Friedrich-Platz oder in den Innenhof und werden dementsprechend unterschiedlich vermarktet. Dennoch möchten wir bestätigen, dass die Zimmer und Suiten nach wie vor in einem guten Pflegezustand sind, ein Lob, das vor allem an die Housekeeping-Abteilung gerichtet ist. Ungeachtet dessen ist davon auszugehen, dass diese im Rahmen der Qualitätsoffensive der Dorint-Hotelgruppe, zu dessen Portfolio das Haus gehört, in naher Zukunft einer weitreichenden Renovierung unterzogen werden. Dies wird noch einmal mehr unterstreichen: Der Nassauer Hof ist in Wiesbaden das erste Haus am Platz.

Bewertung:

## RADISSON BLU SCHWARZER BOCK

**(Innenstadt)**
**Kranzplatz 12**
**65183 Wiesbaden**
**Telefon: 06 11-1 55-0**
**Internet: www.radissonblu.com**
**E-Mail: info.wiesbaden@radissonblu.com**
**Direktor: Oliver Staas** ***(ab 05/23)***
***DZ ab € 110,00***

Die schlichte Feststellung, dass Wiesbaden eine lange Geschichte als Kur- und Badestadt hat, ist fast eine Untertreibung. Wenn man bedenkt, dass Rom auch die „ewige Stadt" genannt wird, könnte sich Wiesbaden fast genauso berechtigt als „ewiges Kurbad" bezeichnen, denn bereits im Jahre 121 wird der Ort erstmals von den Römern als Aquae Mattiacorum erwähnt – die Heilwasser der Mattiaker, wie sich der hier in der Region ansässige germanische Stamm nannte. Dass in Wiesbaden mit dem Schwarzen Bock ein fast 540 Jahre altes Gast- und Badehaus existiert, ist also angesichts der Tatsache, dass schon den Römern die hiesigen Thermal- und Mineralquellen bekannt waren, weniger sensationell, als es den Anschein hat. Die im Schwarzen Bock bis heute verwendete Quelle, der 66 Grad Celsius heiße „Kochbrunnen", der zu den noch etwa 15 Quellen Wiesbadens gehört, kam bereits 1486 für den Betrieb des sogenannten Badhauses an dieser Stelle zum Einsatz, in dem Heilbäder und Anwendungen mit dem hier zur Verfügung stehenden heißen Wasser bis heute angeboten werden. Wärme und die für ehemalige Generationen seltene Option für gründliche Körperhygiene durch Bäder und Waschungen waren schon allein Grund genug, hierher anzureisen. Zu steigern war die Nachfrage anschließend, angesichts sich weiterverbreitender technischer Möglichkeiten wie der Badeöfen in privaten Haushalten und auch öffentlicher Bäder in den Städten, nur noch durch die Betonung der vermeintlichen positiven Auswirkungen der Mineralien des hier sprudelnden Wassers. Jeder Quelle wurden, je nach mineralischer Zusammensetzung, eigene Heilkräfte zugeschrieben und bis heute wird diese Wirkung behauptet, ohne dass irgendjemand unabhängig prüfen würde, ob die versprochenen Effekte, wahlweise des Bades oder des Genusses des entsprechenden Wassers, wissenschaftlich überhaupt nachzuweisen sind. Da kommen heutige Vermarktungen von Bade- und Erholungsmöglichkeiten durch Wärme, sei es nun in Saunen, Dampfbädern oder Thermalbecken, schon ehrlicher daher. Hier spricht man nun eher von Wellness, als einen vorgeblichen medizinischen Nutzen in den Vordergrund zu stellen. Und dank des generellen Hotellerie-Wellnesstrends der vergangenen 25 bis 30 Jahre gewinnen auch Traditionshäuser wie der Schwarze Bock mit seinen dort schon immer vorhandenen Thermalbadeinrichtungen neue Attraktivität. Mithilfe des Managements durch Radisson Blu, vormals durch Radisson SAS, kann der Schwarze Bock nun schon seit über 28 Jahren das Segment der gehobenen Businesshotellerie bespielen und vermarktet dabei die tradierten Thermalwasseranwendungen als wesentlichen Teil seines Wellnessangebotes, das durch die attraktiven, im Jugendstil gestalteten Anwendungsräume vom Anfang des 20. Jahrhunderts noch zusätzlich an Charme gewinnt. Wie zu früheren Zeiten kann hier das Wasser des Kochbrunnens in den Steinwannen, die in den Boden eingelassen sind, genossen werden. Dessen 66 Grad Celsius werden dabei auf verträgliche Temperaturen heruntergekühlt. Daneben verfügt der Spa über einen modernen Bereich mit Dampfbad, Sauna, Wärmebank, Ruheraum und großem Innenpool, wobei Letzterer ebenfalls mit dem erwähnten Quellwasser des Kochbrunnens befüllt ist. Der äußerlich einst klassisch-elegante Stil der Fassade des Schwarzen Bock ist seit dem Zweiten Weltkrieg etwas verloren gegangen und auch die Eingangshalle mit der angeschlossenen EckBar ist modern gestaltet worden, wodurch sie sich jetzt am aktuellen Design und der Ästhetik, soweit in dieser Bausubstanz möglich, moderner Businesshotellerie orientieren. Ebenso entsprechen die Zimmer und Suiten, mit gedeckten Farben in Braun-, Beige- und hellen Grautönen dezent und behaglich neugestaltet, jener neuen Ausrichtung. Denn unter ebendiesem Label des Businesshotels wird der Schwarze Bock seit dem Wechsel zu Radisson im Jahre 1995 vermarktet, während das Selbstverständnis als Grandhotel aufgegeben wurde. Die Service- und Dienstleistungsqualität hat darunter gelitten, denn sie wurde den Anforderungen der neuen Gästeklientel angepasst. Hotelmanager wie Florian Meyer-Thoene versuchten vor etwa 20 Jahren noch, durch eine gute Gastronomie und einen hervorragenden Service den Schwarzen Bock, immerhin eines der ältesten Hotels Deutschlands, hochklassiger zu positionieren. Letztlich vergeblich. Als Reminiszenz werden immerhin einige edle historische Räumlichkeiten wie das Ingelheimer Zimmer für Tagungen und Veranstaltungen angeboten. Das mit herrlichen Schnitzereien und hölzernen Täfelungen ausgestattete Zimmer, das ursprünglich aus dem Ingelheimer Schloss stammt, ist ebenso wie die erwähnten Jugendstilbäder ein Nachweis, dass dieses Haus auf eine wirklich lange Geschichte zurückblickt. Die erwähnte EckBar stellt aktuell für die Gäste mit Klassikern wie Salaten, Clubsandwich, Burgern und Schnitzel die einzige kulinarische Option im Schwarzen Bock dar. Also auch hier eine Reduktion auf die Ansprüche von Businessgästen. Dennoch bleibt das Haus eine Wiesbadener Institution und ist heute eine funktionierende Adresse sowohl für Businessgäste als auch solche Touristen, die mit dem eingeschränkten kulinarischen Angebot zufrieden sind und stattdessen lieber die schönen und wie beschrieben teilweise historischen Wellnessoptionen im Hotel nutzen möchten.

Bewertung:

## WILHELMSHAVEN Niedersachsen

### ATLANTIC

**Jadeallee 50**
**26382 Wilhelmshaven**
**Telefon: 0 44 21-7 73 38-0**
**Internet: www.atlantic-hotels.de**
**E-Mail: wilhelmshaven@atlantic-hotels.de**
**Direktor: Florian Schönwetter**
***DZ ab € 188,00***

Wilhelmshaven gewann im vergangenen Jahr unerwartete Bedeutung, nachdem man in den letzten Jahrzehnten im Vergleich zu anderen Städten gleicher Größe immer etwas zu wenig Beachtung für den durchaus besonderen Stellenwert erhalten hatte. Schließlich befindet sich hier Deutschlands einziger Tiefwasserhafen, was bis vor Kurzem jedoch noch wenig zur Kenntnis genommen wurde, da man ja meinte, im Bedarfsfall auf vermeintlich günstigere, andere europäische Häfen zurückgreifen zu können. Doch nun mit dem Krieg Russlands gegen die Ukraine hat dies eine ganz andere Bedeutung. Von heute auf morgen war man auf mit riesigen Schiffen angeliefertes Flüssiggas angewiesen und stellte fest, dass entsprechende Terminals zu deren Löschung überall fehlten. In Wilhelmshaven hatte man jedoch

Pläne hierfür in der Schublade und konnte so bereits neun Monate nach Kriegsbeginn einen Terminal an den Start bringen, der zudem nur wenigen Beschränkungen bezüglich des Tiefgangs der Schiffe unterliegt. Andere Standorte brauchen da noch etwas Zeit. Zudem bedeutet der nebenan liegende Marinestützpunkt eine wesentlich geschütztere Lage für dieses Terminal als in anderen Häfen, sollte diese Infrastruktur einmal angegriffen werden. Während es zu Beginn des Jahres 2022 noch kaum vorstellbar war, dass solche infrastrukturellen Überlegungen heute tatsächlich nötig wären, hat der neue Krieg in Europa alle eines Besseren belehrt. Neben dem Ölhafen und dem JadeWeserPort, beide an der Tiefwasserrinne, sowie dem Marinestützpunkt befinden sich noch drei weitere historische Hafenbecken an der östlichen Seite der Stadt unmittelbar am Jadebusen. Auf einem der diese Hafenbecken voneinander trennenden, schmalen Streifen Land wurde 2009 das Atlantic eröffnet. Neben den Hafenbecken in Richtung Nordsee liegt der sogenannte Südstrand, auf dem sich maritime Nutzungen wie das Deutsche Marinemuseum, das Aquarium Wilhelmshaven, Yachthäfen, Ferienwohnungen, Hotels und Restaurants sowie ein Anleger für Schiffsfahrten nach Helgoland und in den Nationalpark Niedersächsisches Wattenmeer befinden. Zudem unterhält das Institut für Chemie und Biologie des Meeres der Universität Oldenburg eine Außenstelle. Insgesamt also eine touristisch interessante, maritim geprägte Umgebung. Ein guter Standort mithin für dieses Vier-Sterne-Haus, das mit seiner außergewöhnlichen Architektur mit begrünten Terrassen, die kaskadenartig aufsteigend vor der südlichen Seite des Hotels liegen, an ein Kreuzfahrtschiff mit Sonnenterrassen an dessen Bug erinnert. Auch das Interieur ist durch sein gediegenes Ambiente mit braun-beigen Granitböden sowie dunkelbraunen Holzvertäfelungen und Türstürzen dem Inneren einer klassischen Yacht nicht unähnlich. Trotz des zeitgemäßen Äußeren muss man hier also keine kühle Businesshotel-Atmosphäre fürchten. Sicherlich ist der etwas konservative Gesamteindruck der Hotelhalle und der anschließenden Restaurant- und Lobbybereiche auch dem Geschmack des Ersteigentümers, des Hamburger Reeders Heinrich Schoeller zu verdanken, der das Haus vor 14 Jahren seiner Hotelmarke Columbia zuordnen ließ und an den Start brachte. Die Zimmer sind hochwertig und modern ausgestattet, denn die edlen Holzböden und die elegante Möblierung in schlichtem und gemäßigt aktuellem Stil haben nichts Konservatives. Hieran ist im Übrigen das Selbstverständnis als Businesshotel zu erkennen, wobei diese Einordnung nicht nur im Hinblick auf den JadeWeserPort, sondern auch angesichts der nun zu erwartenden energiepolitischen Bedeutung Wilhelmshavens von Vorteil ist. Schließlich ist „grüner Wasserstoff", also durch regenerative Energien hergestelltes Gas, hier ebenso ein Thema für den nachts in den Offshorewindparks erzeugten, überflüssigen Strom, wie die Verteilung des hier in Wilhelmshaven über Seekabel angelandeten Stroms dieser Windparks sowie deren Ausbau. Viel Potenzial also für berufsmäßig im Atlantic übernachtende Investoren, Ingenieure, Energiefachleute und politisch Verantwortliche. Vielleicht kommt ja angesichts der voraussichtlich rosigen Perspektiven für die Stadt und so auch ihr bestes Hotel sogar das anfangs etablierte Gourmetrestaurant zurück, das immerhin mit einem Michelin-Stern prämiert war. Kurz vor dem Wechsel zur Atlantic-Hotelgruppe war es leider geschlossen worden. Das derzeitige Restaurant Harbour View mit angrenzender Sonnenterrasse und Ausblick auf die sich vor dem Hotel erstreckenden Häfen bietet solange eine sehr gute internationale Küche mit nordischen Akzenten und saisonal angepassten Gerichten. Die SEVEN C'S BAR ermöglicht auch einen Drink auf der Hafenterrasse. Alle weiteren Einrichtungen und Bereiche, einschließlich der neun Tagungsräume mit Gesamtkapazitäten von bis zu 250 Teilnehmern, zeichnen sich durch eine Großzügigkeit aus, die durch ein weiträumiges Ambiente aufgrund der hohen Decken des Hotel-Erdgeschosses geschaffen wird. Geräumigkeit verspricht auch der Spa, der sich über 1000 Quadratmeter erstreckt und im ersten Obergeschoss des Hauses einen großzügigen, 15 x 6 Meter messenden Innenpool, eine finnische Sauna und eine Dampfsauna sowie einen Fitnessraum mit modernen Cardio-Geräten und eine separate Sonnenterrasse umfasst. Die 145 Zimmer und Suiten werden in drei Zimmerkategorien, in verschiedenen Arten von Juniorsuiten sowie in Form von drei großen Suiten angeboten. Ihre Ausstattung erfolgte ebenfalls nach dem Geschmack Schoellers, wobei Hochwertigkeit der Materialien offenbar höher bewertet wurde als die Wirtschaftlichkeit. Der Flugplatz Sande in direkter Nähe des Hotels bietet Flüge auf die Ostfriesischen Inseln, kann aber auch als Verbindung für Privatflieger genutzt werden, was den derzeitigen CDU-Chef Merz, wie wir seit seinem Flug zur Hochzeit des Finanzministers Lindner auf Sylt im vergangenen Jahr wissen, freuen dürfte. Aber Scherz beiseite, angesichts des Zeitdrucks bei der Energiewende Deutschlands und der Bedeutung Wilhelmshavens hierfür ist ein solcher kleiner Flugplatz sicherlich eine willkommene Infrastruktur, von der das Hotel weiter profitieren kann. Das Vier-Sterne-Haus Atlantic ist damit bestens für die neuen Zukunftsperspektiven Wilhelmshavens gerüstet, was ebenso einschließen kann, hier aufgrund rein touristischer Absichten zu logieren und die deutsche Nordseeküste, immerhin eine traditionelle Urlaubsregion, von hier aus zu erkunden.

Bewertung:

## WÜRZBURG Bayern

### BEST WESTERN PREMIER REBSTOCK

**(Innenstadt)**
**Neubaustraße 7**
**97070 Würzburg**
**Telefon: 09 31-30 93-0**
**Internet: www.rebstock.com**
**E-Mail: rebstock@rebstock.com**
**Inhaber: Christoph Unckell**
***DZ ab € 190,00***

Wechselvoll ist die Geschichte dieses Traditionshotels in der Bischofsstadt Würzburg, die immerhin bis in das Jahr 1408 zurückreicht. Einst der Hof zu Rebstock, im Zweiten Weltkrieg zerstört, daraufhin im Zeitraum von 1968 bis 1970 wiederauf-

gebaut und von den Eltern des heutigen Hotelchefs Christoph Unckell geführt. Im Januar 1994 wurde ihm dann von seinem Vater die Gesamtverantwortung für das Haus übertragen. Unckell hielt es weiterhin auf Erfolgskurs und festigte den Anspruch als erste Adresse der Stadt durch eine entsprechende Service- und Dienstleistungsqualität. Entscheidend und besonders produktiv waren aber vor allem die letzten zehn Jahre, in denen er mit progressiven Konzepten, einer hohen Investitionsbereitschaft und dem Mut, neue Wege zu beschreiten, das Hotel Rebstock zukunftsfähig aufgestellt hat. Dabei ist es ihm gelungen, das Niveau dieses Traditionshotels noch einmal anzuheben. Im Zuge dessen hat er viele ihm wichtige und schon seit Langem angedachte Projekte aus seiner Agenda abgearbeitet. Es ist davon auszugehen, dass der dynamische Hotelchef noch viele Jahre die Geschicke dieses Hauses lenken wird. Aber auf Eventualitäten ist Unckell schon bestens vorbereitet, denn mittlerweile ist auch sein Sohn Julius, ebenfalls ausgebildeter Hotelfachmann, im Unternehmen tätig und übernimmt bereits Verantwortung. Die von Unckell genutzten Chancen, sein Haus weiterzuentwickeln, haben wir an dieser Stelle mehrfach thematisiert: Hier wäre beispielgebend die Neuausrichtung der Gastronomie mit dem Restaurant Kuno 1408 zu nennen, ein wirkliches Highlight und zweifelsohne ein Alleinstellungsmerkmal, das seit 2014 mit einem Michelin-Stern prämiert ist und damit inzwischen den Spitzenplatz unter allen Restaurants der Stadt einnimmt. Eine andere genutzte Möglichkeit war die Erweiterung um ein neues Gebäude des Hotels auf dem benachbarten Klostergelände der Franziskaner-Minoriten, dem Haus Engelgarten, bei dem 51 Zimmer und 3 Suiten neu entstanden sind. Dies war sicherlich das herausforderndste Projekt der letzten Jahre, mit zahlreichen Hürden und Unwägbarkeiten, unter anderem natürlich mit einem hohen finanziellen Aufwand verbunden. Das Ergebnis kann sich sehen lassen, denn die neuen Zimmer und Suiten sind geschmackvoll, zeitgemäß und edel ausgestattet. Bei deren Interior Design war jedoch maßgebend, dem Gast zu vermitteln, dass dieser sich auf dem Gelände des ältesten Franziskanerklosters nördlich der Alpen befindet, dessen Gründung 1250 erfolgte, also noch zu Lebzeiten von Franz von Assisi. Bei der Auswahl der Stoffe, Bodenbeläge und Möbel stand nicht nur das Design, sondern auch die Wertigkeit im Vordergrund; die Formsprache und Materialität der Ausstattung soll hochwertig, aber unaufdringlich sein, denn in jedem Fall sollte ostentativ zur Schau gestellter Luxus vermieden werden. Nicht zuletzt aus Respekt vor dem Klostergelände, auf dem man sich befindet. Gedeckte Farben und Erdtöne, auch die Verwendung von sehr viel Holz waren daher eine bei diesem Grundsatz adäquate Wahl. Die bodentiefen Fenster mit hoher Schallschutzklasse sorgen für himmlische Ruhe und darüber hinaus für einen hohen Lichteinfall. Vor allem mit dem Thema Schlafkultur hat sich Unckell intensiv auseinandergesetzt und sich deshalb für ein besonders hochwertiges Bettensystem entschieden. Genau diese Zimmer erhalten von uns hier auch eine Empfehlung. Einige von ihnen ermöglichen einen Ausblick zum Kloster und in dessen Garten, andere sind zur Straße vor dem Hotel ausgerichtet. Der

Anbau ist im Übrigen unterirdisch mit dem Hauptgebäude verbunden, wodurch Restaurant, Bar und Rezeption bequem erreicht werden können. Natürlich wurden die Zimmer im Haupthaus über die Jahre ebenfalls sukzessive renoviert, teilweise erhielten sie sogar ein neues Designkonzept oder wurden zumindest einem gründlichen Fresh Up unterzogen. Das Zimmerprodukt wird nunmehr unterschiedlichsten Ansprüchen sowohl im Hinblick auf den Komfort als auch auf ein sehr modernes Design gerecht. Das Spektrum reicht hier von klassisch-eleganten Zimmern über solche in einem edlen Landhausstil bis hin zu einem sachlich-modernen Interieur. In Anbetracht der Gesamtgröße des Hauses ist man im Veranstaltungssegment mit insgesamt neun Räumen gut aufgestellt. Der Kapitelsaal im Haus Engelgarten etwa ist dreifach unterteilt und wurde nach den Frankenaposteln Kilian, Kolonat und Totnan benannt. Hierdurch konnten die Tagungs- und Veranstaltungskapazitäten mit diesem multifunktionalen Raum sinnvoll erweitert werden, da sich dieser auch für edle Festbankette eignet. Für solch größere Veranstaltungen musste bisher das zentrale Atrium mit Restaurant und Bar im Rebstock herangezogen werden. Durch den Neubau konnte zudem die für Tagungsveranstaltungen wichtige Gesamtzimmerzahl deutlich angehoben werden. Auch eine Tiefgarage mit 40 Stellplätzen wurde integriert, was beim Hotel Rebstock für mehr Unabhängigkeit sorgt, denn bislang musste auf das angrenzende öffentliche Parkhaus verwiesen werden. Neben dem bereits erwähnten Gourmetrestaurant Kuno 1408 bietet sich der Salon, sozusagen das Wohnzimmer des Hotel Rebstock, mit einer sehr guten Bistroküche, einer Auswahl an regionalen und internationalen Klassikern, für die Gäste an, welche im Hause speisen möchten. Hier wird im Übrigen am Morgen auch das hervorragende Frühstücksbuffet präsentiert, das im Hinblick auf Auswahl und Qualität gleichermaßen überzeugen kann. Eine Selbstverständlichkeit, dass Eierspeisen nach dem Gusto der Gäste frisch zubereitet werden und auch Kaffeespezialitäten beliebig wählbar sind. Lob verdienen außerdem die Mitarbeiter, von denen zahlreiche hier seit vielen Jahren tätig sind, da sie sich spürbar mit diesem Haus identifizieren, was eine entsprechend positive Auswirkung auf die Service- und Dienstleistungsbereitschaft hat. Und während selbst in so manchem Luxushotel die Serviceleistungen zurückgefahren wurden, um Personalressourcen zu sparen, freuen sich die Gäste hier umso mehr, dass sie ab dem Zeitpunkt ihrer Ankunft umsorgt werden und sich die Mitarbeiter mit größter Aufmerksamkeit um sie kümmern. Grundsätzlich wird ihnen Hilfe beim Gepäck angeboten und gerne werden sie auch zu ihrem Zimmer begleitet. Nach wie vor eine schöne Geste, vor dem Betreten des jeweiligen Zimmers bereits an der Eingangstür mit einem großen Herzen mit der Aufschrift „Herzlich willkommen" begrüßt zu werden. Es ist somit die Melange aus einer guten Lage, einem Spitzen-Zimmerprodukt, einer herausragenden Gastronomie und natürlich einer beeindruckenden Service- und Dienstleistungsqualität, welche dieses Haus nach wie vor so besonders macht.

Bewertung:

## KUNO 1408

**im Hotel Rebstock**
**(Innenstadt)**
**Neubaustraße 7**
**97070 Würzburg**
**Telefon: 09 31-30 93-0**
**Internet: www.restaurant-kuno.de**
**E-Mail: info@restaurant-kuno.de**
**Küchenchef: Daniel Schröder**
***Menü ab € 125,00***

Das Kuno 1408 ist hier in Würzburg eine wirkliche Institution für Gourmets, die eine Haute Cuisine auf Spitzenniveau offeriert und in diesem Jahr ihr zehnjähriges Jubiläum feiert. Von Beginn an war dieses Restaurant auf der Erfolgsspur, denn unter dem damaligen Küchenchef Benedikt Faust war es sofort gelungen, einen Michelin-Stern einzufahren. Geöffnet hat das Kuno 1408 von Mittwoch bis Samstag ab 18 Uhr, mit Ausnahme von gesetzlichen Feiertagen. Daniel Schröder, der hier seit Anfang 2020 als Chef de Cuisine die Verantwortung trägt, nachdem Benedikt Faust auf der Suche nach einer neuen Herausforderung weitergezogen war, ist es gelungen, nicht nur den Status quo zu halten, sondern unseres Erachtens das kulinarische Niveau sogar kontinuierlich anzuheben. Faust stand seinerseits für eine dekonstruierte fränkische Küche, die sehr experimentell und nicht selten gewöhnungsbedürftig war. Daniel Schröder hingegen greift zwar ebenfalls die fränkische Küche auf, kombiniert sie aber lieber mit der klassisch-französischen Haute Cuisine, statt sie konsequent von den Klassikern der traditionellen Gourmetküche getrennt zu halten. Selbst umschreibt er seine Linie darum als französisch inspirierte fränkische Küche. Dabei verwendet er auch Produkte wie eine Gänseleber, Krustentiere und andere Meeresfrüchte. Mit dieser Ausrichtung kann er anders als sein Vorgänger eine weitaus breitere Gästeklientel ansprechen. Das moderne und progressive Interieur, das bei seinem Farbkonzept auf warme Erdtöne und eine geschickte Beleuchtung setzt, bietet den ansprechenden Rahmen für die kreative und innovative Küche Schröders. Wir schätzen hier außerdem den unaufdringlichen Service. Mit einem kleinen Aufsteller wird der Gast auf den jeweils folgenden Gang eingestimmt. Bei der Annonce wird auf kreative Wortschöpfungen verzichtet, stattdessen sind lediglich die wichtigsten Hauptkomponenten und Zutaten kurz und knapp vermerkt. Im Rahmen unseres letzten Besuches blieb uns zum einen der zweite Gang des Menüs, deklariert mit den Schlagwörtern Kaisergranat/Erbse/Lauch, als eine besonders raffinierte, aromenintensive Geschmackskomposition in Erinnerung. Außerdem der Hauptgang, das butterzarte Lamm in bester Harmonie mit Aubergine und Kichererbse. Den Weinempfehlungen der Sommelière Tanja Mieskes, die ihre korrespondierenden Weine in der Regel perfekt mit den kulinarischen Kompositionen der Küche koordiniert, darf in jedem Fall vertraut werden. In der Karte findet sich eine Vielzahl an Weinen aus der Region, selbstverständlich aber auch aus Anbaugebieten wie Frankreich, Italien, Österreich, Chile oder etwa Südafrika. Darunter wirkliche Raritäten, aber ebenso immer wieder die ein oder anderen Neuentdeckungen von aufstrebenden jungen Winzern, die durchaus neugierig machen. Ein Sieben-Gänge-Menü steht zur Auswahl, wählbar sind jedoch genauso nur fünf oder sechs Gänge. Bei unserem letzten Besuch konnten wir im Kuno 1408 erneut eine Leistungssteigerung feststellen, die Gerichte scheinen hinsichtlich ihrer Textur und des Aromenspiels nochmals komplexer und feiner abgestimmt zu sein. Daher sind wir zuversichtlich, dass dies bei den Testern des Guide Michelin nicht unbemerkt bleiben wird und der zweite Stern somit nur noch eine Frage der Zeit ist.

Bewertung:

# WÜRZBURGER HOF

**(Innenstadt)**
**Barbarossaplatz 2**
**97070 Würzburg**
**Telefon: 09 31-5 38 14**
**Internet: www.hotel-wuerzburgerhof.de**
**E-Mail: info@hotel-wuerzburgerhof.de**
**Inhaberin: Sabine Unckell**
***DZ ab € 129,00***

Was Hotelchefin Sabine Unckell aus diesem Traditionshotel am Barbarossaplatz gemacht hat, seitdem sie hier vor fast zwölf Jahren die Verantwortung übernahm, ist wirklich beeindruckend. Zuvor, darauf hatten wir mehrfach hingewiesen, war das Haus sichtbar in die Jahre gekommen und bespielte lediglich das Mittelklassesegment. Wir würden das nicht erwähnen, wenn diese Ausgangslage für die Beurteilung der Leistung Sabine Unckells nicht so wichtig wäre. Denn der Würzburger Hof entwickelte sich unter ihrer Ägide zu einem edlen Boutique-Hotel, in dem Künstler ebenso gerne absteigen wie Geschäfts- und Kulturreisende. Unckell hat sich hier wieder als eine Frau bewiesen, die nicht zurückschaut, sondern die Zukunft fest im Blick hat, den Wandel der Zeit erkennt und mit ihr die veränderten Erwartungen der Gäste, um dann an den entsprechenden Stellschrauben zu drehen. Ihr Streben nach Perfektion und der unbedingte Wille, ihre Gäste zu begeistern, tun dabei ihr Übriges. Unverzichtbar ist im Zuge dessen, das Haus regelmäßig einer kritischen Betrachtung im Hinblick auf das jeweils aktuelle Hotelkonzept zu unterziehen. Dank ihrer hohen Sozialkompetenz hat der aktuelle Fachkräftemangel hier im Würzburger Hof so gut wie keine Auswirkung. Ihre Kernmannschaft ist dem Haus seit vielen Jahren verbunden. Und selbst die Problematik, dass Handwerker momentan schwer zu bekommen sind, hat sie längst gelöst, indem sie einen Mitarbeiter mit besonderen handwerklichen Fähigkeiten verpflichten konnte, der für sie sozusagen als Allrounder tätig ist. Mit ihm kann sie ihre geplanten Umbau- und Renovierungsprozesse zeitnah in die Tat umsetzen. Er übernimmt nicht nur einen großen Teil der notwendigen Erhaltungsmaßnahmen, sondern setzt manchmal auch umgehend die spontanen Ideen von Unckell um. Und hiervon hat sie eine Menge. Beratend steht ihr, zumindest bei größeren Maßnahmen, mit Regina Tröber eine kompetente Innendesignerin zur Seite. Wobei wir ja mehrfach angemerkt haben, dass Unckell mit ihrer Kreativität, Detailverliebtheit und vor allem Geschmackssicherheit auch eine exzellente Innenarchitektin abgegeben hätte. Unter ihrer Federführung wurden zwischenzeitlich die Zimmer und Sui-

ten des Würzburger Hof nicht nur sukzessive renoviert, sondern sie erhielten dabei grundsätzlich ein neues Designkonzept. Im letzten Jahr wurden etwa zwei Doppelzimmer und eine Juniorsuite neugestaltet. Keines der insgesamt 34 Zimmer gleicht dem anderen, weder in ihrem Zuschnitt noch bei der Ausstattung. Sabine Unckell befindet sich mit ihrem Hotel in einem kontinuierlichen Schaffensprozess und macht den Würzburger Hof, wie wir finden, somit von Jahr zu Jahr schöner. Und da sie sich zudem nur allzu gerne neue Herausforderungen sucht, hat sie auf der gegenüberliegenden Seite des Hotels nun auch das „Vier Jahreszeiten" übernommen, ein Hotel garni mit 16 Zimmern. Somit konnte sie ihre Gesamtzimmerkapazitäten weiter anheben, um zum Beispiel bei großen Veranstaltungen in Würzburg noch besser aufgestellt zu sein, wenngleich mit diesen beiden Häusern unterschiedliche Segmente bespielt werden. Natürlich wurden dort die Zimmer, von denen sechs sogar eine Klimaanlage bieten, ebenfalls erst einmal auf „Unckell-Niveau" gebracht. Das tägliche Frühstücksbuffet des Würzburger Hof wird in seinem feinen Salon in der ersten Etage zelebriert, mit dem man sich sehr viel Mühe gibt. Immer wieder wird es optimiert, ergänzt und in Angebot sowie Qualität verbessert. Dass Sabine Unckell dieses Haus mit viel Herzblut führt, wird jeder bestätigen, der sie einmal kennengelernt hat. Direkter Gästekontakt ist für sie unverzichtbar, denn hier kann sie ungefiltert ein spontanes Feedback erhalten. Wie wichtig es ihr ist, mit den Gästen im Gespräch zu bleiben, unterstreicht sie auch mit ihren Antworten auf den bekannten Bewertungsportalen. Hier bedankt sie sich nicht nur höchstselbst für ein positives Feedback, sondern geht ebenso auf Kritik individuell ein, um dem Gast Grund oder Ursache eines aufgetretenen Problems zu erklären. Und da wird auch schon einmal geantwortet „Dafür trage ich die Verantwortung", wenn sie hiervon überzeugt ist und ihre Mitarbeiter nichts falsch gemacht haben. Ihr ist es wichtig, dass der Gast bei Unzufriedenheiten, etwa wenn es ihm zu laut ist oder vielleicht das aktuelle Design nicht so zusagt, dies auch umgehend mitteilt, damit das Problem möglichst sofort behoben werden kann. Und wie geduldig und freundlich ebenso ihr Team auf Beschwerden reagiert, konnten wir selbst einmal miterleben, als eine Dame sich in einer sehr unangenehmen Art und Weise beschwerte, der Regen habe so laut auf die Fensterbank geprasselt, dass sie das nicht akzeptieren könne. Mit welchem Feingefühl die Mitarbeiterin dann auf diese recht skurrile Kritik reagierte, hat uns wirklich begeistert. Auch wenn man der Versuchung erliegen könnte, der Dame mitzuteilen, sich in dieser Angelegenheit vielleicht doch direkt beim lieben Gott persönlich zu beschweren, bleibt man hier höflich und auf der professionellen Ebene. Das ist in der Regel jene Klientel, die ein Hotel am Meer bucht, einen solchen Ausblick explizit anfragt und sich dann darüber beschwert, dass man wegen des Meeresrauschens nicht bei offenem Fenster hätte schlafen können, weil man nun einmal so geräuschempfindlich sei. Mit solchen Gästen hat Sabine Unckell einen geübten Umgang, wobei die Beschwerdequote in ihrem Haus generell äußerst gering ist. Trotz allem ist es ihr wichtig, auch kritische Damen und Herren letztlich wieder positiv zu stimmen. Der Würzburger Hof ist eben ein sehr individuelles und persönlich geführtes Boutique-Hotel mit dem Anspruch, dass Gäste mit ihrem Aufenthalt hier nicht nur zufrieden sein sollen, sondern sich dem Haus und seinem Charme danach auch ein wenig verbunden fühlen. Wichtig zu wissen ist, dass zwar keine eigene Tiefgarage zur Verfügung steht, zum Be- und Entladen der Koffer aber eine Kurzzeitparkfläche eingerichtet wurde. In einem Parkhaus unweit des Hotels wurden zudem Stellplätze angemietet. Augenblicklich ist der Würzburger Hof auf jeden Fall eine der fünf besten Adressen der Stadt und kann jedem Gast mit Sinn für individuelle, schön gestaltete und gut geführte Privathotels uneingeschränkt empfohlen werden.

Bewertung:

## IMPRESSUM

Trebing-Lecost Verlag
Oldenburg

**Postanschrift**
Postfach 31 10 24
10640 Berlin

**Verlagsanschrift**
Siebenbürger Straße 56 A
26127 Oldenburg

Telefon: 0441- 24 80 798

info@trebing-lecost-verlag
www.trebing-lecost-verlag.de

**Verlagsleitung**
Olaf Trebing-Lecost

**Redaktion**
Olaf Trebing-Lecost (V.i.S.d.P.)
Oliver Janßen Buns

**Bildnachweis**
Titelbild Söl`ring Hof, Rantum: Ydo Sol
Yvonne Magwas, MdB: Tobias Koch
Rüdiger Wörnle: Dorint Thermenhotel Freiburg

**Lektorat**
Dr. phil. Mira Eichholz

**Korrektorat**
Dr. rer. nat. Gotlind Blechschmidt
Oliver Janßen Buns

**Umbruchkontrolle**
Dr. phil. Mira Eichholz



**Hinweis:**
**Geschlechtsneutrale Formulierungen**
Im Interesse einer besseren Lesbarkeit wird ausschließlich das generische Maskulinum verwendet. Die gewählte Form gilt uneingeschränkt für alle Geschlechter, hat ausschließlich sprachliche Gründe und beinhaltet keinerlei Wertung.

**Die Deutsche Nationalbibliothek verzeichnet diese Publikation in der Deutschen Nationalbibliografie; detaillierte bibliografische Daten sind im Internet unter http://dnb.d-nb.de abrufbar.**
**Oldenburg: Trebing-Lecost, 2023** ISBN: 978-3-937516-23-3